权威·前沿·原创

皮书系列为

“十二五”“十三五”国家重点图书出版规划项目

智库成果出版与传播平台

中三角蓝皮书

BLUE BOOK OF
CHANGJIANG MIDDLE REACHES MEGALOPOLIS

长江中游城市群发展报告（2019）

DEVELOPMENT REPORT ON CHANGJIANG MIDDLE REACHES MEGALOPOLIS (2019)

主　编／秦尊文
副主编／彭智敏　张　静

社会科学文献出版社
SOCIAL SCIENCES ACADEMIC PRESS (CHINA)

图书在版编目(CIP)数据

长江中游城市群发展报告. 2019 / 秦尊文主编. --北京：社会科学文献出版社，2020. 4
（中三角蓝皮书）
ISBN 978-7-5201-6222-7

Ⅰ. ①长… Ⅱ. ①秦… Ⅲ. ①长江中下游-城市群-发展-研究报告-2019 Ⅳ. ①F299.275

中国版本图书馆 CIP 数据核字（2020）第 028711 号

中三角蓝皮书
长江中游城市群发展报告（2019）

主　　编 / 秦尊文
副 主 编 / 彭智敏　张　静

出 版 人 / 谢寿光
责任编辑 / 张　超　吴云苓

出　　版 / 社会科学文献出版社 · 皮书出版分社（010）59367127
地址：北京市北三环中路甲 29 号院华龙大厦　邮编：100029
网址：www. ssap. com. cn
发　　行 / 市场营销中心（010）59367081　59367083
印　　装 / 天津千鹤文化传播有限公司

规　　格 / 开 本：787mm × 1092mm　1/16
印 张：25　字 数：373 千字
版　　次 / 2020 年 4 月第 1 版　2020 年 4 月第 1 次印刷
书　　号 / ISBN 978-7-5201-6222-7
定　　价 / 128.00 元

主要编撰者简介

秦尊文 湖北省人民政府咨询委员，湖北省“一带一路”研究院院长，湖北发展战略研究院执行院长，湖北省社会科学院研究员，区域经济学专业硕士生、博士生导师。2009～2018年任湖北省社会科学院党组成员、副院长，系“中国区域经济50人论坛”成员，中国社会科学院生态文明研究智库研究员，科技部特聘专家，中国城市经济学会副会长，中国区域经济学会副会长，全国经济地理研究会顾问，湖北省区域经济学会会长，湖北经济学院特聘教授，武汉大学、中国地质大学、中南财经政法大学、长江大学、江汉大学、长江师范学院等高校兼职教授（研究员），武汉、长沙、南昌、合肥四市人民政府联合聘请的长江中游城市群专家委员会成员，《长江中游城市群发展规划》《长江中游区域市场发展规划》《汉江生态经济带发展规划》编制专家组组长。科研成果获湖北省委、省政府颁发的一等奖2项、二等奖4项、三等奖4项，其中长江中游城市群研究系列论文获湖北省社会科学优秀成果奖一等奖，长江中游城市群研究专著获湖北省社会科学优秀成果奖二等奖。

彭智敏 湖北省社会科学院长江流域经济研究所所长，研究员，区域经济学专业硕士研究生导师组组长，长江中游城市群研究中心副主任，湖北省人民政府参事。参与了长江中游城市群发展规划研究和发展战略研究。

张　静 湖北省社会科学院长江流域经济研究所副所长，研究员，硕士生导师，长江中游城市群研究中心副主任，湖北省区域经济学会副会长。近年来主持国家社科基金课题和国家社科基金重大招标项目子课题各一项。湖北省社会科学院首届和第二届青年学术骨干，先后获湖北省社会科学院第一届、第二届李达青年学术奖。参与长江中游城市群研究的科研成果，获湖北省社会科学优秀成果奖一等奖1项。

摘 要

推动高质量发展，是保持经济持续健康发展的必然要求，是适应我国社会主要矛盾变化和全面建成小康社会、全面建设社会主义现代化国家的必然要求，是遵循经济规律发展的必然要求。习近平总书记2018年4月26日在武汉主持召开深入推动长江经济带发展座谈会并发表重要讲话，明确提出以长江经济带发展推动经济高质量发展。在长江经济带高质量发展中，长江中游城市群责任重大，应当积极作为。

全书由总报告、专题篇和区域篇三部分组成，共计19篇研究报告。总报告通过测度各省在经济高质量发展过程中的差异性和结构性，系统评价长江中游城市群发展水平，有助于深入把握长江中游城市群高质量发展情况与发展格局。专题篇主要从长江中游城市群循环经济、绿色发展和长江中游航运金融等方面展开研究。区域篇分别研究湖北、湖南和江西三省推进经济高质量发展的具体做法和经验借鉴，其中湖北省侧重于长江经济带发展、湖南省侧重于区域协调发展、江西省侧重于现代化经济体系建设，并对三个省会城市进行了重点研究，武汉、南昌全面研究高质量发展，长沙主要研究汽车产业高质量发展。此外，襄阳和九江从绿色发展的角度、荆州从新旧动能转换的角度研究推进高质量发展，荆门则从全省区域和产业发展布局的角度研究自身加快发展、高质量发展。尽管对各市研究选取的角度不尽相同，但共同方向都是以创新驱动产业转型升级，为长江中游城市群高质量发展提供有力支撑。

关键词： 长江中游城市群　高质量发展　绿色发展

目　录

Ⅰ　总报告

Ⅱ　专题篇

Ⅲ 区域篇

皮书数据库阅读**使用指南**

总 报 告

General Report

B.1 长江中游城市群高质量发展水平研究

秦尊文　吴晗晗　陈丽媛*

摘　要： 2018 年底，中央经济工作会议聚焦高质量发展，会议公报明确指出："推动高质量发展，是保持经济持续健康发展的必然要求，是适应我国社会主要矛盾变化和全面建成小康社会、全面建设社会主义现代化国家的必然要求，是遵循经济规律发展的必然要求。"本报告通过测度各省在高质量发展过程中的差异性和结构性，系统评价长江中游城市群高质量发展水平，这将有助于我们深入把握长江中游城市群高质量发展的实施情况与发展格局。

* 秦尊文，湖北省人民政府咨询委员，湖北省"一带一路"研究院院长，湖北省社会科学院研究员，研究方向为区域经济、城市经济；吴晗晗，湖北省社会科学院长江流域经济研究所助理研究员，研究方向为区域经济、人口资源环境经济；陈丽媛，湖北省社会科学院长江流域经济研究所副研究员，研究方向为区域经济、生态经济。

关键词： 新时代 长江中游城市群 高质量发展

一 长江中游城市群高质量发展现状

（一）经济发展水平稳步提升

2018 年，长江中游城市群湘、鄂、赣三省地区生产总值 9.77 万亿元，占全国比重为 10.85%，人均地区生产总值分别为 5.29 万元、6.65 万元、4.74 万元，经济基础平稳提升。江西省 2018 年经济增速 8.7%，高于全国平均水平 2.1 个百分点，居全国第 4 位、中部第 1 位，其中赣州、上饶、南昌、九江经济增速分别达到 9.3%、9.0%、8.9%、8.7%，11 个地市增速均超过 8%。湖北和湖南两省经济增速持平，均为 7.8%，总量分别排全国第 7 位、第 8 位。

湖北省 2018 年地区生产总值 3.94 万亿元，占长江中游城市群三省地区生产总值的 40.3%，居三省首位。三次产业结构为 8.5∶39.7∶51.8。地方财政总收入和地方公共财政预算收入分别为 5685 亿元、3307 亿元，增速均达到 8.5%。各项金融机构年末存款余额为 5.54 万亿元，占长江中游城市群三省的 39.7%。其中，武汉市地区生产总值 1.48 万亿元，增速 8%。

湖南省经济也保持了较快增长。2018 年，全省地区总产值 3.64 万亿元，比上年增长 7.8%，占长江中游城市群三省地区生产总值的 37.3%。三次产业结构为 9.0∶43.4∶47.6，产业增加值分别为 3083.6 亿元、14453.5 亿元和 18888.7 亿元，分别比上年增长 3.5%、7.2% 和 9.2%。长株潭地区生产总值 15796.3 亿元，增长 8.3%；人均地区生产总值 5.29 万元，增长 7.2%；各项金融机构年末存款余额为 4.90 万亿元，占长江中游城市群三省的 35.1%。

2018 年，江西省地区生产总值 2.20 万亿元，比 2017 年增长 8.7%。三次产业结构为 8.6∶46.6∶44.8，其增加值分别为 1877.3 亿元、10250.2 亿元、9857.2 亿元，分别比上年增长 3.4%、8.3% 和 10.3%，对 GDP 增长的贡献率分别为3.7%、48.2%和48.1%。规模以上工业增加值增速达到8.9%，全社会固定资产投资和消费品零售总额增速在三省中最高，分别达到11.1%、11%（见表1）。

表1　2018年长江中游城市群三省相关经济指标及增速

单位：亿元，%

省份	地区生产总值	规上工业增加值	三次产业结构	全社会固定资产投资	全社会消费品零售总额	金融机构年末存款余额
湖北省	39366.55 （7.8）	48882.62 （7.1）	8.5∶39.7∶51.8	35378.55 （11）	18333.6 （10.9）	55371.19 （7.1）
湖南省	36425.8 （7.8）	11916.4 （7.4）	9.0∶43.4∶47.6	34460.8 （10）	15638.3 （10）	48994.6 （4.8）
江西省	21984.8 （8.7）	9271.38 （8.9）	8.6∶46.6∶44.8	24536.81 （11.1）	7566.4 （11）	35069.5 （8.5）

注：括号内数据为增速。

资料来源：各省2018年国民经济与社会发展统计公报，2018年各省政府工作报告等。

（二）科技创新能力不断提高

长江中游城市群拥有良好的科技创新优势，为高质量发展奠定坚实基础。湘、鄂、赣三省共拥有两院院士156名，其中湖北80人、湖南73人、江西3人；国家重点实验室及工程技术研究中心90个，其中湖北省46个（国家重点实验室27个、国家工程技术研究中心19个），湖南省30个（国家重点实验室16个、国家工程技术研究中心14个），江西省14个。各类科技企业孵化器及众创空间、企业研发中心和产业共性技术中心使科技创新体系不断壮大完善。

研发投入方面。2017年，长江中游城市群R&D机构数为349个，占全国比重为9.84%，其中湖北、湖南、江西三省R&D机构数分别为116个、119个和114个。R&D人员全时当量为26274人年，占全国比重为6.48%，其中湖北、湖南、江西三省R&D人员全时当量分别为13661人年、6970人年、5643人年。R&D经费内部支出1289846万元，占全国比重为5.3%，其中湖北、湖南、江西三省 R&D 经费内部支出分别为 82 亿元、32 亿元、15 亿元。

科技成果及创新机制方面。2017 年三省专利申请受理数比上年增长 13.64%，占全国比重从 2016 年的 6.5% 增长为 7.32%；授予专利权数比上年增长 8.44%，占全国比重从 2016 年的 5.9% 增长为 6.81%。分省份来看，湖北省技术合同成交金额比 2016 年增长 14.9%；湖南省共申请专利 7.79 万项，获授权专利 3.79 万项，分别比 2016 年增长 12.96% 和 10.02%；江西省 2017 年技术合同成交额 96.19 亿元，较上年增长 17.87%。湖北省出台综合性文件持续为创新创业清障搭台。湖南省先后出台系列规划，持续推进科技成果转化体制机制、创业促进机制创新。江西省组织实施了科技创新“六个一”工程，采取系列政策措施。三省一系列创新政策，使科技创新逐渐体系化和制度化，为长江中游城市群创新合作提供了政策红利。

（三）生态绿色发展成效显著

长江中游城市群湘、鄂、赣三省深入贯彻习近平生态文明思想，努力践行生态优先、绿色发展的高质量发展道路，大力推进生态修复与环境保护，以工业技改及产业转型升级推进节能降耗。

湖北省作为长江干流流经里程最长的省份，把修复长江生态摆在压倒性位置，实施沿江化工企业专项整治等长江大保护十大标志性战役，在探索高质量发展新路上迈出新步伐，启动实施加快发展绿色产业、推进绿色宜居城镇建设、大力发展绿色金融、倡导绿色生活方式和消费模式等“十大战略性举措”。2018 年，全省地表水环境质量状况稳中趋好，全省 179 个河流监测断面，水质优良断面比例为 89.4%，同比提高 2.8 个百分点，较 2015 年提高 5.2 个百分点；劣Ⅴ类断面比例为 1.1%，同比下降 2.8 个百分点，较 2015 年下降 4.4 个百分点。2017 年 12 月，国家统计局、国家发改委、环保部、中组部发布的《2016 年生态文明建设年度评价结果公报》显示，湖北的绿色发展指数排名全国第七、中部第一。

湖南省大力实施各项标志性战役，完成产业绿色转型等多项改革试点，生态环境质量持续改善，生态优势巩固提升，建立湘江流域生态补偿机制，完善重点生态功能区转移支付制度，大力实施生态保护修复。2018 年，全省 5 个市州空气质量达到二级标准，达到或优于Ⅲ类标准的水质断面比重为 94.5%，比上年提高 0.9 个百分点，完成植树造林面积 35.6 万公顷，活立木蓄积 5.7 亿立方米，森林覆盖率达 59.82%。

江西省聚焦全流域、全方位、全体系、全过程，围绕水资源保护、水污染治理、生态修复与保护、城乡环境综合治理、岸线资源保护利用、绿色产业发展等六大领域，持续开展“清河行动”，系统推进工业污染防治综合治理行动、城乡环境综合治理行动、农业面源污染防治行动等各类专项整治工作，长江中游生态安全保障能力大为提升。全省空气质量优良率 86.2%，国家考核断面水质达标率 92%，森林覆盖率稳定在 63.1%。

（四）社会公共服务持续完善

近年来，长江中游城市群三省社会公共服务水平不断提高，民生持续改善，居民生活幸福感不断提升。湖南省 2018 年财政民生支出 5241.52 亿元，占全省一般公共预算支出的比重超过七成。其中，教育支出 1189.46 亿元、农林水支出 897.05 亿元、扶贫支出 269.45 亿元、住房保障支出 229.65 亿元。全省拥有卫生机构数 25.62 万个、卫生机构技术人员数 43.7 万人；每万人口拥有床位数 70.2 张，每万人口拥有医生数 26.2 人。江西省 2018 年在重点支出中，教育支出 1052.2 亿元，增长 11.9%；社会保障和就业支出 762.6 亿元，增长 14.9%；城乡社区支出 702.8 亿元，增长 36.2%；医疗卫生与计划生育支出 586.9 亿元，增长 19.2%。湖北省人均期望寿命从 75.86 岁增长到 76.6 岁，孕产妇死亡率从 15.13/10 万下降至 9.96/10 万，婴儿死亡率从 9.98‰下降到 5.63‰，位居中西部地区前列。基本公共卫生服务经费从 2009 年的人均 15 元增加到人均 50 元。截至 2018 年末，全省共有医疗卫生机构 36492 家，医院床位数 39.5 万张，卫生技术人员数 41.08 万人，平均每千人拥有病床 4.76 张、卫生技术人员 6.94 人。

二　长江中游城市群高质量发展水平评价指标体系

中央经济工作会议指出："必须加快形成推动高质量发展的指标体系、政策体系、标准体系、统计体系、绩效评价、政绩考核，创建和完善制度环境，推动我国经济在实现高质量发展上不断取得新进展。"本报告将按照指标设计原则，结合长江中游城市群发展实际情况，设计长江中游城市群高质量发展水平评价指标体系。

（一）指标设计原则

指标体系的设定需要考虑一般性原则和评价目的。在长江中游城市群高质量发展水平评价指标体系的设计过程中，需要遵循指标体系设计的一般性原则，设定符合长江经济带特色的高质量发展评价指标体系，以达到本报告的研究目的。具体包括以下几个原则。

1. 科学性原则

要求各级指标的概念、原理、定义和论证都能够客观合理地对评价对象进行评估。首先要以科学的理论为基础，其次要基于客观可靠的指标，最后要基于科学的评价方法。高质量评价指标体系必须基于党中央关于高质量发展的正确论断，选择合适的评价方法进行权重赋值和得分计算，对高质量发展水平作出客观评价。

2. 完备性原则

高质量发展是经济高效、结构优化、区域协调、绿色环保和创新驱动的有机统一，在高质量发展过程中，要注重经济发展过程中的提质增效、结构优化、生态环保、科技创新和社会公共服务等多方面问题。因此，高质量发展评价指标体系，应该全面反映各省高质量发展在各个方面的表现。

3. 适用性原则

从宏观角度来看，我国指标体系通常有国家级、省级、地级和县级等层面的评价指标体系。从宏观角度来说，可以以全国所有县级行政单位为考核对象；从微观角度来说，存在企业、个人等层面的评价指标体系；从区域层面来说，不同区域现实情况不同，会导致某些评价指标不完全适用于所有评价对象。因此，在设计指标体系时，必须重视指标的适用性问题，从而更为精准地反映长江中游城市群经济发展质量。

4. 可得性原则

是指标体系构建的核心原则，意味着数据可以从权威可靠的渠道获得。可得性首先要求该项统计指标有明确的来源，所选指标可从相关统计年鉴、政府官方网站、统计数据库、权威期刊、实地调研等途径获得，如果确定该项指标无法从可靠渠道获得，则该项指标无法用于评价。

5. 可比性原则

指标的选取能够保证个体之间可比。可比性要求每一项指标能够正确反映省份之间的差距，确保指标在横向比较中能反映各对象的实际情况。

6. 导向性原则

主要要求评价指标体系能够体现正确价值导向和政策导向。在当今高质量发展成为主流认知的大背景下，高质量发展水平的评价指标体系必须体现“创新、协调、绿色、开放、共享”等新发展理念的要求，不能有悖于历史潮流。

（二）指标构建及解释

1. 指标体系构建

高质量发展包含众多内容、因素交织与共同作用的结果。汪小国等从经济效益、技术创新、绿色发展等六个方面，对制造业高质量发展水平进行测度。任保平等认为新时代中国高质量发展的标准应包含有效性、协调性、创新性、持续性和分享性等方面。张丽伟等认为应从微观、中观和宏观三个层级 12 个维度 60 个具体指标衡量经济高质量发展。张文会等构建了包括创新驱动、结构优化、绿色发展等七个方面的指标体系，对制造业高质量发展进行了评价。刘尧远等从经济增长稳定、资源配置效率、居民生活质量、基础设施建设、科技创新能力、生态文明建设六个子系统出发，构建指标体系，

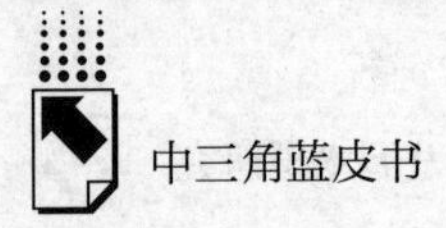

对江苏沿海城市经济高质量发展水平进行测算。

通过过往研究可以看出，高质量发展水平测度尽管存在不同的评价方案，但依然可以明显看出经济绩效、产业结构、科技创新及绿色共享是衡量一个城市或一个区域高质量发展水平最为主要的几个方面，除此之外，经济结构、区域协调同样得到较多关注。归纳既有研究成果，本报告认为，高质量发展实质上是一个城市或一个区域经济社会发展的综合评价，可以从经济社会发展基础、科技创新能力、绿色环保与社会共享等多个方面考虑。因此，本报告充分借鉴既有研究成果，将各指标进行分解与综合，以系统性、层次性，绝对指标与相对指标相结合为原则，兼顾数据的可获得性，确定经济绩效、经济结构、科技创新、绿色环保及社会服务 5 个二级指标，选取 25 个三级指标构建指标体系。

具体来讲：第一层为目标层，即长江中游城市群高质量发展水平；第二层为准则层，从经济绩效、经济结构、科技创新、绿色环保及社会服务五个角度分类对各省高质量发展进行评估；第三层为指标层，从数据的可获得性等角度出发，最终选取 25 个具体指标纳入指标体系。具体指标见表 2。

2. 指标解释与说明

（1）经济绩效

高质量既要求经济社会发展，也要在质与效两方面有较高的水平，因此本报告选取人均 GDP、人均一般公共财政预算收入、人均社会消费品零售总额、规模以上工业企业总资产贡献率、规模以上工业企业产品销售率 5 个指标，从经济总量与速度两方面对经济绩效进行评价：①人均 GDP，人均 GDP 为 GDP 与一个国家或者地区的常住人口之比；②人均一般公共财政预算收入，体现经济系统的财政创收能力；③人均社会消费品零售总额，用以衡量社会消费水平；④规模以上工业企业总资产贡献率，反映企业全部资产的获利能力，是评价和考核企业盈利能力的核心指标，根据各省市统计年鉴的数据，对总资产贡献率的核算以规模以上工业企业为对象；⑤规模以上工业企业产品销售率，用以研究工业产品满足社会需求程度的指标，计算公式为：产品销售率 = 工业销售产值/工业总产值。

表 2　长江中游城市群高质量发展水平评价指标体系

一级指标	二级指标	编码	三级指标	单位
长江中游城市群高质量发展水平	经济绩效（A）	A1	人均 GDP	万元
		A2	人均一般公共财政预算收入	万元
		A3	人均社会消费品零售总额	万元
		A4	规模以上工业企业总资产贡献率	%
		A5	规模以上工业企业产品销售率	%
	经济结构（B）	B1	居民消费支出占 GDP 比重	%
		B2	常住人口城镇化率	%
		B3	第三产业产值占 GDP 比重	%
		B4	民营经济增加值占 GDP 比重	%
		B5	金融相关比	%
	科技创新（C）	C1	万人拥有规模以上工业企业 R&D 人员全时当量	人年
		C2	万人在校大学生数	人
		C3	R&D 内部经费支出占 GDP 比重	%
		C4	每万元 GDP 全省合同技术交易额	元
		C5	规模以上工业企业 R&D 科技活动项目数	件
	绿色环保（D）	D1	万元 GDP 能耗	吨标准煤
		D2	万元 GDP 废水排放量	吨
		D3	万元 GDP 废气中烟粉尘排放量	吨
		D4	万元 GDP 废气中二氧化硫排放量	吨
		D5	工业固体废弃物综合利用率	%
	社会服务（E）	E1	城镇居民人均可支配收入	元
		E2	农村居民人均可支配收入	元
		E3	万人拥有卫生机构床位数	张
		E4	农村居民恩格尔系数	0 ~ 1
		E5	城市建成区绿地覆盖率	%

（2）经济结构

从经济增长结构、市场主体结构等角度选取居民消费支出占 GDP 比重、常住人口城镇化率、第三产业产值占 GDP 比重、民营经济增加值占 GDP 比重及金融相关比 5 个指标。其中，①居民消费支出占 GDP 比重，用以衡量经济增长动力结构的优化程度，计算公式为：居民消费支出占 GDP 比重 = 居民消费支出/GDP；②常住人口城镇化率，用以综合反映经济结构的变化；

③第三产业产值占 GDP 比重，用以衡量产业结构的优化程度；④民营经济增加值占 GDP 比重，用以反映市场发育程度，计算公式为：民营经济增加值占 GDP 比重 = 民营经济增加值/GDP；⑤金融相关比，从金融和实体经济之间的关系层面衡量经济结构的优化程度。

（3）科技创新

在知识经济时代，基于研究与开发的知识积累以及人力资本是推动经济增长的主要源泉，所以创新被视为科技研发与人力资本投入的结果。因此，本报告选择万人拥有规模以上工业企业 R&D 人员全时当量、万人在校大学生数、R&D 内部经费支出占 GDP 比重、每万元 GDP 全省合同技术交易额、规模以上工业企业 R&D 科技活动项目数 5 个指标，除衡量在科技创新与研发方面的人力资本投入水平与结构情况外，同时将高校在校学生这一衡量城市研发人力资本蓄水池的储备情况纳入分析范围，对科技创新方面的投入产出状况和重视程度进行考量。

（4）绿色环保

绿色可持续发展方式是经济社会发展的前提，因此本报告从能耗及污染物两方面选取万元 GDP 能耗、万元 GDP 废水排放量、万元 GDP 废气中烟粉尘排放量、万元 GDP 废气中二氧化硫排放量、工业固体废弃物综合利用率 5 个指标，对绿色环保进行衡量。其中，第一个指标用以衡量经济活动对能源的利用程度，反映经济结构和能源利用效率变化；后面的四个指标，分别对经济活动及与居民生活息息相关的水、气、固废进行衡量，反映地区环境污染情况。

（5）社会服务

主要从社会公平的角度衡量高质量发展水平，选取城镇居民人均可支配收入、农村居民人均可支配收入、万人拥有卫生机构床位数、农村居民恩格尔系数、城市建成区绿地覆盖率 5 个指标，涉及生活水平和公共服务两方面。其中，城镇居民人均可支配收入与农村居民人均可支配收入分别反映城镇居民与农村居民的收入水平；万人拥有卫生机构床位数用以衡量现有医疗资源；农村居民恩格尔系数用以衡量农村居民生活水平；城市建成区绿地覆盖率用以衡量城镇居民生活品质，计算公式：城市建成区绿地覆盖率 = 城市公共绿地面积/城市建成区面积。

（三）数据及方法说明

1. 数据说明

主要数据来源有：2012～2018 年中国城市统计年鉴、中国科技统计年鉴、中国能源统计年鉴、湖北省统计年鉴、湖南省统计年鉴、江西省统计年鉴、政府工作报告，各省统计局、科技局、经信委、发改委官方网站发布的相关统计数据等。

2. 方法说明

（1）标准化

考虑到评价指标体系中各指标单位的不同和评价指标的性质，尤其是高质量发展水平高低取决于评价指标数值的大小，而统计数据样本存在统计单位差异，需要对数据进行无量纲化处理，标准化过程如下。

对于正向指标，处理公式为：

$$Z_{ij} = \frac{a_{ij} - \min(a_{1j}, a_{2j}, \cdots, a_{mj})}{\max(a_{1j}, a_{2j}, \cdots, a_{mj}) - \min(a_{1j}, a_{2j}, \cdots, a_{mj})} \times 40 + 60$$

对于负向指标，处理公式为：

$$Z_{ij} = \frac{\max(a_{1j}, a_{2j}, \cdots, a_{mj}) - a_{ij}}{\max(a_{1j}, a_{2j}, \cdots, a_{mj}) - \min(a_{1j}, a_{2j}, \cdots, a_{mj})} \times 40 + 60$$

（2）权重赋值

首先，需要确定各子系统及其内部指标的权重，以便于了解各子系统和各指标在高质量发展水平评价指标体系中的重要性，从而对其进行权重分配。在确定指标权重的优化模型的指导下，本报告通过运用改进熵值法对各子系统进行了综合权重分析。该研究方法的主要目的是尽可能避免出现指标权重的不确定性，以达到各指标赋值的主客观一致性，同时也确保各子系统内部权重之和为 1。

计算第 j 项指标下第 i 个城市指标值的比重，公式如下：

$$P_{ij} = \frac{z_{ij}}{\sum_{i=1}^{m} z_{ij}}$$

计算第 j 项指标的熵值，公式如下：

$$e_j = -k\sum_{i=1}^{m} P_{ij}\ln P_{ij}$$

为了保证 e_j 始终在 0 到 1 之间，设：

$$k = \frac{1}{\ln m}$$

对于给定的 j，Z_{ij} 差异越小，e_j 越大；当 Z_{ij} 全部相等时，$e_j = 1$，此时该指标的设置就失去了意义；只有当各方案指标值差异较大时，e_j 越小，该项指标所起的作用越大。

定义差异性系数：

$$g_j = 1 - e_j$$

当 g_j 越大时，指标越重要。

定义权重，其定义公式为：

$$w_j = \frac{g_j}{\sum_{j=1}^{n} g_j}$$

依据上述方法，计算长江中游城市群高质量发展水平最终各级评价指标权重见表 3。

（3）高质量发展水平得分

各省的综合得分是通过子系统得分与子系统权重加权求和所得到的，而各省子系统得分则是各子系统指标经过标准化处理后的比重数值与其综合权重加权求和所得。

表 3　长江中游城市群高质量发展水平评价指标权重

一级指标	二级指标	权重	三级指标	权重
长江中游城市群高质量发展水平	经济绩效（A）	0. 2062	人均 GDP	0. 1698
			人均一般公共财政预算收入	0. 1825
			人均社会消费品零售总额	0. 1787
			规模以上工业企业总资产贡献率	0. 2434
			规模以上工业企业产品销售率	0. 2256
	经济结构（B）	0. 1698	居民消费支出占 GDP 比重	0. 2672
			常住人口城镇化率	0. 1287
			第三产业产值占 GDP 比重	0. 2126
			民营经济增加值占 GDP 比重	0. 1919
			金融相关比	0. 1995
	科技创新（C）	0. 2127	万人拥有规模以上工业企业 R&D 人员全时当量	0. 2460
			万人在校大学生数	0. 1678
			R&D 内部经费支出占 GDP 比重	0. 1297
			每万元 GDP 全省合同技术交易额	0. 3024
			规模以上工业企业 R&D 科技活动项目数	0. 1541
	绿色环保（D）	0. 1772	万元 GDP 能耗	0. 1601
			万元 GDP 废水排放量	0. 2746
			万元 GDP 废气中烟粉尘排放量	0. 1527
			万元 GDP 废气中二氧化硫排放量	0. 2059
			工业固体废弃物综合利用率	0. 2067
	社会服务（E）	0. 2341	城镇居民人均可支配收入	0. 1844
			农村居民人均可支配收入	0. 2076
			万人拥有卫生机构床位数	0. 1596
			农村居民恩格尔系数	0. 1841
			城市建成区绿地覆盖率	0. 2642

各项得分计算方法如下：

$$v_i = \sum_{j=1}^{n} w_j P_{ij} \times 100$$

其中，v_j 代表各系统加权后的得分，w_j 代表权重，p_{ij} 代表每一项标准化之后的指标值比重。

三　长江中游城市群高质量发展水平综合评价

为更好推动长江中游城市群高质量发展，下文通过对长江中游城市群高质量发展水平及湖北、湖南、江西三省间的横向与纵向比较，发现各区域在高质量发展水平方面的现状、优势与存在的不足，为制定有针对性的高质量发展策略提供重要依据。

（一）长江中游城市群高质量发展总体水平

1. 高质量发展水平

根据测算结果，2011～2017年长江中游城市群高质量发展水平得分见表4。

表4　2011～2017年长江中游城市群高质量发展水平得分

单位：分

省份	2011年	2012年	2013年	2014年	2015年	2016年	2017年
湖北	71.96	74.84	78.10	80.45	81.81	85.12	87.24
湖南	72.16	72.74	75.06	77.85	79.66	82.64	85.31
江西	72.74	75.35	77.35	78.67	81.34	82.80	84.64
均值	72.29	74.31	76.84	78.99	80.94	83.52	85.73

从表4可以看出，2011～2017年，长江中游城市群三省高质量发展水平得分总体呈上升趋势，均值从2011年的72.29分上升为2017年的85.73分，增加13.44分，年均增长2.88%。三省中，湖北高质量发展水平得分增幅及年均增长率最快且在均值水平之上，分别为15.28分和3.26%，其次为湖南，6年间增幅及年均增长率分别为13.15分和2.83%，江西高质量发展水平得分增幅及年均增长率最低，分别为11.9分和2.56%。

2. 经济绩效

根据测算结果，2011～2017年长江中游城市群高质量发展经济绩效得分见表5。

表 5　2011～2017 年长江中游城市群高质量发展经济绩效得分

单位：分

省份	2011 年	2012 年	2013 年	2014 年	2015 年	2016 年	2017 年
湖北	69.05	70.58	74.67	75.50	76.06	79.64	80.68
湖南	78.31	77.91	77.51	78.44	77.67	81.41	80.77
江西	74.12	78.07	81.86	81.75	83.44	82.32	84.26
均值	73.83	75.52	78.02	78.56	79.06	81.12	81.90

从表 5 分析得到，2011～2017 年长江中游城市群高质量发展经济绩效得分总体呈增长趋势，得分均值从 2011 年的 73.83 分上升为 2017 年的 81.9 分，增加 8.07 分，年均增长 1.74%。分省来看，江西省经济绩效得分最高，6 年间增幅及年均增速都高于均值；湖南省得分基数最高，但在增幅及年均增速上明显落后于另外两省；湖北省得分基数虽然为三省最低，但在增幅及年均增速上居三省之首。

3. 经济结构

根据测算结果，2011～2017 年长江中游城市群高质量发展经济结构得分见表 6。

表 6　2011～2017 年长江中游城市群高质量发展经济结构得分

单位：分

省份	2011 年	2012 年	2013 年	2014 年	2015 年	2016 年	2017 年
湖北	67.63	70.05	73.01	77.07	80.66	83.31	86.79
湖南	78.31	75.42	76.90	82.16	86.74	87.86	89.47
江西	73.88	76.71	79.94	83.23	88.58	92.32	85.79
均值	73.28	74.06	76.62	80.82	85.33	87.83	87.35

从表 6 分析得到，2011～2017 年，长江中游城市群高质量发展经济结构得分总体呈上升趋势，得分均值从 2011 年的 73.28 分上升为 2017 年的 87.35 分，增加 14.07 分，年均增长率 2.97%。三省中，湖北省经济结构得分增幅和年均增长率最高，且位于均值水平以上，江西排名第二，湖南排名第三，两省经济结构得分增幅和年均增长率都低于均值。

4. 科技创新

根据测算结果，2011～2017 年长江中游城市群高质量发展科技创新得分见表 7。

表 7　2011～2017 年长江中游城市群高质量发展科技创新得分

单位：分

省份	2011 年	2012 年	2013 年	2014 年	2015 年	2016 年	2017 年
湖北	77.46	80.86	86.77	90.26	91.03	95.03	98.13
湖南	66.65	69.17	74.20	75.89	75.79	77.05	82.03
江西	62.45	63.22	65.42	66.40	70.48	71.57	77.46
均值	68.86	71.08	75.46	77.52	79.10	81.22	85.87

从表 7 可以得到，2011～2017 年，长江中游城市群高质量发展科技创新得分总体呈上升趋势，得分均值从 2011 年的 68.86 分上升为 2017 年的 85.87 分，增加 17.01 分，年均增长率 3.75%。湖北省在增幅及年均增长率上均居三省首位，且在均值以上，湖南省排名第二，江西省排名第三，两省增幅及年均增长率在均值水平以下。

5. 绿色环保

根据测算结果，2011～2017 年长江中游城市群高质量发展绿色环保得分见表 8。

表 8　2011～2017 年长江中游城市群高质量发展绿色环保得分

单位：分

省份	2011 年	2012 年	2013 年	2014 年	2015 年	2016 年	2017 年
湖北	76.52	80.70	83.13	84.33	84.58	88.27	88.09
湖南	72.47	75.10	77.51	80.00	82.52	88.25	92.71
江西	74.02	78.49	80.84	81.76	82.37	84.90	88.85
均值	74.34	78.09	80.49	82.03	83.16	87.14	89.88

从表 8 可以得到，2011～2017 年，长江中游城市群高质量发展绿色环保得分呈上升趋势，从 2011 年的 74.34 分上升为 2017 年的 89.88 分，增加

15.54 分，年均增长率 3.21%。湖南省绿色环保得分增幅及年均增长率在三省中居首位，且高于均值，江西省排名第二，湖北省居末位，且江西省及湖北省增幅及年均增长率都处于均值水平以下。

6. 社会服务

根据测算结果，2011～2017 年长江中游城市群高质量发展社会服务得分见表 9。

从表 9 可以得到，2011～2017 年，长江中游城市群高质量发展社会服务得分呈上升趋势，从 2011 年的 72.10 分上升为 2017 年的 85.19 分，增加 13.09 分，年均增长率 2.82%。湖南、湖北两省社会服务增幅及年均增长率都在均值水平之上，分别排名第一和第二，江西省排名居末位，且增幅及年均增长率都低于均值水平。

表 9　2011～2017 年长江中游城市群高质量发展社会服务得分

单位：分

省份	2011 年	2012 年	2013 年	2014 年	2015 年	2016 年	2017 年
湖北	69.24	72.17	73.13	75.41	77.23	79.87	82.80
湖南	67.97	67.71	70.50	74.38	77.63	80.77	83.68
江西	79.09	80.60	79.70	81.48	83.32	84.92	89.09
均值	72.10	73.50	74.44	77.09	79.39	81.85	85.19

7. 总体分领域均值水平结果

综合 2011～2017 年长江中游城市群高质量发展水平得分及年均增速（见表 10）可以看出：科技创新年均增长速度最快，其次为绿色环保，经济结构排名第三，社会服务及经济绩效分别排名第四和第五，实证测算结果与现实发展情况相符，也说明本报告评价指标选取及构建的合理性。

随着创新驱动发展战略的实施，长江中游城市群三省将科技创新作为高质量发展的根本动力，通过不断提高企业创新能力，推动经济向高效高质方向发展。同时，在生态文明建设的硬性约束下，三省坚持生态优先、绿色发展，将高质量发展建立在生态环境可持续上，通过供给侧改革，调整经济及产业结构，为居民提供更加均等的公共服务和更大的经济总量。

表10　2011～2017年长江中游城市群高质量发展水平得分及年均增长率

单位：分，%

名称	2011年	2012年	2013年	2014年	2015年	2016年	2017年	年均增长率
高质量发展水平	72.29	74.31	76.84	78.99	80.94	83.52	85.73	2.88
经济绩效	73.83	75.52	78.02	78.56	79.06	81.12	81.90	1.74
经济结构	73.28	74.06	76.62	80.82	85.33	87.83	87.35	2.97
科技创新	68.86	71.08	75.46	77.52	79.10	81.22	85.87	3.75
绿色环保	74.34	78.09	80.49	82.03	83.16	87.14	89.88	3.21
社会服务	72.10	73.50	74.44	77.09	79.39	81.85	85.19	2.82

（二）湖北省高质量发展水平

根据测算结果，2011～2017年湖北省高质量发展水平得分及年均增长率见表11。

表11　2011～2017年湖北省高质量发展水平得分及年均增长率

单位：分，%

名称	2011年	2012年	2013年	2014年	2015年	2016年	2017年	年均增长率
高质量发展水平	71.96	74.84	78.10	80.45	81.81	85.12	87.24	3.26
经济绩效	69.05	70.58	77.51	75.50	76.06	79.64	80.68	2.63
经济结构	67.63	70.05	73.01	77.07	80.66	83.31	86.79	4.24
科技创新	77.46	80.86	86.77	90.26	91.03	95.03	98.13	4.02
绿色环保	76.52	80.70	83.13	84.33	84.58	88.27	88.09	2.37
社会服务	69.24	72.17	73.13	75.41	77.23	79.87	82.80	3.03

通过表11可以得到，2011～2017年，湖北省高质量发展水平得分从2011年的71.96分上升为2017年的87.24分，年均增长率为3.26%。在五个领域中，经济结构年均增长率最高，其次为科技创新，社会服务排名第三，经济绩效和绿色环保排名第四和第五。随着近年来的供给侧

结构性改革，经济结构对高质量发展的作用越来越明显，同时科技创新仍保持较高的贡献度，但在绿色环保方面，还存在一定的问题，对生态环境的保护缺乏更加有效的手段，已经采取的措施对经济的促进作用也存在滞后性。

（三）湖南省高质量发展水平

根据测算结果，2011～2017 年湖南省高质量发展水平得分及年均增长率见表 12。

表 12　2011～2017 年湖南省高质量发展水平得分及年均增长率

单位：分，%

名称	2011 年	2012 年	2013 年	2014 年	2015 年	2016 年	2017 年	年均增长率
高质量发展水平	72.16	72.74	75.06	77.85	79.66	82.64	85.31	2.83
经济绩效	78.31	77.91	77.51	78.44	77.67	81.41	80.77	0.52
经济结构	77.03	75.42	76.90	82.16	86.74	87.86	89.47	2.53
科技创新	66.65	69.17	74.20	75.89	75.79	77.05	82.03	3.52
绿色环保	72.47	75.10	77.51	80.00	82.52	88.25	92.71	4.19
社会服务	67.97	67.71	70.50	74.38	77.63	80.77	83.68	3.53

通过表 12 可以得到，2011～2017 年，湖南省高质量发展水平得分从 2011 年的 72.16 分上升为 2017 年的 85.31 分，年均增长率为 2.83%。在五个领域中，绿色环保年均增长率最高，其次为社会服务，科技创新排名第三，经济结构和经济绩效排名第四和第五。从结果来看，湖南省对生态环境保护和修复力度很大，居民生活所涉及的社会公共服务程度高，正因如此，其经济绩效和经济结构年均增长率都不高，需要加大对科技创新的重视程度，加强科技创新对高质量发展的作用力。

（四）江西省高质量发展水平

根据测算结果，2011～2017 年江西省高质量发展水平得分及年均增长率见表 13。

表 13　2011～2017 年江西省高质量发展水平得分及年均增长率

单位：分，%

名称	2011 年	2012 年	2013 年	2014 年	2015 年	2016 年	2017 年	年均增长率
高质量发展水平	72.74	75.35	77.35	78.67	81.34	82.80	84.64	2.56
经济绩效	74.12	78.07	81.86	81.75	83.44	82.32	84.26	2.16
经济结构	73.88	76.71	79.94	83.23	88.58	92.32	85.79	2.52
科技创新	62.45	63.22	65.42	66.40	70.48	71.57	75.72	3.26
绿色环保	74.02	78.49	80.84	81.76	82.37	84.90	88.85	3.09
社会服务	79.09	80.60	79.70	81.48	83.32	84.92	89.09	2.00

通过表 13 可以得到，2011～2017 年，江西省高质量发展水平得分从 2011 年的 72.74 分逐年上升为 2017 年的 84.64 分，年均增长率为 2.56%。在五个领域中，科技创新年均增长率仍然排名第一，其次为绿色环保，经济结构排名第三，经济绩效和社会服务排名第四和第五。从结果来看，江西省充分发挥科技创新的驱动作用，在绿色环保发展理念下，调整经济结构和发展方式，促进经济和社会公共服务高质量发展，这种情况与长江中游城市群高质量发展情况总体一致。

四　长江中游城市群高质量发展的政策建议

高质量发展的城市群可以优化区域发展格局，带动整个区域经济高质量发展。长江中游城市群要以五大发展理念为指引，在加强创新驱动、推动产业转型、绿色发展、区域与城乡协调发展、扩大对内对外开放等方面引领高质量发展。

（一）以创新驱动产业转型升级

要积极发挥长江中游城市群科教资源丰富、科研实力较为雄厚、国内市场巨大等综合优势，加强创新驱动，实施产业转型升级，积极培育新动能，促进新旧动能接续转换。

要引导企业实施重大科技项目，进一步激发企业创新创业活力，使企业成为创新创业的主体。积极搭建企业产学研平台，依托群内丰富的科研机构，引导企业与区内外科研院所、高校联合开展科技攻关合作，提高企业创新能力和市场竞争力。发挥自主创新示范区的示范引导作用，要以东湖和长株潭国家自主创新示范区、国家创新型城市（包括试点城市，如湖南的长沙、株洲、衡阳，湖北的武汉、宜昌等）、国家创新型县（市）等为引领，以群内国家级、省级等各类高新区、经开区等为重点，打造区域创新高地。同时，要加强群内科技资源共享，整合和完善群内实验材料、科学材料、科学仪器、科学文献等相关科技资源，建立科技资源共享服务平台，提高科技资源利用率。充分利用好长江中游城市群科技成果转化促进联盟，提高科技成果转化率。

推动新旧动能转换，培育壮大新动能。当前，新产业革命在世界范围兴起，为适应经济发展新形势的需要，我们必须改变传统的旧的思维方式，增强创新能力，大力发展新兴产业集群，以培育新的经济增长动力推动经济整体向高质量发展迈进。实现长江中游城市群高质量发展，大力发展新产业、新业态和新商业模式，不仅用新的经济动能来代替旧的经济动能，推动形成新经济增长点，同时也能带动和激活其他相关产业的发展。2018 年 4 月，湖北省为了加快推动新旧动能转换，出台了《关于加快新旧动能转换的若干意见》，以大数据智能化、新一代信息技术、地球空间信息、集成电路等十大重点产业引领湖北高质量发展。湖南的“智”造也在发力。早在 2017 年，长沙市设立智能制造发展专项扶持资金、专项产业基金，大力支持国家级重点平台建设，推广打造“长沙工业云”，新兴产业包括移动互联网、工业机器人、新材料、检验检测等蓬勃发展。江西近年来在 5G、VR、物联网、“互联网 +”、人工智能等方面持续发力，领跑全省经济高质量发展。如目前南昌市正成为全国 VR 产业集聚发展的高地，基本形成了集研发、设计、应用、投资等于一体的 VR 全产业链。要进一步加大对新经济发展的支持力度，发挥市场在资源配置中的决定性作用，政府要减少行政干预，坚持包容审慎监管原则，为新经济发展提供更优质的服务。

以创新驱动传统产业转型升级。钢铁、建材、机械、纺织服装、化工、造纸等传统产业在长江中游城市群经济发展中仍占据主体地位，很长一段时间仍将是维持城市群经济可持续发展的基础性力量。在高质量发展的要求下，要积极推进传统产业向价值链高端方向发展。首先要加强技术改造和升级，加快实施以信息化、智能化、自动化等为重点的技术改造，加快新装备、新技术、新工艺等的使用。其次，要大力实施“互联网+传统产业”，实施智能制造提升工程，推动传统产业向智能化、绿色化、高端化方向发展。同时，要进一步深化供给侧结构性改革，用改革的办法，市场化、法治化手段，巩固“三去一降一补”成果。推动落后产能继续清退，对于一些落后产能及转型转移无望的传统企业要坚决淘汰，为新兴产业以及优势产业发展腾出更多的空间和资源。政府部门也要加大对传统产业转型升级的财政金融支持力度。

（二）坚持生态优先、绿色发展

长江中游城市群高质量发展是在生态优先、绿色发展前提下的高质量发展。建成“两型社会”建设引领区是《长江中游城市群发展规划》提出的发展定位之一。武汉城市圈、长株潭城市群是两个国家级“两型社会”建设示范区，鄱阳湖、洞庭湖生态经济区是两个国家级的生态经济区，要以此为契机，探索生态优先、绿色发展的新路子，使之成为长江经济带“生态优先、绿色发展”样本工程。

严格保护生态资源。以主体功能区规划为准绳，严格按照四类开发区分类，控制开发强度。各地要以环保优先和自然修复为主，维护重点河湖库区等的健康生态；加强对天然林的保护，积极实施退耕还林，在群内生态比较脆弱、水土流失比较严重的区域进行封山育林；对群内湿地生态实施恢复工程，恢复其湿地功能；以国家级和省级自然保护区为重点，加强对珍稀濒危野生动植物的保护，共同保护城市群的生物多样性。

加大污染治理力度。加强群内环境污染协同治理，围绕水、土、气三大重点污染领域，进一步完善群内跨地区、跨部门的联防联控体系。以汉江、清江、赣江、湘江、洪湖、洞庭湖、鄱阳湖等重点河湖为主，实施水资源保护和污染防治。携手实施城市清洁空气行动计划、土污染防治行动计划，探索建立跨区域环保应急防控体系，提高应急反应能力。

大力发展绿色循环经济。实行最严格的环境准入制度，通过严格的项目环评、环境准入和有效的奖惩激励，倒逼和引导企业不断加快科技创新与升级，推动园区产业升级改造和生态化改造。加快发展绿色农业。充分利用群内宝贵农业资源，大力推广循环农业模式，积极推进国家有机食品生产基地建设，建设一批绿色生态农业示范区。充分发挥国家循环经济试点城市（湖北荆门、江西萍乡）示范带动效应，以国家级循环经济试点园区（湖南株洲市清水塘工业区、武汉市东西湖工业园区等）、国家资源枯竭型城市（萍乡、景德镇、黄石、潜江、钟祥等）转型建设为依托，大力支持重点企业、工业园区在传统产业包括钢铁、造纸、石化、机械制造、农产品加工等实施循环经济技术改造。完善废旧家电回收利用，废旧金属再生利用、再制造，再生资源回收利用体系建设，形成覆盖生产、流通、消费等各环节的资源循环利用体系。实施城市群区域内资源使用总量控制，大力推广节能、节水、节地工程与项目，提高资源综合利用率。积极推动资源循环高效利用，严格把控高耗能、高排放项目的建设，大力发展城市静脉产业，实现城市群资源高水平利用。

（三）统筹区域与城乡协调发展

党的十九大报告提出以城市群为主体构建大中小城市和小城镇协调发展的城镇格局。要紧紧围绕新时代区域协调发展战略的新要求，把握长江中游城市群城市化进程和城市群发展的阶段性特点，以中心城市为引领，以城市群为主体形态的空间载体平台带动城乡融合发展，推动城乡区域协调发展，从而整体提升长江中游城市群的城市化质量。

完善武汉、南昌、长沙中心城市功能。进一步提升三大中心城市功能，提高中心城市集聚与辐射带动功能。优化产业布局，积极向周边中小城市疏散非核心功能，为其发展提供更高生产要素的发展空间，也为促进周边中小城市发展提供新动力，实现城市群合理、有序、高效发展，推动城市群经济均衡高效发展。

积极推动中小城市协调发展。因地制宜加快群内中小城市城镇化发展步伐，大力发展劳动密集型产业和服务业。加强中小城市新城规划与建设，使之建设成为新的经济增长点。充分吸收中心城市与东部地区转移的优质资源，提高本区域生产效率。大力实施创新驱动，改造本区域传统落后产业；探索发展新经济、新模式，借鉴先进地区发展经验，探索缩小地区差距的新途径。抓住“一带一路”倡议等国家扩大开放机遇，大力实施全方位对方开放。

推动城乡基本公共服务相对均衡。鼓励和引导城镇基本公共服务资源向农村延伸，下大力气补齐农村和小城镇基本公共服务短板。落后地区要积极争取国家财政转移支付，省级政府要强化对本省域群内基本公共服务薄弱地区的扶持力度，逐步缩小城乡间差距，从而达到相对均衡状况。建立健全医疗卫生、劳动就业等基本公共服务跨城乡、跨区域流转衔接制度，强化跨区域基本公共服务统筹合作。

（四）逐步完善区域一体化建设

国际城市群发展经验表明，推动城市群一体化发展是实现城市群高质量发展的强大推动力。城市群一体化程度越高，区域内部就会越协调，城市群也就更具有活力，发展更有后劲。因此，长江中游城市要改变观念，打破壁垒，以基础设施互联互通、人才共享、信息互通等为突破口，进一步加强区域合作，推动各方面向一体化发展迈进。

进一步完善基础设施互联互通。国际上成熟的城市群，形成了交通、区域市场、公共服务等网络化的基础设施，一般具有区内联系紧密、区内生产要素自由流动、区外开放度高的特点。长江中游城市群业已具备合作的良好基础，近年来，以交通、旅游、文化、商务、生态等为重点，以联席会议为主要形式，召开了多次合作会议，尤其是每年召开一次省会城市会商会，签订各类合作行动计划，取得了一定的进展。今后要加强各类合作协议的落实，防止一纸空谈。同时，三省要加强合作，以《长江经济带综合立体交通走廊规划（2014～2020年）》为指导，积极探索研究长江中游城市群综合立体交通体系规划，打通三省内各类“断头路”，加快发展城际轨道交通，尽快补齐基础设施短板，构建城市群内高效便捷的现代化综合立体交通体系。要构建城市群内公共设施和公共服务互联共享机制，如探索建立区域内医疗卫生、公共交通、社区服务结算中心，实现公共服务“一卡通”。2015年长江中游城市群旅游年卡的发行，就是一次好的尝试。

推动人才共享、信息互通。人才是创新的主体，是高质量发展的“第一资源”。长江中游城市群所在的三省都是我国的人才输出大省，人力资源丰富，汇聚了各类科研机构和创新研究平台。一方面，要加强城市群内人才政策的衔接，破解限制人才流动的身份、户籍、社保等体制性障碍，实现高技能人才、专业技术人才等的资格互认与自由流动。加快推进城市群内专家库、人才项目、科技项目等信息库资源的共享共用，支持群内不同城市专业技术人员联合申报、共同攻关重大科研项目。另一方面，中部地区是人才的“洼地”，要探索柔性人才流动机制，本着“不求所有，但求所用”的原则，建立多元化的人才引进体系。

探索区域利益协调机制。以九江与小池、“通平修”等次区域合作示范区为突破口，进一步完善城市群常态化的沟通协调机制，突破区域协同发展的行政壁垒，推动产业、资本、技术等各类生产要素在区域内自由流动和优化配置。最主要的是，要按照利益共享原则，合理规范各种区域利益关系，形成长江中游城市群区域发展的自我协调机制。重点要运用好“财政转移支付”政策，进一步探索完善产业转移与承接实行的“税收分成”法、跨地区（流域）“生态补偿”法等，有效缓解群内区际利益冲突，在平等、互利、协作的基础上加强合作，促进各地区的共同进步。

（五）持续扩大对内对外开放

以开放促改革、促发展、促创新，通过内外联动，必将在高水平开放中推动长江中游城市群高质量发展。

积极融入国家战略，加快“走出去”步伐。第一，深入对接“一带一

路”国家倡议。紧紧抓住我国大力推动国际产能和装备制造合作契机，以城市群优势产业，如湖北的轨道交通、生物医药、装备制造等，湖南的装备制造、新能源、新材料、生物制药、电子信息、资源勘探开发、水稻育种、瓷器、烟花等，江西的航空及汽车制造、光伏新能源、轻工机械、有色金属、生物医药等为主，发挥知名企业的主导作用，探索多种出口模式，包括收购并购、成套设备出口、工程总承包、与第三方合作等，大步“走出去”。第二，发挥长江经济带“黄金水道”的优势，以群内铁路、港口、管网等为依托，着力构建陆海内外联动、东西双向互济的对外开放互联互通网络。湖北拥有长江干线37%以上的岸线长度，要大力发展江海联运，进一步提升中欧班列（武汉）辐射能力，加快利用天河机场和顺丰国际货运机场发展国际航空货运，分别打造水上开放通道、陆上开放通道、空中开放通道。湖南要以洞庭湖生态区建设为依托，将岳阳城陵矶港作为桥头堡，对接长江经济带，实现高水平对外开放。江西的九江拥有152公里长江岸线，要深入实施九江沿江开放开发战略，将其作为江西省扩大对外开放的战略支点。

完善软硬件基础设施条件，助推“走出去”步伐。首先，进一步完善对外开放通道。加强群内各口岸平台建设，提高口岸综合服务效率；探索建立群内口岸联络协调机制，加强通关协作，实现群内区域通关一体化。其次，紧跟国际国内重大交流平台。如积极参加华创会、中国中部国际产能合作论坛、上海合作组织成员国旅游部长会议、中国—北欧经济贸易合作论坛等国际活动，提高长江中游城市群在全球的影响力。最后，进一步完善营商环境。长江中游城市群各市县要以一流的营商环境为标准，努力实现“宽准入、减审批、降成本、提效率、增便利”，形成国际化、法制化、便利化的营商环境。

参考文献

任保平、文丰安：《新时代中国高质量发展的判断标准、决定因素与实现途径》，

《改革》2018 年第 4 期。

张丽伟、田应奎：《经济高质量发展的多维评价指标体系构建》，《中国统计》2019 年第 6 期。

师博、任保平：《中国省际经济高质量发展的测度与分析》，《经济问题》2018 年第 4 期。

张文会、乔宝华：《构建我国制造业高质量发展指标体系的几点思考》，《工业经济论坛》2018 年第 4 期。

刘尧远、韩曙平、黄萍：《江苏沿海城市经济高质量发展水平研究》，《大陆桥视野》2019 年第 7 期。

梁琦、张春叶、陈鹏：《广东省制造业集聚与扩散现状分析》，《产业经济评论》2009 年第 4 期。

刘家学：《时序多指标决策的层次分析法》，《系统工程与电子技术》1998 年第3 期。

杨万平、袁晓玲：《对外贸易、FDI 对环境污染的影响分析——基于中国时间序列的脉冲响应函数分析：1982～2006》，《世界经济研究》2008 年第 12 期。

秦尊文：《加快推进长江中游城市群一体化发展》，《政策》2015 年第 11 期。

彭智敏、汤鹏飞、吴晗晗：《长江经济带高质量发展指数报告》，长江出版社，2018。

张静：《以创新合作推进长江中游城市群高质量发展》，《湖北日报》2018 年 5 月 4 日。

专　题　篇

Special Reports

B.2
长江中游城市群循环经济评价与影响因素研究

张　静　罗甜甜*

摘　要： 本文分析了长江中游城市群循环经济发展现状，构建循环经济综合评价指标体系，按照 AHP－熵值法综合评价模型对长江中游城市群 2010～2016 年循环经济发展水平进行综合测度和分析，并构建 PCSE 回归模型进一步分析影响长江中游城市群循环经济发展的主要因素，在此基础上评价长江中游城市群循环经济发展水平及影响因素，探讨城市群循环经济发展的对策及建议。

关键词： 长江中游城市群　循环经济　AHP－熵值法　影响因素　PCSE

* 张静，湖北省社会科学院长江流域经济研究所副所长、研究员，研究方向为区域经济、经济史；罗甜甜，湖北省社会科学院长江流域经济研究所硕士研究生，研究方向为区域经济。

一 引言

改革开放以来，我国经济社会发展取得诸多成就，经济总量突破 90 万亿元，增长快速，然而经济的快速增长带来了各种问题，环境污染问题与经济增长趋势并存。在资源和环境问题日趋严重的背景下，循环经济理论从 20 世纪 90 年代被引入我国后就被迅速接受和广泛应用，不同于传统经济物质单向流动的线性模式，循环经济倡导资源再生利用，是一种新的可持续发展的经济增长模式。随着经济社会的发展，现阶段我国正在转向高质量发展阶段，市场机制尚不完善，存在资源供求矛盾，优化经济结构、变革增长方式成为当前我国经济发展的重要内容，在这一过程中，循环经济战略地位、制度建设和应用实践的长足发展，对推动生态文明建设、实现高质量发展意义重大。

发展循环经济是建设生态文明的重要抓手。从 2005 年《关于加快发展循环经济的若干意见》的出台到 2017 年《循环经济发展引领行动》等一系列循环经济政策文件的实施，国家越来越重视循环经济的发展，尤其是近年来循环经济试点单位政策的实施、法律法规的出台①、国家循环经济评价指标体系的公布②等方面的建设的完善，从战略地位、制度建设、实证评价、应用实践各方面促进了循环经济的发展。循环经济的本质同生态文明建设的发展目的相契合。生态文明建设的主要目的是使人口、环境和社会经济相互协调适应，这一点同循环经济的本质是相契合的。推进生态文明建设强调“在生产、流通、消费各环节大力发展循环经济”，③ 大力推行和发展循环经济能够有效减少资源的浪费和对生态环境的破坏，促进经济和环境协调，从而推动生态文明建设。

发展循环经济是实现高质量发展的有效路径。发展循环经济是建设现代

① 《中华人民共和国循环经济促进法》。

② 《循环经济发展评价指标体系（2017 年版）》。

③ 中共中央、国务院：《关于加快推进生态文明建设的意见》，2015 年 5 月 5 日。

化经济体系的重要内容。党的十九大报告提出要建立健全绿色低碳循环发展的经济体系。[①] 发展循环经济要求资源高效和再生利用，在发展过程中必然要求对经济结构的优化，而构建现代化经济体系正是对当前经济结构、增长方式的变革。建设现代化经济体系是适应我国经济由高速增长阶段转向高质量发展阶段的必然要求，[②] 循环经济作为现代化经济体系建设的重要内容，在发展过程中有利于经济结构的优化和新旧动能的转换，是实现高质量发展的有效路径。

长江中游城市群发展循环经济的必要性。习近平总书记在 2018 年 4 月视察长江时提出长江经济带生态环境形势依然严峻，要加快新旧动能的转换，实现高质量发展，以长江经济带发展引领全国经济高质量发展。长江中游城市群作为长江经济带的重要支撑，战略地位显著，正处在经济转型升级的关键阶段，面临新旧增长动力亟待转换、产业同质产能过剩、资源环境约束趋紧等突出问题，必须大力发展循环经济。推动长江中游城市群循环经济发展，有利于实现资源高效利用，减少环境污染，缓解资源环境约束趋紧的生态问题，加快生态文明建设；有利于加快培育新动能，改造提升传统优势动能，优化经济结构，加快推进经济高质量发展。

二　长江中游城市群循环经济发展现状分析

（一）长江中游城市群循环经济发展现状

1. 循环经济制度建设加快

湖北省重点推进循环经济与产业绿色发展相结合，先后出台多部文件完善制度建设。2017 年出台文件要求重点发展高效节能、先进环保、资源循

---

① 习近平：《决胜全面建成小康社会夺取新时代中国特色社会主义伟大胜利——在中国共产党第十九次全国代表大会上的报告》，《学理论》2017 年第 11 期。

② 郭斐然、李雯博、张建平：《中国经济呈现高质量发展的新特征新趋势》，《求是》2018 年第 15 期。

环利用等领域产业,[①] 2018 年提出重点支持襄城经济开发区、湖北沙洋经济开发区、黄石经济技术开发区等 13 个循环化改造园区建设，后又出台了相关文件，提出实施园区循环发展引领行动。[②] 湖南省积极开展循环经济试点工作和人才队伍建设。先后发布循环经济近期行动计划、[③] 试点工作文件[④]等政策文件，使循环经济顶层设计得到不断加强，并在全省范围内积极开展循环经济试点工作。2018 年湖南省发改委牵头成立循环经济专家库，整合人才资源，发展循环经济。江西省加强循环经济法律法规建设。先后出台了循环经济促进办法、清洁生产促进条例、资源再生利用条例等文件，从制度、方法和治理等角度为南昌、新余、鹰潭等城市循环经济工作开展提供了依据，使城市循环经济发展制度建设得到增强。2010 年、2017 年还分别开展了第一批和第二批省级循环经济试点，促进市级、园区、企业循环经济发展，并将新余、鹰潭作为省级循环经济试点城市发展。

2. 资源利用水平不断提高

资源综合利用水平提高。图 1 显示，2010～2016 年长江中游城市群一般工业固体综合废物利用率基本保持在 75% 以上，反映了区域对固体废物的循环化使用程度较高；城镇生活污水处理率在 2010～2016 年从 76% 增长到 89%，增势明显；生活垃圾无害化处理率从 2010 年的 87% 上升到 2016 年的 97%，一直处于较高水平且整体处于增长态势。

资源减量化利用效率改善。发展循环经济关键一点就是在减少资源的消耗基础上得到最大的产出，因此，在生产、流通和消费过程中资源损耗量是反映循环经济发展水平的重要指标。图 2 显示，2010～2016 年来长江中游城市群的单位工业增加值用水量和万元 GDP 电耗均呈下降趋势，表明近年来资源减量化利用效率得到了较大改善。

---

① 湖北省发改委：《湖北长江经济带产业绿色发展专项规划》，2017 年 11 月 13 日。

② 湖北省人民政府：《湖北长江经济带绿色发展十大战略性举措分工方案》，2018 年 7 月9 日。

③ 湖南省人民政府：《循环经济发展战略及近期行动计划》（湘政发〔2014〕3 号）。

④ 湖南省发改委：《湖南省循环经济试点县（市）》，2013 年 7 月 30 日。

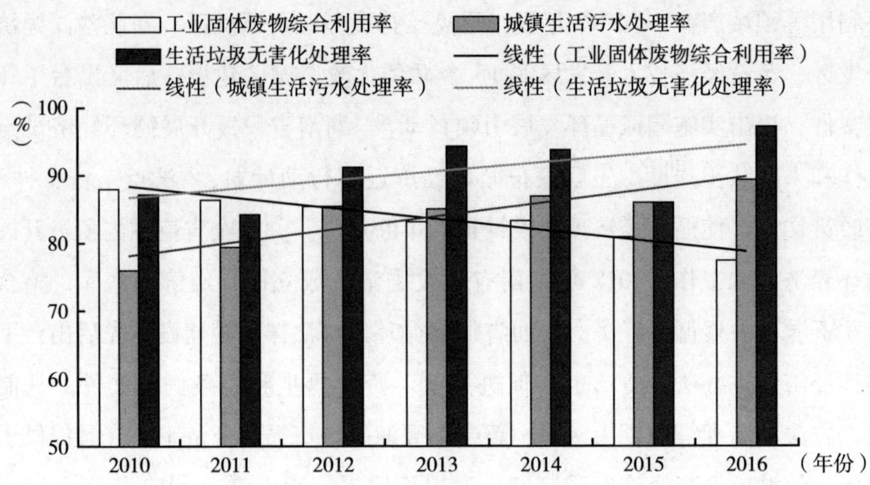

图1　2010～2016年长江中游城市群循环经济资源综合利用变化情况

资料来源：选取自各年《中国城市统计年鉴》，个别数据缺失由插值法插入。

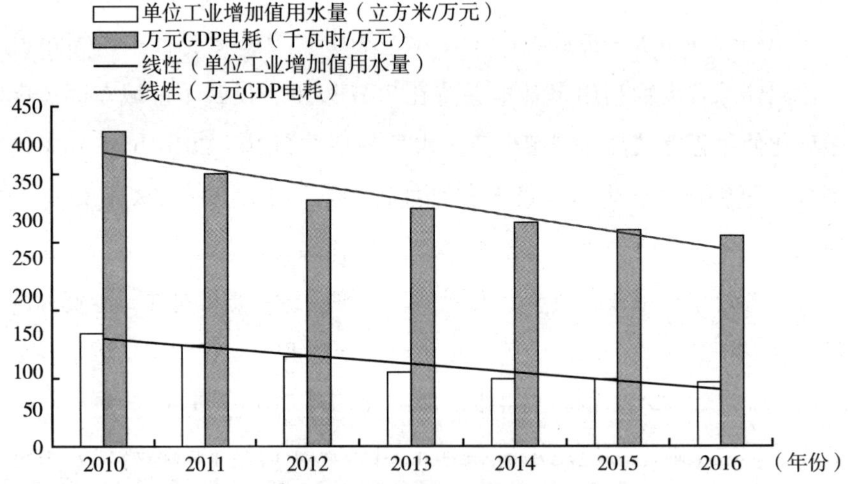

图2　2010～2016年长江中游城市群单位工业增加值用水量和万元GDP电耗变化情况

资料来源：选取自各年《中国城市统计年鉴》。

3. 循环经济跨区域合作初步显现

跨区域合作有利于循环经济先进技术推广和运用，从而促进区域循环经济的发展，使在发展经济的同时降低经济增长带来的环境影响。长江中游城市群政府和企业间的循环经济跨区域合作初步显现，合作机制正在逐步建立。

循环经济政府间合作机制逐步建立。近年来长江中游城市群省会城市政府积极探索区域间合作机制，2017 年以正式文件的形式提出加强区域间循环经济合作，并提出努力创建国家循环经济示范区等一系列促进循环经济发展的举措。

循环经济企业之间的合作突破区域规划的限制，成为推动长江中游城市群循环经济发展的有力抓手。如湖北华新水泥的循环经济技术被引进娄底，长沙华时捷环保公司拥有的让废渣成为炼铜原料的循环技术被引进湖北大冶公司，类似这样的技术合作在长江中游城市群区域之间正在逐渐推广，促进了企业循环经济的发展。

4. 典型区域循环经济发展模式

长江中游城市群各地级行政区根据自身的区位、资源优势和产业特点，积极发展各种特色循环经济模式，具体可分为城市层面、园区层面和企业层面。

（1）城市层面

省会城市的循环经济建设。作为长江中游城市群中心城市之一，武汉在园区、行业、企业、社区、家庭等各层面进行广泛探索，积极推动体制机制创新，循环经济发展水平达到国内先进水平。

较发达的非省会城市循环经济建设。荆门市自 2007 年作为循环经济试点城市以来，以探索重化工城市发展循环经济方式为出发点，初步建立起具有荆门特色的以科技创新为支撑的产业结构分工明确的循环经济发展模式。

经济欠发达地区循环经济建设。湖南省娄底市发展具有地区特色的循环经济，并以此作为推动地区经济发展的重要途径。娄底市是典型的资源型老工业城市和能源原材料基地，长期以来，娄底市三次产业占 GDP 比重失衡，现代服务业的发展速度迟缓，治理环境压力大。近年来，娄底市根据自身资源禀赋和特点，实施大循环战略，重点推进循环经济项目建设，初步形成了工业、农业和城市“三位一体”的循环经济发展模式。

一般县市区循环经济建设。襄阳谷城县充分利用资源禀赋优势，大力发展清洁化生产，并建立多种农业循环经济模式，发展生态旅游等生态经济，循环经济取得长足进展，截止到 2016 年 5 月，谷城县规模以上企业中循环经济企业数量达到 190 家，其中超过 10 亿元的企业有 12 家，超过 1 亿元的企业有 125 家，是国家循环经济示范县。

（2）园区层面

新建产业园模式。岳阳汨罗市充分发挥地区资源优势，依靠汨罗再生资源回收集散市场优势，打造汨罗循环经济产业园区，建立了从再生资源回收、粗加工向中高端产品转变的资源循环利用体系，推进“资源—产品—废弃物—再生资源—产品”的循环产业模式。鹰潭市利用自身丰富的铜资源优势，打造铜产业循环经济园区样板，2018 年铜基地累计完成财政收入 11.5 亿元，比上年增长了 139%；主营业务收入 236 亿元，比上年增长了 195%；铜拆解量 21 万吨，同比增长 26.5%；铜加工量 23 万吨，现已经成为“区域性大型再生资源回收基地”。

已有产业园循环化改造模式。推进园区循环化改造，是在已有的基础设施和仪器设备等条件基础上进行技术创新和资源整合，可以避免旧的资源浪费，节约建设周期，加快循环经济的产出周期，因此循环化改造作为循环经济发展的重要模式，在各地区均有广泛的应用。株洲以前是“全国空气严重污染十大城市”之一，通过企业循环经济试点，进行资源综合利用，对多个地区进行循环化改造，将原来的工业区改造成生态工业区，取得了突出成效，现在株洲的循环经济发展水平在全省居前列。

（3）企业层面

政府推动模式。国家、省级和市级政府分别对辖区内企业征集循环经济重点项目，对符合要求的项目给予政策资金补助。该模式通过政府政策推动和资金扶持，有助于推动企业循环技术升级和改造，从而促进循环产业发展。如国家以及各级政府出台的对循环经济重点项目征集的政策，这些文件和政策一方面提高了企业对循环经济技术研发的积极性，另一方面也有助于一些因资金投入大而面临推进困境的好项目的顺利实施。

企业自主创新模式：互联网+资源循环利用。湖南大丰公司通过自主研发和设计创新“互联网+分类回收”的新模式，布局“三网合一”回收渠道，大大提高了地区资源回收效率，使再生资源和垃圾回收率由原来的25%提高到80%。

目前长江中游城市群循环经济发展正处于关键阶段，循环经济制度建设不断完善，资源利用水平逐步提高，循环经济跨区域合作初步显现，典型区域循环经济模式突出，但仍存在资源循环利用水平不高、产业结构不合理、区域循环经济发展不均衡等问题，需要通过进一步的实证分析探讨解决这些问题的对策。

三　长江中游城市群循环经济发展水平测度分析

（一）基于AHP-熵值法的综合评价模型

1. 循环经济发展水平评价指标体系构建

学者们在评价循环经济发展水平时多是基于“减量化、再利用、资源化”3R原则，部分学者认为对循环经济的评价应包括经济社会发展，如卢玉玲认为基于DPSR（驱动—压力—状态—响应）架构的循环经济评价指标体系充分考虑了人类活动对可持续生产与发展的影响。本文在充分考虑了3R原则的基础上，基于DPSR框架构建循环经济评价指标体系，并在参考国家循环经济评价指标体系和综合考虑长江中游城市群地区的实际情况下选择具体指标，其中：经济社会发展是驱动力（D），经济社会的发展可以为循环提供所需要的资金等资源，是推动循环经济发展的基础指标；废物排放是压力指标（P），压力指标指通过驱动力的作用对经济社会发展产生的负面的压力，废物排放是在生产、消费等过程中产生的，是循环经济发展的负向因素，反映了发展过程中对整个系统产生的压力；资源减量化利用效率是状态指标（S），表示循环经济在压力作用下所处的状态，反映了当前循环经济对资源利用效率的基本状态；资源综合利用是响应指标（R），指在驱动力、压力和状态等作用下对循环经济发展所采取的措施。

2. 数据处理和评价指标权重确定

鉴于仙桃、天门、潜江数据资料不完整，本文选取长江中游城市群 28 个城市为基本评价单位。① 本文各项指标数据选取于 2011 ~ 2017 年《中国城市统计年鉴》《江西统计年鉴》《湖北统计年鉴》《湖南统计年鉴》《江西水资源统计公报》《湖北水资源统计公报》《湖南水资源统计公报》等年鉴数据，单位 GDP 及后文相关指标已换算为不变价，采用相关公式对统计数据进行计算整理得到各指标值。

本文运用 AHP - 熵值法为指标赋权，既保证了原始数据所反映的信息，又结合实际情况进行修正，计算权重结果见表 1。

表 1　循环经济评价指标体系

<table>
<tr><th>总指标</th><th>二级指标</th><th>三级指标</th><th>单位</th><th>属性</th><th>权重</th></tr>
<tr><td rowspan="13">循环经济综合评价指数</td><td rowspan="3">经济社会发展（0.2884）</td><td>人均 GDP</td><td>元</td><td>+</td><td>0.1436</td></tr>
<tr><td>GDP 增长率</td><td>%</td><td>+</td><td>0.0573</td></tr>
<tr><td>第三产业占 GDP 比重</td><td>%</td><td>+</td><td>0.0875</td></tr>
<tr><td rowspan="4">资源减量化利用效率（0.4002）</td><td>建设用地产出率</td><td>万元/公顷</td><td>+</td><td>0.1051</td></tr>
<tr><td>水资源产出率</td><td>元/吨</td><td>+</td><td>0.1838</td></tr>
<tr><td>万元 GDP 水耗</td><td>m^2/万元</td><td>-</td><td>0.0598</td></tr>
<tr><td>万元 GDP 电耗</td><td>千瓦时/万元</td><td>-</td><td>0.0515</td></tr>
<tr><td rowspan="3">资源综合利用（0.1845）</td><td>一般工业固体废物综合利用率</td><td>%</td><td>+</td><td>0.0734</td></tr>
<tr><td>生活污水集中处理率</td><td>%</td><td>+</td><td>0.0629</td></tr>
<tr><td>生活垃圾无害化处理率</td><td>%</td><td>+</td><td>0.0483</td></tr>
<tr><td rowspan="3">废物排放（0.1269）</td><td>工业废水排放量排放降低率</td><td>%</td><td>+</td><td>0.0395</td></tr>
<tr><td>工业二氧化硫排放量排放降低率</td><td>%</td><td>+</td><td>0.0326</td></tr>
<tr><td>工业烟尘排放达标率</td><td>%</td><td>+</td><td>0.0548</td></tr>
</table>

注：括号内数字代表权重。

① 28 个城市：武汉市、黄石市、宜昌市、襄阳市、荆门市、荆州市、孝感市、鄂州市、黄冈市、咸宁市、长沙市、株洲市、湘潭市、衡阳市、岳阳市、益阳市、娄底市、南昌市、鹰潭市、景德镇、萍乡市、九江市、新余市、鹰潭市、吉安市、宜春市、上饶市、抚州市。

3. 测算结果

根据构建的循环经济评价指标体系和数据，对长江中游城市群 2010 ~ 2016 年的循环经济发展水平进行综合评价测度，经过测算，各年循环经济发展水平综合值的结果如表 2 所示，mean 是 28 个城市每年的循环经济综合评价指数平均值，代表各年长江中游城市群循环经济发展水平。

表 2　2010 ~ 2016 年长江中游城市群循环经济综合评价指数

地区	2010 年	2011 年	2012 年	2013 年	2014 年	2015 年	2016 年
南昌	0. 5726	0. 5472	0. 5707	0. 5767	0. 6035	0. 6192	0. 6234
景德镇	0. 5003	0. 4014	0. 4357	0. 4890	0. 4946	0. 5084	0. 5206
萍乡	0. 4692	0. 4597	0. 4619	0. 5000	0. 5173	0. 5255	0. 5713
九江	0. 4978	0. 4269	0. 4596	0. 4625	0. 4764	0. 4966	0. 5317
新余	0. 5332	0. 4997	0. 5474	0. 5321	0. 5615	0. 5734	0. 6132
鹰潭	0. 5446	0. 4802	0. 5106	0. 5222	0. 5408	0. 5201	0. 5670
吉安	0. 5023	0. 4252	0. 4200	0. 4459	0. 4707	0. 4783	0. 5107
宜春	0. 5126	0. 4390	0. 4548	0. 4526	0. 4873	0. 4727	0. 4605
抚州	0. 3464	0. 3438	0. 4052	0. 4166	0. 4705	0. 4634	0. 4870
上饶	0. 5082	0. 4510	0. 4720	0. 4783	0. 4887	0. 4572	0. 4716
武汉	0. 6267	0. 6331	0. 6704	0. 7137	0. 7360	0. 7983	0. 8254
黄石	0. 3546	0. 4340	0. 4654	0. 4775	0. 4835	0. 4595	0. 4909
宜昌	0. 4957	0. 5324	0. 5561	0. 6027	0. 6232	0. 5932	0. 6452
襄阳	0. 4559	0. 5041	0. 4988	0. 5368	0. 5477	0. 5372	0. 5360
鄂州	0. 3839	0. 4194	0. 4622	0. 4320	0. 4424	0. 4707	0. 5209
荆门	0. 4186	0. 4384	0. 4638	0. 5091	0. 5139	0. 5090	0. 5326
孝感	0. 3997	0. 4236	0. 4753	0. 4659	0. 4720	0. 5166	0. 5185
荆州	0. 3870	0. 3629	0. 4012	0. 3721	0. 4077	0. 4012	0. 4551
黄冈	0. 4572	0. 3989	0. 4292	0. 4752	0. 5187	0. 4782	0. 4921
咸宁	0. 3621	0. 4188	0. 4423	0. 4942	0. 4987	0. 4862	0. 5207
长沙	0. 6433	0. 6745	0. 6942	0. 7170	0. 7622	0. 7859	0. 8087
株洲	0. 4749	0. 4954	0. 5040	0. 4955	0. 5282	0. 5151	0. 5680
湘潭	0. 4265	0. 4254	0. 4809	0. 5091	0. 5437	0. 5521	0. 5811
衡阳	0. 4275	0. 4285	0. 4416	0. 4794	0. 4903	0. 5130	0. 5379
岳阳	0. 4663	0. 4694	0. 4906	0. 5034	0. 5644	0. 5524	0. 5637
常德	0. 4758	0. 5000	0. 5224	0. 5440	0. 5695	0. 5847	0. 5873
益阳	0. 4121	0. 4243	0. 4614	0. 4529	0. 4784	0. 4965	0. 5142
娄底	0. 4005	0. 3937	0. 4679	0. 4384	0. 4760	0. 4851	0. 5370
Mean	0. 4663	0. 4590	0. 4881	0. 5034	0. 5274	0. 5304	0. 5569

根据测算结果，利用 stata 14.0 软件对长江中游城市群循环经济综合评价指数进行描述性统计分析，结果见表3。

表 3　2010 ~ 2016 年长江中游城市群循环经济综合评价指数描述性统计分析结果

年份	Obs	Mean	Std. Dev.	Min	Max	CV
2010	28	0.4663	0.0759	0.3464	0.6433	0.1627
2011	28	0.4590	0.0726	0.3438	0.6745	0.1582
2012	28	0.4881	0.0689	0.4012	0.6942	0.1412
2013	28	0.5034	0.0764	0.3721	0.7170	0.1519
2014	28	0.5274	0.0784	0.4077	0.7622	0.1487
2015	28	0.5304	0.0875	0.4012	0.7983	0.1650
2016	28	0.5569	0.0871	0.4551	0.8254	0.1565

（二）时序特征分析

根据综合评价模型测算结果和描述性统计分析结果，对长江中游城市群循环经济发展水平进行分析，可知，从整体来看，长江中游城市群循环经济发展水平逐年上升，但整体水平不高。图 3 显示 2010 ~ 2016 年长江中游城市群循环经济综合评价指数处于上升态势，上升趋势较为缓慢，综合评价指数在 6 年间从 0.4663 提高到 0.5569，增长了 20.2%，年平均增长率仅为 3.1%。2016 年长江中游城市群循环经济综合评价指数仅为 0.5569，整体水平不高。

从循环经济综合评价的四个方面来看，长江中游城市群经济社会发展指数、资源综合利用指数波动上升，资源减量化和综合利用这二者对循环经济发展贡献较大，但整体发展较为缓慢。由图 3 可看出，长江中游城市群 2010 ~ 2016 年废物排放指数处于上升趋势，资源减量化利用效率指数也是逐步上升的。经济社会发展指数在 2011 ~ 2012 年出现回落态势，在 2013 年后又开始逐渐上升，与前文分析的经济发展在 2012 年增速放缓、产业结构升级重要性日益突出的情况相吻合。资源综合利用指数在 2010 ~ 2016 年波动变化趋势明显，但总体趋势还是上升的，主要是由于2010～2016年长江中游城市群在资源综合利用方面的制度和技术在不断地更新和完善，产生波动是正常的。从变动幅度大小来看，四个方面的指数整体上升幅度较小，说明近年来长江中游城市群循环经济发展较为缓慢。

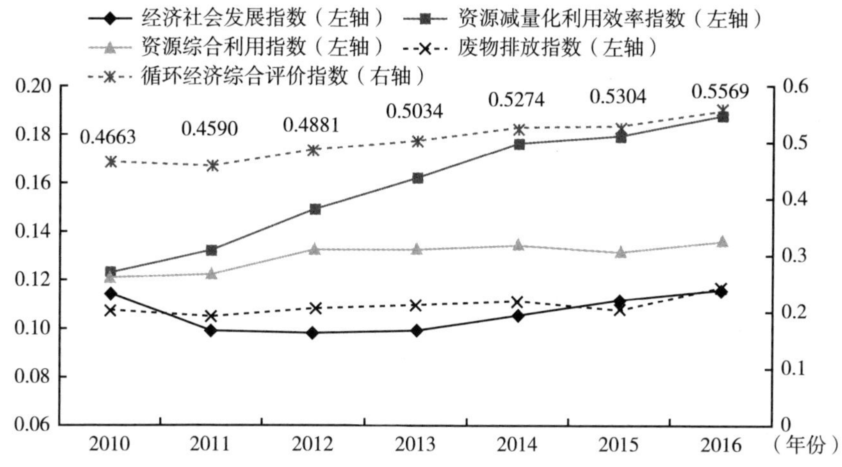

图3　2010～2016年长江中游城市群循环经济发展水平变化情况

以次级城市群（圈）为单位分析长江中游各城市循环经济综合评价指数，由图4可知，2010～2016年整体上呈稳步上升趋势，循环经济综合评价指数均在0.4～0.6区间。从城市群组内比较来看，循环经济综合评价指数由高到低依次为环长株潭城市群、武汉城市圈、环鄱阳湖城市群，但三者之间的差距较小。这与前文的分析也是相吻合的，虽然武汉城市群位于湖北片区，资源综合利用水平较高，且武汉的循环经济发展水平一直保持前列，但是各城市之间的差距较大，废物的排放也相对较高，进而拉低了整体的循环经济发展水平；环鄱阳湖城市群在环境基础和治理投入力度方面具有相对优势，因此缩小了与另外二者的差距；环长株潭城市群内各城市的循环经济发展水平均较高，进而提升了总体的发展水平。

从各城市层面开看，长江中游城市群循环经济的发展在整体向“好”趋势中呈现区域性差异化发展。由图5可知，2010年大部分城市

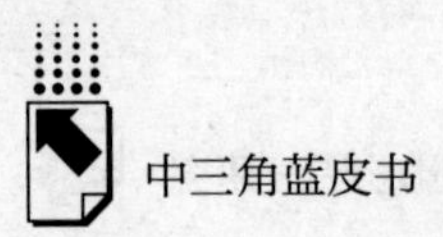

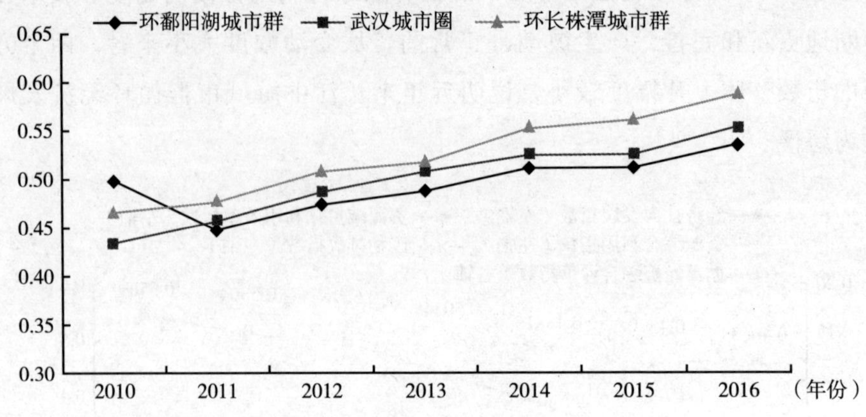

图 4　2010～2016 年区域内城市群循环经济综合评价指数变化情况

循环经济发展水平不高，综合评价指数大多数在 0.5 以下，到 2016 年综合评价指数大部分已上升到 0.5 以上，整体向“好”，但区域间差异显著，武汉、长沙的循环经济综合评价指数始终排在前列，且在 2016 年武汉已达到 0.8254 左右，而最低的指数还处于 0.4551 左右，差距接近较大。

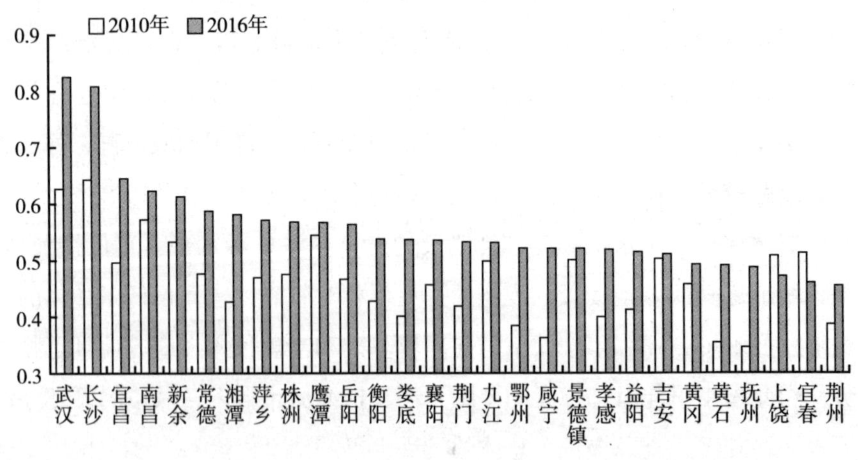

图 5　2010 年、2016 年各城市循环经济综合评价指数变化情况

（三）基于 ArcGIS 的循环经济空间差异演变格局分析

1. 空间分布特征

为了更直观地看出长江中游城市群历年来的空间演变特征和规律，本文选取了上文测度的循环经济综合评价指数来对长江中游城市群循环经济差异进行空间统计分析。运用 ArcGIS 10. 3 软件对其 2010 ~ 2016 年平均综合值按照自然断裂法划分高、中、低、较低等 4 个水平。通过分析得出以下结论。

（1）长江中游城市群整体循环经济发展水平不高，武汉、长沙中心地位显著。从年均值分布情况来看，大部分城市循环经济发展水平位于 0. 4 ~ 0. 6 区间，处于中等水平和较低水平，发展水平较高的是省会城市武汉、长沙。

（2）以次级城市群（圈）为单位来看，在以长沙为中心的环长株潭城市群呈现高—高聚集特征，城市群内各城市循环经济发展水平普遍较高；而以南昌为中心的环鄱阳湖城市群呈现高—低聚集特征，整体水平相对较低，处于低水平和较低水平的城市较多；武汉城市圈的分布则相对分散，武汉、宜昌、襄阳的循环经济发展水平较高，但就近年来的均值变化而言，武汉周边城市呈现高—低聚集态势。

2. 空间演变特征

依照上述方法对长江中游城市群 2010 年、2013 年、2016 年 3 个年份的循环经济发展空间分布情况时序特征进行分析，得出以下结论。

（1）从 2010 ~ 2016 年整体变化来看，长江中游城市群循环经济发展差异呈现先增大到稳定发展的特征。2010 年按照自然断裂法分类得出大多数城市处于较高水平和中等水平，到 2013 年城市间循环经济发展差距增大，九江、景德镇等原先处于中等水平的城市在发展中被发展较好的城市拉开差距，2016 年的空间格局分布同 2013 年较为相似，说明 2013 ~ 2016 年长江中游城市群各城市间循环经济发展较为稳定。

（2）从次级城市群（圈）发展来看，武汉城市圈在 2010 ~ 2016 年循环经济发展相对分散；环长株潭城市群循环经济发展呈集聚态势，且循环经济发展水平普遍较高；环鄱阳湖城市群循环经济发展呈现集聚态势，但属于低水平的集聚，处于低水平和较低水平的城市较多。

（3）从各城市层面来看，虽然各城市循环经济综合评价指数数值随着时间的推移在逐步增加，但城市间的差距在逐渐增大，武汉、长沙等中心城市的辐射带动作用显著，而南昌由于自身循环经济发展限制，对周边城市的辐射带动作用乏力。2010 年和武汉相邻的荆州、黄石、孝感、咸宁、鄂州、黄冈 6 个城市处于低水平，位于长沙附近的娄底市处于低水平，岳阳、株洲、湘潭处于较低水平，与南昌相邻的抚州处于低水平，到 2016 年武汉周边仅黄冈、黄石、荆州 3 个城市处于低水平，长沙附近的娄底、岳阳等城市循环经济发展等级均有所上升，南昌周边处于低水平的城市由 1 个增加到宜春、抚州、上饶 3 个，说明相对于南昌来说，武汉、长沙等中心城市的辐射带动作用相对较强。

综上，长江中游城市群循环经济空间分布格局较为明显，形成以武汉、长沙为双中心的区域循环经济发展格局。空间分布在年度变化中表现出不均衡特征，一是循环经济发展水平较高的城市主要集中在城市群的西部地区，主要是环长株潭城市群和武汉城市圈地区城市；二是环鄱阳湖城市群循环经济发展明显较弱，作为省会城市的南昌中心带动作用不明显。

四　长江中游城市群循环经济影响因素分析

（一）循环经济影响因素指标选取

本文在综合分析学者们对循环经济影响因素的研究成果的基础上从资源和环境、产业结构、科技支撑、政府推动、资金支持等方面来进行研究，具体作用机制见图 6。

本文选取的循环经济影响因素具体指标及含义见表 4。

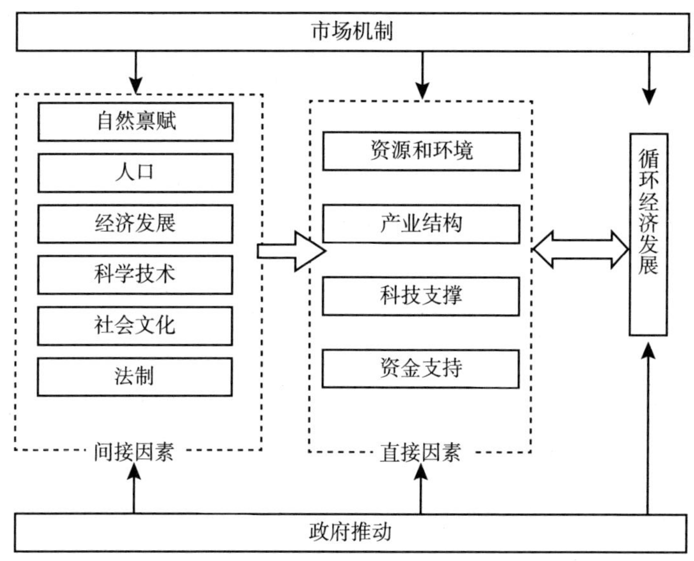

图 6　循环经济的影响因素作用机制

表 4　循环经济影响因素选择的变量和含义

影响因素	衡量指标	单位	代号
资源和环境	总供水量	亿 m^3	totw
	建成区绿化覆盖率	%	jlv
产业结构	工业增加值占比	%	ind
	第二产业人员占比	%	lab
科技支撑	科技事业支出	万元	tec
	每万人在校大学生数	人/万人	hr
政府推动	循环经济试点政策	虚拟变量 0/1	pol
	地方财政自由度(财政收入/支出)	%	szb
资金支持	资本产出比	%	cap
	金融规模(金融机构存贷款占比)	%	fan

(二)循环经济影响因素实证分析

1. 回归模型构建

根据相关文献对回归模型方法的分析发现，当面板模型存在异方差与序列相关性时，OLS 不再适用，一般采用 FGLS 模型估计，但 FGLS 模型对样本量的规模要求较高，当需要估计的面板数据的样本量规模较小时，用FGLS模型进行估计的结果并不是很理想，因此，相关学者在对面板数据回归方法的综合考虑和分析的基础上提出一种既可以接受模型存在异方差和序列相关，又在样本规模上要求较低的回归模型，即面板修正标准误的估计（PCSE）。本文借鉴该方法对面板数据模型进行分析，多元线性回归经验模型设定为：

$$V = \beta_0 + \beta_i \ln Y_i + \lambda_i + \eta_t + \varepsilon_{it} \quad (1)$$

其中，下标 i 代表城市，分别为1，2，3，…，28，t 代表时间；V 表示被解释变量，上文测算的2010～2016年长江中游城市群各城市循环经济综合评价指数作为被解释变量；Y_i 是自变量，即上文的各影响因素；β_0 是截距项，β_i 代表各自变量的回归系数，回归系数的正负和值的大小表示各影响因素指标对循环经济产生效应的方向和大小；λ_i 代表模型中不可观测的个体效应，用于控制不随时间而变的各城市层面的个体特定影响；η_t 代表模型中不可观测的时间效应，用于解释所有没有被包括在回归模型中的与时间相关的效应；ε_{it} 为模型的随机扰动项。

2. 模型测算

利用stata 14.0软件对2010～2016年循环经济综合评价指数和选取的10个影响因素指标进行异方差检验和自相关分析，结果见表5和图7。

由表5可知，P值等于0，因此拒绝原假设，即所选取的影响因素组成的面板数据存在异方差。

表5　异方差检验结果

HO	面板数据扰动项属于同方差
LR chi2(27)	87.32
Prob > chi2	0.0000

由图7可知，时间趋势线与残差存在明显的相关关系，说明该面板数据存在自相关。

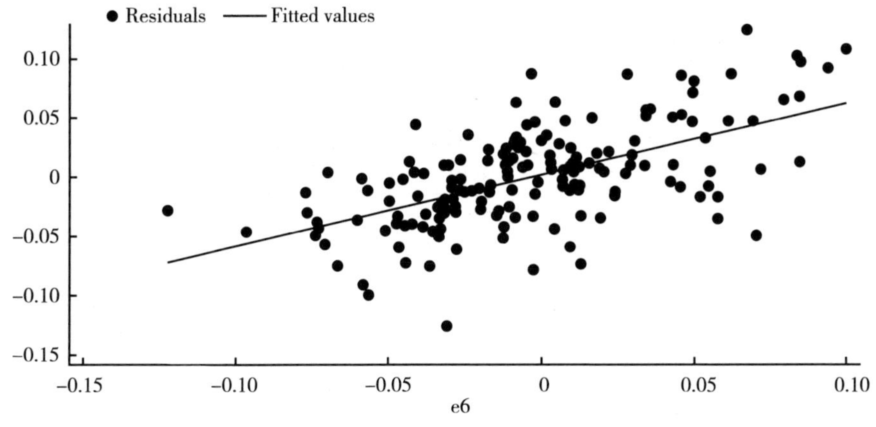

图7　自相关检验残差图

利用 stata 14.0 软件对面板数据进行回归分析，测算结果见表 6。表 6 包含 4 种模型设定，根据检验结果，存在异方差和自相关，因此选择 PCSE 回归模型。PCSE 回归模型包含两种假设，PSCE（ar1）模型是假设每个城市的数据有相似的自相关问题，PCSE（psar1）是假设每个城市的数据都有各自的自相关问题。另外，选择固定效应（fe）、广义最小二乘法（fgls）作为 PCSE 模型估计的参考模型。通过对表 6 中各模型的 R^2 数据可知，PCSE（psar1）模型的拟合效果更好，故 PCSE（psar1）是本文选择的最优估计模型。由 F 和 P 值可知，模型的整体显著性较好，且在 4 种模型下各释变量的系数值和显著性水平都大致相同，表明模型的稳健性良好。

表 6　循环经济发展影响因素回归结果

影响因素	回归模型			
	Pcse ar1	Pcse psar1	fe	fgls
jlv	-0.0273 (0.0211)	-0.0177 (0.0177)	0.0880* (0.0527)	-0.0281* (0.0155)
totw	-0.0455*** (0.0113)	-0.0357*** (0.0076)	-0.2612*** (0.0506)	-0.0387*** (0.0061)
ind	-0.1025** (0.0514)	-0.0761* (0.0428)	-0.1196 (0.1147)	-0.1731** (0.0296)

续表

影响因素	回归模型			
	Pcse ar1	Pcse psar1	fe	fgls
lab	-0.0697 * (0.0218)	-0.0508 *** (0.0166)	-0.0331 (0.0414)	-0.0353 * (0.1282)
tec	0.0301 *** (0.0063)	0.0244 *** (0.0054)	0.0150 * (0.0113)	0.0314 *** (0.0036)
hr	0.0143 ** (0.0068)	0.0126 ** (0.0057)	0.0758 ** (0.0333)	0.0071 ** (0.0032)
pol	0.0427 *** (0.0085)	0.0461 *** (0.0055)	0.0186 (0.0221)	0.0458 * (0.0045)
szb	0.0671 *** (0.0157)	0.0540 *** (0.0138)	0.0998 *** (0.0329)	0.0932 *** (0.0116)
cap	0.0359 (0.0250)	-0.0080 (0.0191)	-0.2145 *** (0.0165)	-0.0050 (0.0101)
fan	0.0618 *** (0.0190)	0.0421 ** (0.0165)	0.2181 *** (0.0560)	0.0212 ** (0.0087)
cons	1.0138 ***	-0.8235 ***	-0.5469 *	1.2213 ***
R^2	0.7699	0.9689	0.7714	—
F	863.05	476.91	40.43	1856.69
Hausma 检验	—	—	P =000	—
P	0.000	0.000	0.000	0.000
obs	196	196	196	196

注：表格括号内的数字为标准差，上标“***”“**”“*”分别表示 P<0.01，P<0.05，P<0.1。

3. 结果分析

(1) 资源和环境

资源和环境中总供水量指标系数为 -0.0357，且在 1% 的水平上显著，表明总供水量对循环经济发展具有一定的负向效应。正如上文分析所言，在长江中游城市群循环经济发展进程中，丰富的资源总量并不总是促进循环经济的发展，而是在一定程度上对循环经济的发展具有负向作用，可能的原因，一是一些地区虽然拥有丰富的水资源，但对该资源并未进行充分的利用；二是总量较多导致对节约资源的重视程度不够，资源未充分利用和不够节约导致循环经济发展受到阻碍，吉安、宜春、上饶、荆州等城市水资源丰富，总供水量排在前列，但这些城市的资源利用率较低，导致其循环经济发展水平不高。

建成区绿化覆盖率回归系数为 -0.0177，但 P 值大于 0.1，说明建成区绿化覆盖率对循环经济的影响不显著。回归系数的不显著说明长江中游城市群现阶段的环境治理对引导和促进循环经济发展的效果尚不明显，需要加大力度，改善生态环境。

（2）产业结构

工业增加值占比回归系数为 -0.0761，与循环经济发展在 10% 水平上显著负相关，说明粗放式的产业结构对循环经济具有一定的负向效应。长江中游城市群产业结构问题突出，高耗能、高排放的重化工业的比重仍然比较高，使发展经济对资源能源需求较大，污染物排放水平较高，从而阻碍循环经济的发展，这也进一步印证了当前长江中游城市群产业结构尚不合理，需要加快发展高技术产业，促进产业转型升级。然而，工业化的发展一方面阻碍循环经济的发展，另一方面也能为循环经济发展提供助力，但这需要有先进的科技水平的支撑。在逐渐淘汰落后产能的过程中，科技的进步使工业发展采取新工艺，加快对清洁资源的开发和使用，因此，工业化水平的提高反而会成为推进区域循环经济发展的有效手段。

第二产业从业人员占比回归系数为 -0.0508，在 1% 的水平上显著，表明第二产业从业人员占比对循环经济发展具有一定的负向效应。2016 年全国第二产业从业人员占比为 28%，而长江中游城市群绝大部分地区第二产业从业人员占比数普遍在 40% ~60%，远超 28%，该统计数据一方面可以反映长江中游城市群第二产业所占比重较高，另一方面也可以看出大量劳动力投入工业和建筑业产业中，不利于产业转型升级。

（3）科技支撑

科技事业支出回归系数为 0.0244，在 1% 的水平上显著，说明科学技术进步对区域循环经济发展具有促进作用。2016 年长江中游城市群中武汉市的科技事业支出占比达 5.7%，但大多数城市科技事业支出较低，普遍处于

1%～2%的水平，娄底仅有0.32%，区域科技发展差异明显。

每万人在校大学生数指标的回归系数0.0126，在5%的水平上显著，说明人才资源对循环经济发展具有显著的正向效应。每万人在校大学生数一方面反映了地区科教综合实力，另一方面也显示了地区进行科技创新的人才优势，对于循环经济而言，每万人在校大学生数是科学技术进步的后备力量，也是循环经济的人才资源，对循环经济存在促进作用。

（4）政府推动

循环经济试点政策回归系数为0.0461，与循环经济发展具有显著的正向效应，地方财政自由度回归系数为0.0540，满足1%的显著性水平，说明政策实施和政府推动在一定程度上促进了区域循环经济发展。一方面，被选为试点单位的城市具备发展循环经济的基础，包括能源资源、科技支撑、资金、人才等基础；另一方面，试点城市在项目立项、财政资金扶持、税收等方面占有明显优势，故被评为试点城市对发展循环经济具有一定意义，比如襄阳、荆门、新余、鹰潭、湘潭、常德等作为循环经济试点的城市，循环经济发展水平普遍比非试点城市高。

目前长江中游城市群循环经济的发展正处于初试和推行阶段，政府干预对区域循环经济发展的影响是正向的。但正如上文分析所言，过多的政府干预并非全然是好事，在循环经济发展的初试阶段，政府推动是非常必要的，国内外循环经济产生和发展足可以证明这一点，当循环经济体系逐渐建立起来后，要以循环经济市场为导向，政府不能代替市场，而是要以培育市场、降低市场交易成本为主。

（5）资金支持

资本产出比对循环经济发展不显著，金融规模的回归系数为0.0421，在5%的水平上显著，说明金融机构的资金支持对长江中游城市群循环经济发展具有促进作用，此外，金融规模的正向效应也表明金融市场的发展对循环经济也有着重要的影响，由于高投入、周期长的制约，金融贷款和循环经济发展基金等金融手段成为企业进行循环化改造和产业发展的重要资金来源，在一定程度上反映了市场机制对循环经济的积极引导作用。

五　结论与建议

（一）结论

在对本文的研究内容进行梳理和概括的基础上得出如下结论。

第一，长江中游城市群的资源循环利用水平与全国相比存在一定差距，环保投资占GDP比重同全国相比也存在一定差距，循环经济发展还存在资源利用水平整体不高、产业结构不合理、区域循环经济体制建设不完善等突出问题，阻碍其发展。

第二，长江中游城市群循环经济发展模式在城市、园区、企业等层次上有共同点，即发展循环经济需要经济和技术作为支撑；也有各自的特征，即各城市发展循环经济需要因地制宜，需要根据本地区的资源、技术和人才等因素选择适合的模式，进行推动和发展。

第三，长江中游城市群循环经济发展整体呈上升趋势，但水平不高，发展较为缓慢。从各分项指标来看，资源减量化利用效率与资源综合利用指标对促进长江中游城市群循环经济发展贡献较大。从城市层面来看，部分城市循环经济发展水平仍然比较低，城市之间的循环经济发展水平差异较大。从空间格局上看，长江中游城市群循环经济发展形成以武汉、长沙为双中心的发展格局。以次级城市群（圈）为单位来看，武汉城市圈循环经济发展相对分散；环长株潭城市群循环经济发展呈现集聚态势，循环经济发展水平普遍较高；环鄱阳湖城市群循环经济发展呈现低水平的集聚，处于低水平和较低水平的城市较多。从空间格局演变特征来看，空间分布在年度变化中表现出不均衡的特征，一是循环经济发展水平较高的城市逐渐向城市群的西部地区聚集，主要是环长株潭城市群和武汉城市圈地区城市；二是环鄱阳湖城市群的中心城市发展明显不足，作为省会城市的南昌的辐射带动作用不明显。

第四，科技支撑、政府推动、资金支持对发展循环经济具有显著的促进

作用，而传统的工业化水平限制了循环经济的发展，资源和环境对循环经济的影响呈现一定的负向作用，环境对循环经济的影响不显著，一方面反映了现阶段长江中游城市群对资源充分利用率不高，另一方面反映了环保压力在增大，需要加大对环境的治理力度。

（二）建议

基于上述研究及结论，对长江中游城市群循环经济发展提出几条建议。

第一，要充分发挥典型循环经济发展模式的示范作用。从城市、园区和企业不同层次出发，总结和推广循环经济的经验做法。城市层面，发展循环经济不能盲目地追求全面发展，而应该结合地区资源优势，因地制宜；园区层面，发展循环经济可参考新建和已有改造两种模式；企业层面，鼓励企业自主创新，利用“互联网 + 循环经济”模式进行创新。

第二，要加强区域合作，促进区域循环经济协调发展。长江中游城市群循环经济发展地区差异明显，中心城市南昌的辐射带动作用未充分发挥，而现阶段政府推动对循环经济发展具有显著的促进作用，建议加强区域间循环经济方面的合作，鼓励中心城市武汉、长沙、南昌和其他地区开展循环经济合作，增强中心城市的辐射带动作用，积极推进不同政府间和企业间的跨区域的合作。

第三，要充分利用人才资源，大力发展科技创新。长江中游城市群人才资源丰富，科研基础实力雄厚，可以通过成立循环经济专家库，集中人力资源和专家才能进行循环技术攻关；建立关键技术联合攻关机制，集中优势取得循环技术突破。

第四，要积极推进产业升级和城市转型。长江中游城市群第一和第二产业占比较大，高技术产业发展有待提升，发展循环经济要推动产业向高端化迈进，引导循环经济新兴产业发展，建成以资源循环利用为纽带的循环型农业、工业、服务业体系。此外，城市循环经济建设也应同步发展，一方面从生产、消费等环节推广循环经济理念和技术，在城市用水、用电等资源利用上实施先进的节约技术，加强对绿色消费、节约资源的宣传教育；另一方面加强末端治理，在城市污水、垃圾等废物处理上采用循环经济关键技术，提取可再生利用的资源，对残渣等剩余物质进行无害化处理。

参考文献

范恒山：《推进循环经济发展 助力生态文明建设》，《宏观经济管理》2018 年第 1 期。

秦尊文、彭智敏、张静：《长江中游城市群发展报告（2018）》，社会科学文献出版社，2018。

齐建国、王红、彭绪庶等：《中国循环经济发展的进程与政策建议》，《经济纵横》2010 年第 10 期。

诸大建：《最近 10 年国外循环经济进展及对中国深化发展的启示》，《中国人口·资源与环境》2017 年第 8 期。

段相辉、牛胜强：《基于 F－AHP 的循环经济发展评价及障碍度诊断》，《统计与决策》2017 年第 6 期。

JAFFE, "Environmental Regulation and Innovation: APanel Data Study", *Review of Economics and Statistics*, 1997 (4): 610－619.

Pearce D. W. and Turner R. K. , *Economic of Natural Resources and Environment*, Harvester Wheatseat, Hemel Lempstead, 1990.

Beck N. , Katz J. N. , "What to do (and not to do) with time-seriescross-section data", *The American Political Science Review*, 1995, 89 (3): 634－647.

B.3

长江中游航运金融发展形势、现状与路径研究

刘 陶*

摘 要： 伴随着航运业市场的整体回暖，同时我国长江经济带战略正深入推进，长江航运业迎来快速发展的黄金期。当前长江中游航运发展正处于现代化转型的关键时期，加快发展以航运金融为核心的高端航运服务业是长江中游航运业发展的重点。绿色发展、降成本、依托航运中心建设金融中心是长江中游航运金融发展的新趋势，对比长江上游和下游，长江中游航运金融服务功能稍显不足，未来以平台建设为依托，促进航运产业链与金融高度融合，同时配套较为完善的政策、法律等支撑体系，构建较为发达的航运金融市场，是长江中游航运金融发展的主要着力点。

关键词： 长江中游 航运金融 平台建设

一 航运金融的内涵

航运金融从属于高端航运服务业范畴，是传统航运向现代航运转变的必然产物。从狭义上来说，航运金融是指与航运经济活动直接相关的涉事部门

---

* 刘陶，湖北省社会科学院长江流域经济研究所副研究员，研究方向为区域经济、流域经济。

如航运企业、港口、造船厂、银行、保险公司、证券公司、金融租赁公司等机构从事相关金融业务，主要业务集中在融资、保险、资金结算、航运价格衍生品等方面。从广义上来说，航运金融包含的内容更为广泛，包括基于航运业这一平台，与之相关的航运业、金融服务业以及政府与相关机构进行投融资等经济活动产生的一系列各类业务的总称。本文认为，一般应在了解狭义航运金融基本业务范围的基础上，从广义的视角来理解航运金融的含义，较为完备的航运金融业应包含广泛的业务范围、丰富的涉事主体、综合性金融服务体系，以及完善的运行机制等四大核心要点，具体诠释内容见表1。

表1　航运金融包含内容一览

航运金融核心要点	具体诠释内容
广泛的业务范围	广义的航运金融的业务范围，包括所有与水上航运业密切相关的产业链相关主体资金融通、货币流通和信用活动等一系列经济活动，它包括船舶融资、航运保险、资金结算、航运价格衍生品和投资、信托以及其他航运金融服务等方面
丰富的涉事主体	由于航运金融服务业的外延性与相关行业的不断细分，航运金融的涉事主体从单一的航运相关企业扩展至政府部门、银行、航运企业、港口、证券公司、航运经纪部门、保险企业、航运衍生品交易单位、船舶制造企业、金融租赁公司、船运法律服务单位等多个航运活动参与者，主要集中在四大类：政府、航运企业、金融机构和相关中介机构
综合性金融服务体系	国际上较为发达的航运金融中心如纽约、伦敦等，它们都拥有与之相匹配的金融服务体系，即以商业银行保险、证券、基金信托、租赁、船舶担保、期货等为核心，船舶登记、信用服务、信息服务、海事仲裁、航运教育与培训、政府部门服务为辅助的综合性金融服务体系
完善的运行机制	综观世界航运金融中心的发展历程，逐步确定了较为明确的航运金融基本运行机制，即航运中心与金融中心协调发展，以金融机构为主体、多种信用形式相互配合、政府机构参与和调节的完备的航运金融模式

二　长江中游航运业发展前景与航运金融发展形势分析

伴随着航运业市场的整体回暖，与之密切相连的金融业需求也日益增长。当前我国长江经济带战略正深入推进，以长江航运业为核心的黄金水道正发挥着重要支撑作用，武汉长江中游航运中心也掀起新一轮建设高潮，与之配套跟进的航运金融服务必不可少，以航运金融为核心的高端航运服务业态将成为未来现代航运业发展的重点。

（一）长江中游航运业市场景气分析

伴随着全球经济复苏，2017 年以来国际国内航运业市场总体回暖。近年来，在较好的国际国内市场背景下，长江航运业市场前景较好，具体体现在以下几个方面。

1. 长江航运景气指数总体平稳在景气区

2017 年长江航运市场强势回暖，航运景气指数与信心指数在第二季度与第三季度达到近年来的高峰，2017 年第三季度，长江航运景气指数 118.74 与长江航运信心指数 122.33，分别创近年来历史新高。2018 年以来，长江航运市场景气程度较 2017 年虽有所回落，但仍然处于总体稳定向好水平，2018 年第一季度至 2019 年第一季度，长江航运景气指数分别为 97.68、107.51、103.85、104.80、98.79；长江航运信心指数分别为 98.26、110.93、104.71、96.32、103.40，除少数季度在临界区外，长江航运景气指数与信心指数大部分处于景气临界线偏上水平（见图 1）。总体来说，长江航运市场走向呈季节性特征：第一季度与第四季度受枯水期和环保政策等因素的影响，航运市场景气程度有所回落；第二季度与第三季度是丰水期，水位高，有利于水上运输，长江航运市场呈规律性回升。

2. 长江中游、下游港航企业总体景气状况优于上游

与长江航运市场发展趋同，2017 年长江各港航企业发展状况全面回暖，航运和港口企业景气指数在 2017 年第二季度和第三季度达到高峰，2018 年以来虽有所回落，但总体偏高于景气临界线。从区域分布看，2017 年长江中游及下游企业景气指数各季度均处于景气区，上游前三季度逐步由深度不景气区回升至景气区，到第四季度又下降至临界区，且中游、下游各季度的景气状况均好于上游。

2018 年第一季度至 2019 年第一季度，中游企业景气指数为 103.75、

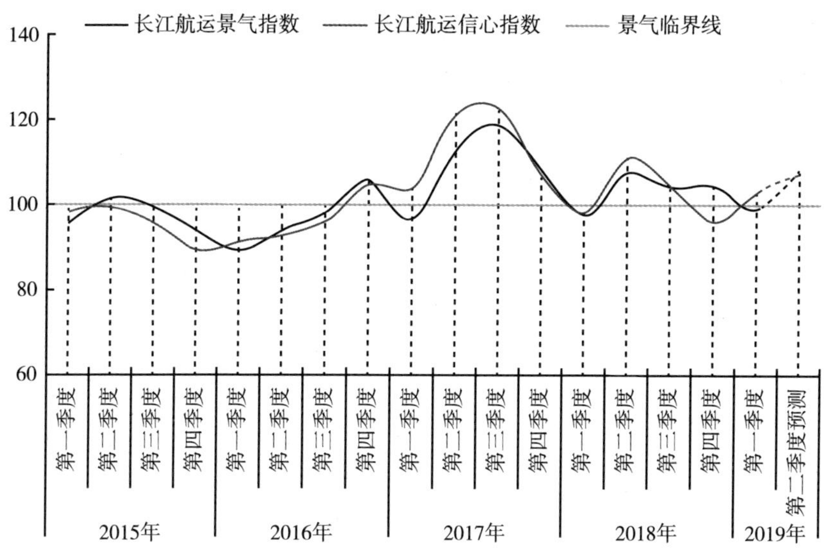

图1　长江航运景气指数、信心指数走势

注：99～101为临界区，125以上为良好景气区，75以下为深度不景气区。

106.55、110.69、107.24、103.54；上游企业景气指数为91.55、110.21、97.39、100.47、91.53；下游企业景气指数为111.41、112.57、104.36、102.46、104.71。如图2所示，上游企业航运景气指数波动较大，许多季度处于偏离景气区间，其中，2017年第一季度甚至跌落至深度不景气区；中游企业航运景气指数偏好，2017年以来，基本稳定在景气区间；下游企业航运景气指数最好，指数普遍高于中上游企业。可以说，从区域上看，长江企业航运景气指数呈现梯级状态，即上、中、下游依次递进，也基本与当地的区域经济发展水平呈正比。

3. 未来长江中游航运业前景平稳向好

从短期看，2019年第二、三季度，考虑到沿江梅雨期结束、建材及原材料运输增长、旅游客运需求与季节性需求等因素，长江航运整体发展前景平稳向好。从长期看，根据上述相关指数走势曲线图，并结合当前国际国内航运业发展形势，以及当前长江经济带加快推进态势，未来更长时间长江中游航运业仍将维持较好的发展前景。

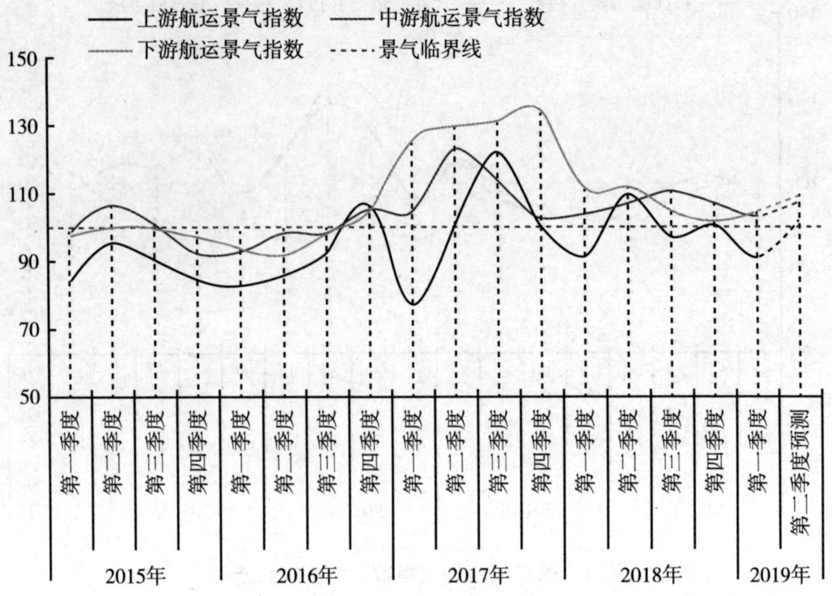

图2　分区域景气指数走势

（二）长江中游航运金融新形势与新趋势分析

航运业周期性长、资本密集以及涉及的企业类型众多等特征决定了其与金融业存在着密切联系，航运金融是航运市场与金融市场相结合的重要媒介，更是促进长江航运业由传统模式向现代化转型发展的推动器。当前长江中游航运业正面临现代化转型的关键时期，航运金融发展面临诸多新形势新趋势。

1. 行业政策环境趋好为长江中游航运金融发展提供了新机遇

世界航运中心由欧洲向亚洲转移，我国航运业发展迅速，航运金融服务短板与不足已逐渐受到重视。近些年来，国家先后出台了关于维护、促进航运金融业稳定发展的相关政策，长江中游航运金融发展将迎来新契机（见表2）。

表 2　有关支持与推动航运金融发展的相关政策

相关政策文件(发布时间)	主要内容
《关于推进上海加快发展现代服务业和先进制造业建设国际金融中心和国际航运中心的意见》(2009 年 4 月 29 日)	首次将“航运”与“金融”两个中心同时规划和部署,并对航运金融等相关领域发展提出针对性的指导意见。至 2020 年将上海建设成为与我国经济实力以及人民币在国际货币地位相适应的国际航运金融中心
《关于加快现代航运服务业发展的意见》(2015 年 1 月 5 日)	提出了促进传统航运服务业转型升级、提升航运交易服务能力、创新航运金融保险服务等主要任务
《长江经济带发展规划纲要》(2016 年 9 月)	明确指出:加快上海国际航运中心、武汉长江中游航运中心、重庆长江上游航运中心和南京区域性航运物流中心建设,积极培育高端航运服务业态
《关于改进和加强海洋经济发展金融服务的指导意见》(2018 年 1 月末)	积极稳妥地发展航运金融,加快 PPP 模式在海洋领域规范推广。这是我国首个金融支持和服务海洋经济、流域经济发展的综合性、纲领性文件
《武汉长江中游航运中心总体规划》(2018 年 3 月 1 日)	建设以航运交易、科技研发、投融资、保险、人才培训、信息交流为服务重点的现代航运服务中心
《上海国际航运中心建设三年行动计划(2018 ~ 2020)》(2018 年 7 月 13 日)	不断完善上海现代航运服务功能,初步形成外高桥、洋山—临港、北外滩、陆家嘴洋泾、吴淞口、虹桥、浦东机场周边等航运服务集聚区

2. 航运业管理与服务水平不断提高为金融机构的介入奠定了良好基础

一直以来，航运业由于周期长、成本高、风险高等因素，许多金融机构对该行业领域采取了“一刀切”模式，因此，长江中游航运业的金融服务功能较为薄弱。近几年来，长江航运在供给侧结构性改革的有效推动下，不仅提升了管理水平与服务水平，还带动了经营效益的提高；此外，通过兼并重组、组建联盟等方式，航运企业同质化竞争以及弱、小、散的问题也得到了有效缓解，长江航运企业的抗风险能力大幅提升，这一局面的转变为金融机构进军航运业奠定了良好基础。

3. 航运服务平台的搭建为航运金融加快发展提供了有利条件

武汉航交所作为长江中游航运中心重要服务平台，起步虽晚，但当前发展势头良好，为航运金融的加快发展提供了有利条件。武汉航交所通过两年多的发展，逐渐发挥集聚航运要素资源、规范航运市场行为、促进上下游融合发展等重要作用。初步搭建的“e 系列”公共航运要素交易平台与发布的

商品汽车滚装运输综合运价指数、商品汽车滚装运输景气指数等运价指数有效推动了航运金融的发展。未来，武汉航交所将对标伦敦航运交易所，力争建成立足长江中游、辐射长江流域的国家级航运交易所，努力建设国家级航运服务平台，不断提升长江中游航运金融“软实力”。

4. 绿色发展是长江中游航运金融发展的总方向

“中游畅”则“长江活”，长江中游航运金融的发展秉承资源集约利用、绿色高效发展的创新理念，促进了流域内各类港航资源的聚集与整合，使港航资源价值化、产业化，不仅提升了中游要素聚集功能，更盘活了全流域要素资源，有利于长江经济带建设有机融合的高效经济体，引领了当前内河流域绿色发展的新风向。这一发展模式也与长江经济带“生态优先、绿色发展”的战略定位高度契合。

5. “降成本”是长江中游航运金融发展的重要使命

在航运业高涨期，“扩张”是市场的主题，为船舶融资和降低风险服务的航运金融应运而生。2017 年航运市场短暂复苏，达到 2008 年以来的最高点，2018 年后航运市场则趋于平稳，在盈亏平衡点偏上附近波动，并将长期维持，形成这一现象的主导因素是新技术革命使航运市场供求力量对比出现了长期性逆转，航运业已进入常态。在这一常态下，企业通过融资来扩充运力已不是明智之举，航运企业亟待转型发展，将由扩充运力等粗放型增长向节约资源成本等集约型方式转变。未来，利用金融工具在船舶大型化、降低燃料成本及其他经营成本等方面发挥作用，帮助航运企业“降成本”成为航运金融的新使命。

6. 依托长江中游航运中心建设长江中游航运金融中心

从航运中心的发展历程来看，一般都要经过三个阶段，即航运体系发达、航运服务体系发达、智能航运体系发达。武汉长江中游航运中心航运体系已不断完善，目前正处于大力发展航运服务体系这个阶段，形成了“新港 + 产业”的发展模式。下一步应以航运金融为媒介，聚集船舶经营、船舶登记、中介、金融、信息、政策等航运服务领域各类资源，不断提升航运金融的专业化程度，不断拓宽金融增值服务领域，开发适宜的航运金融衍生品，使其成为更高层次面向全流域的航运金融中心。当前应大力推进长江国际航运金融港项目建设，以武汉新港华中贸易服务区和国家粮食现代物流基地为依托，加强多式联运发展，发挥水港、公路港、铁路港引擎叠加优势，打造辐射中部六省的航运金融聚集中心。

三　长江中游航运金融发展现状与问题

对比长江上游和下游，中游航运金融起步较晚，但近年来发展迅速，在平台建设、船舶（货运）交易、金融服务、航运人才等方面取得一些积极进展，同时也存在一些问题，不容忽视。

（一）发展现状

长江中游航运金融的发展主要集中在湖北武汉，在其带动下湖南岳阳和江西九江 2018 年来也纷纷采取了一些举措，取得一定成效。

1. 平台建设

航运交易所是航运金融建设的重要推动机构和载体。长江流域上海、武汉、重庆三大航运中心城市当中，中游的武汉航交所起步最晚，2016 年底才正式运营，但当前发展势头较好，2017 年完成交易额 35.8 亿元，实现 200% 增幅，2018 年突破 50 亿元。当前，武汉航交所在船舶、货运、人才和航运技术、知识产权交易等四个方面已初步构建了交易平台，同时在航运金融、法务、政务、信息、电子商务、文化等六个层面已初步形成特色服务体系。其创新发展亮点主要体现在两个方面。一是初步搭建“e 系列”公共航运要素交易平台。武汉新港范围内集装箱、滚装运输进场交易量达到 80% 以上，新港范围内大宗散货年度进场交易量超过 6000 万吨，船舶交易业务辐射长江流域。二是不断丰富内河指数体系，逐步形成武汉航运中心定价机制。2017 年以来已陆续推出商品汽车滚装运输综合运价指数、长江煤炭运价、长江出口集装箱综合运价和商品汽车滚装运输景气指数。

在湖北武汉的带动与辐射作用下，江西、湖南两省也积极加快航运金融平台建设步伐。2018 年 2 月 27 日，江西省政府出台《关于加快建设九江江海直达区域性航运中心的实施意见》，明确提出建设以航运交易、信息服务为核心的现代航运服务中心，筹建九江航运交易所，加快九江航运交易综合信息（物流）服务平台建设，构建长江中游地区航运交易市场，逐步实现与上海、重庆、武汉等航运中心信息互联互通。2018 年 9 月 28 日，湖南岳阳市加快推动环洞庭湖流域航运中心建设，与武汉航交所共同创立岳阳航运交易中心，着力完善船舶交易、货运交易、砂石交易、航运人才、安监环保、航运金融六大平台功能，为船东、船员、货主、港航企业提供更为便捷的“互联网 + 航运交易”服务。

2. 船舶交易

武汉船舶交易服务发展取得一定成绩，旨在优化交易服务、辐射全流域。2017 年武汉航交所成交船舶 76 艘，实现交易额 5. 34 亿元，是 2016 年的 2. 5 倍；船舶交易规模再上新台阶，首次实现 6 笔船舶技术、船用产品和新船购建进场交易。

3. 互联网 + 航运金融服务

借助“e 系列”公共航运要素交易平台与互联网技术，与航运交易相关的投融资、担保、支付、结算、保险、理财等综合金融服务可全部实现线上一站式操作。2018 年 8 月 8 日，湖北率先推出“e 航宝”航运供应链金融服务平台和“e 订舱”长江集装箱公共订舱平台，实现了“互联网 + 航运金融”的创新发展，是长江中游航运供给侧改革的重要实践。

（二）存在的问题

1. 对比上下游，长江中游航运金融服务行业标杆不显

长江上游的重庆在船舶保险和咖啡运销方面走出了“重庆样本”。2010 年成立的重庆航运交易所不断优化与创新金融服务机制，使传统航运业效益大幅提升。2017 年底，重庆航交所累计实现交易额 400 亿元，在长江上游地区航运省际运输量中所占比重超过 1/3。2016 年 4 月，重庆船东互保协会成立，这是我国首家内河船东互保组织，在该协会的推动下，重庆船舶保险

发展迅速，形成船东利益确保与保险金融机构盈利的双赢局面。此外，航运保险服务水平的提升带动了交易市场的繁荣，新兴的重庆咖啡交易中心成为国内最大的咖啡现货交易平台。重庆不产一颗咖啡豆，却成为年交易额近百亿元的咖啡产业集散基地。

上海凭借优越的地理位置与较强的经济基础已经快速发展成为具有国际影响的世界级航运中心。“上海航运指数”与面向全球配置资源的战略定位创立了下游行业“标杆”。一方面，上海航运要素集聚进一步促进了金融要素的聚集，航运业与金融业的融合度进一步加深，一批高等级的国际性航运金融服务机构先后入驻上海；另一方面，“上海航运指数”系列产品不断丰富，已成为航运市场的“风向标”，上海航运中心的国际地位也不断上升。

武汉是长江中游航运发展的核心城市，近年来，武汉立足于打造长江全流域的航运金融服务，取得一些实效：搭建了一些交易平台，发布了一些运输运价指数，并在泸州和岳阳设立分支机构，但由于发展时间较短，累计效益还未显现，目前在长江中游还未形成武汉“标杆”。在不少方面甚至不及作为区域性航运中心的南京，与长江经济带“航运中心”的要求差距甚大。

2. 航运中心建设重“硬”轻“软”，航运金融软件建设投入不足

伴随着对外贸易与航运业的快速发展，我国港口城市发展日新月异，在航运基础产业上跻身于世界港口前列，但由于我国港口建设重“硬”轻“软”，因而，我国港口城市与航运中心的功能不完善，与国际上成熟的航运中心伦敦、纽约相比，还有较大的差距，尤其是在聚集航运资源、提供高端航运金融服务方面稍显不足，缺乏在全球范围内配置资源的话语权，这一点在长江中游层面表现得尤为突出。近 5 年来，武汉新港在硬件基础设施建设方面投入巨大，港口吞吐量与运输规模都得到了大幅提升，港航基础设施投资从 50 多亿元增加到 200 多亿元；但在优化物流方式、服务平台建设、集聚要素能力建设方面较为欠缺，导致航运金融业不发达，这一功能的薄弱严重削弱了武汉国家中心城市与长江中游航运中心的地位。因此，加强航运金融服务平台等软环境建设，积聚中部区域航运资源要素，发挥长江中游地区承东启西衔接作用，推动长江经济带高质量发展，已经迫在眉睫。

3. 金融发展与航运产业融合不足，航运金融市场不活跃

金融机构参与航运业投资不积极。由于该行业周期波动性强、成本巨大、不确定性风险高且难以控制，以及其他因素众多，大部分金融机构比较排斥进入这一行业。目前，武汉集聚有200多家各类金融机构，其中参与航运产业链相关业务的机构很少，航运业与金融服务的对接和融合严重不足。在当前情势下，许多航运金融产品只有概念，难以转化为现实。

4. 有利于航运金融发展的配套政策支持不够

一是金融机构对港航企业融资授信额度不平衡。金融机构对该行业融资授信额度把控较严，普遍低于其他行业1~2个百分点。同时，金融机构在对航运企业融资授信时，在利率、额度、标准等方面都偏向于大型优质企业，中小企业处于劣势地位，亟待出台有利于中小型企业发展的相关金融支持政策。

二是许多示范性、带动作用强的高质量项目建设缺乏政策支持，进程缓慢。当前正在推进的成品油交易中心项目符合当前长江经济带发展要求与成品油市场需求，正在谋划的武汉粮食集散基地建设项目，对于提升武汉国家性中心城市的商贸流通功能也是大有裨益，然而在推进过程中遇到诸多困难，缺乏政府支持与相关部门的配合协调。

三是缺乏支持航运金融发展的专项规划与实施细则。当前行业政策的大环境虽然有利于航运金融发展，《武汉长江中游航运中心规划》也明确提到了航运金融的发展，但支持航运金融发展和创新的专项规划和实施细则还尚未出台。

5. 有利于航运金融发展的法律法规也不健全

航运金融的有序发展离不开海事仲裁等相关专业法律服务体系的支撑。目前，我国海上运输遵循的较为专业的法律依据是1993年出台的《中华人民共和国海商法》（以下简称《海商法》），2018年9月，《中华人民共和国海商法（修订稿）》正式启动了征求意见程序，希望修订后的《海商法》能更好为航运金融发展服务。我国内河航运发展目前也遵循的是《海商法》，长江中游地区属于典型的内河航运，由于内河航运与海上航运在运输范围、

运输航线上有所不同，有时完全遵循《海商法》来解决一些内河航运问题仍会遇到一些阻碍和对接不畅问题。因此，对内河地区而言，出台专门的内河航运法规还是很有必要的。

6. 复合型航运金融人才较为匮乏

对长江中游地区而言，涉及航运金融的许多职能部门缺乏高素质的复合型专业人才队伍，许多从事航运金融的工作人员只有航运知识而不懂金融知识，又或是只有金融知识而无航运知识，目前这类专业性人才极度匮乏，不利于许多相关业务的推进。

四　长江中游航运金融发展路径

以平台建设为依托，促进航运产业链与金融高度融合，同时配套较为完善的政策、法律等支撑体系，构建较为发达的航运金融市场，提升航运中心的高端服务功能与现代化水平，是长江中游航运金融发展的核心与关键。

（一）支持“标杆”性贸易与交易平台建设，打造长江中游金融聚集品牌

武汉交通地理区位、港航资源优越，非常适宜大宗商品运输、贸易集散与中转，而当前却未形成一个具有引领、示范作用的专业性贸易与交易平台。结合武汉当前工作进展，应积极推动两大“标杆”性项目建设。

一是积极谋划推进武汉长江中游粮食贸易中转集散地项目建设，即：利用武汉区位、交通、物流等综合优势，将蛇口粮食集散中心转移到武汉，从而打造新的全国粮食集散中心。对比深圳蛇口粮食集散中心，武汉通过打造专业船型与优化物流方式，可节省更多物流成本，据专业人员测算，每吨粮食可以节约 20 元，就是相对于从蛇口中转，武汉中转便宜 20 元。目前，武汉航交所正在和上海 702 航母研究所合作研发专用船型。项目建成后将成为武汉航运金融发展的标杆性工程，将进一步提升武汉国家中心城市与长江中游航运中心的功能与地位。

二是积极推进武汉油品储运交易中心项目建设进程。目前，我国正在运营的油品交易平台（或交易所、交易中心等）有5家左右，其中，浙江舟山油品储运交易中心定位为国际性交易中心，上海石油交易所是为石油石化产品现货交易（含中远期订货）提供交易中介服务的大宗商品市场。比较以上两家交易平台，武汉油品储运交易中心以长江中游与全国经济地理的中心枢纽区位为依托，建设内陆型油品现货仓储、物流与交易中心，有较强的差异化竞争力。根据行业发展趋势与盈利空间分析，该项目市场前景可观，有良好的商业盈利价值，能有效拓宽成品油销售渠道，有望成为华中地区最大的成品油储运基地与第三方现货交易中心。

（二）推动建设长江航运金融服务联盟，促进全流域协调发展

一是联合上下游进一步推进长江航运与金融租赁服务联盟建设，促进长江经济带各类要素资源的聚集与整合，促进上中下游三大航运中心协调发展、功能互补，大幅提升长江经济带的综合国际竞争力与影响力。

二是推动建立上中下游航运金融部门的联席会议制度，如积极推进上中下游航交所开展合作交流，互相借鉴经验，实施错位发展，促进形成各具特色的现代化航运金融中心。

（三）创新航运融资服务方式，促进产融结合

一是积极发展航运金融服务和多种融资方式。推动设立航运融资担保机构，建立多层次、多方位的投融资渠道，积极培育航运产权、船舶、设备、航运电商的资金支付与结算业务，吸引区域航运金融结算中心落户武汉。

二是设立绿色航运产业基金，增强航运金融业发展活力。以航运交易所为平台，相关政府部门积极配合、指导与支持，建立绿色航运产业基金，进一步撬动社会资本，让更多金融机构参与到航运资本市场中，也将为许多中小航运企业提供融资平台，拓宽整个长江中游的航运金融服务市场。

三是完善航运产业链，以航运产业聚集带动金融服务聚集。加快推进武汉航运产业总部区规划建设，集聚发展港航、物流、服务门类齐全的航运产

业集聚区，推动金融机构与大型港航物流企业合作发展，积极发展航运信贷、航运物流金融、航运保险等高端航运服务业，将金融服务融入航运产业链发展中。

（四）完善有利于航运金融发展的政策、法律体系

一是完善有利于航运金融发展的政策环境。加大对航运金融企业的招商力度，通过差异化的优惠政策吸引高质量的航运金融企业入驻长江流域地区。同时，尽快出台加快航运金融发展的专项规划和实施细则。建议在长江流域地区，首先出台推动航运金融发展的总体发展规划，再逐步向其他地区推广。

二是健全有利于航运金融发展的法律服务体系。健全的航运金融法律服务体系和辅助中介机构体系是航运金融发展的重要支撑。当前，长江经济带地方政府应积极联合参与《海商法》修订稿的征求意见工作，同时积极向上争取开展关于内河航运专业法规的制定工作。与此同时，可充分借鉴国际航运中心法制建设经验，不断完善与提升航运保险、海事仲裁、海事法律等服务职能，积极营造有利于航运业与航运金融发展的制度环境。

（五）建设支撑航运金融发展的人才队伍体系

一方面，加强对该行业在职人员的培训力度，定期组织专业培训班弥补相关专业知识的不足，同时鼓励和支持在职人员深造学习，并给予一定的资金支持；另一方面，采用本土化与国际化相结合的手段，充分发挥专业组织的智力支持作用。借助长江经济带区域本土高等院校、科研机构提供决策咨询，同时积极吸引国际知名专业组织设立总部或分支机构。

参考文献

李振福：《航运金融：现状、趋势与发展策略》，《中国船检》2018 年第 4 期。

张晓宇、李建伟、郭光锐：《发展航运金融的国际经验借鉴及启示》，《华北金融》2017 年第 12 期。

陈继红：《我国航运金融服务业模式及创新发展对策》，《武汉理工大学学报》2013 年第 2 期。

张林、王乾坤：《武汉长江中游航运中心发展报告（2017）》，武汉新港管理委员会，2018 年 7 月。

李慧、冯新双：《2019 年一季度长江航运景气指数调查报告》，《中国水运》2019 年第 5 期。

吴俊：《航运业“新常态”下航运金融的发展策略——基于国际航运中心的视角》，《产业创新研究》2019 年第 2 期。

唐冠军：《加快建设武汉长江中游航运中心　着力构建中部崛起重要战略支撑》，《中国水运》2011 年第 12 期。

叶红玲：《加快三大航运中心建设　服务长江经济带发展》，《中国水运》2018 年第 7 期。

王琳雅、周东生：《发展航运金融对航运中心建设的作用分析》，《中国水运》2013 年第 5 期。

张海波、孙健慧：《政府引导视角下航运金融发展的国际比较及启示》，《大连海事大学学报》2018 年第 3 期。

邱炎林：《武汉长江中游航运中心高端航运服务业发展研究》，《港口经济》2017 年第 6 期。

B.4

长江中游沿线城市绿色发展实践比较及其启示*

李志萌　尹传斌**

摘　要：　本报告以长江中游沿线城市为研究对象，探究各城市在推进绿色发展中的特色做法和有益经验，为进一步推进长江中游沿线城市实现绿色发展总结经验。报告从经济增长及经济发展水平、产业转型升级、节能减排、生态环境质量、生态文明建设特色亮点五个方面概括了长江中游沿线城市绿色发展取得的成效，将5个城市的绿色发展模式分为政府高位推动型、资源型城市转型发展牵引型、试点示范引领推动型、重点领域突破带动型四个类型进行比较，总结各自的特色做法和经验。并进一步对5个城市绿色发展的共同经验和特征进行概括总结，最后对推进长江中游沿线城市绿色发展提出启示与建议。

关键词：　长江中游　绿色发展　产业转型升级

2016年1月5日，习近平总书记在重庆市召开推动长江经济带发展座谈会时指出："推动长江经济带发展必须从中华民族长远利益考虑，走生态

---

* 本报告为国家社会科学基金项目"绿色长江经济带生态环保一体化与政策协调机制研究"（16BJL072）、江西省经济社会招标课题"打造水美岸美产业美的长江'最美岸线'的政策机制研究"（18ZD04）阶段性成果。

** 李志萌，江西省社会科学院发展战略研究所所长，研究员，研究方向为生态经济；尹传斌，江西财经大学旅游与城市管理学院讲师，经济学博士，研究方向为可持续发展。

优先、绿色发展之路。”[①] 城市的绿色发展是长江经济带实现绿色发展的基础和支撑。近些年，长江中游沿线城市践行绿色发展理念，将生态文明建设作为转变发展方式的突破口和着力点，探索绿色发展道路，构建和完善绿色发展促进机制，取得了重要成就，探索出了许多有益的做法和经验。总结分析长江中游沿线城市绿色发展的做法和经验，对进一步完善绿色发展模式、推进长江经济带绿色发展具有重要意义。本报告选择长江中游沿线的鄂州市、黄石市、黄冈市、九江市、岳阳市作为分析对象，探究其绿色发展的成效、模式和经验。

一　长江中游沿线城市绿色发展成效

（一）经济发展水平稳步提升

经济增长是发展的基础，没有经济增长的绿色发展是空中楼阁。从经济增长和经济发展水平来看，各城市经济实现了快速增长，经济发展水平稳步提升。由图 1 可见，2003 ~ 2017 年，各市 GDP 都保持持续快速增长，鄂州市、黄石市、黄冈市、九江市、岳阳市的 GDP 分别增长了 620.70%、440.64%、396.30%、686.78%、557.94%。由图 2 可见，在经济发展水平方面，各市同样保持着持续快速提升。2003 ~ 2017 年，鄂州市、黄石市、黄冈市、九江市、岳阳市的人均 GDP 的几何增长率分别达到了 14.91%、12.92%、13.21%、15.39%、13.71%。经济的快速增长和经济发展水平的稳步提升，充分反映出长江中游沿线城市经济发展的活力。

（二）产业转型升级扎实推进

产业的绿色化转型升级是实现经济绿色发展重点内容，各城市围绕产业

---

① 《习近平：在深入推动长江经济带发展座谈会上的讲话》，http：//www. xinhuanet. com//politics/leaders/2018 -06/13/c_ 1122981323. htm。

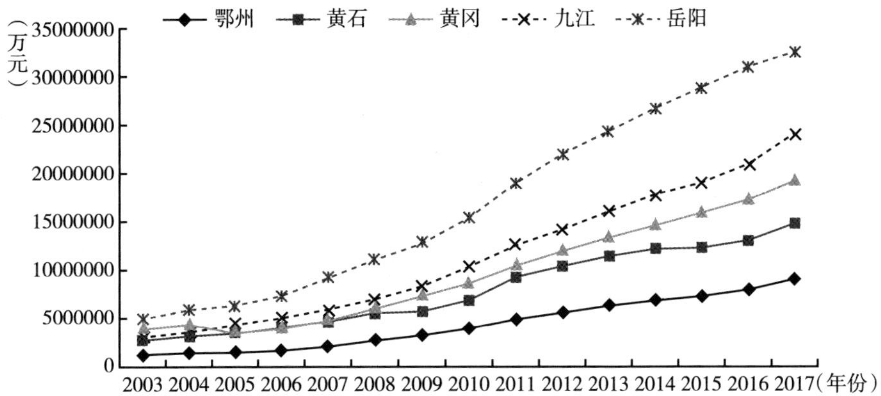

图 1　长江中游沿线城市 2003～2017 年 GDP 变化情况

资料来源：《中国城市统计年鉴》。

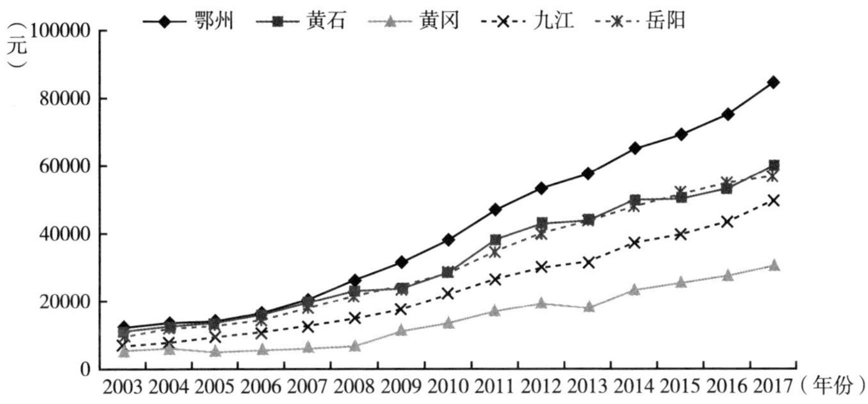

图 2　长江中游沿线城市 2003～2017 年人均 GDP 变化情况

资料来源：《中国城市统计年鉴》。

转型升级，探索产业绿色化和绿色产业化道路取得了显著成绩。黄石市作为老工矿城市和资源枯竭型城市，坚持生态立市、产业强市，积极探索转型发展之路，矿产资源深加工产品产值占资源型产业产值的比重达 85% 以上，实现了从卖资源到卖产品的跨越。黄冈市以“多情大别山，风流看黄冈”为核心品牌，加快构建以文化旅游为龙头的文化产业体系，建成 3A 级绿色生态景区 8 家、4A 级绿色生态景区 7 家，绿色产业对农民增收贡献率达 10% 以上。九江市大力发展森林旅游、林下经济等生态富民绿色产业，2017 年森林旅游业产值首次突破 250 亿元，达到 256.8 亿元。

（三）节能减排工作成效显著

推进节能减排是实现绿色发展的重要途径。在节能减排方面，长江中游沿线城市通过行政化的监管惩罚制度和市场化的激励制度并举，以产业结构升级为核心，调整能源消费结构，推进生产技术提升和工艺改造，节能减排工作取得显著成效。图 3、图 4、图 5 分别是长江中游沿线城市 2003 ~ 2017 年工业废水排放强度、二氧化硫排放强度和烟粉尘排放强度。从图中可见，2003 ~ 2017 年，长江中游沿线城市工业废水排放强度、二氧化硫排放强度、烟粉尘排放强度都呈现明显的下降趋势，尤其是在 2003 ~ 2011 年实现了快速下降。

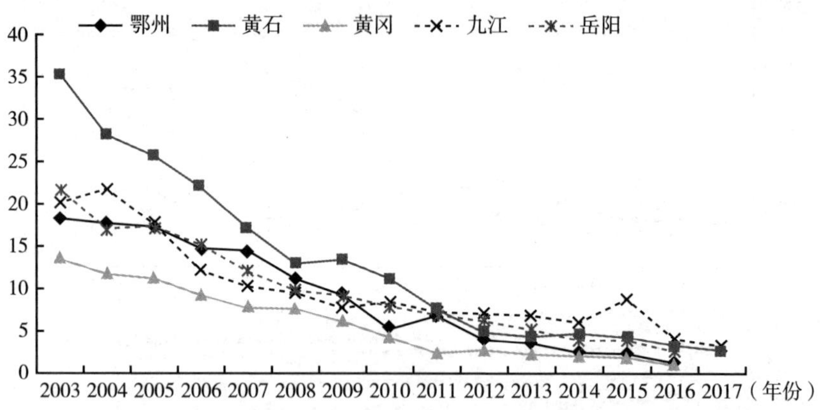

图 3　长江中游沿线城市 2003 ~ 2017 年工业废水排放强度变化

资料来源：根据《中国城市统计年鉴》基础数据计算得到。

（四）生态环境质量不断改善

长江中游沿线城市高度重视生态环境改善和治理，认真落实“大气十

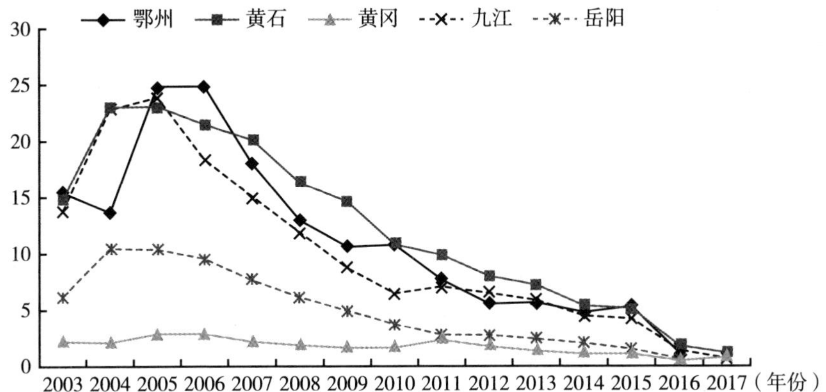

图4　长江中游沿线城市 2003~2017 年二氧化硫排放强度变化

资料来源：根据《中国城市统计年鉴》基础数据计算得到。

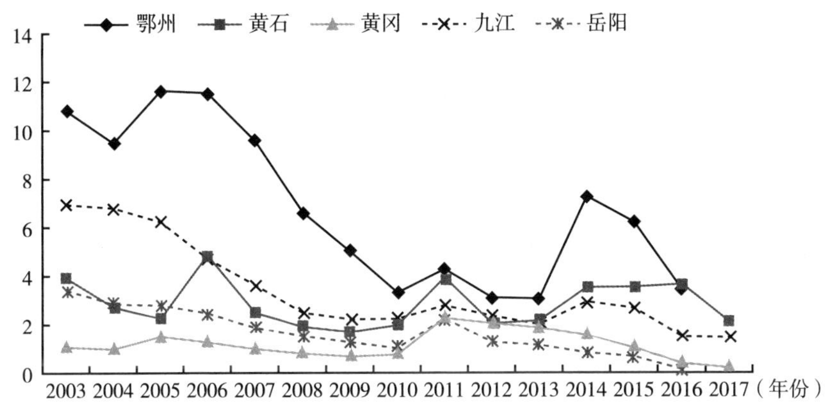

图5　长江中游沿线城市 2003~2017 年烟粉尘排放强度变化

资料来源：根据《中国城市统计年鉴》基础数据计算得到。

条”“水十条”“土十条”，加强污染防治和生态环境治理，生态环境质量得到持续改善。2017 年，鄂州市、黄石市、黄冈市、九江市、岳阳市的全年市中心城区空气质量优良天数分别为 271 天、274 天、268 天、288 天、304 天，优良率分别为 74.7%、75%、74.2%、78.9%、86.3%，空气质量呈现改善态势。水生态环境也得到一定改善，水质不断提升，2017 年 5 个市的集中式饮用水水源地水质达标率都达到了 100%。

（五）生态文明建设亮点突出

各城市深入推进生态文明建设，成效显著、亮点突出。鄂州市为自然资源资产负债表编制和领导干部自然资源资产离任审计试点城市、水生态文明建设试点城市等，通过推进全域生态文明建设，实现了青山和金山“双赢”。黄石市积极探索转型发展之路，从传统工矿的“光灰城市”，走向“绿色新城”，先后获得中国人居环境范例奖、国家园林城市、国家新型工业化示范基地等国家级荣誉。黄冈市在全国首推河长制、湖长制，在全省率先将“林业生态建设”纳入全市目标考核体系，是湖北省市州中首家专设护水机构的城市。九江是“国家森林城市”，是江西省第一个省级森林城市全覆盖的设区市。岳阳市被评为“中国十佳绿色城市”。

二　长江中游沿线城市绿色发展模式的分类比较

（一）政府高位推动型

在本报告所研究的长江中游沿线的5个城市中，政府在城市的绿色发展中都起到了重要作用，但是相对来说，黄冈市的绿色发展具有政府高位推动的特征，作为地级市其绿色发展的战略方向和路径直接得到省级政府层面甚至国家层面的设计和支持。黄冈市推进绿色发展的主要做法和经验如下。

黄冈市地处大别山区，湖北省委、省政府启动了以建设“红色大别山、绿色大别山、发展大别山、富裕大别山”为目标的大别山试验区建设。绿色黄冈是绿色大别山的建设主体，黄冈市绿色发展主要有以下做法。一是铁腕手段护绿。其一是实施农村环境连片整治和长河流域水域环境整治。其二是以严厉手段实施石材矿山整治。其三是铁腕整治水质污染。其四是大力度提升环境质量。二是创建行动播绿。黄冈市以“绿满黄冈”为行动目标，以示范创建行动积极推进播绿。2013 年 6 月，黄冈市启动了“绿满黄冈”

行动计划，推进大别山南麓天然林保护。三是制度保护敬绿。黄冈市积极推进环境保护工作规范化、制度化，构建生态文明建设长效机制。完善政绩考核机制和环境追责机制，推进政绩考核的“指挥棒”指向绿色低碳，建立了环境保护“一票否决”制。四是发展产业用绿。黄冈市坚持打绿色牌、生态牌，提出以红色精神，发展绿色产业，不断延伸生态经济链，构建绿色生态产业体系，让绿水青山辉映金山银山。

（二）资源型城市转型发展牵引型

黄石市属于资源枯竭型城市，面临发展理念转型、产业转型、城市转型、生态转型和动力转型的压力，其绿色发展模式具有以资源型城市转型发展为牵引的特征，紧紧围绕资源型城市转型发展这一中心开展绿色发展路径探索。黄石市推进绿色发展的主要做法和经验如下。

一是推进理念转型。为终结领导干部依赖资源进行发展的“恋矿情结”，黄石派出县（市）区乡镇主职、市直部门主职，赴浙江丽水挂职，学习开展生态建设、发展生态产业的经验。持续开展思想解放大讨论、生态知识大培训、生态文明大创建等行动，促进干部群众加快形成绿色自觉。二是推进产业转型。黄石市积极发展电子信息、节能环保等战略性新兴产业，连续两年组织开展“千名干部进千企”活动，帮助企业排忧解难；设立了产业发展基金和产业引导基金，重点支持物流、金融、旅游、体育等四大产业发展。对不符合标准的落后产能企业和“僵尸企业”实行清理注销，为新兴产业和企业腾出更大的发展空间。三是推进生态转型。大力开展治山工程，2009 年黄石市政府专门出台了《关于开展黄荆山开山塘口生态修复工作的意见》，对黄荆山北麓进行生态修复。整治长江沿线非法码头，推进“五水共治”。四是推进城市转型。作为老工业城市，黄石面临诸多“城市病”。黄石市通过建设大新区、大港口、大交通、大民生，全方位推动城市转型。五是动力转型。创新环保投融资机制，组建环保投融资公司，整合排污权、碳排放权、水权进行抵押融资和减排项目贷款融资，发展排污权交易市场，通过建立健全绿色发展的体制机制，提升绿色发展动力。实施创新驱

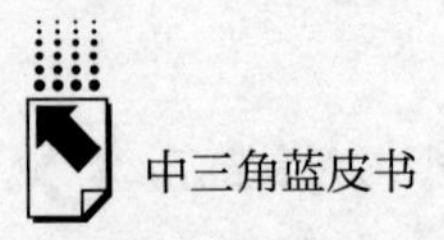

动战略，深化产学研合作，推广节能新技术，促进科技成果转化，建设高新技术产业基地，发展高新技术产业集群。

（三）试点示范引领推动型

开展试点示范是我国推进生态文明建设和绿色发展的有效做法。鄂州市在生态文明建设和绿色发展方面承担了较多的试点示范任务，从而使绿色发展模式呈现一定的试点示范引领推动的特征。鄂州市推进绿色发展的主要做法和经验如下。

一是创新推进水生态文明城市建设试点，探索绿色发展新路径。鄂州市作为全国首批水生态文明建设试点城市，形成了一系列保护江河湖泊的新经验、新做法，例如：对河湖登记造册，实行编号管理；实施破堤还湖工程；整治长江岸线，对长江干堤岸线砂场严格分类处置；全面启动雨污分流，城乡垃圾和污水在湖北省率先开展全收集、全处理、全覆盖。二是创新绿色考核机制，激发绿色发展动力。鄂州市围绕自然资源资产负债表编制和领导干部自然资源资产离任审计试点，探索建立了绿色考核新机制，建立由了23项红线考核指标、约束性指标和有关目标责任制指标组成的评价指标体系，建立了自然资源资产负债表。三是创新环保投入机制，推进开展生态金融试点。鄂州市开展了生态金融试点，积极创新环保投入机制，引导社会资金投入，发展绿色信贷、绿色基金、绿色债券、绿色企业上市、绿色保险等，为生态文明建设项目构建多元化融资方式和平台。四是创新产业发展机制，提高绿色发展水平。第一，谋划推进航空都市区建设，着力推动陆港、水港、空港“三港联动”。第二，着力推进科技创新，与华中科技大学、武汉大学等高校开展产学研对接。第三，大力发展生态农业。第四，突破性发展现代服务业。

（四）重点领域突破带动型

鄱阳湖主体位于九江市，洞庭湖60%以上水域面积在岳阳市，九江市和岳阳市都承担着大湖保护和长江大江保护的重任，两市以此为重点倒逼带动推进产业绿色发展和生态文明建设，走出了具有自身特点的绿色发展之路。

1. 九江市推进绿色发展的主要做法和经验

江西是国家生态文明建设试验区，九江市作为江西唯一具有长江岸线的城市，其绿色发展之路将“长江大保护”、鄱阳湖生态保护与生态文明建设试验区的使命紧紧结合，积累了一系列特色经验。一是推进工业绿色发展，促进传统产业转型升级。以新型工业化为核心，重点培育了精细化工、装备制造、新材料、绿色食品等战略性新兴产业。实施企业环保技改绿色工程，对沿江工业园开展全面综合整治和生态化改造，建设绿色工厂。二是综合推进岸线整治和长江水质保护。全力开展沿江非法码头专项整治行动；实施沿江岸线生态修复工程；开展工矿企业及工业集聚区水污染专项整治，实行“一企一管一池一阀”改造和“双向监测”；开展入河排污口专项整治行动，对企业排污进行智能化监测测；开展沿岸固废清理专项整治。三是实施农村人居环境整治，发展绿色生态农业。开展农药化肥零增长、秸秆综合利用、农田残膜污染治理等绿色行动。以绿色农业、休闲农业、高效农业为主攻方向大力发展现代农业。四是推动山水林田湖草“生命共同体”系统治理。九江市把长江九江段与江西“五河两岸一湖”作为一个整体，贯彻山水林田湖草“生命共同体”理念，全流域、全方位推进环境综合治理、生态保护与修复。

2. 岳阳市推进绿色发展的主要做法和经验

一是狠抓洞庭湖综合治理。积极开展洞庭湖水环境综合治理专项行动，组织开展“洞庭湖生态环境突出问题集中整治月”，整治规范采矿，关停清理洞庭湖、长江沿岸砂石堆场，清理整治环湖生活垃圾堆放点。二是推进化工绿色化。石化产业是岳阳的支柱产业，为推进石化产业绿色转型升级，岳阳以绿色化工产业园为核心，在园区通过对化工生产过程后尾气废料的循环利用，走出了一条集约化、专业化、绿色化化工的新路子。二是推进环境监管机制创新。岳阳市为了配套执行好新《环保法》，率先出台《关于深化公安、环保部门环境执法联动的指导意见》，建立了环境执法与刑事司法衔接机制。三是将生态文明作为政绩考核的“绿色标尺”。岳阳市确立了环境保护“党政同责、一岗双责”工作机制，把生态文明建设和环境保护工作纳入领导干部考核评价，开展了党政领导干部自然资源资产离任审计工作。

三 长江中游沿线城市绿色发展模式的特征和经验

绿色发展涉及生产方式和生活方式根本性变革，是对传统发展方式系统性的转变，根本目的是实现人与自然和谐，经济系统、社会系统与生态系统共生共荣。长江中游沿线城市推进绿色发展的实践，虽然各地方由于区情不同、面临的问题和难点不同、关注重点不同，在某些领域的做法存在一定差异和各自特色，但是总的来说具有一些共同的特征，初步形成了推进绿色发展的有益共同经验。

（一）将政府作用作为推进绿色发展的主导力量

这5座城市在推进绿色发展的过程中，政府发挥主导性作用的特征非常明显。无论是制定各类规划、条例等，还是实施环境规制的行政手段、加大环境污染治理和修复的财政手段，都体现了政府推进绿色发展的主导作用。绿色发展是解决经济发展与环境保护问题的途径，资源环境问题的公共性特征决定了政府理应担当起主导责任。通过行政、经济、法律、文化等多种手段引导经济社会发展遵循人、自然、社会和谐发展的客观规律，逐步实现绿色发展。

（二）将发展理念转变作为推进绿色发展的基石

发展理念的转变是发展方式转变的前提，无论是作为资源枯竭型城市的黄石市，还是其他城市，都非常重视干部群众发展理念的转变。发展是我们党执政兴国的第一要务，绿色发展理念作为我们党科学把握发展规律的创新理念，明确了新形势下完成第一要务的重点领域和有力抓手，绿色发展思想为正确处理我国经济发展与生态环境保护的关系指明了方向，为我们党切实担当起新时期执政兴国使命指明了前进方向。绿色发展是我国经济发展道路的必需选择，我们必须牢固树立和贯彻落实绿色发展理念。

（三）将产业绿色化转型升级作为推进绿色发展的重头戏

产业绿色化转型升级是推进绿色发展的重头戏，聚力推进产业绿色转型升级是这些城市绿色发展的共同点。绿色发展是实现产业转型升级的新动力来源，产业绿色化转型升级是绿色发展的路径和实现方式。从世界范围来看，一些国家已经将发展绿色产业作为实现经济结构和产业结构转型升级的重要举措。当前，我国经济正由高速增长阶段向高质量发展阶段转变，产业转型升级是实现高质量发展的必然选择。绿色发展为产业转型升级提供了新动力来源。我国转变经济发展方式，也需要通过利用新技术改造提升传统产业、大力发展节能环保产业、开发利用新能源、实施节能环保工程、培育和发展绿色服务业等举措，促进产业发展从中低端向中高端迈进。

（四）将水污染防治和水质改善作为推进绿色发展的突出点

保护长江生态环境是长江沿线城市共同的责任。其中改善长江水质、深入实施水污染防治是修复长江生态环境的重点。这 5 座城市都毫无例外地将水污染防治和水质改善作为推进绿色发展中的突出点和重点，推进水生态文明建设，实施河湖长制，推进工业污染治理，强化工业集聚区污水治理，深入推进工业污染源全面达标排放，加大城镇污水处理和黑臭水体整治力度，加强湖库水生态环境保护，加强农业面源污染治理等。

（五）将长效化制度和机制建设作为推进绿色发展的核心

绿色制度体系建设和机制建设是推进绿色发展的长效保障，绿色制度创新有助于激发绿色发展的内生动力。只有通过绿色发展的制度和机制建设，通过制度规制约束和激励政府、企业和公众的行为，调动政府、企业和公众等利益相关方的能动性，才能确保形成推动绿色发展的合力。从各地的具体做法来看，主要集中在生态文明建设和环境保护相关的政策法规的建立和完善、政府政绩考核机制和环境保护市场化机制的探索。

（六）将科技创新作为推进绿色发展的驱动力

科学技术进步是推进绿色发展的重要推动力，以绿色技术创新推进绿色转型，在推进绿色发展过程中已成为共识。绿色发展所要求的科学技术创新不同于传统的技术创新，科技与经济相脱离，科技与生态相对立是传统技术创新的缺陷。绿色技术创新，才是现代科技进步与创新的新方向，是推动绿色转型、发展绿色经济、实现经济生态社会协调可持续发展的根本途径。

四　对进一步推进长江中游沿线城市绿色发展的启示与建议

（一）加强政府自身建设，增强政府对绿色发展的引导能力

政府作为公共权力行使者、政策措施制定者、经济活动管理者的特殊角色，对绿色发展具有巨大的导向作用和广泛的重要影响。适应推进绿色发展的要求，要创新行政管理体制机制，把更多精力从主导经济发展，转向提供基本公共服务和创造良好的经济发展环境，更好地发挥市场配置资源的决定性作用，变主动干预为主动服务。政府要转变职能优化产业发展环境，将转变政府职能作为产业转型的抓手，充分发挥政府的服务功能，优化绿色产业发展的政策环境。政府要科学规划引导产业转型升级和集聚发展，充分发挥规划的引导作用，编制产业转型发展规划。

（二）完善产业升级促进机制，构建绿色产业体系

绿色发展不仅要对传统产业进行绿色化改造，降低资源消耗和污染排放，保护生态环境，提高其增长的质量和效益，更要培育、支持和引导绿色产业发展，培育清洁、低碳、环保等战略性新兴产业，形成高端化、高质

化、低碳化、生态化的绿色产业体系。其一，聚力打造产业发展平台。优化沿江各市产业园布局，推进产业园区优化升级，将产业园区作为产业绿色转型的载体，推动工业集中、集约、集聚发展。其二，以新型工业化道路为指引，以绿色化和环境保护为标准，引进承接新型产业。在招商引资和产业选择培育时，坚持与国家产业政策对接、与区域产业发展配套、与产业升级趋势同步的原则，着力引进技术含量高、经济效益好、资源消耗低、环境污染少的新兴产业。按照“沿链招商”和构建“循环经济”产业链的招商引资思路，有针对性地引进配套企业，完善产业链。其三，发展现代农业，推动农业标准化生产和产业化经营，建设现代农业园区，促进形成规模化发展、标准化生产、品牌化经营、市场化营销的现代农业发展模式。其四，依托各市旅游资源优势，大力发展全域旅游，推行农旅结合模式，发展休闲观光农业和乡村旅游业，打造旅游品牌。

（三）推动绿色发展的环境治理机制创新，建立环境整治长效机制

一是创新推进环境治理市场化模式。探索推行第三方治理、生态环保投资工程包、城乡环保基础设施一体化投资运营、生态修复保护综合服务等环境治理市场化运作模式。探索多元化市场化的生态补偿机制，建立水权、排污权、碳排放权交易市场。二是创新生态环境保护投入机制。建立和完善以政府投入为牵引、多方参与的投入机制。设立生态保护与建设基金，制定生态保护与建设资金统筹管理办法，统筹整合政府项目资金。制定和完善吸引社会各界参与生态保护与建设的政策体系，建立政府财政投入、社会资金引进、群众投工投劳的多元投入机制。三构建生态环境保护的统筹协调机制。建立生态环境保护联席会议制度，加强相关单位之间的配合、联系和协调，增加利益相关方参与度，形成统筹协调机制。制定生态保护与建设监管和综合执法制度，成立监管和综合执法大队，建立生态行业协会和当地民众参与的生态保护与建设第三方监管体系，形成联合监管机制。积极利用市场手段激励和释放各类市场主体在转型中的主动性和积极性，形成政府、企业、民众多方参与的转型局面。

（四）促进创新发展与绿色发展深入融合，提升绿色发展动力

创新和改革是绿色发展的两大根本动力。在推进绿色发展过程中，必须坚持全面实施创新驱动战略，一方面要深入体制机制创新，释放各方主体的活力和动力；另一方面要推进绿色技术创新，不断增强产业竞争力，形成绿色发展的动力源泉。一是全面推进实施体制机制创新，增强发展内生动力。积极探索体制机制改革，创新转型发展机制，增强转型发展的内生动力。坚持将经济发展与长江大保护结合，全面探索规划衔接机制、产业对接机制、园区管理机制、利益共享机制、多方合作机制、环境共治机制、矿产资源优化整合机制、废弃资源综合利用机制等，尤其是要转变政府政绩考核机制，建立自然资源资产负债表，推行领导干部自然资源资产离任审计制度。二是实施创新驱动战略，提升产业竞争力。坚持以创新和科学技术为驱动力，推动产业升级。通过产学研协同创新与校企联合研发同步推进，推动企业技术创新、产品研发、品牌创建、科技成果转化，着力提高企业核心竞争力。

参考文献

《习近平：在深入推动长江经济带发展座谈会上的讲话》，http：//www. xinhuanet. com/politics/leaders/2019 －08/31/c_ 1124945382. htm。

方达福、程时军、石后兴等：《长江经济带鄂黄阳段生态保护绿色发展的思考》，《农村经济与科技》2017 年第 11 期。

王海洁：《改变产业结构单一现状　促进资源性城市可持续发展——以黄石市可持续发展面临的困境及解决建议为例》，《吉林农业》2016 年第 13 期。

周先旺：《在推进绿色发展中实现换道超越》，《政策》2016 年第 7 期。

《鄂州市争创绿色发展先行示范区之绿色体制篇》，http：//www. sohu. com/a/75547049_ 119885。

《千里大别绿映红——绿色发展的黄冈实践》，http：//www. hg. gov. cn/art/2016/5/4/art_ 30_ 82002. html。

苏世扬、谭紧、柳朝霞：《装点明珠——岳阳市生态文明建设纪实》，《绿色大世界》2007 年第 Z2 期。

B.5
长江中游地区绿色发展存在的问题与对策建议

李春香*

摘　要： 2018年以来，长江中游地区各省积极贯彻落实中央部署和习近平总书记武汉座谈会重要讲话精神，继续加大环保力度，把修复长江生态环境摆在压倒性位置，密集出台了一系列规定、决议、实施方案等，推进长江中游地区生态建设和绿色发展，实现了经济增长和绿色发展共赢。同时，长江中游地区绿色发展存在一些问题，需要加快推进绿色发展的步伐，助力绿色长江早日建成。

关键词： 长江中游地区　绿色发展　环境保护

一　2018年以来长江中游地区绿色发展举措与成效

（一）政策推进情况

1. 贯彻执行政策文件较多，内容丰富

从表1的不完全统计可以看出，2018年以来，长江中游地区在绿色发展的制度层面和重要领域进行了积极探索，湘、鄂、赣三省积极行动，出

* 李春香，湖北省社会科学院长江流域经济研究所副研究员，博士，研究方向为区域经济、可持续发展。

台了不少的意见、实施方案、行动计划等，有的省多达10多项。内容涉及环境保护、污染防治、生态修复、绿色产业发展、水生生物保护等多方面。各省都出台了蓝天保卫战三年行动实施方案、生态环境损害赔偿制度改革工作实施方案等，部分省在本省特色领域重点区域进行了制度探索，如江西省对鄱阳湖生态环境的整治、湖南省对长株潭生态绿心地区保护出台了意见、条例。

表1　2018年以来长江中游三省出台绿色发展相关政策文件

省份	出台文件
湖北	《湖北省污染防治攻坚战行动方案》《湖北省生态环境损害赔偿制度改革工作实施方案》《湖北省深化环境监测改革提高环境监测数据质量实施方案》《湖北长江大保护十大标志性战役工作方案》《湖北省推广“虾稻共作稻渔种养”模式三年行动方案》《进一步推进全省生态环境问题整治工作方案》《关于建立省内流域横向生态补偿机制的实施意见》《湖北省打赢蓝天保卫战三年行动计划实施方案》《湖北省环境空气质量生态补偿暂行办法》《湖北省环境空气质量考核预警和重污染天气应对工作管理办法》《支持全省沿江化工产业转型升级实施意见》《湖北省长江保护修复攻坚战工作方案》等
湖南	《关于坚持生态优先绿色发展深入实施长江经济带发展战略大力推动湖南高质量发展的决议》《湖南省推进城镇人口密集区危险化学品生产企业搬迁改造实施方案》《湖南省“蓝天保卫战”实施方案（2018～2020年）》《湖南省污染防治行动计划（2018～2020年）》《湖南省长株潭城市群生态绿心地区保护条例》《湖南省环境空气质量奖惩暂行办法》等
江西	《坚决打好工业污染防治攻坚战实施方案》《江西省打赢蓝天保卫战三年行动计划实施方案》《鄱阳湖生态环境综合整治三年行动计划（2018～2020年）》《江西省生态环境损害赔偿制度改革工作实施方案》《江西省人民政府办公厅关于健全生态保护补偿机制的实施意见》《江西省人民政府办公厅关于加强全省水生生物保护工作的实施意见》《江西实施河长制湖长制条例》等

2. 绿色发展、环境保护各有侧重

湖北出台政策文件相对较多、内容较全面，在化工产业转型升级、污染防治、生态修复、环境监测、生态农业等方面重点部署。全面启动长江大保护十大标志性战役，[①] 公布了长江大保护十大标志性战役的工作方案。持续

① 长江大保护十大标志性战役，包括沿江化工企业专项整治、城市黑臭水体整治、农业面源污染整治、非法码头整治、非法采砂整治、饮用水源地保护、沿江企业污水减排、磷石膏污染整治、固体废物排查和城乡垃圾治理。

巩固非法码头非法采砂整治、饮用水源地保护、入河排污口整改、固体废物大排查、港口岸线资源清理整顿“六大专项整治”。启动实施绿色产业发展、绿色宜居城镇建设、园区循环化发展引领行动、发展绿色金融、支持绿色交易平台发展等长江经济带绿色发展十大战略性措施。建立健全生态环境监测网络和体系。出台《湖北省深化环境监测改革提高环境监测数据质量实施方案》《湖北省环境空气质量考核预警和重污染天气应对工作管理办法》等政策文件，全面完成全省56座新建国考断面水质自动站建设以及已建65座国考断面水质自动站设备更新与功能升级，并与国家和省级平台实现联网，空气质量预警预报能力由城市未来三天预报拓展为区域未来五天—城市未来三天—城市未来24小时的分层次预报，土壤污染源“一张图”动态监控全面完成。出台《湖北省长江流域跨界断面水质考核办法》，实现全省跨界断面水质考核全覆盖。

湖南聚焦环境保护和高质量发展，出台《关于坚持生态优先绿色发展深入实施长江经济带发展战略大力推动湖南高质量发展的决议》。一方面，积极加强生态保护和治理修复，坚决打赢污染防治攻坚战。出台《湖南省污染防治行动计划（2018～2020年）》《湖南省“蓝天保卫战”实施方案（2018～2020年）》《湖南省长株潭城市群生态绿心地区保护条例》等法规政策。全部拆除长江岸线不符合环保要求的泊位，拆除下塞湖矮围。开展污染防治“夏季攻势”，2018年5月至9月通过项目化、清单化的形式，消除1122个环境问题。积极推进长株潭生态绿心问题整改，开展绿心总规局部优化完善工作。另一方面，通过深化改革和创新驱动推动全省经济高质量发展。全部关闭清水塘老工业区企业，积极推进20个工业新兴优势产业链补链延链强链，扶持智能产业发展壮大，积极创建绿色工厂和智能制造示范项目、示范车间，加快现代制造业基地建设。

江西围绕打好污染防治攻坚战和国家生态文明试验区建设，加强制度建设和长江大保护。健全生态环境监管制度，赣江流域环境监管体制改革全面推开。健全绿色发展引导机制，完善绿色企业、绿色项目认定和环境信息披露等制度，推进赣江新区绿色金融改革。健全生态考评追责制度和生态损害赔偿制度，开征环境保护税。制定《坚决打好工业污染防治攻坚战实施方案》《鄱阳湖生态环境综合整治三年行动计划（2018～2020年）》等政策文件，积极实施蓝天保卫战、城市黑臭水体治理、长江保护修复等七大战役，建成重点排污企业等在线监测系统。

（二）体制机制建设情况

1. 生态省建设有效推进

生态保护红线是保障和维护国家生态安全的底线和生命线。三省均发布了生态保护红线划定方案，积极推进生态红线勘界定标试点，其中，湖南划定生态红线4.28万平方公里，约占全省土地面积的20.23%；湖北划定生态红线4.15万平方公里，约占全省土地面积的22.3%；江西划定生态红线4.69万平方公里，约占全省土地面积的28.06%。各地积极探索生态文明发展路径和模式，湖南省张家界市武陵源区、湖北省保康县、江西省井冈山市等6个县（市、区）入选第二批国家生态文明建设示范市县，湘江流域和洞庭湖山水林田湖草生态保护修复工程获批国家试点。

2. 生态补偿机制逐步建立

长江中游地区积极落实财政部等四部门《关于加快建立流域上下游横向生态保护补偿机制的指导意见》，推动建立各省省内流域上下游横向生态保护补偿机制。湖北省出台了《关于建立省内流域横向生态补偿机制的实施意见》，意见要求选择通顺河、黄柏河、天门河、梁子湖、陆水河等5个流域及相关20个县（市、区），在2018年实施流域横向生态保护补偿试点；到2020年省内长江流域相关市县60%以上建立横向生态补偿机制。其中，通顺河、黄柏河流域生态补偿模式打造了跨界河流污染综合治理的样板，成为湖北水污染防治的亮点。湖南省和江西省也分别出台了《湖南省流域生态保护补偿机制实施方案（试行）》和《江西省建立省内流域上下游横向生态保护补偿机制实施方案》，均要求到2020年底，全省长江流域60%以上的县（市、区）建立流域上下游横向生态保护补偿机制。此外，为促进区域环境空气质量持续改善，长江中游地区积极探索大气污染补偿。

湖北、湖南两省分别制定了《湖北省环境空气质量生态补偿暂行办法》（鄂政办发〔2018〕74号）、《湖南省环境空气质量奖惩暂行办法》（湘财建二〔2019〕2号），推动大气污染防治。

3. 生态环境损害赔偿改革积极推进

作为2016年全国生态环境损害赔偿制度改革7个试点省份之一，湖南省积极推进试点省建设，先行一步完成系统化的生态环境损害赔偿相关管理制度建设。2018年江西省、湖北省分别出台了《江西省生态环境损害赔偿制度改革工作实施方案》《湖北省生态环境损害赔偿制度改革工作实施方案》。同年，江西省配套出台了生态环境损害调查、赔偿磋商、损害修复监督管理以及赔偿资金管理等试行办法，湖北省高级人民法院制定出台了关于贯彻执行《湖北省生态环境损害赔偿制度改革实施方案》的实施意见（试行）。

（三）发展成效

1. 生态环境总体好转

长江中游地区扎实推进蓝天、碧水、净土三大攻坚行动，三省环境质量持续改善，实现“天蓝、水清、地绿”。2018年，江西、湖南森林覆盖率分别达63.1%、59.82%，分别处于全国第二位、第六位；长江、汉江等重点流域水质总体保持稳定、状况好转，三省地表水环境质量考核国考断面水质优良断面（达到或优于Ⅲ类）占比均超过80%，湖南、江西分别达到90%、92%，江西全面消除劣Ⅴ类断面，湖南、江西地表水水质省控断面优良率也分别达到94.5%、90.70%；三省环境空气质量整体好转，湖北、湖南、江西空气质量优良率76.7%、85.4%、88.3%，均比上年有所提高（见表2）。湖北国考城市PM_{10}、$PM_{2.5}$浓度均值分别比上年下降8.8%、9.6%，湖南14个城市环境空气中的二氧化硫（SO_2）、二氧化氮（NO_2）、一氧化碳（CO）、臭氧（O_3）、可吸入颗粒物（PM_{10}）等五项污染物全年平均浓度均优于国家二级标准，张家界市等五市城市空气环境质量首次达到国家二级标准。江西$PM_{2.5}$浓度均值下降17.4%，降幅居全国前列。

表 2　2018 年长江中游地区三省主要生态指标状况

单位：%

省份	空气优良率		森林覆盖率	国考断面优良率
	数值	比上年增加或减少（百分点）		
湖北	76.7	0.6	41.60	86.0
湖南	85.4	3.7	59.82	90.0
江西	88.3	5.0	63.10	92.0

注：①数据来源于各省 2018 年国民经济与社会发展统计公报以及相关政府部门网站；②湖北森林覆盖率为 2017 年数据。

从三省内部来看，生态环境状况存在差异。从表 2 可以看出，从森林覆盖率来看，2018 年江西森林覆盖率超过 60%，湖南森林覆盖率达到 59.82%，分别高于湖北 21.5 个、18.22 个百分点。从空气质量改善来看，江西、湖南优良率分别提高 5.0 个、3.7 个百分点，分别高于湖北 4.4 个、3.1 个百分点。

2. 产业转型升级加快推进

长江中游地区各省深入实施新一轮高水平技术改造行动，积极推进企业技术改造，加快推进化工钢铁煤电行业转型升级。2018 年，三省工业技改投资增速在 20% 以上，湖南技改投资占工业投资比重达 55% 以上（见图 1）。化工钢铁煤电行业转型升级加快、空间布局逐步优化。2018 年湖北关改搬转沿江化工企业 115 家，宜昌等市积极编制化工产业绿色发展规划引导产业向高端化、精细化、绿色化发展。湖南关停“散乱污”企业 3747 家，淘汰煤炭产能 600 万吨，取缔不符合国家产业政策的黏土砖及页岩烧结企业 2038 家。江西大力实施战略性新兴产业倍增、传统产业优化升级、新经济新动能培育三大工程，工业产业结构不断优化，2018 年，全省战略性新兴产业增加值增长 11.6%，占规模以上工业比重达到 17.1%，钢铁行业、建材行业、石化行业收入均实现 10% 以上、利润实现 18% 以上增长。

深入实施绿色制造和智能制造提升工程，绿色发展能力不断提升，产业结构稳步升级。湖北加快发展绿色产业，省政府确定绿色发展 58 项省级重大项目全部启动，武汉积极实施长江经济带绿色发展示范，东湖高新区集聚

“互联网 +” 企业 1800 余家，软件和信息技术服务业实现主营业务收入 1537 亿元，同步增长 16%，湖北 5 家企业的项目入选 2018 年国家级智能制造试点示范项目。湖南出台《湖南省人工智能产业发展三年行动计划（2019～2021 年）》等政策措施，积极建设“中国智能制造示范引领区”，截至 2018 年底，全省 16 家企业列入国家智能制造试点示范，27 个项目列入国家智能制造专项，试点示范和专项项目分列全国第 6 位、第 7 位。2018 年 11 月，国家智能网联汽车（长沙）测试区落户长沙湘江新区。江西提前完成智能制造“万千百十”工程目标，目前已在重点领域推广应用了 13794 台（套）智能装备，建设了 1016 个数字化车间，培育了 168 家智能装备企业，打造了南昌高新区等 12 个省级智能制造基地，智能制造发展体系基本形成。武汉、南昌、襄阳、宜昌和湖南长株潭地区成为智能制造业的重点集聚区域。截至 2018 年底，长江中游地区共有国家级绿色工厂 69 家，占长江经济带的 19.9%。长江中游地区三次产业结构为 8.7∶42.7∶48.6，与 2017 年相比，第一产业比重下降 1.5 个百分点，第三产业比重上升 2.6 个百分点。同时，长江中游地区能耗降低继续高于全国平均水平，三省单位 GDP 能耗降低率平均为 3.6%，高于全国 0.5 个百分点。

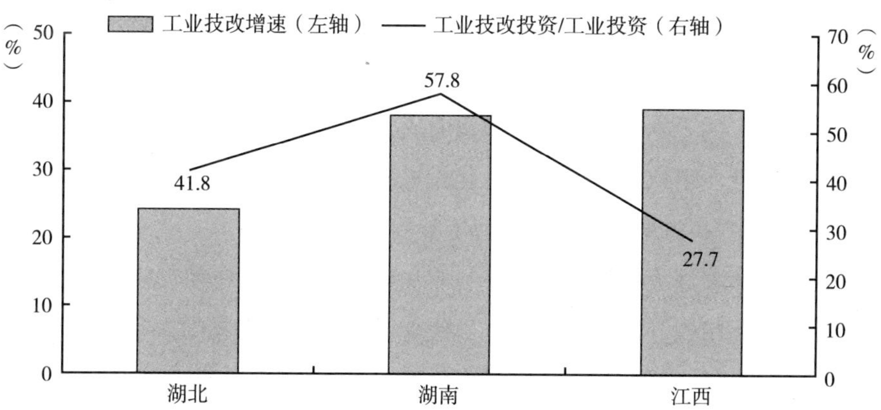

图 1　长江中游地区三省 2018 年工业技改投资情况

资料来源：各省相关政府部门网站。

3. 综合立体绿色交通走廊初步形成

长江黄金水道建设取得突破，武汉长江中游航运中心建设全面提速。2018 年 12 月，武汉至安庆段 6 米水深航道整治工程全面开工建设。汉江航道渠化整治全面推进，汉江钟祥碾盘山以下航道千吨级航道全面贯通，湘江、赣江、信江高等级航道加快建设。《武汉长江中游航运中心总体规划》获湖北省政府批复，长江航运三大指数[①]发布，航运中心信息服务能力再上新台阶。2018 年，武汉港完成集装箱吞吐量 157.4 万标箱，同比增长 16%；武汉航运交易所完成交易额 54.05 亿元，累计交易规模突破 100 亿元。九江港《九江江海直达区域航运中心总体规划》《九江港、南昌港一体化发展工作方案》编制完成，2018 年完成集装箱吞吐量 40.6 万标箱，同比增长超 30%。岳阳港 2018 年完成集装箱吞吐量 50.46 万标箱，同比增长 19.32%。

综合交通运输体系建设稳步推进，多式联运示范工程加快推进。干线铁路通道建设加速推进，武汉至九江高铁等开通运营，蒙华铁路等项目加快建设，沿江高铁武汉至宜昌段前期工作正式启动。武深高速嘉鱼北段、广吉高速、岳望高速、马安高速等建成通车，京港澳高速湖北省北段改扩建工程等项目前期工作加快推进，10 座长江大桥项目加快实施。长江中游地区高速公路通车里程达到 1.92 万公里。民航机场设施快速发展，武汉天河机场三期工程建成通航，湖北国际物流核心枢纽项目工程可行性研究报告获得国家发改委批复，主体工程即将全面开工。武汉阳逻港铁水联运一期工程实现常态化运行，二期工程开工建设。赣州港成为全国铁海联运外贸集装箱吞吐量最大的内陆港。多式联运信息平台建设进一步加快，“云上多联”智慧供应链综合服务平台一期于 2019 年 1 月上线。

交通运输长江大保护强力推进，非法码头整治、港口船舶污染防治等成效明显。湖北组织开展了三轮长江干线非法码头专项整治“雷霆行动”，截至 2018 年底长江沿线各市州共取缔各类码头 1211 个，腾退岸线 149.8 公

---

① 长江航运三大指数，即武汉航运中心出口集装箱运价指数（WSCFI）、中国长江煤炭运输综合运价指数（CCSFI）及中国长江（商品）汽车滚装运输景气指数（CARPI）。

里，实现岸滩岸线生态复绿面积809万平方米。湖南大力推进长江岸线码头整治，关闭拆除泊位42个，退出岸线7.3公里。江西积极推动内河非法码头整治，关停非法码头114家。三省积极实施船舶污染专项治理。湖北出台了《关于引导推进湖北省港口和船舶污染物接收转运处置设施等建设实施方案》等激励约束政策，完成全省50%以上集装箱码头岸电设施建设，完成50%船舶污染物接收转运处置设施建设，武汉1140江海直达集装箱船实现首航。江西出台了《鄱阳湖船舶与港口污染防治三年专项行动实施方案（2018～2020年）》等，加快内河港口和船舶污染物接收、转运和处置设施建设，在鄱阳湖水域开展LNG水上加注站建设试点。湖南完善洞庭湖生态经济区18个船舶污染物收集点配套设施，完成166艘400吨以下的货运船防污染改造，清理整顿"僵尸船"3193艘。

二　存在的问题和挑战

（一）区域环境保护压力依然较大

由于历史问题，长江中游地区面临的生态环境形势仍然较严峻，目前，长江依然承载着大量的污染物排放基数，沿线规模以上的排污口有6000多个。生态环境部通报2019年第一季度全国水环境目标任务完成情况，在《长江保护修复攻坚战行动计划》涉及的12个消劣断面中，中游地区荆门、十堰、荆州仍有劣V类断面。此外，宜昌的铁路大桥（小桂林）断面由2018年第一季度Ⅱ类降为劣V类，为长江流域新增的劣V类断面。

（二）农业面源污染防治等推进难度较大

长江中游地区规模化养殖污染防控虽取得重要进展，但沿线农村生活污染物排放大，畜禽养殖污染问题依然存在，再加上农业面源污染的分散性以及民众环保意识仍较淡薄、沿线河湖密布，面源污染防治难度较大，江汉平原、洞庭湖平原、鄱阳湖平原面源污染问题没有得到根本解决。此外，地方政府在绿色发展方面存在较大资金缺口，导致面源污染防控资金不足。如荆州是传统的防洪大市，财力较弱，2018 年全市直接投入长江生态保护的资金达 102 亿元，同年全市一般公共财政预算支出仅 433 亿元，除了享受少量的省级专项切块补偿资金外，未来在生态环境治理和绿色发展方面存在较大资金缺口。

（三）化工企业面临提质升级后续问题

资金筹措压力大。按照新的政策规定，有大量的企业面临关改搬转，如湖北需关改搬转化工企业 478 家，资金需求量大，化工企业搬迁相当于重建，企业自筹资金难度较大，加上政府债务管控严格，资金筹措压力大。搬迁后遗留问题。搬迁后土地、林地指标缺乏，企业搬迁后面临用地、设备重置等问题，耕地占补平衡指标在市域内极难落实，此外，企业关停搬迁后遗留的废水、固废、土壤修复等环境问题需要治理，环境遗留问题处理难度大。化工园区基础设施项目审批周期长。化工园区面临优化提升基础设施和空间布局问题，不仅带来排污成本、技术改造成本的提高，而且园区配套码头建设、集中供热项目以及港口规划环评等审批报批周期长、审批难度大、工作推进缓慢。同时沿江市县明确了化工产业具体的搬迁工作，若按该计划实施，则存在因规划审批滞后导致的项目建设审批依据不足、建设用地指标落实问题。

（四）绿色产业、技术人才发展不足

绿色产业、绿色业态等新经济培育发展缓慢。从绿色工厂的数量来看，长江中游地区绿色工厂数量仅相当于长江经济带的 1/5 左右，与下游地区占长江经济带 3/5 左右相比，差距较大，数量偏少。从工业技改投资来看，尽管长江中游地区增速较快，但除湖南外，湖北、江西工业投资中技改投资占比整体偏低。绿色发展技术和人才缺乏。如磷石膏是磷化工产业的副产品，受技术、市场、税收政策的影响，磷石膏现有处置办法主要是科学堆存，大规模综合利用难以实现，宜昌市磷石膏产生总量每年 1240 万吨，年综合利

用量近410万吨，目前已堆存约8710万吨。此外，长江中游地区交通基础设施生态友好程度和运输装备清洁低碳水平有待提高，港口的绿色化水平普遍不高；人才引进难，除少数大城市外，长江中游地区特别是区位不优地区技术密集型企业难以引进中高端专业人才，从而影响绿色产业发展。

（五）区域协调机制不能有效发挥作用

区域合作上“各自为政”，协同发展政策少，区域协调机制不能有效发挥作用。各省在制定经济发展规划和产业布局规划时没有“一盘棋”考虑，地区之间产业同构现象不同程度存在，长江中游各省均将汽车、电子信息、生物医药列为重要发展产业。长江中游地区在环境管理体制机制、环境保护执法上存在壁垒，缺乏协同治理的政策法规，绿色商品流通互认统一市场、绿色技术人才流动等资源要素流动壁垒依然存在。政府间在环境治理目标与标准、治理政策与绩效考核上存在差异，在排污标准和环境监督政策方面缺乏协同。

三　加快推进长江中游地区绿色发展的政策建议

（一）以绿色化、智能化、高端化为导向，深入推动产业转型升级

围绕增强创新能力、加快关键技术突破、提升绿色智能化水平等，推动产业转型发展。用高新技术改造传统产业，促进传统产业向价值链高端攀升，提高生产能效和资源利用效率。大力实施“互联网+”制造行动，推广信息技术在传统行业的广泛应用，以装备制造、机械、材料、化工等行业为重点，加大数字化车间和智能工厂建设。大力推进绿色制造，在长江中游地区积极推行绿色制造标准化提升工程，鼓励各省份开展省级绿色工厂创建活动。推动产业发展高端化，加快高端隐形冠军企业培育。优化农业产业结构，积极发展生态农业、观光农业、现代农业。大力发展现代服务业，推动信息服务、港航物流、电子商务、现代金融、旅游等现代服务业集聚发展。

（二）加大部分行业和地区绿色发展政策支持

引导政策性银行、保险及担保机构加大对沿江化工搬迁改造任务重的地区的政策性信贷资金支持。中央及省、市、县多级联动，综合运用风险补偿、贷款贴息、财政增信等方式，鼓励政策性银行以及国有银行、保险公司、再担保机构等金融集团，为化工企业搬迁改造、化工园区建设多渠道融资提供支持。出台省级化工企业关改搬转遗留环境问题治理规范，针对企业关停搬迁后遗留的废水、固废、土壤修复等环境问题制定统一的规范和标准。对搬迁企业、转型企业、停产企业的再发展问题加强政策扶持和引导，在项目审批、资金融通、土地审批等方面给予大力支持。加大环保任务重地区的生态补偿力度和交通等基础设施建设，特别是中游没有享受到西部大开发的相关政策的沿江地区，处在环境保护的前沿地区，环境保护、防洪与加快发展的压力大，引导在这些地区设立绿色融资担保基金等。

（三）鼓励因地制宜发展引进绿色技术和人才

深入实施创新驱动战略，提升长江中游地区高端装备制造、人工智能、新一代信息技术、新能源、新材料等产业技术水平，鼓励进行产品的全生命周期设计和生态设计。促进清洁能源高效利用，重点发展水电技术，积极发展太阳能、风能、页岩气等新能源，提升新能源并网关键技术。注重运用财税手段，在乡村振兴中推行太阳能发电、风能发电等，积极探索循环技术及其应用，推广秸秆腐熟还田技术，支持秸秆代木、商品有机肥等新技术新产业，实现美丽乡村。扎实推进节能降耗，逐步建立长江中游地区节能技术推广应用网上平台。推广绿色港口技术和产品，全面推广使用清洁能源，加快推进港口岸电建设。聚焦重点领域，加强绿色人才培养。注重培养引进战略性新兴产业创新人才，积极引进和培育环境保护、生态修复、循环技术等领域人才。动态调整高校教学内容和课程设置，加大战略性新兴产业技术技能人才等绿色人才的培养。

（四）逐步建立完善绿色协同机制

充分利用长江中游地区现有的合作机制，加强地方政府协同发展合作。推动三省政府、行业协会在污染物排放标准、环境管理规章制度、环境治理政策上协同，推动建立长江中游地区环境治理公共信息平台，推动制定环保服务标准与指导性价格。加强跨区域、跨流域重大环保基础设施建设与环境治理合作，建立河道、湖泊等污染联动机制，落实区域环境治理边界与相关责任。建立绿色发展目标与产业协同机制，在长江中游各省产业发展规划中融入绿色发展。探索建立长江中游地区生态保护补偿与补贴制度等，推动建立跨省流域生态横向补偿制度，推动建立水权、林权、排污权交易制度。推动建立政府、环保组织与环保协会、居民多元主体共同提升环境治理的机制。

参考文献

刘伊曼、赵玲玲：《绿色发展的技术支撑研究》，《现代商贸工业》2019 年第 19 期。

何寿奎：《长江经济带环境治理与绿色发展协同机制及政策体系研究》，《当代经济管理》2019 年第 8 期。

B.6

长江中游城市群工业绿色效率时空分布特征及影响因素研究

彭智敏　向　念*

摘　要： 本文采用面板随机前沿模型测度长江中游城市群28个地级市2006~2016年的工业绿色效率，并分析工业绿色效率空间分布特征和时序演化特征，用空间计量模型研究了工业绿色效率影响因素和空间溢出效应，结论如下：其一，空间差异上，工业绿色效率水平与城市综合实力较为一致，其分布存在明显区域特征；其二，时序变化角度，长江中游城市群工业绿色效率总体呈改善趋势，但大部分地区工业绿色效率有很大改善空间。空间计量回归结果显示，收入水平、产业结构、禀赋结构、政府干预、FDI是工业绿色效率主要影响因素，长江中游城市群地级市工业绿色效率受到周边地区负向溢出效应的影响，人均GDP、环境规制、FDI对周边地区工业绿色效率存在负向溢出效应，一定程度上固化了当前工业绿色效率的空间差异格局。

关键词： 长江中游城市群　工业绿色效率　时空分布特征　随机前沿模型　空间计量模型

* 彭智敏，湖北省社会科学院长江流域经济研究所所长、研究员，研究方向为区域经济；向念，湖北省社会科学院长江流域经济研究所硕士研究生，深圳市龙华区发展研究院研究人员，研究方向为区域经济。

一 研究区域、数据及方法

（一）研究区域及数据

本文基于《长江中游城市群发展规划》所划定范围，选择长江中游城市群28个地级市作为研究单位，其中吉安市仅部分县区纳入城市群范围。考虑到数据可得性，本文将吉安市整体纳入研究，天门、仙桃、潜江三市统计口径与地级市存在差异，考虑到横向可对比性，不将其纳入研究范围，最终得到28个地级市样本。所有数据来自各年份《中国区域经济统计年鉴》《中国城市统计年鉴》及三省的统计年鉴。

（二）研究方法

本文采用面板随机前沿模型测算工业绿色效率，具体包含以下步骤。

首先，基于经济增长理论、现有研究，综合考虑数据的可获得性确定投入产出指标体系，具体选取见表1，所有数据均来自《中国城市统计年鉴》。

表1 投入产出指标体系

项目	指标名	符号	理论依据	单位
投入	工业企业资产总额	K	经济增长理论	亿元
	工业用电量	E	经济增长理论	万千瓦时
	工业从业人员数	L	经济增长理论	万人
产出	绿色工业总产值	GIEO	经济增长理论，朱承亮	亿元

绿色工业总产值借鉴朱承亮的方法进行衡量，等于工业总产值乘以工业绿色发展指数，即绿色工业总产值 = 工业总产值 × 工业绿色发展指数。工业绿色发展指数基于表2中指标体系，采用熵值法计算而得。所有指标均来源于《中国城市统计年鉴》。

表 2　工业绿色发展指数测算指标体系

准则层	指标符号	指标名	指标性质	单位
环境污染	s1	工业从业人员人均工业废水排放量	—	万吨
	s2	工业从业人员人均工业 SO_2 排放量	—	万吨
	s3	劳动力人均工业烟(粉)尘排放量	—	万吨
环境治理	s4	工业 SO_2 去除率	+	%
	s5	工业烟(粉)尘去除率	+	%
	s6	工业废水排放降低率	+	%
	s7	工业烟(粉)尘降低率	+	%
	s8	工业 SO_2 排放量降低率	+	%
	s9	一般工业固体废物综合利用率	+	%

基于上述指标选择，本文采用时变随机前沿模型对工业绿色效率进行测度。在测度工业绿色效率的基础上，采用莫兰指数进行空间自相关分析，采用空间计量模型研究工业绿色效率影响因素及空间溢出效应。

二　工业绿色效率时空分布特征

（一）空间差异特征

基于所有地级市工业绿色效率 2006 ~ 2016 年的测度结果，取所有地级市各年工业绿色效率均值衡量 28 个地级市工业绿色效率的总体水平并进行排名，得到表 3。可得出以下特征。

其一，工业绿色效率较高的地区经济实力普遍较强。从排名来看，前十地级市包括武汉市、岳阳市、长沙市、吉安市、鹰潭市、襄阳市、抚州市、衡阳市、荆门市、九江市。其中武汉、长沙为省会城市，其综合实力不仅为中部最强，在全国范围内也占据重要地位，两地工业绿色效率值均在 0.9 以上，实现了潜在产出的 90%，这与现实较为一致。襄阳、岳阳为省域副中心城市，九江是昌九双核之一，均具备较好的发展基础。此外，鹰潭、荆门人均收入水平也较高。值得注意的是，吉安市、抚州市经济发展较为落后，但工业绿色效率较高，说明在考虑资源环境约束的情况下，较落后的地区也可能实现较高的绿色发展效率。

其二，工业绿色效率较高的地区产业结构较优化。从排名前十的地区来看，武汉、岳阳、长沙工业化程度高，处于第二产业占比回落、第三产业占比提升阶段，产业结构较为优化。襄阳、鹰潭、九江、湘潭则处于快速工业化阶段，第二产业占比较高，基本在55%以上，较高的工业发展水平为工业绿色发展奠定了良好基础。相比而言，黄冈、孝感等地第二产业占比和第三产业占比均较低，整体产业结构较为落后，工业绿色发展水平也较为落后。

表3　工业绿色效率年均值

地级市	工业绿色效率年均值	地级市	工业绿色效率年均值
武汉市	0.9222	株洲市	0.4563
岳阳市	0.9065	咸宁市	0.4360
长沙市	0.9008	萍乡市	0.4058
吉安市	0.8772	孝感市	0.3773
鹰潭市	0.8411	黄冈市	0.3658
襄阳市	0.7202	鄂州市	0.3624
抚州市	0.6729	宜春市	0.3617
衡阳市	0.6311	黄石市	0.3432
荆门市	0.6177	荆州市	0.3429
九江市	0.5887	娄底市	0.3319
湘潭市	0.5878	上饶市	0.2816
南昌市	0.5865	宜昌市	0.2726
常德市	0.5539	新余市	0.2665
益阳市	0.5238	景德镇市	0.1983

为进一步分析工业绿色效率空间分布格局，根据2006～2016年工业绿色效率年均值（m-giee），基于ArcGIS以0.25、0.5、0.75、1为界限，将工业绿色效率值分为低效率组（m-giee≤0.25）、中低效率组（0.25 < m-giee≤0.5）、中高效率组（0.5 < m-giee≤0.75）、高效率组（0.75 < m-giee≤1）进行渲染。根据测算结果，发现长江中游城市群28个地级市工业绿色效率空间分布格局存在以下特征。

其一，从武汉城市群及周边地区分布态势来看，武汉（省会城市）、襄阳（省域副中心）、荆门工业绿色效率较高，在武汉周边，则形成明显的效率坍塌地带，如孝感、黄冈、鄂州等地，这与湖北发展格局较为一致，说明武汉发展对周边地区资源存在显著的虹吸作用。

其二，湖南省形成以长沙和岳阳为中心、向西部和南部扩散分布的格局，这与湖南省经济、产业分布格局较为一致，长沙周边是湖南省综合发展水平较高的地区，其工业绿色效率分布较为均匀，说明长沙的发展对周边地区存在一定的带动作用。

其三，江西省工业绿色效率最高的区域为吉安和鹰潭，其次为南昌、九江、抚州三市，整体分布缺乏规律性。相比于省会城市武汉和长沙，南昌效率值则明显偏低，仅0.5865，省内在九江之下，在28个地级市中则不如襄阳等省域副中心城市。江西整体发展水平低且南昌对周边缺乏明显的资源虹吸作用，整个发展布局上表现较为均衡。

（二）空间关联特征

前文分析了工业绿色效率空间分异格局，并且存在一定的空间关联性，本部分将基于ROOK相邻空间权重计算空间莫兰指数，对工业绿色效率空间相关性进行检测，也为后文空间计量模型的设定提供依据（见表4）。

表4　全局莫兰指数及显著性

年份	全局莫兰指数	P值	年份	全局莫兰指数	P值
2006	-0.177	0.116	2012	-0.216	0.075
2007	-0.127	0.222	2013	-0.209	0.086
2008	-0.102	0.243	2014	-0.197	0.101
2009	-0.057	0.436	2015	-0.114	0.25
2010	-0.027	0.467	2016	-0.065	0.368
2011	-0.148	0.205			

根据表4，2006~2016年，工业绿色效率全局莫兰指数为负数，部分年份可通过显著性检验，说明存在一定程度的空间负相关性。进一步绘制莫兰散点图，查看工业绿色效率空间分布态势，本文绘制了2006年、2011年、2016年的莫兰散点图，如图1所示，可以看出，各个地级市整体沿第二象

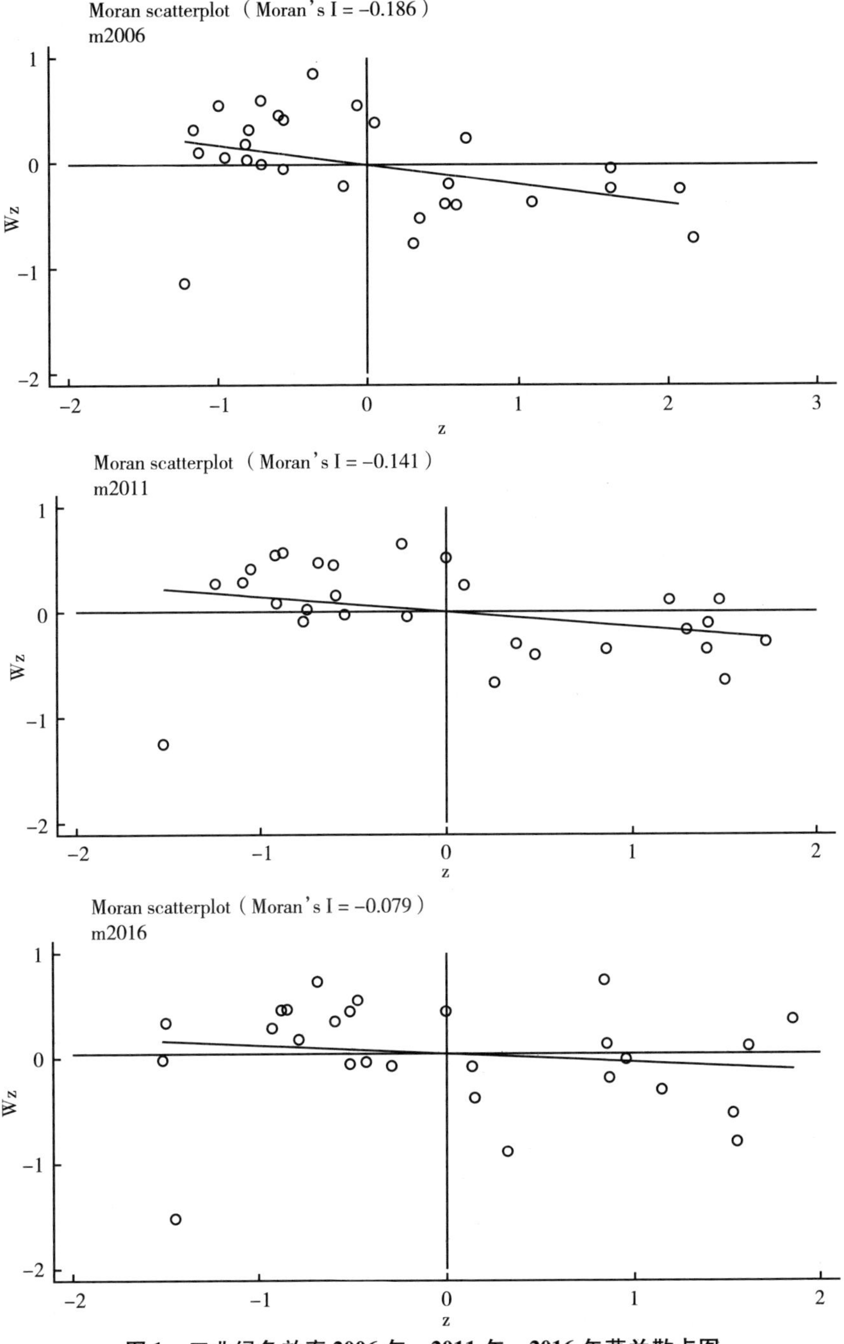

图 1　工业绿色效率 2006 年、2011 年、2016 年莫兰散点图

限和第四象限分布，说明存在一定程度的空间负相关，整体上，长江中游城市群地级市工业绿色效率呈现“同质隔离、异质集聚”的空间分布格局。因此，后续研究中应该对空间依赖性加以考虑。

（三）时序演化特征

1. 总体改善但水平偏低

基于上述空间分异格局的分析，本文进一步从时序演化角度对长江中游城市群工业绿色效率进行分析。本文基于各个年份所有地级市 giee 指数均值计算长江中游城市群工业绿色效率，根据测度结果绘制趋势图，得到图 2。

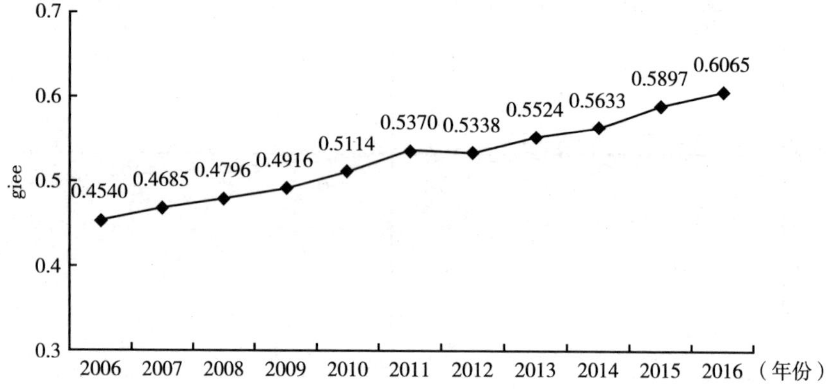

图 2　2006 ~ 2016 年 28 个地级市工业绿色效率年均值变化趋势

根据图 2，2006 ~ 2016 年，长江中游城市群工业绿色效率由 0. 4540 上升至 0. 6065，工业绿色效率明显呈现上升趋势，但是整体水平较低，处于较明显的无效率状态，这说明当前长江中游城市群生产要素使用效率较低，且工业发展过程中环境污染较为严重。

长江中游城市群横跨江西、湖北、湖南三大省份，我们对三省和城市群总体的绿色效率取平均值，绘制图 3。根据测算结果，发现长江中游城市群不同区域演化存在以下特征：其一，2006 ~ 2016 年，三省工业绿色效率总体呈现波动上升趋势，说明湖北、湖南、江西三个片区工业绿色效率均存在明显的改善；其二，区域间工业绿色效率差异较为明显，按均值来看依次是湖南、江西、湖北，从时间层面来看，2006～2016 年，湖南一直处于较高水平，而江西在 2012 年之前明显高于湖北地区，2012 年之后则与湖北的差异缩小，且增速不明显，湖北在 2012 年前工业绿色效率虽然较低，但增幅较为明显。总体来看，工业绿色效率差异保持在较为稳定的状态。

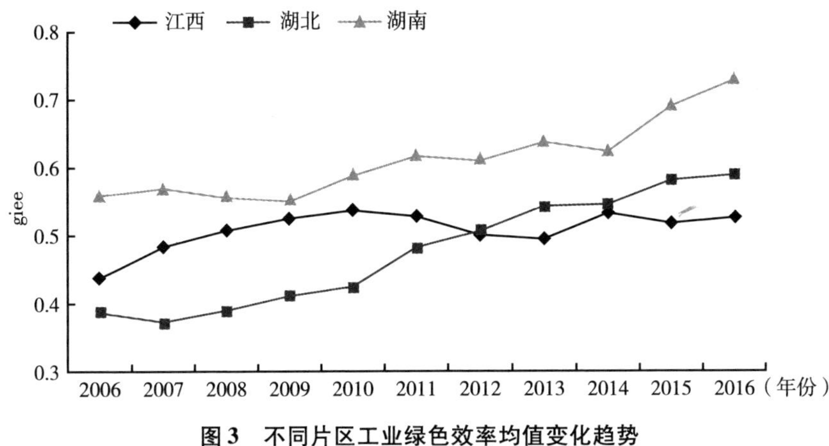

图 3　不同片区工业绿色效率均值变化趋势

2. 省级层面演化趋势存在差异

通过绘制 28 个地级市工业绿色效率 2006～2016 年工业绿色效率分布图，可以对工业绿色效率空间差异演化进行分析，发现以下趋势。

不同省份发展态势存在明显差异。湖北省呈现以武汉和襄阳为中心区域的极化发展态势，武汉周边地区整体工业绿色效率提升速度较为缓慢，说明武汉对周边地区存在明显的虹吸效应。

湖南省呈现以长沙为中心的扩散发展态势，其周边地区的湘潭、益阳工业绿色效率显著改善。

江西省表现为平衡增长趋势，不存在特定中心，尤其是省会城市南昌，对周边地区不存在明显虹吸作用，对周边的带动作用未充分发挥。

3. 地级层面呈现梯度演化格局

其一，长沙、武汉、岳阳三市一直处于高位，说明三地是工业绿色发展的中心，鹰潭的工业绿色效率值有所下降，从高效率组下降至中高效率组。说明在高效率组中，经济实力较强的长沙、武汉、岳阳维持了较高水平，而收入水平相对较低的鹰潭在发展过程中出现了工业绿色效率下降的趋势。

其二，襄阳等多个地级市工业绿色效率从中低效率组转向中高效率组，这些地级市多为省域副中心城市或综合实力仅次于省会城市，如襄阳、九江，在全省经济发展中占据重要地位，2006～2016 年，这些地区工业绿色效率的快速增长对整体工业绿色效率的提升起到了良好的推动作用。

其三，孝感、黄冈、宜春等地级市工业绿色效率改善速度明显较慢，说明收入水平较低地区在发展过程中出现了资源外流的趋势，这与当前长江中游城市群的发展极化效应较强存在较大关系，尤其是武汉周边地区，工业绿色效率一直维持较低水平，未得到明显改善。

三　工业绿色效率影响因素及空间溢出效应

（一）空间计量分析

1. 影响因素选取

基于现有研究，本文重点考虑表 5 中各影响因素对工业绿色效率的影响。

表 5　影响因素

变量名称	变量符号	含义及单位	数据来源
收入水平	*PG*	实际人均 GDP(万元)	中国城市统计年鉴
产业结构	*IND*	第二产业增加值占 GDP 比	中国城市统计年鉴
禀赋结构	*KL*	资本存量/从业人员数	中国城市统计年鉴
金融发展	*FIN*	金融机构存贷款余额/GDP	中国城市统计年鉴
外资规模	*FDI*	实际利用外资(万元)	中国城市统计年鉴
政府干预	*GOV*	财政支出/GDP	中国城市统计年鉴
信息化水平	*NET*	万人拥有互联网用户数	中国城市统计年鉴
环境规制	*REG*	水利环境和公共设施管理业从业人员(万人)	中国城市统计年鉴

2. 模型设定及选择

前文结论显示，工业绿色效率存在一定的空间相关性，本文采用空间计量模型研究工业绿色效率的影响因素。

本文共包括 28 个地级市 11 年的数据，因此在空间面板回归时同时考虑时间效应和个体效应。

在空间计量模型形式的选择上，本文综合采用残差 Moran's I 检验、LM 检验，并采用 LR 检验和 Hausman 检验，确定固定效应空间杜宾模型为本文最终所选择的空间计量模型。

为了提高模型的稳健性，本文同时考虑考虑 0 - 1 矩阵（W_1）、线性衰减式反距离空间权重矩阵（W_2）、二次衰减式反距离空间权重矩阵（W_3）三种矩阵形式下的空间杜宾模型。

（二）模型结论

1. 模型结果概述

本文采用 stata 14.0 对模型进行参数估计，得到表 6 中模型 1、模型 2、模型 3，分别对应三种不同形式空间权重矩阵下的时间个体双固定效应空间杜宾模型。

表 6　空间计量模型回归结果

变量	模型 1	模型 2	模型 3
	固定效应 SDM - W_1	固定效应 SDM - W_2	固定效应 SDM - W_3
ln*PG*	0. 6603 ***	0. 5660 ***	0. 5196 ***
ln*IND*	0. 7972 ***	0. 8774 ***	0. 8169 ***
ln*KL*	0. 1009 **	0. 1808 ***	0. 1914 ***
ln*FIN*	0. 0635	0. 1987	0. 1793
ln*GOV*	0. 2942 ***	0. 2606 ***	0. 2546 ***
ln*FDI*	-0. 0435	-0. 0639 **	-0. 0567 **
ln*REG*	0. 0836 **	0. 0630	0. 0640
ln*NET*	-0. 0458	0. 0092	0. 0015
W * ln*PG*	0. 5772	-1. 3375 *	-0. 6419 *

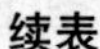

续表

变量	模型 1	模型 2	模型 3
	固定效应 SDM - W_1	固定效应 SDM - W_2	固定效应 SDM - W_3
W * ln*IND*	0.3045	6.2167 ***	2.7368 ***
W * ln*KL*	0.4500 ***	1.0695 ***	0.4386 ***
W * ln*FIN*	-0.2541	-0.1901	-0.0265
W * ln*GOV*	0.4377 **	0.4214	0.1661
W * ln*FDI*	-0.1191 *	-0.3426 ***	-0.1931 ***
W * ln*REG*	-0.2192 **	-0.5140 **	-0.2325 **
W * ln*NET*	-0.0422	0.0485	0.0357
空间 ρ	-0.1378 *	-0.5975 ***	-0.2151 *
N	308	308	308
AIC	-346.6526	-352.8256	-347.7308
BIC	-279.5108	-285.6838	-280.589
Hausman 检验	989.52 ***	397.34 ***	41.64 ***

注：表格内为回归系数，当显著性小于 0.01 时，标注 *；当显著性小于 0.05 时且大于等于 0.01 时，标注 **；当显著性大于等于 0.1 时，标注 ***。

总体来看，收入水平、产业结构、政府干预、禀赋结构对工业绿色效率存在显著影响，是工业绿色效率差异形成的主要原因，FDI 和环境规制对工业绿色效率影响较为显著，但不够稳健。

从空间滞后项（ρ）来看，回归系数均显著为负，进一步佐证了空间依赖性的存在，说明工业绿色效率整体呈现空间负相关的分布态势，采用空间计量回归模型有助于进一步提高估计结果的无偏性。

2. 工业绿色效率影响因素

本文采用了三种空间权重进行空间杜宾模型的估计，因此，通过 AIC 和 BIC 值来确定最优模型，根据信息准则 AIC 和 BIC 值越小，则模型越优，因此确定模型 2 为最优模型。结论如下。

收入水平。人均 GDP（ln*PG*）回归系数显著为正，说明经济增长促进了工业绿色效率上升，说明长江中游城市群收入水平差异是工业绿色效率差异形成的重要原因。

产业结构。第二产业占比（ln*IND*）回归系数显著为正，说明第二产业占比提升促进了工业绿色效率的提升，尽管工业化进程会带来能耗强度上升，加重环境污染，但工业化的推进对长江中游城市群生产率的提升具有良好的促进作用，总体上有利于长江中游城市群生产要素使用效率提升，推动工业绿色效率的改善。

禀赋结构。人均资本存量（ln*KL*）回归系数显著为正，说明资本积累有助于工业绿色效率提升。长江中游城市群资本深化过程中，技术进步和要素向资本、技术密集型部门流动推动了长江中游城市群工业绿色效率的提升。

金融发展。金融发展（ln*FIN*）回归系数不显著，说明金融发展对工业绿色效率影响不明显。当前，长江中游城市群金融发展并未有效发挥推进技术进步、产业结构优化等积极作用，可能存在金融资源错配、金融资金利用效率低下的问题。

政府干预。政府干预（ln*GOV*）回归系数显著为正，说明政府干预有助于工业绿色效率的提升。政府干预对工业绿色效率同时存在促进和抑制作用，从长江中游城市群来看，政府财政投入对工业绿色效率的促进作用较为明显，财政支出是推进长江中游城市群工业绿色效率提升的重要手段。

经济开放。实际利用外资（ln*FDI*）回归系数显著为负，说明当前长江中游城市群实际利用外资规模扩大不利于工业绿色效率提升，说明长江中游城市群可能存在“污染天堂”效应，实际利用外资质量不高、较多集中于中低端行业，造成了一定的环境污染，抑制了工业绿色效率的提升。

环境规制。环境相关从业人员（ln*REG*）回归系数不显著，说明整体来看，环境相关从业人员规模对工业绿色效率不存在显著影响，可能原因在于环境相关从业人员的作用并未充分发挥，长江中游城市群各地区应充分发挥环保机构人员的作用。

信息化水平。互联网覆盖率（ln*NET*）回归系数不显著，说明整体来看，互联网的发展对工业绿色效率的影响较为微弱，可能原因在于长江中游城市群工业发展主要集中于中低端领域，导致信息化对工业绿色效率影响有限。

3. 工业绿色效率空间溢出效应

根据表6中模型2，可对工业绿色效率空间溢出效应进行分析，结论如下。

空间 ρ 系数显著为负，说明总体上，地级市工业绿色效率与周边地区工业绿色效率存在负相关，长江中游城市群工业发展过程中存在负向溢出效应，优势地区对弱势地区的影响以虹吸效应为主，扩散效应存在不足，这与当前长江中游城市群以极化效应为主的发展现状一致。

人均 GDP 空间滞后项（W * ln*PG*）显著为负，说明周边地区经济增长会对本地区工业绿色效率产生抑制效应，长江中游城市群经济增长过程中存在优质资源向发达地区集聚的趋势。

产业结构空间滞后项（W * ln*IND*）显著为正，说明周边地区工业化进程带动了本地区工业绿色效率的提升，一方面原因可能在于区域之间存在产业关联，地区的工业发展对周边地区工业发展存在带动作用；另一方面，地区工业化进程中存在技术外溢效应，因此工业化进程会带动周边地区工业绿色效率的提升。

禀赋结构空间滞后项（W * ln*KL*）显著为正，说明周边地区资本深化有助于带动本地区工业绿色效率的提升，可能原因在于区域资本积累过程中产生了技术外溢效应，同时地区产业向高端行业转移也为周边地区工业发展提供了条件。

环境规制空间滞后项（W * ln*REG*）显著为负，说明周边地区环境规制力度的上升会抑制本地区工业绿色效率的提升，可能原因主要在于周边环境政策趋紧导致中低端产业向本地区转移，不利于本地区工业绿色效率的提升。

FDI 空间滞后项（W * ln*FDI*）显著为负，说明实际利用外资不仅抑制了本地区工业绿色效率的提升，也间接导致周边地区工业绿色效率的提升。可能原因在于，当前长江中游城市群存在“污染天堂”效应，由于地区间存在产业关联，外资流入某一地区，也会带动周围地区的外资进入，从而产生负向空间溢出效应。

总体来看，长江中游城市群工业绿色效率受到周边地区溢出效应的影响，整体上以负向溢出效应为主，其中人均 GDP、环境规制、FDI 产生了负向溢出效应，抑制了周边地区工业绿色效率的提升，而禀赋结构和产业结构产生了正向溢出效应，在空间层面一定程度降低了工业绿色效率地区差异。

四 结论和建议

（一）结论

本文采用面板随机前沿模型测度了长江中游城市群 28 个地级市 2006 ~ 2016 年的工业绿色效率，在此基础上分析了长江中游城市群 28 个地级市 2006 年以来工业绿色效率的空间分布特征和时序演化特征，并用空间计量模型研究了工业绿色效率的影响因素和空间溢出效应，研究结论如下。

从空间差异视角来看，工业绿色效率水平与城市综合实力较为一致，其分布存在明显的区域特征。整体上湖南省工业绿色效率水平最高，江西、湖北、湖南三地呈现不同的发展格局，武汉与周边城市、长沙与周边城市工业绿色效率存在一定空间关联性。

从时序变化角度看，总体上，长江中游城市群绿色效率呈现改善趋势，但大部分地区仍然与生产前沿面存在较大差距，工业绿色效率具有很大改善空间；分省来看，湖北、湖南、江西三地时序演化趋势存在差异，湖南和江西的发展相对均衡；地级尺度下，省域副中心工业绿色效率改善较明显，对格局演变产生了较明显的影响，武汉周边城市、江西省部分地区则改善程度较低。总体上，长江中游城市群内部发展仍然未形成良性互动格局。

空间计量回归结果显示，收入水平、产业结构、禀赋结构、政府干预是工业绿色效率的主要影响因素，这从经济和财政等方面对工业绿色效率分布格局进行了解释。空间视角下，长江中游城市群地级市工业绿色效率受到周边地区负向溢出效应影响，人均 GDP、环境规制、FDI 对周边地区工业绿色效率存在负向溢出效应，一定程度上固化了当前工业绿色效率空间差异格局，进一步对工业绿色效率时空差异进行了解释。

（二）建议

其一，在衡量经济发展的过程中，要更为重视环境因素。要进一步重视工业绿色发展问题，从政绩考核方面重视绿色指标的考核制定，充分结合高质量发展内涵，借鉴国家发改委关于绿色发展和生态文明考核的意见，制定符合长江中游城市群区域特色的工业绿色发展考核体系。

其二，重视空间溢出效应，打造良好的城市群协调机制。基于现有合作平台，推进长江中游城市群协调机制的建设，加强省会城市合作，发挥城市群非政府组织的作用，完善政策合作的机制制度保障为城市群协调发展提供保障。积极探索合适的发展道路，如“飞地经济”模式，实现核心城市、区域中心城市对边缘地区的对口支援，防止后发地区在城市群发展过程中被边缘化。

其三，打造符合各自定位的产业体系，推进产业结构转型升级。各地应立足于经济发展阶段，结合国家主体功能区规划，推动产业结构优化升级。对于三个省会城市，应该大力淘汰落后产能，发展高新技术等高端制造产业，同时打造高端服务业，加强对周边地区的辐射带动作用。襄阳、九江、岳阳等第二产业占比较高的地区，应合理调整工业内部结构，引导工业走向绿色化发展道路，同时逐步引导生产要素向第三产业转移。对于非农产值占比较低的地区，应结合区域资源禀赋优势，在绿色发展理念引导下，承接发达地区产业转移，对于部分工业发展基础较差的山区县，则可立足于生态优势，发展旅游等第三产业。

其四，在提升开放度的同时重视提升外资利用质量。长江中游城市群处于内陆地区，缺乏沿海地区开放优势，鉴于政绩考核要求，在吸引外资过程中，可能导致招商引资压力下环境规制放松，成为落后产能的转移地。对此要强化区域间合作机制，合理制定吸引外资政策，推动外资利用的绿色化。

区 域 篇

Regional Reports

B.7 以长江经济带发展推动湖北高质量发展

湖北省人民政府研究室调研组*

摘 要： 湖北是长江干线流经里程超千公里的唯一省份，近年来在改善生态环境、促进转型发展、探索体制机制等方面做了大量工作，推动长江经济带发展战略在湖北落地落效。针对当前湖北长江经济带发展存在的问题，报告提出坚持一个统领、守好两条底线、做好三篇文章、调整四个结构、正确把握五大关系，更大力度推动创新发展、绿色发展、开放发展、协调发展和共享发展，奋力当好长江经济带高质量发展生力军。

关键词： 湖北 长江经济带 高质量发展 生力军

---

* 调研组成员：覃道明、黄良港、邵德艾、张和年、徐国添、王俊伟、鲁力。

2018年4月，习近平总书记视察湖北、考察长江，在武汉主持召开深入推动长江经济带发展座谈会并发表重要讲话，深刻分析了长江经济带发展面临的形势和任务，就新形势下推动长江经济带发展进一步提出明确要求，特别是强调要正确处理好五大关系，为湖北对接融入长江经济带发展指明了前进方向、提供了根本遵循。湖北省牢记习近平总书记殷殷嘱托，感恩奋进，在改善生态环境、促进转型发展、探索体制机制等方面做了大量工作，推动长江经济带发展战略在湖北落地落效。省政府研究室组织专班，到武汉、宜昌、荆州、黄冈、荆门等地，对湖北省长江经济带发展情况进行调研。

一 湖北长江经济带发展踏上新航程

湖北全力做好生态修复、环境保护、绿色发展“三篇文章”，全面融入长江经济带发展战略。荆楚大地江河湖岸渐次回归自然，长江经济带生机盎然，踏上高质量发展新航程。

（一）源头性基础工程扎实推进

湖北省相继推出了四大补短板工程、“四个三”重大生态工程等重大基础设施项目，努力夯实长江经济带发展基础。一是四大补短板工程成效明显。加快高标准农田建设。建好高标准农田2100万亩，农业综合生产能力进一步提高。粮食年总产稳定在500亿斤以上，“中部粮仓”地位更加凸显。加快水利基础设施建设。完成800座小型病险水库除险加固项目、5条入江重要支流治理项目，五大湖泊主要湖堤加固工程已完成总体建设任务的70%。加快农村公路及安防设施建设。新建改建“四好农村路”2.46万公里，完成公路安防工程6万多公里。一条条畅通的农村路，成为人民群众便捷出行的平安路、发家致富的小康路。加快乡镇生活污水治理。新建乡镇生活污水处理项目647个、主支管网8206公里。“污水四处流”的现象变少了，“绿水绕人家”的美景增多了。二是“四个三”重大生态工程稳步实施。大力推进“厕所革命”。建改农户无害化厕所 139.1 万座、农村公厕 10364 座、乡镇公厕 1670 座、城市公厕 1765 座、交通厕所 165 座、旅游厕所 1195 座。小厕所彰显了大民生，树立了新文明。大力推进精准灭荒。精准灭荒造林 71.8 万亩，“茅草山”上育绿苗，“石头山”上栽绿树，荒山披上了绿装、变成林海。大力推进乡镇生活污水治理。各地积极探索建立财政支持、社会参与、使用者付费相结合的资金筹措与分担机制，取得初步成效。大力推进城乡生活垃圾无害化处理。建成 147 座生活垃圾无害化处理设施、1022 座乡镇垃圾中转站，生活垃圾分类试点遍布全省，垃圾围村围城这一困扰城乡居民的顽疾得到有效治理。钟祥市统筹推进农村垃圾、污水、厕所整治等生态环境治理，极大改善了人居生活环境。

（二）突出性问题整改有力有效

湖北省把水污染问题，中央环保督察及专项督查、省级环保督察反馈意见问题，作为最突出的生态问题进行攻坚，重点突破。一是水污染问题治理效果好。组织开展沿江化工企业关改搬转、打击非法采砂、城市黑臭水体治理等系列专项整治行动，持续打好长江大保护十大标志性战役。取缔各类码头 1200 多个，腾退岸线 150 多公里，实现岸滩岸线生态复绿面积 566 万平方米。完成 173 条城市黑臭水体治理。利用“蓝天卫士”“智慧水利”等信息平台和现代技术，推进长江湖北段视频监控系统建设，为长江编织一张智慧化网络。率先在全国推行河湖长制，并实现全覆盖。长江干流湖北段总体水质由良好上升到优，长江出境断面水质由Ⅲ类提升至Ⅱ类。国考断面水质优良比例由 2015 年底的 79.8% 提高到 2018 年底的 86%。为纪念习近平总书记视察，宜昌猇亭区在曾经的煤堆场上建设 424 公园，并设立以“规矩为先、锚定而动”为主题的圆规雕塑，起到了很好的宣传教育效果。环保部门对石首楚源集团开出 700 多万元的长江流域“史上最大环保罚单”，倒逼该企业成功转型升级，习近平总书记给予高度肯定。二是反馈意见问题整改抓得实。扎实推进 84 个中央环保督察、386 个生态环境部“清废行动 2018”专项督查、189 个集中式饮用水源地环境保护专项行动，以及省级环

保督察反馈意见问题的整改，一大批群众反映强烈的突出环境问题得到有效解决。武穴市创新环保工作，引入“环保管家”第三方服务新举措，经常让专家为企业环保把脉会诊，精准施治，确保整改取得预期效果。

（三）根本性绿色变革深刻调整

各地坚持“生态优先、绿色发展”理念，积极倡导绿色发展方式和绿色生活方式，着力改变传统生产模式和消费模式，推动绿色循环低碳发展。一是绿色发展新动能加快培育。深化供给侧结构性改革，坚持传统产业改造提升和新经济培育壮大“两手抓、两手硬”。推出绿色发展十大战略性举措，出台25条新旧动能转换意见，积极稳妥腾退化解旧动能，破除无效供给，各地产业转型升级步伐明显加快。提前超额完成国家下达的压减钢铁、煤炭产能任务。省委、省政府确定的绿色发展58项省级重大事项已全部启动。武汉市以试点促示范，加快建设国家长江经济带绿色发展示范区。东湖高新区坚持不懈“追光逐芯”，打造“芯屏端网”万亿级光电子信息产业集群，实现了“一束光”到“一座创新城”的蝶变。枝江姚家港建设国际一流绿色循环化工园，吸引三宁乙醇等一批重点化工企业入园转型。大力发展“四新经济”，新经济正在成为湖北省高质量发展的新动能。湖北省长江经济带产业基金积极聚焦战略性新兴产业发展，已核准基金20多支，规模超千亿元。黄冈索菲亚家居公司建成了亚洲第一、业界第一的工业4.0无人工厂，实现智能制造。二是绿色生活新风尚加快形成。积极倡导简约适度、绿色低碳的生活方式，“选择绿色就是选择健康”的生活理念受到推崇。全省有102家企业获国家级绿色饭店和绿色餐饮评定。宜都市大力倡导低能量、低消耗、低开支、低代价的低碳生活方式，积极构建全民参与、共建共享的生态文明新格局，率先在湖北省县级市中创建全国文明城市。

（四）长效性机制建设日趋完善

勇于突破利益藩篱，加强制度创新和政策供给，着力构建长效机制，努力为长江经济带持续健康发展保驾护航。一是更加注重规划引领。湖北省在沿江省市中率先编制《长江经济带生态保护和绿色发展总体规划》，配套编制实施综合立体绿色交通走廊建设、产业绿色发展、绿色宜居城镇建设、文化建设、生态环境保护等5部专项规划，修改完善多部规划，构建了“1+5+N”的规划体系，为推动湖北省长江经济带发展规划“一盘棋”、画好“一张图”。二是更加注重生态立法。修订了湖北省大气污染防治条例、水污染防治条例，制定了湖北省天然林保护条例、河道采砂管理条例、气候资源保护和利用条例等多部生态文明地方性法规。组织对全省范围内涉及生态环境保护的地方法规、政府规章和规范性文件进行全面清理。基本形成水、土壤、大气“三位一体”生态环境保护法规制度。三是更加注重体制机制改革创新。结合新一轮机构改革，成立省、市、县三级生态环境部门，将生态环保分散职能整合打通，着力解决交叉重复、叠床架屋、多头治理难题。推行省以下环保监察机构垂直管理，全面推开自然资源资产负债表编制试点、领导干部自然资源离任审计试点。以生态环境保护综合执法队伍为抓手，加快形成生态环境损害责任追究的确责、履责、追责工作闭环。建立省内流域横向生态补偿机制，推动形成“成本共担、效益共享、合作共治”流域保护和治理模式，有力调动全社会参与生态保护的积极性。

二　湖北长江经济带发展存在的“病症”

习近平总书记指出，“长江病了，而且病得还不轻”。习近平总书记的重要讲话一针见血、入木三分、振聋发聩。从调研情况看，湖北省长江经济带发展虽然取得了一定成效，但习近平总书记指出的长江的“病症”，在湖北省各地仍然不同程度存在。

病症之一：思想上还存在一些片面认识。习近平总书记在武汉召开的深入推动长江经济带发展座谈会上深刻指出“对长江经济带发展战略仍存在一些片面认识”。片面认识的现象在湖北省主要有三种表现。一是没有正确处理好发展与保护的关系，有的人认为共抓大保护、不搞大开发就是不发展了，没有做到在发展中保护、在保护中发展。二是没有正确处理好环境治理和修复的关系，许多领导干部观念思想没有更新，仍然片面认为“先提升发展水平后治理污染”是必经阶段。三是没有正确处理好环境投入和产出的关系，有的人以缺少资金、遗留问题多、治理难度大等为理由，在环保投入方面存在“等一等、看一看、望一望、拖一拖”等现象。同时，有的企业认为共抓大保护增加生产成本，在环保问题上不愿意主动整改。

病症之二：生态环境形势不容乐观。近年来，湖北省长江经济带环境治理虽然取得了一些积极进展，但污染排放、生态破坏、环境风险等问题仍然存在。《长江经济带生态环境警示片》点出了湖北省 12 个警示事项，比如污染排放尚未得到杜绝。武汉市南湖管网不完善，截污不彻底，雨污合流现象严重，大量生活污水通过各类排污口直接排入南湖。部分养殖场污染治理设施不完善，超标排放、偷排偷放。宜昌海事局对船舶生活污水开展抽测，超标次数还不少。孝感市府澴河河流水体湖泊化严重。大冶市接收外地转移的固体废弃物全部填埋倾倒在废弃矿坑和垃圾场内。另外，流域环境风险隐患还不少，三峡库区周边总磷浓度较高，汉江支流水华偶有发生。长江危险化学品运量不断增长，环境安全风险持续加大，特别是运送危化品船舶过三峡大坝时，停泊待闸或过闸时间长，会给三峡大坝造成环境污染，同时，一旦发生意外，将会严重危及大坝安全，酿成不可挽回的灾难。

病症之三：区域发展还不平衡不协调。当前，全省各地资源禀赋条件差异较大，发展不平衡不协调的问题还比较突出，尤其是鄂东与鄂西之间在基础设施建设水平、居民收入水平和公共服务设施等方面相距甚远。有的地方在发展过程中，各自为政，没有从全省整体战略出发，发展定位有偏差，因而全省各区域之间未形成合力，这一点在武汉城市圈发展中表现尤为突出。湖北省纳入长江中游城市群的 13 个地市抱团发展力度不够，区域合作虚多实少，缺乏协同，带动力不足。有的地方无序低效竞争、产业同构等问题仍然存在，导致资源浪费，降低发展质量。此外，各地和有关部门对长江流域发展研究多一些，对汉江流域发展关注少一些。

病症之四：支持保障和参与度不够。国家和省级层面支持长江经济带发展力度很大，出台一系列举措，给予真金白银投入。但各地受资金、用地等要素制约，在投入力度和积极性方面均存在差距。有的地方出台的配套政策含金量不够高，内容规定过于笼统，针对性、操作性不够强，落实上存在打折扣的现象。同时，企业和社会资本参与度也不高，特别是在鄂大型央企、国企和民企参与推动长江经济带发展的作用还没有得到充分发挥。

三　推动湖北长江经济带高质量发展需要把握的要求

推动长江经济带发展是湖北省当前最直接、最现实、最重要的战略机遇。全省上下坚决贯彻落实党中央决策部署，自觉履行长江大保护特殊责任，切实担负长江经济带发展特殊使命，在实践中不断深化对推动长江经济带发展的规律性认识。

（一）坚持一个统领

“生态优先、绿色发展”，是推动湖北长江经济带发展的行动指南和根本遵循。习近平总书记在深入推动长江经济带发展座谈会上的重要讲话，从全局和战略高度提出了更为具体的思路，为更加富有成效地推进长江经济带发展提供了重要方法论。习近平总书记多次指出，“绿水青山就是金山银山”，湖北应积极探索“两山”转化路径方法，努力把湖北长江经济带建设成为生态优美、交通顺畅、经济高效、市场统一、机制协调的高质量发展经济带。

（二）守好两条底线

保护生态环境和发展经济有机统一、相辅相成，任何时候都不能把生态保护和经济发展割裂与对立。坚持在发展中保护、在保护中发展。坚决以第一力度抓好发展第一要务，努力以发展成果为生态文明建设提供坚实支撑。

坚决在转型升级上下功夫，在长江大保护上动真格，在环保执法上出重拳，在生活方式上求转变。坚决守护好一江清水、一库净水，绝不能把长江母亲河搞窄了、搞浅了、搞臭了，绝不能把丹江口水库“大水缸”搞脏了、搞差了、搞坏了。

（三）做好三篇文章

就是要扎实做好生态修复、环境保护、绿色发展“三篇文章”。坚持系统思维，用好绿色指挥棒，统筹和推进长江经济带发展各项工作，加强各项重大措施的关联与协同，既有重点突破，也有整体推进。坚持以生态修复作为治标的重要措施，着力解决当前突出问题，坚持人与自然和谐统一，建设生态宜居的美丽湖北。坚持以环境保护巩固生态修复的成效，争取更大绿色发展的主动性。坚持以推动绿色发展为治本之策，将生态修复和环境保护提升到新水平。

（四）调整四个结构

打好污染防治攻坚战，解决好湖北省突出的环境问题，必须坚持源头防治，调整“四个结构”，做到“四减四增”：调整产业结构，减少过剩和落后产业，增加新的增长动能；调整能源结构，减少煤炭消费，增加清洁能源使用；调整运输结构，减少公路运输量，增加铁水联运；调整农业投入结构，减少化肥和农药使用量，增加有机肥使用量。

（五）正确把握五大关系

这是习近平总书记对推动长江经济带发展提出的明确要求。推动湖北长江经济带发展，关键要正确把握整体推进和重点突破、生态环境保护和经济发展、总体谋划和久久为功、破除旧动能和培育新动能、自身发展和协同发展等五大关系。坚持重点论，用好辩证法，统筹好新与旧、快与慢、点与面等关系，对既定目标制定明确的时间表、任务书、路线图，推动长江经济带发展行稳致远。

四　奋力当好长江经济带高质量发展生力军

湖北省是长江干线流经里程超千公里的唯一省份，推进长江经济带发展，要彰显更大担当、展现更大作为，奋力当好长江经济带高质量发展生力军。

（一）更大力度推动创新发展

习近平总书记视察湖北时要求“塑造更多依靠创新驱动、更多发挥先发优势的引领型发展”。湖北科教人才突出，是实施科技创新、加快转型发展、绿色崛起的最大本钱。推动高质量发展，关键要靠科技创新和体制创新“两轮驱动”。一是加大科技投入力度。省级财政已连续5年每年筹集100亿元，各地各部门要严格按规定落实配套资金，支持科技基础设施、重大平台、重大项目、重大园区建设，确保科技创新政府引导性资金稳定增长。积极鼓励设立多层次、市场化的创新基金，持续加大对中小企业的创新支持力度。二是加快科技体制改革。深化科技领域放管服改革，为科技成果转化设“路标”、清“路障”。推进科技行政职能从研发管理向创新服务转变，真正把科技人员解放出来、调动起来。打通科技成果快速转化通道，以国家技术转移中部中心为核心，构建“互联网+技术转移”服务平台，大幅提高湖北省科技成果转化率。三是加强创新体系建设。进一步深入推进技术创新体系建设，以市场为导向，重点加强企业与高校之间的产学研融合发展，同时加快基础设施和服务体系建设，促进成果顺利转化。着力推动建设一批高质量的协同创新中心、产业技术创新联盟与重大创新平台，整合湖北创新资源，提升创新能力。

（二）更大力度推动绿色发展

重点抓好基础设施建设、生态修复和产业发展，努力探索以生态优先、绿色发展为导向的高质量发展新路子。一是夯实基础设施支撑。大力发展铁

水、公水、空铁等多式联运，加快构建综合立体交通走廊。抢抓国家长江航道645工程建设机遇，加快三峡综合交通运输体系、沿江高铁、沿江重载铁路、武汉长江中游航运中心、湖北国际物流核心枢纽等重点项目建设，提升长江黄金水道功能。大力发展1140集装箱示范船，推动长江其他标准船型打造，推广长江船舶新技术应用，逐步实行江海直达船舶大型化，助推湖北长江内河航运跨越式发展。二是抓好生态环境治理。统筹山水林田湖草系统治理，强化大气、水、土壤污染防治，坚决打好污染防治攻坚战。开展湖北长江生态资源环境大普查，做好生态环境承载能力评价，掌握第一手资料。加强三峡库区、丹江口库区、神农架林区、大别山区等重要生态功能区的保护和管理，让湖北天更蓝、地更绿、水更清。三是推动新旧动能转换。坚持穿“新鞋”、走“绿道”，破立并举深化供给侧结构性改革。全面贯彻“巩固、增强、提升、畅通”八字方针，转变发展方式，优化经济结构，加快形成新的产业集群。加快推进十大重点产业高质量发展，特别是推动制造业高质量发展，争创制造业高质量发展示范区，厚植湖北省长江经济带发展强劲优势。抢抓建设强大国内市场国家战略机遇，努力把湖北打造成中部最大市场，把武汉建成内陆消费中心。

（三）更大力度推动开放发展

全方位、深层次促进开放发展，充分利用国际国内两个市场、两种资源，以体制机制创新促进制度开放与更大规模的商品和要素流动，加快形成全面开放新格局。一是大力推进自贸区建设。围绕制度创新这个核心，加快完成国家赋予的各项改革试验任务。大胆试、大胆闯、自主改，在自贸区先行先试，探索“点单式”放权，把自贸区这块最佳试验田种好，创造更多可复制可推广的经验。二是积极融入“一带一路”建设。加快建设大通道、大平台、大通关，积极营造与国际规则接轨的法治化营商环境。推动中欧班列、江海直达、多式联运发展，打造更加顺畅高效的互联互通网络。深化国际产能合作，高水平建设境外合作产业园和国际产业集聚区。加快国际贸易“单一窗口”建设，提高贸易投资自由化便利化水平。三是高度重视招商引资。积极引进外向型龙头企业入驻，特别是重点引进跨境金融、跨境物流及其他相关服务企业，形成具有国际竞争力的跨境电子商务产业集群，尽快补齐湖北省开放型经济发展的短板。

（四）更大力度推动协调发展

加快“一芯驱动、两带支撑、三区协同”区域和产业发展布局实施，让区域和产业成为湖北省高质量发展的重要动力源。一是强化区域统筹。落实主体功能区制度，统筹规划、协调推进，充分发挥各区域比较优势和带动功能，促进区域板块融合发展、协同发展，努力构建区域协调发展新格局。积极融入长江中游城市群建设，着力打造湖北省经济发展新增长极。二是强化产业协同。立足各区域资源禀赋和产业基础，聚焦国家战略需求和湖北省未来产业发展方向，细化区域产业定位，促进产业分工协作，打造区域产业特色，推动重大生产力布局与区域发展定位精准匹配，营造各区域有序发展、错位竞争的良好产业生态。三是强化政策支持。针对不同区域和产业布局，实行适度宽松政策措施，积极推行一区一策、一业一策，给各地留足自由发展空间。

（五）更大力度推动共享发展

牢固树立以人民为中心的发展思想，持续办好民生实事，让人民群众共享更多长江经济带发展成果。一是稳定和扩大就业。坚持就业优先战略和积极就业政策，重点解决好返乡人员再就业、就业困难人员等群体就业问题。二是提高社会保障能力。着力推进全民参保，加快实现法定人员全覆盖。逐步提高退休人员和城乡居民养老金标准，适度提高城乡低保、特困供养和优抚标准。三是办好人民满意的教育。坚持教育优先发展，加快学前教育、高中阶段教育、职业教育、高等教育发展。完善资助政策体系，让每一个家庭困难学生都能上得起学。四是完善大病保险和医疗救助制度。大力发展“互联网＋医疗健康”，切实为人民群众提供高效、便捷的医疗服务。五是加强和创新社会治理。拓展网格化服务管理，完善城乡社区服务功能。

B.8 推进武汉高质量发展研究

——指标体系构建及比较分析

武汉发展战略研究院课题组*

摘　要： 高质量发展是我国当前和今后一个时期确定发展思路、制定经济政策、实施宏观调控的根本遵循。当前，武汉正处于高质量发展的爬坡上坎关键期。本研究报告探索构建高质量发展指标体系，并通过对15个主要城市的评分排名和比较研究，深入分析武汉推进高质量发展的短板和问题，希望为今后的路径选择和政策制定提供有益参考。

关键词： 武汉　高质量发展　指标体系

一　高质量发展指标体系构建

（一）重要意义

构建高质量发展指标体系，是贯彻落实“五大发展理念”的具体实践。构建经济高质量发展指标体系，是积极推动“三大变革”的导向标杆，要从原来关注经济增长的总量与增速转向更加关注产业结构、消费结构、城乡结构等结构性经济指标，更加关注单位资本回报率、单位土地回报率、资源

* 课题组组长：刘艺璇；课题组成员：袁云光、骆严、袁圆、王珺、付兴、伍玥。

利用率、劳动生产率等效益型指标。构建经济高质量发展指标体系，是完善制度环境的前提和基础，要克服原有路径依赖，改变传统评价方法，建立新的指标体系，以推动政府将理念尽快转化为决策和行动。

（二）基本原则

系统性原则。指标之间要有严密的逻辑关系，既相互独立，又彼此联系，共同构成一个有机统一体，从不同的方面反映和评价地区高质量发展的水平和阶段性特征。

导向性原则。充分考虑指标的代表性，既保留趋势性和认可度强的传统指标，又注重增加反映新趋势新理念的先行指标和新型指标，客观反映高质量发展的进程与成效，引导绩效考核价值方向转变。

综合性原则。对某些重要但无法精确统计的指标，可以考虑借鉴机构权威研究成果，纳入一些指数指标，对一系列工作和一类事情进行综合评价，例如养老保障指数等。

可获得性原则。坚持数据来源的公共性和权威性，即所有数据尽可能是公开、连续的，如公开出版的年鉴或权威部门发布的报告，保证评价过程的可操作性和评价结果的客观性。

可比较性原则。各城市经济发展阶段不同，统计方法和工作重点不同，会产生一些有地方特色的个性化指标。为了保证各城市间的可比性，尽可能选择按照同一标准测算的普遍性指标。

（三）指标体系

指标体系分为发展实力、发展效益、发展活力、发展承载力、发展福祉等 5 个维度，共计 38 项指标。按照指标的重要性、代表性、一致性，通过专家组讨论，确定 2 分、3 分、4 分等不同权重。

为体现对标先进、类比同类的原则，同时考虑到具体指标的数据可得性，特从 19 个副省级及以上城市中选取北京、上海、广州、深圳、天津、重庆、成都、杭州、南京、宁波、厦门、西安、青岛、济南和武汉等 15 个城市。

表1　高质量发展指标体系

维度	类别	序号	指标名称	单位	权重	说明
发展实力	经济总量	1	人均 GDP	元	3	
		2	人均社会消费品零售总额	元	3	
	发展结构	3	服务业增加值占 GDP 比重	%	2	
		4	常住人口城镇化率	%	3	
		5	进出口总额占 GDP 比重	%	2	
	财政实力	6	一般公共预算收入占 GDP 比重	%	3	
	企业实力	7	中国 500 强企业数	家	2	来源于中国企业联合会、中国企业家协会发布的“2018 中国企业 500 强”名单
		8	中国 500 强品牌数	个	2	来源于世界品牌实验室发布的《2018 中国 500 强最具价值品牌排行榜》
发展效益	投资效益	9	固定资产投资效益	%	4	GDP 增量/全社会固定资产投资额
	产出效益	10	经济密度	亿元/平方公里	3	单位面积 GDP 产出
		11	全员劳动生产率	元/人	4	GDP/全部从业人员,2016 年
		12	单位 GDP 能耗	吨标准煤/万元	3	2016 年数据
	资金效益	13	金融贡献率	%	3	金融业增加值增量/GDP 增量
		14	A 股上市企业数	家	3	截至 2017 年底
发展活力	创新活力	15	R&D 经费支出占 GDP 比重	%	2	
		16	每万人口发明专利拥有量	件	2	
		17	技术市场合同成交额占 GDP 比重	%	3	
	市场活力	18	人才净流入率	%	2	来源于猎聘网发布的“2018 年 Q1 ~ Q3 全国人才净流入率”
		19	民营经济增加值占 GDP 比重	%	2	
		20	电力弹性系数	—	2	工业用电增长率/GDP 增长率

续表

维度	类别	序号	指标名称	单位	权重	说明
	开放活力	21	国际航线数量	条	2	
		22	世界500强企业落户数	家	3	截至目前,根据各城市公开公布数据
		23	机场货邮吞吐量	万吨	2	根据民航局网站发布的《2017年民航机场生产统计公报》
发展承载力	基础设施	24	路网密度	公里/平方公里	3	数据来源于住房和城乡建设部2018年度《中国主要城市道路网密度监测报告》,数据截至2017年底
		25	轨道交通路网密度	公里/平方公里	3	数据来源于《2017年中国主要城市公共交通大数据分析报告》(高德地图联合交通运输部科学研究院发布)
		26	建成区排水管道密度	公里/平方公里	3	2016年数据
	生态环境	27	人均水资源总量	立方米	3	源于2016年水利部及各省市水务局数据
		28	污水处理情况考核总分	分	2	《住房城乡建设部关于2017年第四季度全国城镇污水处理设施建设和运行情况的通报》(建城函〔2018〕23号)
		29	建成区绿化覆盖率	%	3	2016年数据
		30	空气质量优良天数比例	%	3	数据来源于《中国城市空气质量优良率分析报告2018》
发展福祉	收入支出	31	人均可支配收入	元	2	
		32	城镇居民恩格尔系数	%	2	食品支出占家庭支出的比重(2016年)
		33	房价收入比	—	3	2017年新建商品住宅成交均价/城镇居民人均可支配收入
	教育文体	34	人均教育经费支出	元	3	一般公共预算教育支出/常住人口,2016年数据
		35	人均文化体育与传媒支出	元	3	一般文化体育与传媒支出/常住人口,2016年数据
	社会保障	36	每千人拥有执业(助理)医师	人	3	
		37	城镇登记失业率	%	2	
		38	养老保障指数	—	2	数据来源于《中国城市养老指数蓝皮书2017》

注：除特殊说明外，均为2017年数据。

（四）测算结果

经过分项测算和加权总计，得出15个城市综合得分和排名，见表2。

表2　15个城市高质量发展情况排名

单位：分

排名	总体情况		发展实力		发展效益		发展活力		发展承载力		发展福祉	
	城市	得分	城市	得分	城市	得分	城市	得分	城市	得分	城市	得分
1	北京	80.78	北京	87.83	深圳	90.59	北京	77.86	深圳	80.07	北京	86.03
2	深圳	75.49	上海	83.55	上海	85.32	西安	72.92	厦门	71.59	南京	75.23
3	上海	75.02	深圳	79.26	北京	84.02	上海	69.03	上海	71.19	杭州	75.21
4	杭州	71.63	厦门	75.64	广州	79.32	杭州	68.87	杭州	70.92	济南	74.81
5	广州	71.62	广州	74.47	厦门	73.14	宁波	65.74	重庆	68.92	广州	72.61
6	南京	67.62	杭州	72.78	杭州	70.39	广州	65.53	北京	68.18	青岛	72.47
7	宁波	67.46	南京	72.52	天津	70.37	成都	64.38	宁波	67.03	宁波	71.22
8	武汉	66.34	武汉	68.22	武汉	69.31	深圳	62.93	广州	66.20	武汉	69.69
9	厦门	64.91	天津	67.43	南京	69.15	武汉	62.56	南京	63.83	天津	66.70
10	青岛	64.63	宁波	67.23	成都	66.67	重庆	59.81	武汉	61.93	上海	66.00
11	成都	64.27	济南	66.23	青岛	66.47	青岛	59.16	成都	61.76	成都	65.65
12	西安	63.71	青岛	65.99	宁波	66.08	南京	57.38	青岛	59.05	深圳	64.61
13	天津	62.41	西安	63.82	西安	63.15	厦门	53.36	天津	54.84	西安	64.45
14	重庆	61.58	成都	62.89	济南	59.21	天津	52.72	西安	54.20	重庆	61.45
15	济南	57.91	重庆	58.86	重庆	58.87	济南	46.22	济南	43.09	厦门	50.82

二　发展实力比较分析

从发展实力来看，武汉在15个城市中排第8位，处于中游水平。其中，人均社会消费品零售总额表现较好，排第4位；人均GDP、常住人口城镇化率等指标表现一般，排名中游；服务业增加值占GDP比重、进出口总额占GDP比重、一般公共预算收入占GDP比重、中国500强企业数、中国500强品牌数等指标表现较差，排名靠后（见表3）。

表3　15个城市发展实力排名及具体指标情况

发展实力			经济总量		发展结构			财政实力	企业实力	
排名	城市	得分（分）	人均GDP（元）	人均社会消费品零售总额（元）	服务业增加值占GDP比重（%）	常住人口城镇化率（%）	进出口总额占GDP比重（%）	一般公共预算收入占GDP比重(%)	中国500强企业数（家）	中国500强品牌数（个）
1	北京	87.83	129000	50647	80.6	96.5	78.3	19.4	100	97
2	上海	83.55	124600	55067	69	87.7	262.87	22.04	29	43
3	深圳	79.26	183127	48020	58.6	100	124.84	14.85	26	27
4	厦门	75.64	109740	36078	57.8	89.1	133.66	27.29	4	7
5	广州	74.47	150678	64852	70.94	86.14	45.18	7.13	19	20
6	杭州	72.78	134607	60382	62.6	76.8	40.5	12.48	24	16
7	南京	72.52	141103	67242	59.7	82.29	35.31	10.86	8	8
8	武汉	68.22	123831	56881	53.3	80.4	14.44	10.46	5	6
9	天津	67.43	119440	36802	58	82.93	41.12	12.42	7	5
10	宁波	67.23	124017	50565	45	72.4	77.18	12.65	9	6
11	济南	66.23	98967	56631	59.9	70.53	9.83	9.4	6	11
12	青岛	65.99	119357	48877	55.4	67.3	45.6	10.48	4	11
13	西安	63.82	78346	45411	61.5	73.42	34.08	8.76	5	1
14	成都	62.89	86911	39909	53.2	71.9	28.38	9.18	11	10
15	重庆	58.86	63689	26234	49	64.08	23.12	11.55	13	6

（一）经济总量：人均GDP与一线城市仍有差距，消费能力居于全国前列

武汉的GDP总量、人均GDP在15个城市中排名居中，与北上广深等一线城市相比，武汉还有较大的不足。从GDP总量来说，上海、北京、深圳、广州四个城市分别达到武汉的2.25、2.09、1.67、1.6倍。从人均GDP来看，排在第1位的深圳是武汉的1.48倍。对比一线城市，武汉经济发展“稳”的基础还不牢固，整体经济实力还需进一步提升（见图1）。

武汉消费能力表现抢眼，消费对经济增长的拉动作用逐步增强。2017年，武汉社会消费品零售总额达到6196亿元，增幅10.4%，排在15个城市的第6位。人均社会消费品零售总额排在第4位，社会消费品零售总额占GDP比重排在第5位（见图2）。

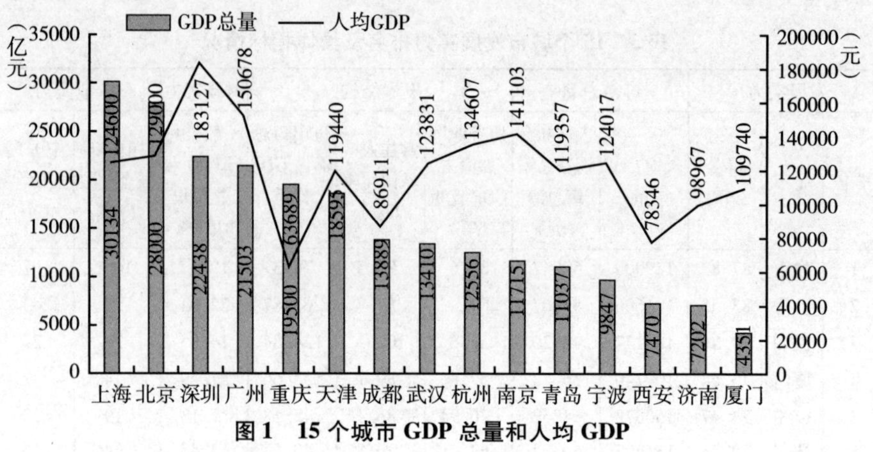

图1　15个城市GDP总量和人均GDP

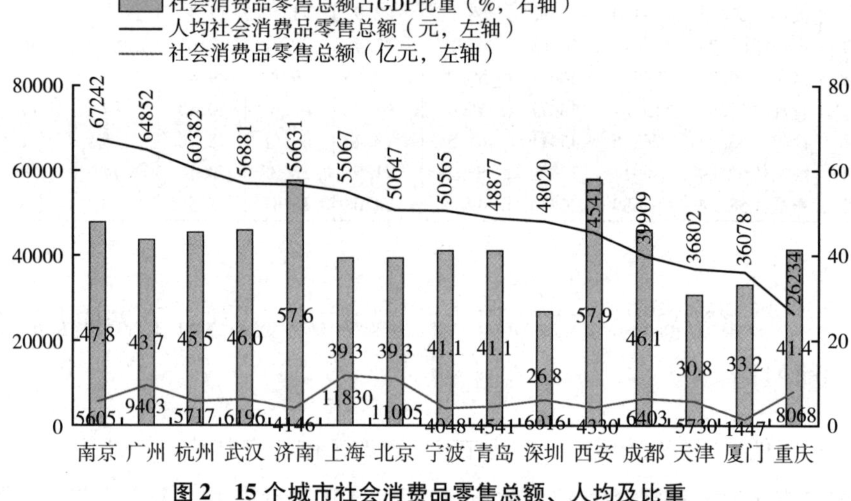

图2　15个城市社会消费品零售总额、人均及比重

（二）发展结构：产业结构、城乡结构逐渐优化，但协调性还有待加强

从产业结构来说，武汉服务业增加值占GDP比重在15个城市中排在倒数第4位，服务业中传统产业比重较大，新兴产业发展不够，服务业与制造业融合程度低，未能发挥相辅相成的促进作用。武汉的产业结构呈现典型的

内向型经济特征，对外贸易依存度（进出口总额占 GDP 比重）指标排在 15 个城市的倒数第 2 位，排在第 1 位的上海市达到了武汉的 18.2 倍。武汉在对外开放、参与国际分工与合作等方面的水平亟须大力提升（见图 3）。

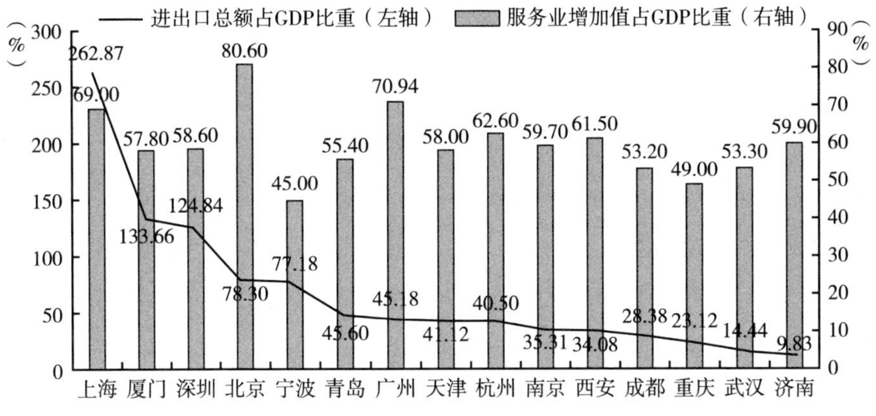

图 3　15 个城市服务业增加值比重、进出口总额比重

从城乡结构来说，武汉的常住人口城镇化率在 15 个城市中排第 8 位，与北京、深圳等一线城市相比，仍有较大的提升空间，而且武汉市城乡居民的可支配收入比从 2015 年的 2.06∶1、2016 年的 2.07∶1，增至 2017 年的 2.08∶1，差距不断扩大，存在城乡发展不够均衡、农村发展不够充分的问题（见图 4）。

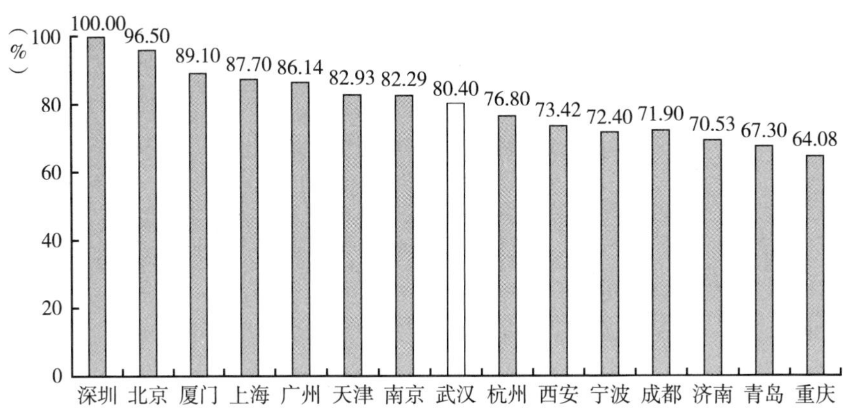

图 4　15 个城市常住人口城镇化率

（三）财政实力：财政收入增长较快，但与一线城市相比仍有较大差距

2017 年，武汉一般公共预算总收入 2677.66 亿元，比 2016 年增长 10.5%，地方一般公共预算收入 1402.93 亿元，比 2016 年增长 11.3%。这说明，武汉在促进高质量发展上，是具备一定的财政保障能力的。但从横向比较来看，武汉地方一般公共预算收入在 15 个城市中排在第 8 位，前三位的上海、北京、深圳分别是武汉的 4.73、3.87、2.38 倍；武汉地方一般公共预算收入占 GDP 比重也排在倒数第 5 位，对比北京、上海等直辖市及厦门、深圳等计划单列城市，武汉地方政府掌握资源的比重不够高，这一定程度制约了政府对高附加值产业的扶持力度以及对民生保障、基础设施等领域的投入（见图 5）。

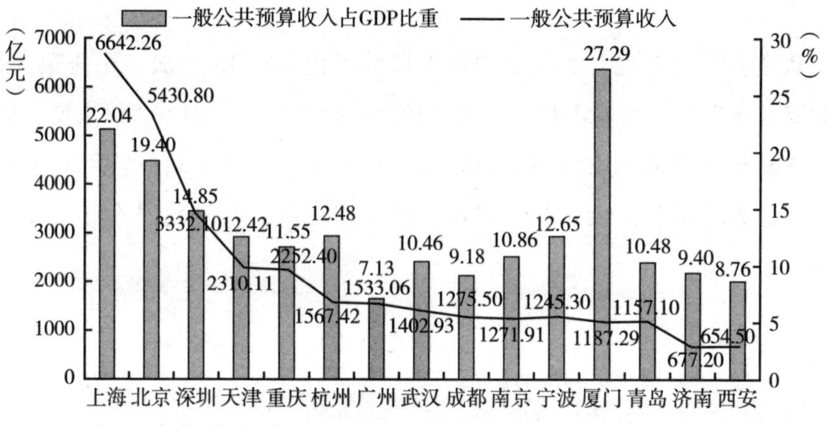

图 5　15 个城市一般公共预算收入及比重

（四）企业实力：企业发展效益较好，但知名企业和知名品牌不多

2017 年，武汉规模以上工业企业实现利润总额 755.6 亿元，比 2016 年增长 15.2%；主营业务收入增长 17.9%，同比提高 13.2 个百分点。在企业整体发展趋势较好的同时，行业龙头、知名品牌却发展不足，全国 500 强企

业中，武汉企业仅占5家，在15个城市中排名倒数第四，排在第一的北京市全国500强企业数是武汉的20倍。中国500强品牌中，武汉仅有6个品牌入选，在15个城市中排第11位（见图6）。

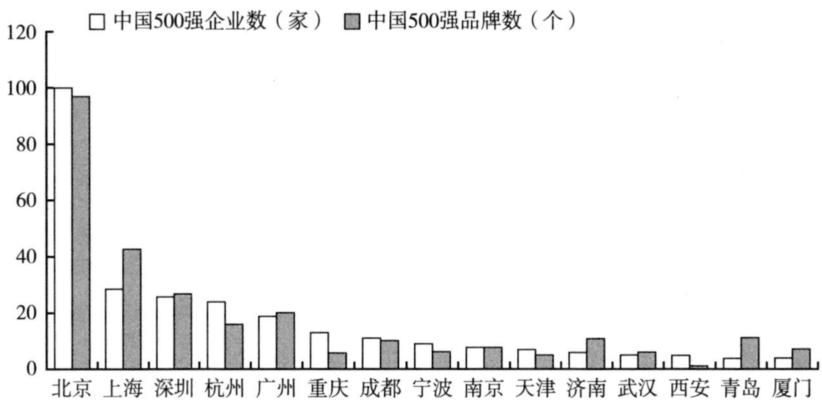

图6　15个城市拥有中国500强企业和500强品牌数量

三　发展效益比较分析

从发展效益来看，武汉在15个城市中排第8位，处于中游水平。其中，全员劳动生产率指标表现较好，排名前三；固定资产投资效益、经济密度、A股上市企业数等指标表现一般，位于中游；单位GDP能耗、金融贡献率等指标表现较差，排名靠后（见表4）。

表4　15个城市发展效益指标对比分析

发展效益			投资效益	产出效益			资金效益	
排名	城市	得分（分）	固定资产投资效益（%）	经济密度（亿元/平方公里）	全员劳动生产率（元/人）	单位GDP能耗（吨标准煤/万元）	金融贡献率（%）	A股上市企业数（家）
1	深圳	90.59	45.85	11.23	210417	0.36	7.76	267
2	上海	85.32	26.98	4.75	206401	0.427	29.03	278

续表

发展效益			投资效益	产出效益			资金效益	
排名	城市	得分（分）	固定资产投资效益（%）	经济密度（亿元/平方公里）	全员劳动生产率（元/人）	单位GDP能耗（吨标准煤/万元）	金融贡献率（%）	A股上市企业数（家）
3	北京	84.02	26.05	1.67	210385	0.275	15.76	306
4	广州	79.32	28.69	2.89	234028	0.299	11.70	103
5	厦门	73.14	23.81	2.56	212800	0.406	12.18	51
6	杭州	70.39	21.21	0.76	167128	0.37	5.42	136
7	天津	70.37	6.30	1.56	198194	0.46	30.48	47
8	武汉	69.31	19.03	1.57	216447	0.457	5.59	61
9	南京	69.15	19.50	1.78	230329	0.59	9.35	78
10	成都	66.67	18.28	0.97	136074	0.456	14.04	81
11	青岛	66.47	10.85	0.98	166466	0.31	8.01	28
12	宁波	66.08	23.16	1.05	167048	0.482	2.56	65
13	西安	63.15	16.05	0.69	116522	0.394	7.84	33
14	济南	59.21	15.26	0.88	165501	0.73	8.37	24
15	重庆	58.87	10.09	0.24	102592	0.529	9.73	49

（一）投资效益：全社会固定资产投资增速减缓，投资对GDP的拉动效应降低

武汉经济增长主要依靠投资的模式没有得到根本改变，而“十三五”以来，固定资产投资下滑特别是工业投资大幅下滑。2017年在招商引资“一号工程”的强力推动下，固定资产投资增长率由负转正，增速和总额远远低于成都。新引进的工业项目数量仅占1/3，重大产业项目储备不足，难以对未来经济发展形成有力支撑。与北上广深等一线城市相比，无论是固定资产投资总额还是投资效益，都有较大差距，投资对经济支撑力度持续减弱（见表5）。

表 5 武汉与成都 2016 年、2017 年固定资产投资、工业投资情况

地区	固定资产投资					工业投资				
	2016 年		2017 年		年均增长（%）	2016 年		2017 年		年均增长（%）
	总额（亿元）	增速（%）	总额（亿元）	增速（%）		总额（亿元）	增速（%）	总额（亿元）	增速（%）	
武汉	7039.79	-2.8	7871.66	11.8	4.2	2117.05	-16.3	2404.95	13.6	-2.5
成都	8370.5	14.3	9404.2	12.3	13.3	2246.2	41.0	3008.72	33.9	37.4

（二）产出效益：全员劳动生产率优势明显，土地与能源产出效益不高

武汉全员劳动生产率为 216447 元/人，在 15 个副省级城市中仅次于广州与南京，位列第三，不仅得益于武汉不断增长的 GDP，也得益于产业结构优化、技术水平提高等，人员产出效益不断增强。经济密度排第 7 位，为 1.57 亿元/平方公里，与上海 4.75 亿元/平方公里差距较大，在当前土地资源紧缺的情况下，亟须提高土地的利用效率。单位 GDP 能耗排第 10 位，反映出经济结构、能源消费结构、经济增长方式等方面仍需提高（见图 7 和图 8）。

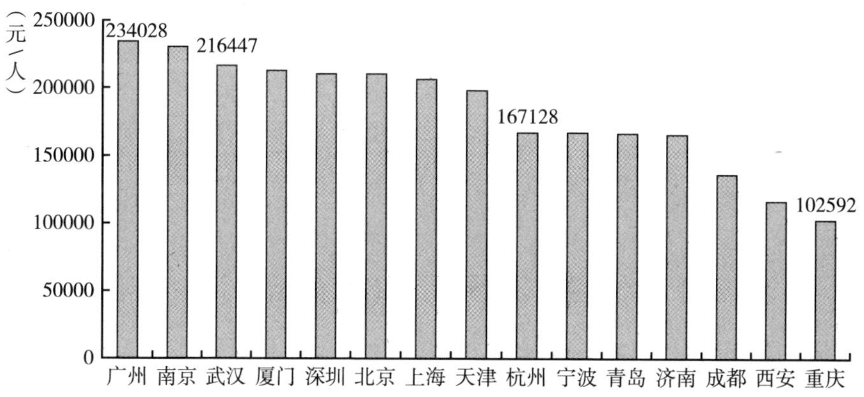

图 7 15 个城市全员劳动生产率

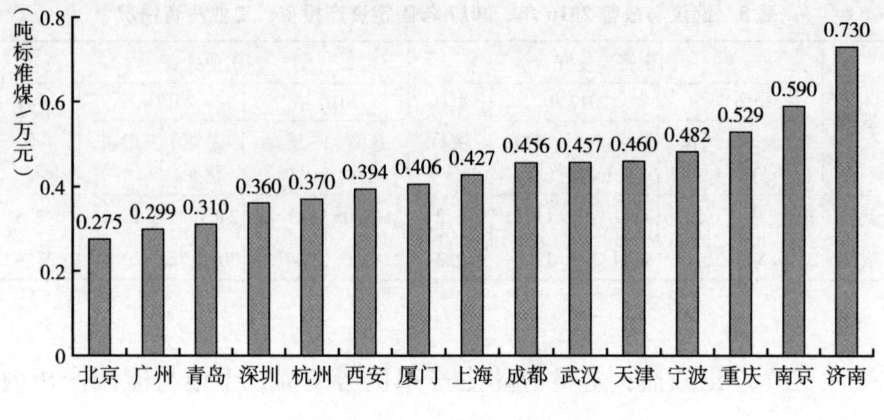

图 8　15 个城市单位 GDP 能耗

（三）资金效益：金融贡献率明显偏低，资本市场不发达

武汉金融贡献率为 5.59%，在 15 个城市居倒数第三位，与先进城市差距较大。而且相对经济总量而言，武汉资金总量偏低，金融业增加值占 GDP 比重仅为 7.64%，金融集聚能力有限，资金与产业结合效率不高，金融对资本积累率、投资效率和经济效率的促进能力不足。资本市场还不够发达，缺乏全国性要素交易市场，上市公司总数和市值都不够高，直接融资占比偏低，只有 1/4 左右，A 股上市企业数 61 家，不及杭州的 1/2，低于成都。信贷与 GDP 缺口依然较大，2013 ~ 2017 年，贷款余额年均增速高于 GDP 年均增速 6.68 个百分点，尽管 2017 年较 2016 年缺口有所缩小，但杠杆率依然偏高（见图 9、图 10 和图 11）。

四　发展活力比较分析

从发展活力来看，武汉在 15 个城市中排第 9 位，处于中游水平。其中，R&D 经费支出占 GDP 比重、技术市场合同成交额占 GDP 比重、人才净流入率等指标表现较好，排名前五；每万人口发明专利拥有量、民营经济增加值

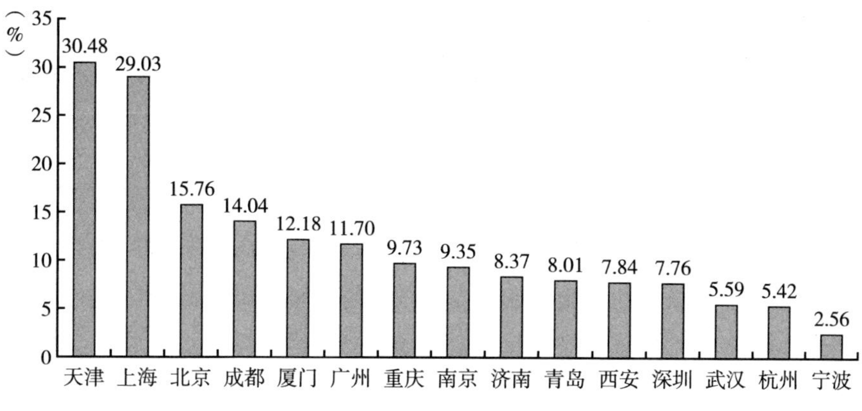

图 9　15 个城市金融贡献率

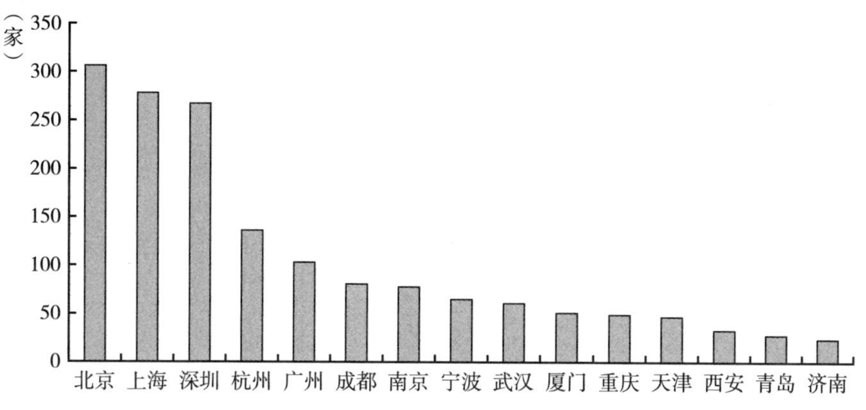

图 10　15 个城市 A 股上市企业数

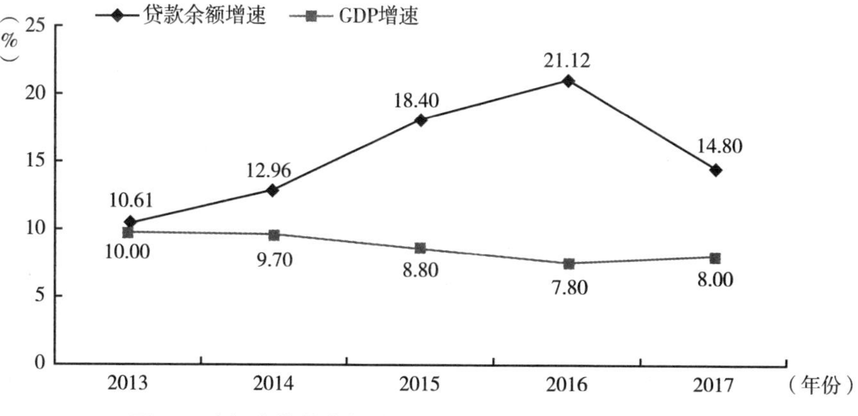

图 11　武汉市贷款余额增速与 GDP 增速（2013～2017 年）

占 GDP 比重、电力弹性系数、国际航线数量、世界 500 强企业落户数等指标表现一般，处于中游；机场货邮吞吐量指标表现较差，排名靠后（见表6）。

表 6　15 个城市发展活力排名及具体指标情况

发展活力			创新活力			市场活力			开放活力		
排名	城市	得分（分）	R&D 经费支出占 GDP 比重（%）	每万人口发明专利拥有量（件）	技术市场合同成交额占 GDP 比重(%)	民营经济增加值占 GDP 比重(%)	电力弹性系数	人才净流入率（%）	国际航线数量（条）	世界 500 强企业落户数(家)	机场货邮吞吐量（万吨）
1	北京	77.86	5.7	94.6	16.02	25	0.68	0.11	127	500	202.96
2	西安	72.92	5.2	33.69	11.36	53.05	1.14	4.38	57	203	25.99
3	上海	69.03	3.78	41.5	2.88	26.63	0.39	1.24	136	500	423.18
4	杭州	68.87	3.2	47.7	0.97	60.2	1.10	9.84	38	118	58.95
5	宁波	65.74	2.35	26.3	0.77	80	1.24	9.17	12	62	12.04
6	广州	65.53	2.5	22.4	1.65	39.77	0.80	0.33	157	297	178.04
7	成都	64.38	2.3	19.2	3.17	48.5	0.61	4.61	106	285	64.29
8	深圳	62.93	4.13	82.6	2.47	41.83	0.42	3.32	38	280	115.90
9	武汉	62.56	3.2	28.8	4.49	42.5	0.71	3.54	59	266	18.50
10	重庆	59.81	1.79	7.25	0.62	50.5	0.79	-0.04	77	281	36.63
11	青岛	59.16	2.86	23.75	1.15	44.4	1.23	-0.37	27	134	23.21
12	南京	57.38	3	40.6	2.43	45.9	0.75	0.6	37	115	37.42
13	厦门	53.36	3.11	23.5	1.58	29	1.09	-0.4	28	30	33.87
14	天津	52.72	3.08	18.37	3.54	47.8	-0.10	-0.5	55	163	26.83
15	济南	46.22	2.4	25.6	1.18	37.3	-0.16	0.99	17	64	9.52

（一）创新活力：创新投入和产出水平较高，在全国的创新地位不断巩固提升

武汉 R&D 经费支出占 GDP 比重处于 15 个城市中的第 5 位，排名相对靠前，虽然与北京、西安、深圳、上海等城市仍有差距，但从自身来看，武汉市创新投入强度在不断加大，“十三五”以来，武汉市 R&D 经费支出占 GDP 比重已从 3% 提升至 3.2%。武汉市创新产出日益丰沛，每万人口发明

专利拥有量为28.8件，列第7位，2017年新增发明专利授权8444件，占全国的比例为2.01%，比2015年提高0.34个百分点。2017年技术市场合同成交额603.2亿元，占GDP比重为4.49%，比2015年提高0.37个百分点。根据《国家治理》周刊发表的城市综合创新能力排名，武汉仅次于北京、深圳、上海，在19个副省级及以上城市中列第4位，其中“创新持续力”单项得分名列榜首（见图12和图13）。

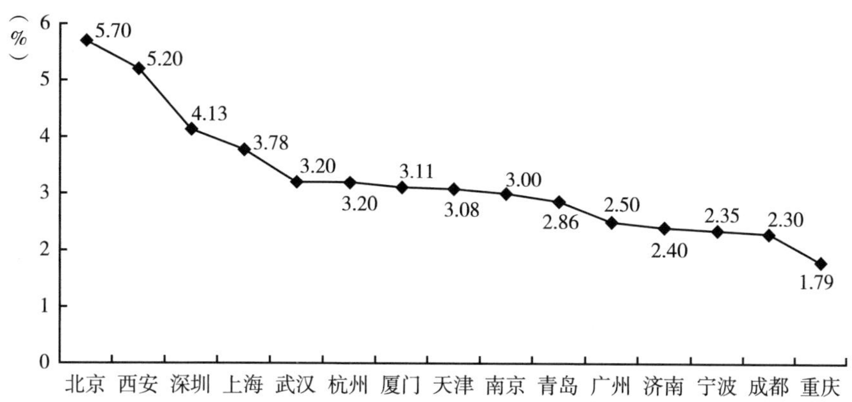

图12　15个城市R&D经费支出占GDP比重比较

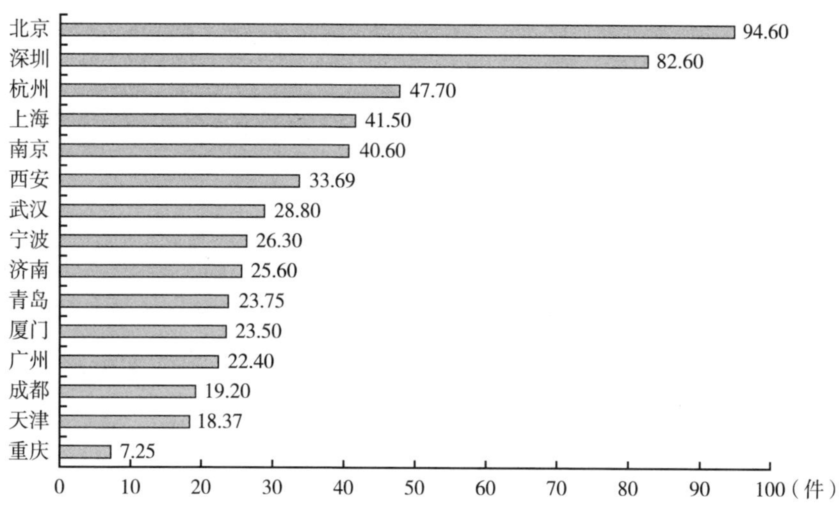

图13　15个城市每万人口发明专利拥有量比较

（二）市场活力：中高端人才加快流入，民营经济发展活力有待进一步激发

武汉大力实施“四大资智聚汉工程”，加快了人才规模集聚和梯队建设，人才资源总量达到255万人，占常住人口的比例为23%。2018年前三季度，武汉人才净流入率3.54%，排第7位。但与同类城市相比，武汉的薪酬水平还较低，人才结构分布也不尽合理，产业人才仅占人才总量的一半左右，新兴产业特别是高层次领军人才、企业经营管理人才等比较缺乏。而杭州、西安虽然目前人才资源总量位列武汉之后，但是人才净流入率排名靠前，后劲势头迅猛（见图14和图15）。

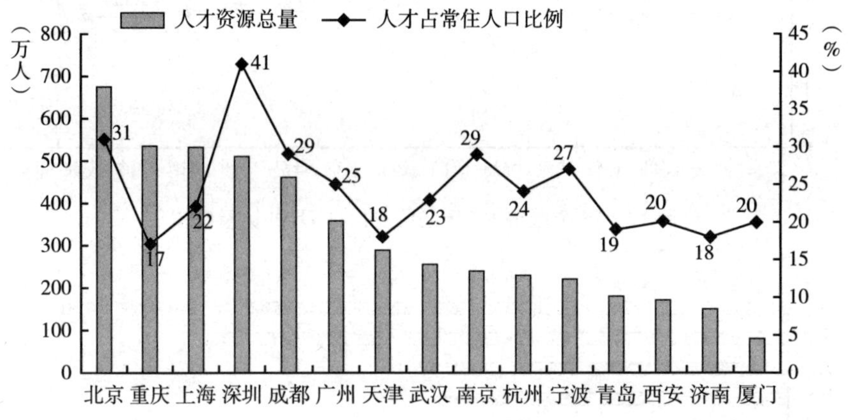

图14　15个城市人才资源总量和人才占常住人口比例

民营经济发展依然不充分，存在经济总量小、占比低，经济结构不优，民营企业竞争力不强等短板。武汉民营经济增加值占GDP比重为42.5%，列第9位，低于杭州、青岛、南京等城市（见图16）。2017年中国民营企业500强中，武汉只有11家，仅为杭州的1/4，且缺乏生产型、科技型、外向型企业。

作为经济发展的先行指标，用电量的多少也一定程度衡量了城市经济发展的活跃度，宁波、杭州、西安等近年来经济发展较为活跃的城市电力弹性

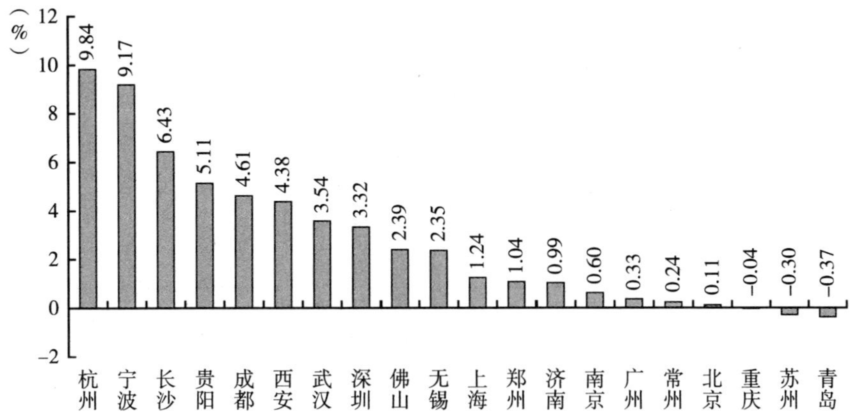

图 15　2018 年前三季度全国人才净流入率最高的城市 TOP20

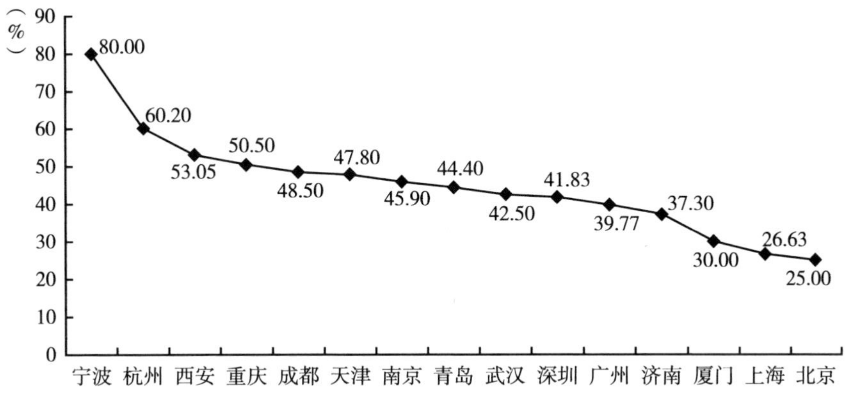

图 16　15 个城市民营经济增加值占 GDP 比重

系数都在 1 以上，武汉电力弹性系数为 0.71（见图 17）。但从 2017 年第一季度以来，武汉市制造业用电量逐季大幅回升，提振企业发展信心的积极因素也越来越多。

（三）开放活力：国际通达能力和外资吸引力增加，航空运输能力相对滞后

国际通达能力方面，基于九省通衢的区位优势，武汉的国际航线数量在

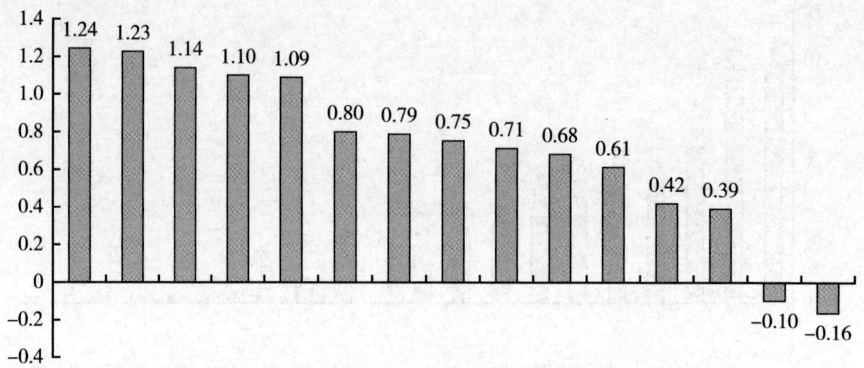

图17　15个城市电力弹性系数

15个城市中列第6位，排名靠前，但不容忽视的是，武汉与北上广等一线城市的差距较大，排在第一位的上海是武汉的2.3倍，另外同为中西部城市的成都、重庆的国际航线数量也高于武汉，分别是武汉的1.8倍和1.3倍。引入外资方面，武汉世界500强企业落户数在15个城市中列第7位，略低于成都、重庆。天河机场货邮吞吐量仅有18.5万吨，同比增长5.5%，排倒数第3位，航空运输能力与武汉作为全国综合性交通物流枢纽的地位不相匹配（见图18和图19）。

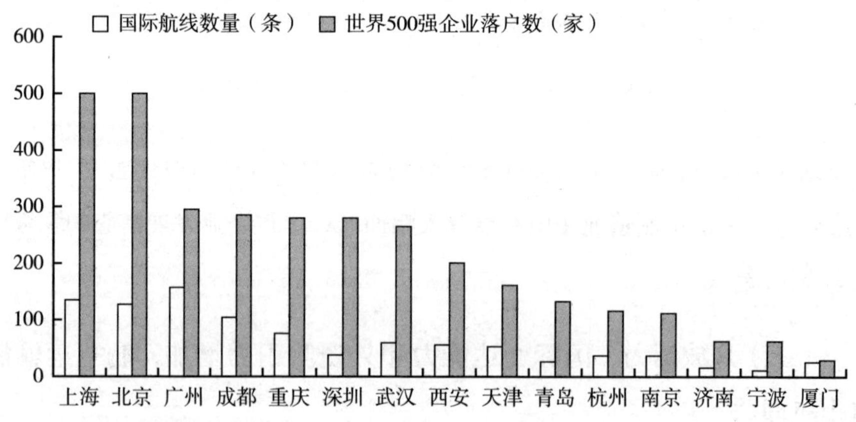

图18　15个城市国际航线数量、世界500强企业落户数

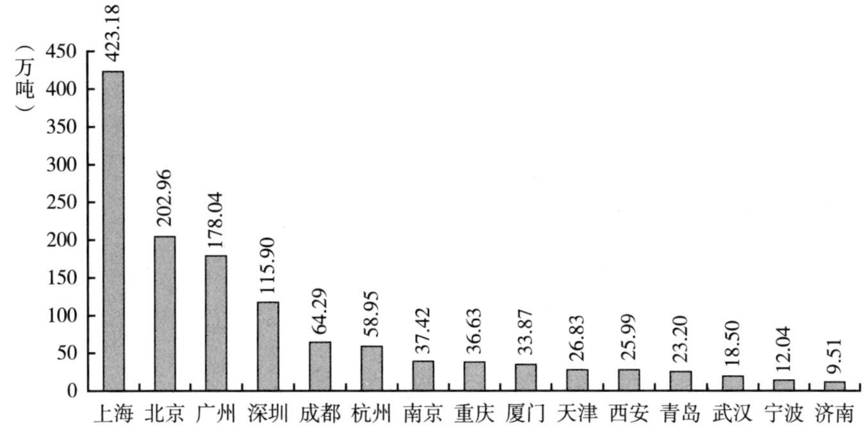

图19　15个城市机场货邮吞吐量

五　发展承载力比较分析

从发展承载力来看，武汉在15个城市中排第10位，处于中游偏下水平。其中，轨道交通路网密度、建成区排水管道密度、人均水资源总量等指标表现较好，排名前列；路网密度、空气质量优良天数比例等指标表现一般，排名居中；污水处理情况考核总分、建成区绿化覆盖率等指标表现较差，排名靠后（见表7）。

表7　15个城市发展承载力排名及具体指标情况

发展承载力			基础设施			生态环境			
排名	城市	得分（分）	路网密度（公里/平方公里）	轨道交通路网密度（公里/平方公里）	建成区排水管道密度（公里/平方公里）	人均水资源总量（立方米）	污水处理情况考核总分（分）	建成区绿化覆盖率（%）	空气质量优良天数比例（%）
1	深圳	80.07	9.5	0.34	14.63	255.28	91.16	45	94
2	厦门	71.59	8.45	0.06	8.29	641.05	92.21	41	99.2
3	上海	71.19	7.1	0.5	24.32	252.07	87.77	38.3	75.3

续表

发展承载力			基础设施			生态环境			
排名	城市	得分（分）	路网密度（公里/平方公里）	轨道交通路网密度（公里/平方公里）	建成区排水管道密度（公里/平方公里）	人均水资源总量（立方米）	污水处理情况考核总分（分）	建成区绿化覆盖率（%）	空气质量优良天数比例（%）
4	杭州	70.92	6.9	0.11	10.98	2319.33	94.25	40.7	74.2
5	重庆	68.92	6.49	0.06	12.97	1984.58	88.14	40.78	83
6	北京	68.18	5.59	0.43	11.9	161.34	93.5	48.4	62.1
7	宁波	67.03	6.67	0.03	17.43	1318.60	85.33	39.95	85.2
8	广州	66.20	7.02	0.28	8.3	396.50	90.04	41.8	80.5
9	南京	63.83	5.55	0.27	11.19	834.34	84.14	44.75	72.3
10	武汉	61.93	5.77	0.22	15.91	926.88	85.37	39.65	69.9
11	成都	61.76	8.02	0.13	12.74	551.72	86.13	47.39	64.9
12	青岛	59.05	5.35	0.03	11.92	70.84	95	38.56	78
13	天津	54.84	6.04	0.07	20.79	121.00	87.36	37.7	57.3
14	西安	54.20	5.49	0.12	9.12	244.11	92.83	42.57	49.3
15	济南	43.09	4.68	0	12.2	234.62	91.7	40.12	50.7

（一）基础设施：轨道交通建设全面提速，市政设施水平大幅提升

自2012年以来，武汉地铁迎来一轮又一轮的建设热潮，目前，武汉轨道交通通车里程（251.16公里）和路网密度（0.22公里/平方公里）居全国前列，但与北京、上海等国内最高水平比较还有差距（见图20）。根据规划，武汉市2023年地铁总里程将超过1000公里，如果能保持现有建设进度、如期实现规划目标，武汉市将迈入世界级地铁城市行列。

比较15个城市的指标数值可以得出，武汉市路网密度还有待提高（5.77公里/平方公里，排第10位），与排名第一的深圳（9.5公里/平方公里）还存在较大差距，与西部地区的成都（8.02公里/平方公里）也存在一定差距。可见，武汉市在市域交通基础设施上还需要下大力气（见图21）。

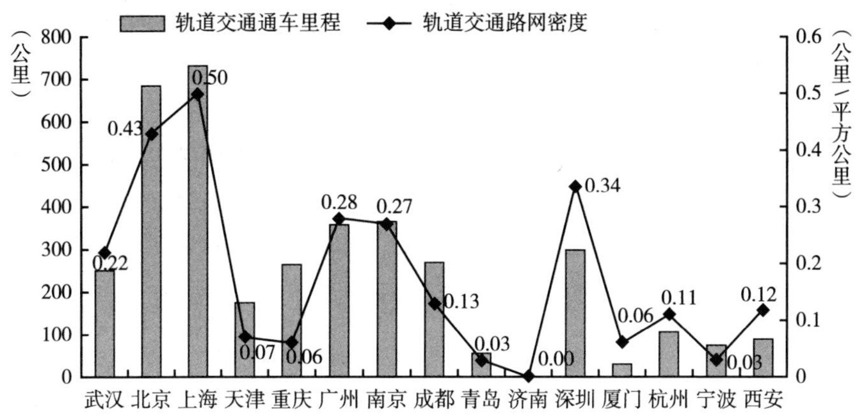

图 20　15 个城市轨道交通通车里程和路网密度

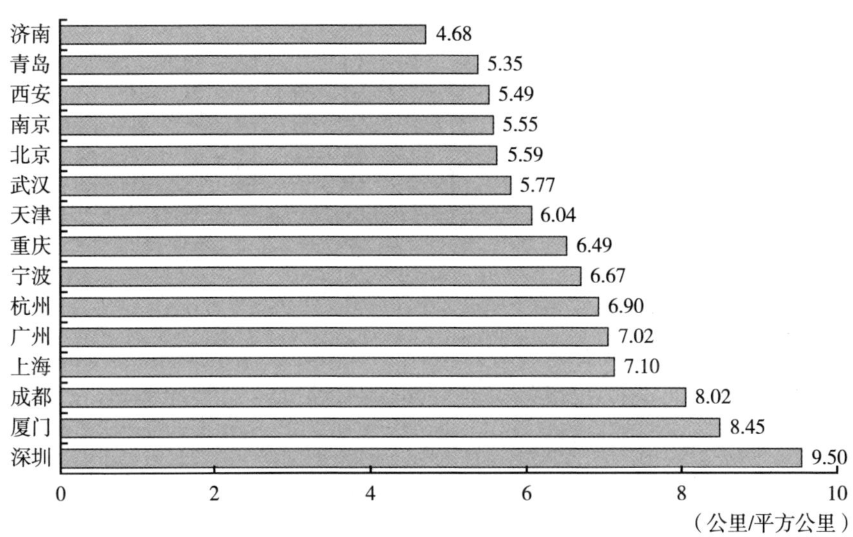

图 21　15 个城市路网密度

从建成区排水管道密度来看，武汉近年来也加大了投入，对排水管网系统进行了完善升级，达到了 15.91 公里/平方公里的排水管道密度，整体处于国内中等偏上水平。

（二）生态环境：水资源优势明显，但绿化水平和空气质量还有待提升

水资源禀赋和治理方面，武汉市水资源占有量在全国城市中占有绝对优势，拥有166个湖泊，水域面积达2205平方公里，占全市面积的1/4，人均水资源总量也在全国名列前茅。相比之下，水资源保护与水环境治理的挑战更加艰巨，15个主要城市的污水处理情况考核总分中，武汉市情况并不理想（见图22）。

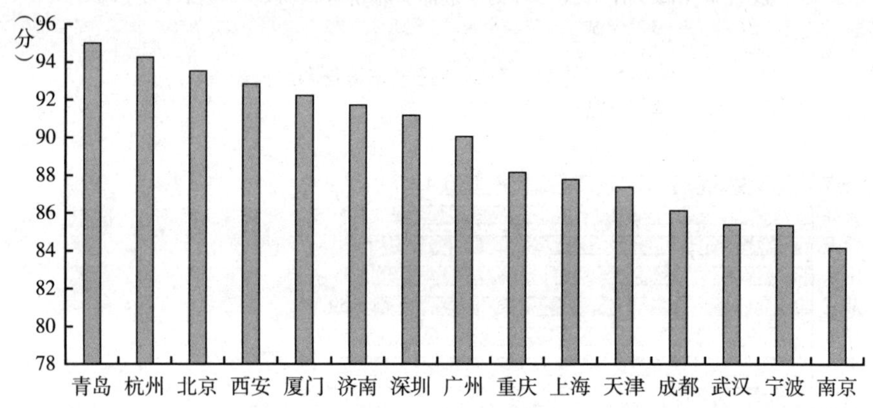

图22　15个城市污水处理情况考核总分

城市绿化水平方面，武汉人均仅拥有10.39平方米公园绿地，在15个城市中几近垫底。与水平最高的青岛（18.6平方米）几乎存在一倍的差距。除此以外，二线城市中的重庆、成都、南京、杭州等城市，在该指标上也比武汉领先。建成区绿化覆盖率指标，各城市差距相对较小，但武汉也处在中等靠后的位置。尽管武汉市近年来在园林绿化方面投入了较多资金、实施了一系列大工程、大项目，但总体水平还处在追赶阶段，待改善提升的空间还很大（见图23）。

空气质量方面，近年来武汉市大力实施“拥抱蓝天行动”，以产业、能源、运输等结构调整优化为重点，全面统筹狠抓空气污染防控工作，空气质

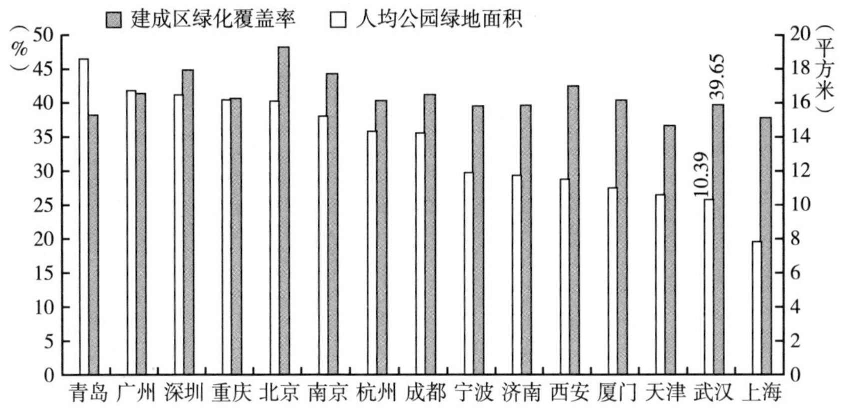

图 23　15 个城市人均公园绿地面积与建成区绿化覆盖率

量优良天数逐年增加，但总体来看，改善成效与其他城市相比仍有差距，在 15 个主要城市中排第 10 位（见图 24）。

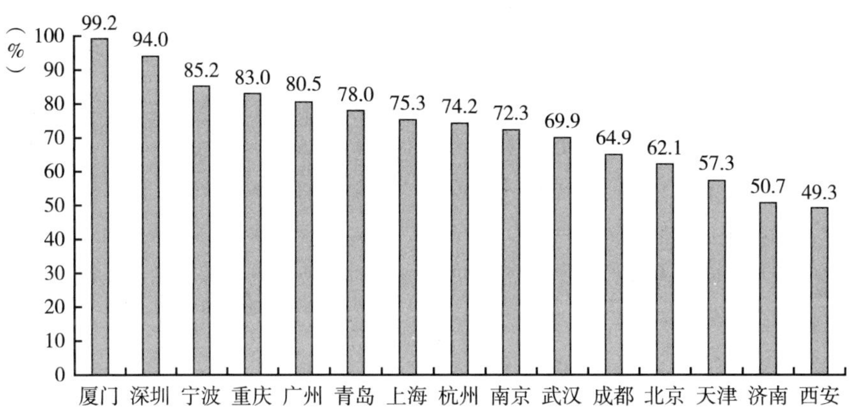

图 24　15 个城市空气质量优良天数比例

六　发展福祉比较分析

从发展福祉来看，武汉在 15 个城市中排第 8 位，处于中游水平。其中，房价收入比表现较好，排第 1 位；每千人拥有执业（助理）医师、城镇登

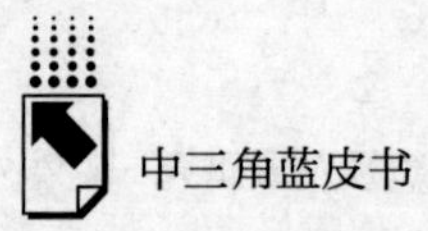

记失业率等指标表现一般，排在中游；人均可支配收入、城镇居民恩格尔系数、人均教育经费支出、人均文化体育与传媒支出、养老保障指数等表现较差，排名下游（见表8）。

表8　15个城市发展福祉排名及具体指标情况

发展福祉			收入支出			教育文体		社会保障		
排名	城市	得分（分）	人均可支配收入（元）	城镇居民恩格尔系数(%)	房价收入比	人均教育经费支出（元）	人均文化体育与传媒支出（元）	每千人拥有执业（助理）医师(人)	城镇登记失业率（%）	养老保障指数
1	北京	86.03	57230	21.09	25.7	4084	912.84	4.88	1.43	69.42
2	南京	75.23	48104	25.67	14.5	2451	372.19	3.37	1.82	54.18
3	杭州	75.21	49832	27.87	15	2754	308.99	4.41	1.70	43.65
4	济南	74.81	46642	24.21	9.2	1809	171.16	3.96	2.08	39.22
5	广州	72.61	55400	32.80	11.2	2293	269.23	3.43	2.40	51.13
6	青岛	72.47	38763	29.96	8.6	2749	197.41	3.34	3.12	45.91
7	宁波	71.22	48233	29.20	12	2519	113.90	3.00	2.00	47.95
8	武汉	69.69	38642	30.86	8.5	2146	195.71	3.33	2.84	39.89
9	天津	66.70	37022	30.62	13.4	3217	365.91	2.64	3.50	35.27
10	上海	66.00	58988	25.13	28	3476	241.35	2.82	3.90	66.85
11	成都	65.65	38918	34.19	9.1	1430	218.31	3.61	3.20	38.83
12	深圳	64.61	52938	30.47	39.6	3483	460.10	2.70	2.20	53.22
13	西安	64.45	32597	29.26	9.6	1354	325.63	2.50	3.32	37.66
14	重庆	61.45	24153	32.73	10.2	1887	157.39	2.23	3.40	42.64
15	厦门	50.82	46630	32.00	25.2	842	224.49	3.17	3.47	34.52

（一）收入支出：居民收入水平依然不高，支出结构有待优化

“十三五”以来，武汉城乡居民收入增长总体上与经济增长保持同步，但与同类城市相比仍然偏低。居民收入与经济实力之间存在错位，15个城市中，武汉人均GDP排第8位，人均可支配收入排第12位。城乡居民收入差距依然较大。2018年城镇居民人均可支配收入同比增长9.1%，农村居民

人均可支配收入同比增长8.5%，两者差距有进一步扩大的趋势。武汉城镇居民收入结构中，工资性收入占家庭总收入的60%，是城镇居民收入的最主要来源，但工资性收入绝对数长期偏低；经营净收入无论是占比还是绝对额，均低于同类城市。从房价收入比来看，武汉低于其他城市，工作生活的性价比非常高（见图25和图26）。

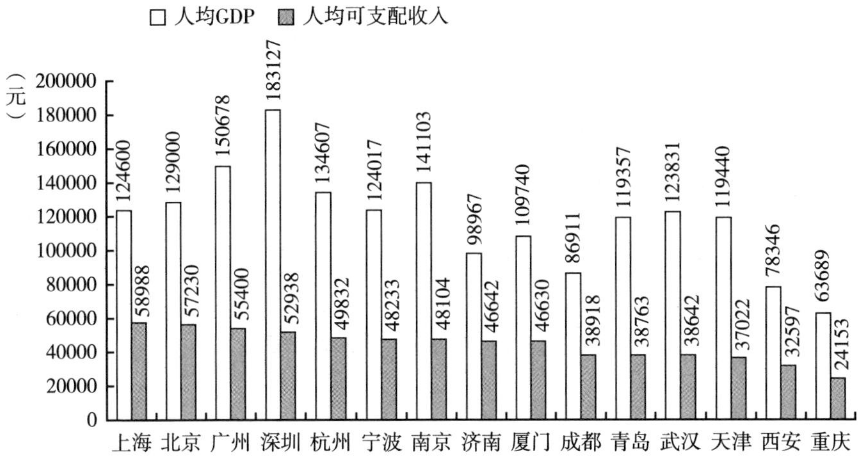

图25　15个城市人均GDP与人均可支配收入

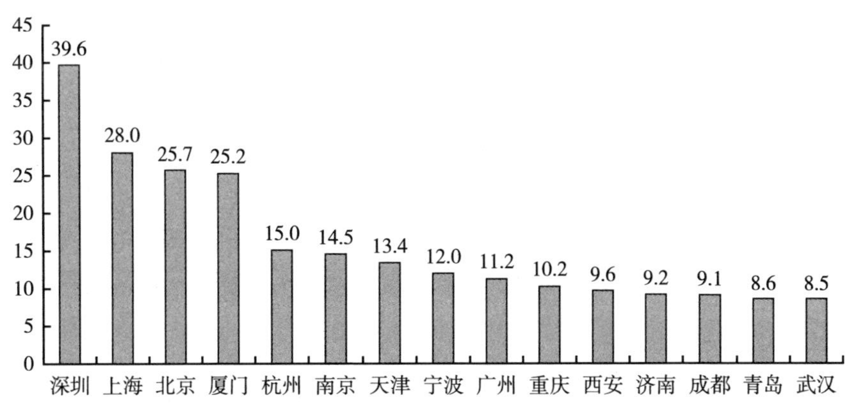

图26　15个城市房价收入比

从支出结构来说，武汉的恩格尔系数偏高，除了收入相对较低等因素制约武汉中高端消费的能力以外，供给结构不能较好满足居民中高端消费需求、消费升级潜力未能充分释放也是重要原因（见图27）。

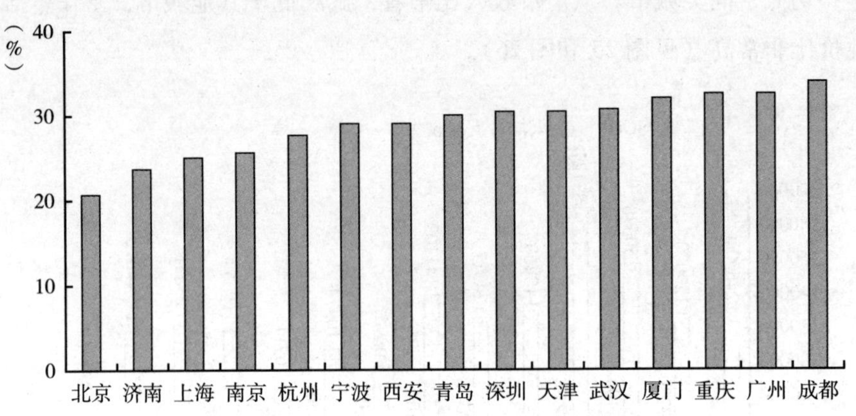

图27　15个城市城镇居民恩格尔系数

（二）教育文体：财政经费投入不足，总体不充足和分布不平衡问题依然存在

“十三五”期间，武汉策划实施了一系列教育重大工程，包括公益普惠性幼儿园建设、中小学配建、农村义务教育学校“全面改薄”、义务教育现代化学校建设、中等职业学校达标建设等，教育改革和发展的各项工作顺利推进。但全市教育经费保障程度仍无法满足教育现代化、国际化、信息化要求，2017年人均教育经费支出2146元，与其他城市相比还有差距。此外，人口增长与建设缓慢导致学位不充分，越来越多的地区出现就近入学矛盾；教育发展不均衡带来优质教育资源不足，各区财力分化明显，城乡、区域、学校之间发展差距明显。

近年来，武汉坚持“文化强市”的目标，不断加大财政对文化体育领域的投入力度，但人均文化体育与传媒支出依然较低，公共文化服务发展相对滞后（见图28）。根据《国家治理》周刊对19个副省级以上城市文化软实力的测评

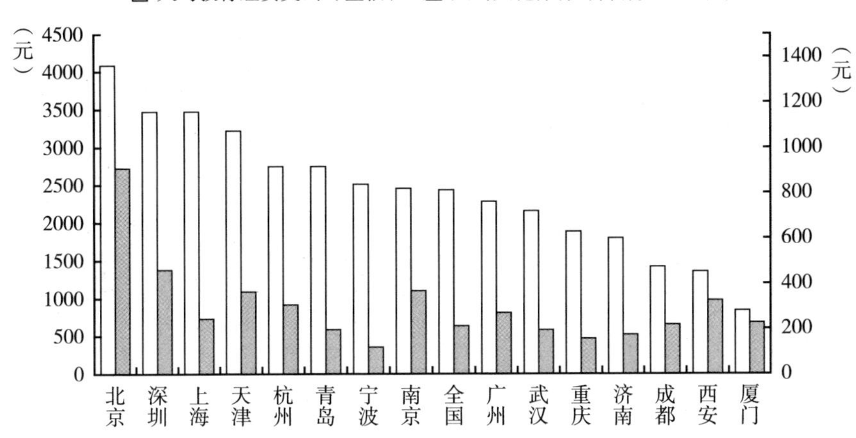

图 28　15 个城市人均教育经费支出、人均文化体育与传媒支出及与全国比较

结果，武汉公共文化服务建设排第 10 位，[①] 得分低于均值。财政对文化领域的投入力度不断加大，但与文化发展资金需求相比仍有一定缺口，各区也缺乏固定的专项资金，部分重点文化项目资金紧张，汉派文化品牌和亮点不多。

（三）社会保障：医疗卫生满意度较高，就业和养老服务压力逐渐加大

2017 年武汉市重点行业职业健康监护率达 100%，每千常住人口床位数、每千人拥有执业（助理）医师、每千常住人口注册护士数也分别从 2015 年的 7.61 张、3.10 人、4.26 人上升至 8.41 张、3.33 人和 4.71 人。每万人医疗机构卫生技术人员数 117 人，虽不及北京的 127.6 人，但优于广州的 100 人（见图 29）。

近年来，武汉市大力实施就业优先战略，失业率日趋降低，但在与 15 个城市的横向比较中发现，2017 年武汉市城镇登记失业率为 2.84%，列第 8 位，就业状况仍需持续优化（见图 30）。

① 排名前列的分别是深圳、北京、上海、杭州、天津、厦门、宁波、广州、南京。

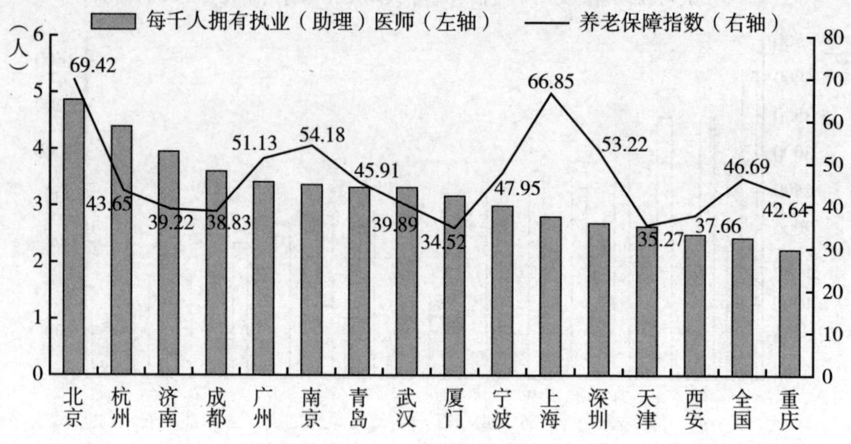

图29　15个城市每千人拥有执业（助理）医师、养老保障指数及与全国比较

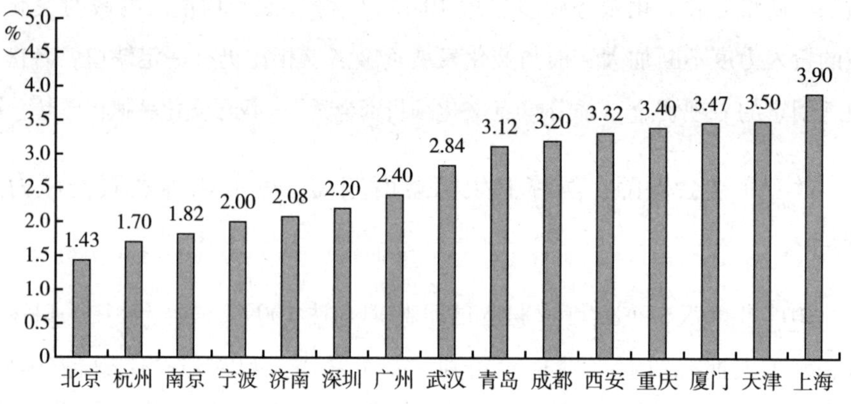

图30　2017年15个城市城镇登记失业率

武汉市正处于老年人口的快速增长期，截至2017年末，武汉市户籍人口中60岁以上的老年人口达到178.85万人，占总人口的20.95%，远高于同期全国老龄化17.3%的比重水平。武汉养老保障指数为39.89，低于平均值46.69，每千名老年人口养老床位数与宁波、杭州等城市相比存在一定差距，养老服务基数大、需求高、消费低与养老产业发展不充分、供给不均衡之间的矛盾依然存在（见图31）。

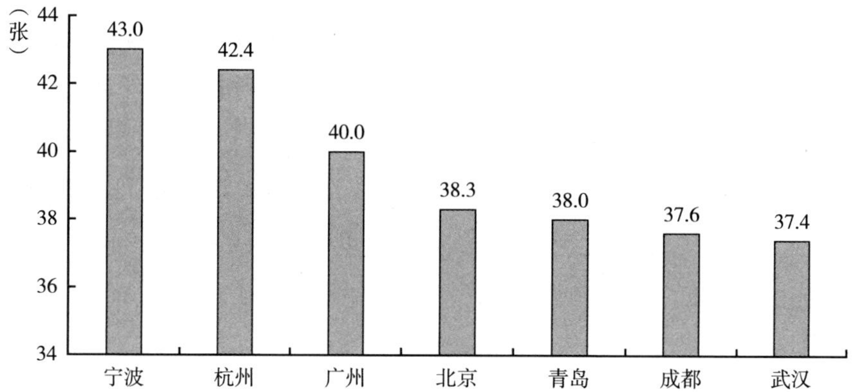

图 31　2016 年每千名老年人口养老床位数

七　总结

总体来看，武汉在 15 个城市中排第 8 位，处于中游水平，与北京、深圳、上海、广州等一线城市还有差距，总分也低于杭州、南京、宁波等新兴城市。经济发展水平较高，但基础设施、生态环境、民生福祉方面存在明显短板。

发展实力方面，武汉排第 8 位，处于中游，总体实力还需增强。GDP 总量、人均 GDP 与一线城市相比，还有较大差距。传统产业比重较大，新兴产业发展不够，服务业与制造业融合程度低，开放经济发展不足。城乡结构趋于优化，但还有较大提升空间。财政收入增长较快，但保障能力和支出结构还有待改善。企业经营效益逐步好转，但依然缺乏高端企业和龙头企业。

发展效益方面，武汉排第 8 位，处于中游水平，还有提升空间。投资对经济拉动效益正在减缓，投入产出效益有待提高。全员劳动生产率较高，土地的利用效率和能源综合效益还较低，经济增长方式亟须转变。金融贡献率明显偏低，资本市场不发达，金融服务实体经济的能力和水平还不高。

发展活力方面，武汉排第 9 位，处于中游水平，在全国的创新地位不断巩固提升。创新投入强度不断加大，创新成果不断涌现，综合创新能力居全国前列。民营经济发展质量不断提高、重要程度不断增强，但规模和影响力还不高。人才加速集聚，但人才结构有待优化。对外开放水平逐步提高，但与国际化大都市的目标还有较大差距。

发展承载力方面，武汉排第 10 位，处于中下游水平，市政设施和城市品质明显提升。轨道交通建设全面提速，总里程和路网密度居全国前列。市政设施建设加快完善，交通路网有待进一步优化。生态环境有所改善，但污染防治压力依然较大，空气质量、园林绿化水平和污水处理能力有待提升。

发展福祉方面，武汉排第 8 位，处于中游水平，公共事业发展还不能满足群众需求。居民收入增长亟须提速，消费需求潜能有待进一步释放。医疗卫生服务满意度较高，基础教育和文化体育等财政投入和供给质量还有待提高。社会保障资源配置有待优化，养老保障能力和就业服务质量亟须提升。

八　推进武汉高质量发展的对策建议

（一）根植和服务实体经济，提升综合发展实力

聚焦实体经济发展，深入实施“万千百工程”，加快“四大基地”建设，提升“五谷”“四都”“三港”产业集聚发展水平，不断巩固提升武汉实体经济能级。大力发展战略性新兴产业和现代服务业，加快支柱产业转型升级，积极布局未来产业，加快提高对外开放水平，促进协调均衡发展。深化“中国制造 2025”试点示范城市建设，围绕医疗、教育、养老、旅游等消费新热点培育中高端消费市场，引领产业升级和消费升级，促进经济迈向中高端水平。

（二）提高资源综合利用效率，增强经济发展效益

一是加强重大项目策划和储备，综合评估建成后的中长期产出效益、产业集聚效应、辐射带动效应、社会生态效益等，提高投资产出效益。二是加

快产业结构、生产方式、用能结构的绿色转型，优化能源消费结构，提高能源利用效率，大力发展新能源产业。三是深化科技金融改革，创新推进投贷联动、科技金融产品“工具箱”、科技企业债券融资、外汇资金集中运营管理等试点工作，争取设立全国性的交易中心，增强金融服务实体经济能力。

（三）加强科技供给和人才匹配，激发市场创新活力

积极申报综合性国家科学中心，加强对前瞻性科学研究和原始创新能力的建设，提升研发经费投入的针对性和有效性。完善市场化的人才选用和评价机制，搭建与产业结构相适应的人才队伍，让领军人才参与到全市重大决策中来，推动人力资源优势转化为发展优势。弘扬企业家精神，坚定不移发展壮大新民营经济，扶持汉派老字号骨干企业做强做优，大力实施科技小巨人培育工程和高新技术企业培育工程。

（四）实施生态修复和城市修补，推进高品质城市建设

强调精细化和人性化，加大海绵城市、排水防涝、地下综合管廊等建设力度，加强骨干路网微改造，加密微循环道路建设，完善市民公共出行体系。突出艺术性和个性化。对于公园绿地、文化场馆等公共设施，应积极采用先进的设计手段，让武汉特色、武汉风情、武汉味道无处不在。坚持生态优先和绿色发展。持续推进“四水共治”，全面实施“城市双修”，深入推进道路洁化、立面美化、景观亮化、水体净化、生态绿化。

（五）加大社会事业投入力度，保障高水平公共服务供给

加大基础教育投入，提供个性化、多样化、高质量的教育服务，优化医疗资源布局，推进基层医疗卫生机构提档升级。完善社会保障体系，提高社保综合覆盖率，注重解决结构性就业矛盾，积极推进医养结合，探索构建社会化养老服务体系。丰富公共文化产品和服务，推进文化消费国家试点建设，全面提升基层综合文化服务效能和水平，以文化引领城市规划建设，大力实施城市文脉复归。

B.9

迈向高质量发展的国家中心城市交通之路

——武汉十年回顾与战略研判

郑 猛　胡跃平　张子培　佘世英*

摘　要： 本报告在系统回顾武汉市近10年来交通建设发展成就、客观评估当前城市交通运行总体态势基础上，深入研究并厘清了机动车保有量快速增长时期城市交通赖以平稳高效运行的内在机理，研判了未来交通发展趋势和挑战，并提出了近期交通发展策略和建议。

关键词： 交通战略　高质量发展　武汉

一　引言与总体情况介绍

居住、工作、游憩、交通是《雅典宪章》确定的城市四大基本活动，而交通则具有根本贯穿性作用，是社会经济持续健康发展的重要支撑之一。城市愈繁荣、社会经济活动愈频繁，则交通需求愈旺盛，愈需要高质量、高水平的城市交通体系与之相适应、相协调。因此，国际发达城市无不重视交

* 郑猛，武汉市交通发展战略研究院交通研究室主任，高级规划师、注册咨询工程师，研究方向为交通规划；胡跃平，武汉市交通发展战略研究院副院长，教授级高工，研究方向为交通规划；张子培，武汉市交通发展战略研究院工程师，研究方向为交通规划；佘世英，武汉市交通发展战略研究院轨道交通研究室主任工程师、高级规划师，研究方向为交通规划。

通战略、交通治理在城市发展中的引领和基础性作用。2004 年，时任首尔市长的李明博大刀阔斧地推行以公交为核心的交通战略性改革，一举奠定了城市交通可持续发展的基础，2018 年被麦肯锡评定为全球交通治理十大典范之一。

伦敦自 1999 年《大伦敦政府法案 1999》实施以来，伴随 4 年一度的市长选举，相继于 2001 年、2010 年和 2018 年颁布了三轮《市长交通战略》，全面统领城市交通发展，推动伦敦成为举世瞩目的世界交通可持续发展治理典范。

武汉市自 2006 年新一轮城市总体规划确定建设中部中心城市发展目标到 2016 年启动国家中心城市建设，近十年来，地区生产总值由 2008 年的 0.4 万亿元增长至 1.48 万亿元，常住人口由 2008 年的 897 万人快速增长至 1108 万人，而机动车总量则由 78 万辆增长至 312 万辆，跨江交通、公共交通、对外客运总量均增加了 0.5 ~1 倍。在北京、杭州、深圳、天津等城市纷纷实施机动车限购政策以缓解交通拥堵的大背景下，武汉市着眼于交通需求的结构性优化调整，以优化城市空间布局、提高交通设施承载能力为根本，实施了从城建提速、城建攻坚、城建跨越到“让城市安静下来”等一系列战略举措，大力实施交通供给侧改革，构筑了一条迈向高质量发展的国家中心城市交通之路，城市交通运行稳中向好。本文在系统回顾武汉市近 10 年来交通建设发展成就、客观评估当前城市交通运行总体态势基础上，深入研究并厘清了机动车保有量快速增长时期城市交通赖以平稳高效运行的内在机理，研判了未来交通发展趋势和挑战，并提出了近期交通发展策略和建议。

二　十年交通发展总结与回顾

（一）规划引领，源头治理，城市空间格局显著优化，“多中心、多组团、六轴、六楔”全域城市空间体系初步建立，城市空间承载能力大幅提升

多中心、多组团发展格局有效推动了城市空间的拓展。主城多中心多组

团发展，新城功能结构和空间结构逐步清晰，城市1+6空间结构逐步形成，为新一轮总规提出的“1331”空间结构奠定了基础。当前，全市常住人口增长至1108万，三环外人口增长19%，三环内增长7%，以东湖高新、沌口开发区和东西湖倍增区为代表的新城发展有效拓展了城市空间。用地开发与人口岗位科学联动，践行了“人口疏散、交通引导、职住相对平衡”的空间布局导向，三环内人口占比降至57%，进一步优化了交通出行需求分布。

（二）科学决策，研究先导，顶层设计，一系列具有前瞻性的交通战略规划和重大工程建设规划的编制显著提升了城市交通有效应对能力

一系列具有前瞻性的交通战略规划和重大工程建设规划的编制显著提升了交通系统整体容量。2011年以来，武汉市开展了《武汉市新时期交通发展战略研究及近期建设规划》《武汉市二环内30分钟畅通工程规划》等一系列交通战略、政策和工程建设的重大规划研究，对上一轮总体规划中的综合交通进行了及时提档升级，城市交通系统整体容量显著提升。二环线内30分钟畅通工程制定了战略目标，明确了工程建设时序，有效统筹了交通设施建设，实施成效显著。畅通工程总体方案从道路、公交和交管三个方面提出了由过江通道、环线贯通、常速系统加密、轨道交通建设、公交线网优化、道路交通分离、区域路口控制和智能管理系统组成的八大工程系列，确保了主城区城市功能提升和重点功能区建设，为社会公众提供了良好的交通服务。

（三）超前发展，供给侧改革成效显著，城市交通告别短缺时代、摆脱自然束缚、脱胎换骨全面升级

以快速路、过江跨湖通道为支撑的骨干道路系统强有力地支撑了机动车长距离出行需求。快速路、过江跨湖通道等道路系统骨架工程建设时序优化，鹦鹉洲长江大桥、长江公铁隧道、东湖隧道等一系列重大工程建设提前，2010年三环线画圆，2015年二环线画圆，武汉交通发生了“脱胎换骨”的改变。快速路系统总里程达到300公里，充分发挥了交通走廊作用，

有效满足了跨组团、跨地区的长距离机动化需求。

轨道交通设施成网运营后规模效应显现，有效替代了覆盖区域内市民机动车出行需求。武汉市正处于轨道交通跨越式发展阶段，轨道交通线网运营里程达到318公里，线网规模居全国第5位，日均客流规模约360万人次，居全国第6位。轨道交通建设深入贯彻TOD开发理念，匹配武汉多中心、组团式发展特征，充分保障了轨道交通沿线人口岗位的合理化配置，优化了城市交通设施和用地开发的契合度，从出行源头引导居民采用轨道交通方式。

从武汉与国际城市在机动化发展不同阶段轨道里程对比来看，在机动车总量达到300万辆时，轨道交通建设里程大大超过北京，在400万辆来临时，轨道交通建设预计通车里程也高于北京。从实践证明来看，武汉市以轨道交通超常规发展和超前布局有效对冲了机动化快速发展带来的挑战，有效规避了类似北京市交通大拥堵的风险。但相对落后于上海、首尔、东京等城市（见表1）。

表1　国际国内城市交通机动化发展不同发展阶段轨道里程对比

单位：公里

城市	100万辆机动车对应轨道里程	200万辆机动车对应轨道里程	300万辆机动车对应轨道里程	400万辆机动车对应轨道里程
东京	111	162	—	—
首尔	135	187	—	—
北京	42	114	142(2007年)	228(2009年)
上海	/	169(2006年)	568(2014年)	680(2018年)
武汉	10	125.5(2015年)	318(2019年)	458(2021年)

（四）多措并举，规划管理及时响应，积极拥抱交通发展新模式，满足市民多元交通发展需求

2012年10月，经省交通运输厅推荐、交通运输部批准，武汉市成为国家“公交都市”建设示范工程第一批试点城市。2018年12月被正式授予国家“公交都市”称号。常规公交线网实施结构性调整，持续推出惠民政策，

公交客流实现稳中有升。2010 年以来，武汉常规公交线网线路条数、线网里程、站点数量和运营车辆数等服务供给能力翻一番，完成多轮全市线网结构性调整和区域线网优化，线路重复系数降低，站点覆盖消除盲区。推出换乘优惠、夜行公交、智慧出行、移动支付等惠民政策和便民措施，客流量 410 万/日，实现稳中有升，有效服务了城市快速发展中的公交出行需求。

积极提升停车配建指标，经历三轮优化调整，有效保障了配建停车泊位的建设。停车泊位供给总量为 281.8 万个，其中主城区达 208 万个（占比 74%），包含项目配建 196.7 万个、公共泊位 9.6 万个、路内泊位 2 万个。推动公共停车场快速建设，2015 年以来共建成近 400 处公共停车场，合计约 8 万个泊位。自 2003 年《武汉市城市市政公用和其他工程设施规划管理技术规定》（武汉市政府第 142 号令）首次明确规定建筑停车配建标准以来，停车配建指标经历 2010 年、2014 年（248 号令）的连续优化，提升停车配建标准，并明确了空间差异化停车配建政策，有效保障了配建停车泊位的规划建设。停车收费政策发展经历四个阶段调整，实施“政府监管 + 市场运作”的道路停车管理模式，加大经济杠杆调节力度。在政府监管控制范围内，按照“谁使用谁交费”的原则实行道路停车收费原则，实行经营性收费，收费标准为 3 元/小时，25 元封顶，收费方式转向智能化。

以共享单车为代表的新型出行方式引导慢行交通回归，有效解决了公共交通“最后一公里”。全市已建成绿道总里程达 1400 公里，以中山大道交通改造升级、东湖绿道为代表的慢行交通工程建设有效提升了慢行交通出行环境。2016 年底共享单车进驻武汉以来有效服务了居民 3 公里以内出行需求，同时解决了公共交通站点“最后一公里”衔接难题，促进了“轨道公交 + 慢行”出行模式的形成，转化了机动车短距离出行需求。

（五）创新驱动，交通信息化助推科学决策，智慧交通管理推动城市交通运行效率提升

以交通模型为核心，大力推进交通信息化建设，实施世行三期智能交通示范项目，打造武汉市交通基础决策支持平台。2010 年至今，融合了“四

大交通动态数据”和自然资源规划信息平台交通方面的静态数据资源；建立以实时道路运行监控系统、交通拥堵与评价系统、公交客流信息系统、ETC 流量系统、交通预测模型系统等为核心的“八大子系统和一个决策支持平台”。智慧交通管理水平迅速提升，多渠道信息发布助推居民出行选择更加多样化、智能化。智能交通建设突飞猛进，打造了交管智慧监管平台，移位左转、交替放行等交通精细化设计新技术逐步应用，智慧交通管理水平迅速提升，交通运行效率显著提高。地图导航、路径规划、出行避堵攻略、可穿戴智能设备等智慧出行应用使用率提升，有效减少了非理性出行导致的拥堵。

三　交通发展面临的问题与挑战

（一）设施建设高增长模式难以为继，私人机动化仍将持续快速增长

主城内快速路网和过江通道建设基本完成，道路交通设施进入存量优化时代。机动车增长速度远大于道路基础设施增长，2025 年前城市道路基本建设完毕。机动车总量持续快速增长，形成三次跃升，增速显著高于国内其他城市。机动车保有量快速增长，自 2008 年以来分别在 2010 年、2015 年形成两次跃升增长高峰，2019 年正处于第三次跃升高峰。近五年来武汉机动车年均净增量超 30 万辆已成常态，年均增长率 15%，增幅大于国内一线城市和成都、南京等同类型城市。私人小客车占比显著上升，成为绝对主力。私人小客车占比增至 82% 成为绝对主力，车辆类型逐年集中至私人小客车，进一步助推了私人机动车通勤、通学等出行需求快速增长，给道路系统早晚高峰运行提出更高要求（见图 1）。

机动车平均出行距离延长，短距离出行占比略降，但尚未实现合理使用。武汉机动车平均出行距离延长至 9.3 公里，5 公里以内出行量占比降至 25.2%（2018 年为 25.9%），横向对比则高于上海机动车短距离出行比例

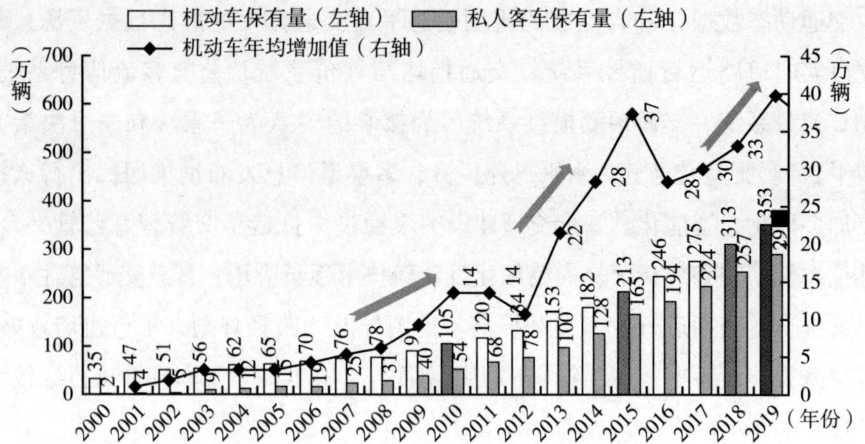

图 1　武汉市历年机动车保有量发展演变

（2015 年为 23%）。机动车出行活跃区域停车矛盾较为突出，高峰时段停车造成绕行现象仍较为普遍。因停车场建设滞后于机动车发展，历史欠账多，主城区夜间停车矛盾突出，路内停车总量增至 16.6 万辆，单位长度道路停车密度达到 104 辆/公里。其中，二环线内路内夜间停车约 8 万辆，路内多排违法占道停车现象普遍，机动车出行活跃地区高峰时段停车泊位仍存在较大缺口，导致停车场进出口周边道路和节点易发生短时拥堵。

（二）主城交通拥堵风险进一步加剧，迫切需要转变发展模式

主城区人口仍将大规模集聚，交通需求压力持续增加。2010 年至今，主城区人口增长了 23.7 万人，二环以内人口密度达到 2.9 万人/平方公里，超过了同尺度下的北京（2.4 万人/平方公里）、上海（2.4 万人/平方公里）、纽约（2.8 万人/平方公里）等城市核心区。根据新一轮总体规划人口规模预测，2035 年市域规划人口 1660 万人。其中，主城区实施人口调控，人口规模总体控制在 700 万人，较之当前增加 69.4 万人。

机动车空间分布向三环线以内中心城区聚集。当前约 58% 的机动车分布于三环线以内，主城区户均机动车拥有约 1.0 辆（全市约 0.8 辆），但主城区占比增长速度逐渐放缓，新城占比增速加快。未来，机动车户

均拥有量仍将升高，私人机动化出行需求总量增加。随着社会经济持续高质量发展，未来在居民购买力提升、机动车价格降低、电动等新能源车辆的管控政策等多重因素影响下，远期机动车户均拥有量将进一步升高至1.2辆。

快速路和主干道沿线交通流量集聚特征显著，常发拥堵路段由中心城区沿骨架路网向东湖高新、沌口、汉口北等新城蔓延，与北京同期机动车发展阶段的道路拥堵特征相似。圈层间机动车交通转换总量升高进一步加重环线节点交通压力。环圈间及进出中心城区的交通量需要通过环圈间联系通道进行转换，联系通道平均间距分别为2.1公里（内环线）、2.3公里（二环线）和2.6公里（三环线），高于标准要求的1.5公里。

（三）主城与新城之间交通联系廊道将成为新的瓶颈

新城与主城交通出行紧密度增强，演变为主城拓展延绵带。上一轮总规“1+6”城市空间结构拓展过程中交通廊道作用显著，有效地联系了新城与主城，促进了新城蔓延发展，其中6个新城组群中4个成了主城的延绵带。同时，新城变成不独立新城，因公交服务乏力，部分新城无轨道引导，小汽车可达性高于公共交通可达性，当前主城与新城交通联系小汽车出行占据主导，日均进出三环线总量达130万辆。

未来人口用地策略下的交通需求将以主城内通勤、主城与新城之间的通勤和公务出行需求为主。当前武汉城市交通出行已呈现蝶状铺展、廊道引领、组团联系的典型特征，武汉市新一轮总规更进一步地确定了未来构建开放式、多中心、网络化的城市空间结构，包含1个主城+3个副城+3个新城+1个未来城市。其中，主城人口实施“两降四增两保”策略，人口密度每年降低2~3个百分点。至2035年武汉人口仍将增长，但主城规模得到有效控制，增长潜力主要在新城。考察国际特大城市东京和巴黎都市圈城市结构及特征，可以发现世界城市普遍形成以中心城为核心的圈层结构，交通需求总量主要为主城区通勤出行需求、主城与新城之间的通勤和公务出行需求。未来，武汉多中心、网络化城市空间结构要求构建联系主城与新城的复合交通空间廊道。主城与新城之间通勤压力、潮汐交通将骤然增加，将成为新的瓶颈。

（四）过江交通出行需求快速增长，新增通道代价巨大，边际效应降低

过江交通机动车流量随着过江通道建设迅速增长，交通压力集中。主城区过江机动车需求增长趋势与过江通道建设保持一致，同时过江 ETC 取消收费等政策进一步促进了两江四岸跨江出行需求，跨江职住比例为 8.4%，在同类城市中较高。当前，过江日均交通流量达到 125 万辆，是 2010 年的 1.7 倍，过江需求显著上升。过长江日均流量为 76 万辆，过汉江日均流量为 49 万辆，二环线内桥隧交通流量占比超 80%，过江机动车交通压力集中，工作日交通流量小时分布高峰特征已不显著，呈饱和状态运行，主要为长江二桥、二七大桥、鹦鹉洲大桥、江汉桥、月湖桥和知音桥。

新开通过江通道可提供交通联系服务，边际效应呈现递减趋势。过长江通道从 2008 年到 2019 年，由 5 桥增加到 9 桥 2 隧 4 轨道，远景年控制预留“11 桥 1 隧 5 通道 7 轨道”过长江通道资源。过汉江通道当前为 6 桥 2 轨道，规划预留“9 桥 7 轨道”过汉江通道资源。长江公铁隧道在空间上位于核心区，但通车以来交通流量未达预期。通车半年以来，日均流量约为 2.7 万辆（设计通行能力为 6 万辆/日），最高日流量为 4.1 万辆（2018 年 12 月 20 日），高峰小时车流约为 2000 辆，对比通行能力尚有较大的富余空间。

（五）快速路系统流量聚集，流量不均衡性和上下桥匝道拥堵将成为常态，骨架支撑作用有待提升

机动车流量向快速路集中特征显著，高峰时段交通拥堵集中程度高。主城内自由流条件下 10 分钟上下快速路尚未做到全覆盖，高峰时段将更加严重。按照车辆出行 5 分钟和 10 分钟可到达快速路情景计算快速路自由流条件下可达范围，中心城区快速路可达范围覆盖率为 70% 和 91%。主城区边

缘的黄浦组团、白沙洲组团、南湖组团、塔子湖组团环道路建设相对滞后，有覆盖盲区。快速路系统尚需通过优化关键节点衔接和高低等级道路匹配，挖掘自身潜力。部分立交功能不完善：中心城区有11个立交功能不完善，部分转线缺失导致节点拥堵。

（六）公共交通、慢行交通及游憩交通面临新的挑战

轨道交通通车里程倍增，但距离地铁城市目标尚有较大差距。轨道交通线网总体客流强度将显著波动，主城与新城之间交通联系需求、轨道站点进出口设置、多模式交通一体化无缝接驳等是重要影响因素。2024年武汉市第四期建设规划将形成总长606公里的轨道线网，2035年线网总规模将达到25条线路、总长1200公里，轨道交通通车里程倍增。主城区线路总里程占比进一步降低，与主城联系的新城线路占比逐步提升，客流强度将更多地取决于新城与主城间的通勤和公务出行总量。当前轨道站点进出口设置过少，未与周边地块形成一体化设计融合，显著降低客流服务吸引力。轨道线网客流时空分布不均，效益发挥需要同步调整沿线各种交通方式以喂给客流。常规公交系统角色逐步转换，由主导到辅助，亟须进一步优化调整公交线网。站点周边公交、慢行、出租车等多模式一体化无缝接驳设施将给予轨道交通更多客流支撑，提高市民出行品质，未来轨道交通引领下的公交都市持续发展亟须无折扣落实公交优先政策。

网约车规模化运行，在冲击出租车市场的同时推升高端私人机动化出行需求。城市个性化机动车出行服务能力增强，网约车异军突起、巡游出租车亟待转型。武汉出租车1.8万辆，日均接单次数约为35次，日均平均出行距离约为230公里。在汉注册网约车40万辆，长期活跃约6万辆，每车日均载客接单次数约为出租车的56%（上海为61%），日均出行距离约为出租车的42%（上海为45%，重庆为34%）。测算网约车服务能力约为出租车的1.9倍，城市个性化机动车出行总量相当于3.4万辆出租车。

未来慢行交通出行回归，路权规划缺失下的快慢交通混行将严重制约道路系统运行效率和安全水平。道路空间中慢行交通连续路权空间尚未有效保

障，道路路权空间规划尚未开展，已建成道路慢行交通与机动车混行、竞争路权的现象普遍，慢行安全性和舒适度难以保障，机动车安全高效运行尚未实现。

节假日游憩等特定时期弹性交通出行需求增长。近年节假日和重大活动期间，游憩型弹性出行增长导致主城区重要进出口道路、主要干道交通流量短时间快速增长，易发生交通拥堵。市政府交通相关职能部门针对性的管理政策、专题方案和工程措施有效应对了交通系统短时间出行负荷的快速增长，确保了交通有序、可控。同时，弹性出行需求增长，城市交通系统整体脆弱性不容忽视、矛盾凸显。近年节假日期间，主城区重要进出口道路、主要干道均发生大面积交通拥堵。北京 2010 年“9·17”大拥堵就发生在中秋小长假的前一日，小汽车游憩型交通的集中出行使道路系统短时间内不堪重负，最终导致北京市五环范围大面积交通拥堵。

四 未来交通发展趋势分析

未来，城市交通发展模式面临深刻转型，从车本位向人本位进而迈向生活本位是世界性交通发展趋势，在由“小汽车都市”向“公交都市”艰难转型过程中，城市交通发展面临技术性主导和社会性主导双重压力，面临重新坠入“更智慧的公交都市”和“智慧的小汽车都市”多重路径选择困境，亟待明晰新时期交通发展战略（见图 2）。

第一，无人驾驶、网约车、共享交通将为出行末端一公里提供解决方案，同时有效转移私人高端出行、定制出行和商务出行需求。网约车交易规模在移动出行整体市场交易规模（网约车、出租车、顺风车、汽车租赁、共享单车）中占比达 71.5%。市民对出行品质化和专业化不断增长的需求推动网约车实现快速发展，高品质专车市场交易总量增速加快。网约车行业将进一步联合汽车上下游产业，接入出租车业务，快速向品质化和专业化转型。在机动车管理政策趋于严格、停车收费进一步增加私人机动车使用成本的背景下，网约车、无人驾驶、共享交通出行将有效转移私人高端出行、定制化出行和商务出行需求，降低私人机动车出行量。

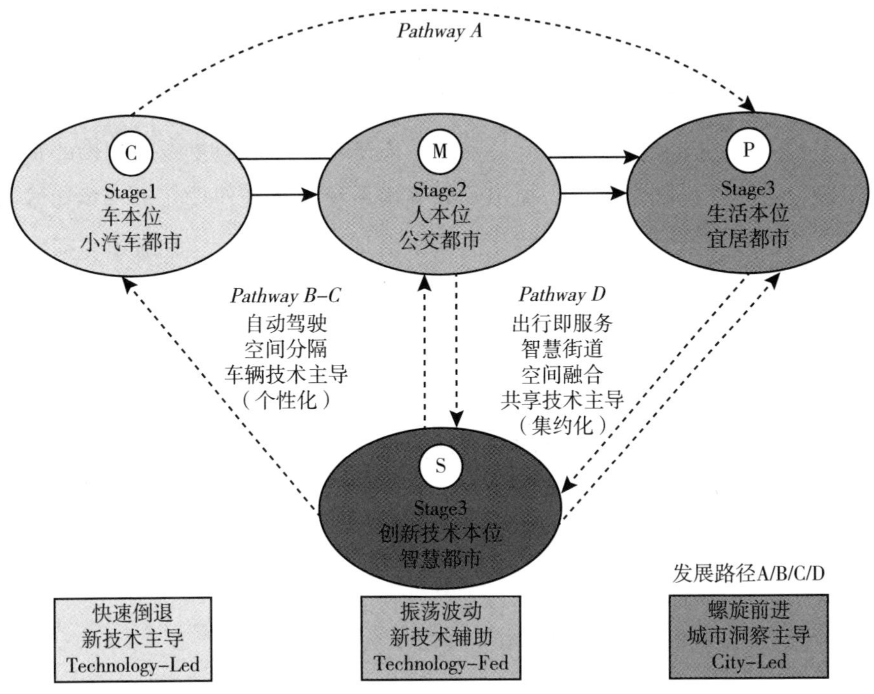

图2　城市交通发展路径研判示意

第二，未来无人驾驶+智慧微枢纽系统为“最后一公里”出行提供解决方案。在交通系统规划、轨道交通管理、智能交通系统（ITS）等应用之上，大量应用创新科技，如基于出行即服务（MaaS）的理念能赋予出行者更高的舒适度与满意度。引入定制巴士、大站快线临时港湾及无人贩售器、无人车等服务，可实现商务区公交站、轨道站点从候车亭向智慧微枢纽转变。

第三，未来主体功能区微观层面规划要求城市交通发展向区域内有针对性的综合交通治理转变。当前，武汉道路骨架系统建设基本完成，轨道交通建设主城与新城并进，交通发展将进入已有交通设施品质提升、规划道路和轨道设施同步建设的发展阶段，既有增量建设也有存量改造。同时，武汉主体功能区微观层面的建设要求交通基础设施根据主导用地功能提供差异化的出行服务，如汉口国际滨江商务区、城市设计之都、环同济—协和医疗服务区、东湖高新开发区等均需要针对性地分析交通出行需求特征，提出行之有效的、符合区域实际交通运行特征的治理方案。

第四，未来城市仿真实验室将为感知城市交通、模拟城市交通、引导城市发展提供精准量化工具。武汉城市仿真实验室以城市智慧管理和科学决策支持为目的，以综合量化研究和运算模拟为手段，通过海量多源数据的整合与增值，构建空间数学模型、模拟复杂城市系统、预演建设效果、感知城市体征、监测城市活动，构建智慧化的城市治理决策平台，感知城市交通、模拟城市交通、引导城市发展的量化工具。未来道路网络可承担机动车出行总量将抵近上限。按照时空消耗法，利用武汉市交通预测模型计算交通设施在时空总资源的约束下，单位空间、时间内所能服务的最大车辆行驶车公里数，测算武汉主城区规划道路网饱和最大可承载车公里规模为1500万公里，即可以承载280万辆机动车出行。为此新一轮总体规划提出至2035年武汉机动车保有量宜控制在500万辆以内（主城260万辆，新城240万辆）。

五　情景研判及交通发展策略

近期，武汉骨架道路系统基本建成，轨道交通运营规模化，城市交通处于转型发展的关键期，交通设施将从大规模建设向品质化升级与建设并重转变，交通支撑城市活动从依托道路向依托轨道过渡，交通服务从速度向深度延伸。交通发展将面临机动车快速发展、快速路网建设达到上限、轨道交通通车里程连续翻番三者并存的情景，为此，针对其发展趋势提出“红黄绿”交通战略。

新一轮总体规划对机动车发展、快速路和轨道交通均明确提出了目标值。机动车保有量控制在500万辆，当前已达320万辆，年均增速超30万辆，已亮起红灯，需要慎重决策，保证机动车理性发展将是关键。快速路网规划350公里，当前已建300公里，预计将于2025年之前基本建成，增长潜力有限，已亮起黄灯，投入资金巨大。轨道交通已达318公里，至2024年翻一番达到606公里，至2035年翻一番达到1200公里，发展速度和质量可观，亮起绿灯。

（一）机动车发展“亮红灯 + 倒计时”，以目标值为准绳，提出趋势增长、管控增长和替代增长三种情形

以 2019 年机动车保有量为基础，在不限使用、不限拥有的前提下，保守测算 2021 年机动车保有量将突破 400 万辆，2024 年将突破 500 万辆，2030 年将突破 600 万辆，道路交通系统无法承载，趋势增长情形不可持续。在不限拥有、有限使用情形下，重点实施“两调一控”（城市“三维”交通需求管理调节；严格、睿智、立体化的停车治理调节；渐进式的行驶里程分类调控）将有效降低机动车出行总里程。替代增长情形则从倡导合理拥有、科学使用，转向依托创新技术，借助 5G 车路协同、无人驾驶、共享交通等未来交通发展趋势，实现 20% ~50% 机动车替代率，提高机动车出行效率。

（二）快速路建设“亮黄闪 + 箭头灯”，提出增长思维、挖潜思维、逆向思维三种情形

二环以内 30 分钟畅通工程有效地指导了十年来主城交通系统建设，取得了巨大成效。未来按照增长思维，持续建设两湖通道、纵一通道、横一通道、沿江大道长隧等大型工程，交通服务提升潜力有限，代价则成倍提升。在进一步完善快速路网的基础上，利用挖潜思维，实施三镇内部 40 分钟畅通工程，通过上下匝道拥堵治理、立交转换节点治理、衔接路网体系提升等工程措施，应用 HOV 车道、潮汐车道、公交专用道等交通精细化技术，有助于充分发挥快速路等骨架路网潜力和能效。同时，利用逆向思维，实施三环以内 50 分钟畅通工程。源头治理：削减不必要的出行；过程治理：降低短距离出行比例、复兴慢行交通、重新分配路权；结果治理：畅通微循环动态多路径诱导等，优化出行环境。

（三）轨道交通建设“亮绿灯 + 绿波带”，提出盘活存量、优化增量、壮大体系三种情形

新一轮总体规划中，轨道交通建设发展是武汉交通发展的重中之重。盘

活存量关键在车站，优化一座站，激活一座城，针对当前318公里轨道线网，重点实施以轨道站点为导向的土地开发、人口岗位集聚导向、人随站走，建设车站城市；通过增加地铁车站出入口及物业衔接、成体系建设地下及空中连廊，实现以点带面，充分挖掘既有轨道交通设施潜力，延长轨道交通服务半径。优化增量重点在走廊，着眼于调结构，注重联接的效率，加快第五期轨道近期建设申报，优化新增建设项目时序，确保轨道交通发展与城市空间和功能发展联动。壮大体系难点在衔接，“轨道 + 公交”不是替代关系，而是组合关系，武汉市当下需着眼“轨道 + 公交 + 慢行”一体化发展，构建绿色出行体系大家庭，以轨道交通建设为基础，持续优化调整公交线网，改善轨道站点周边慢行环境，提升轨道公交 + 慢行复合出行方式的品质。

六　简要结论及对策建议

（一）简要结论

第一，过去十年，在机动车净增200万辆背景下，得益于一系列卓有成效的规划、建设、管理举措，武汉市着眼城建提速、城建攻坚、城建跨越，大力实施交通供给侧改革，有力支撑了社会经济持续快速发展，确保了城市交通体系平稳有序运行、稳中向好。

第二，城市交通运行总体水平处于高位平稳状态，系统性拥堵风险降低，但局部时段、路段和区域拥堵状况加剧；城市多元交通出行方式及出行距离分布向好，形成相互支撑体系，分工趋向合理；“轨道 + 公交 + 慢行”绿色出行体系的塑造和完善是当前亟待突破的重点领域。

第三，当前，武汉市正处于机动车迅猛增长第三轮高峰期，预计2021年前后突破400万辆，城市交通发展再次面临发展转折的关键时期，既是红利期、机遇期，也是转折期、跃升期，迫切需要科学研判、慎重应对。一是依靠高投入设施建设拉动的交通发展模式难以为继，由增量发展向存量优化转变，由建设向精细化治理转变，由单一变量向多元交通方式结构系统协调优化转变；二是人民群众对美好生活的向往（私人机动化迅猛增长）与道路、过江通道和停车资源有限性的矛盾日趋凸显；三是“公交 + 轨道 + 慢行”绿色交通体系协同发展紧迫性上升，将继续发挥先导舰、破冰船的作用；四是人口、社会经济、交通需求仍将持续快速增长，智慧交通、新兴交通模式和技术变革逐渐成为改革的突破口和方向。

（二）对策建议

第一，着眼后军运会时代，抓紧推动武汉交通发展白皮书的编制，强化交通战略和政策储备，统一行动纲领与社会共识，开展融入空间体系规划的综合交通规划研究，指导城市交通体系协同发展。

第二，集中开展“轨道网、公交网、慢行网”三网融合规划，夯实武汉市绿色交通出行体系基础，为下一轮交通高质量发展赢得宝贵的发展空间。

第三，在优化提升武汉市主城区二环以内 30 分钟畅通工程基础上，开展主城区三镇内部 40 分钟、主城区三环以内 50 分钟畅通工程，进一步提升武汉市道路交通运行水平。

第四，持续开展武汉市综合交通分区政策研究工作，建立区域差别化交通与土地协调利用、交通设施资源配套机制。

第五，启动慢行交通系统建设与品质提升专项行动规划，全面引领武汉慢行交通出行体系建设实施。

第六，依托大数据启动全市机动车出行特征专项调查，建立持续分析研究机制，为政策研判和实施提供全面量化支撑。持续开展机动车科学管理政策研究，形成机动车管理政策储备库。

参考文献

刘冰、张涵双、曹娟娟、徐雷、陈晓荣、王志玮：《面向高质量发展的交通战略评

估体系建构——以武汉市为例》，《城市规划学刊》2019 年第 1 期。

周志华、景国胜：《面向 2035 年广州市交通发展战略问题思考》，《城市交通》2019 年第 1 期。

全永燊、潘昭宇：《中国大城市交通市场化发展战略研究》，《城市交通》2017 年第 2 期。

钱喆、吴翱翔、张海霞：《世界级城市交通发展战略演变综述及启示》，《城市交通》2015 年第 1 期。

《对北京交通发展的意见——世界城市交通发展战略研讨会专家发言》，《城市交通》2013 年第 5 期。

陆锡明、顾煜：《交通政策顶层设计的战略意义与关键作用——〈上海市城市交通白皮书〉十五年历程启示》，《城市交通》2013 年第 5 期。

刘小明、全永燊、刘莹、余柳：《〈北京交通发展纲要（2004～2020）〉实施情况及评估》，《城市交通》2013 年第 5 期。

李玲琦、邹芳、杨曌照、徐琳：《武汉市城市轨道交通建设规划实施评估》，《城市轨道交通研究》2019 年第 7 期。

佘世英：《武汉市城市交通与土地利用协调发展研究实践》，载中国建筑学会城市交通规划分会、中国城市交通规划 2009 年年会暨第 23 次学术研讨会论文集《人性化城市综合交通体系规划与实践》，中国建筑学会城市交通规划分会，2009。

郑猛、佘世英、代琦、宋同阳：《武汉市公交线网结构性优化重组经验与启示》，《交通工程》2018 年第 2 期。

张本湧、郑猛、佘世英：《武汉市高铁枢纽选址及铁路总体布局优化》，《城市交通》2015 年第 6 期。

佘世英、郭继孚、郑猛：《道路供给减少对小汽车使用的影响》，《交通与运输》（学术版）2018 年第 2 期。

高嵩、郑猛、杨曌照、王维：《落实规划管理，促进慢行系统复兴——武汉市慢行交通发展策略》，《交通与运输》（学术版）2016 年第 1 期。

B.10 以建设长江经济带重要绿色增长极引领襄阳高质量发展

李地宝*

摘　要： 湖北省第十一次党代会明确提出，支持襄阳加快建设成为长江经济带重要绿色增长极。襄阳抢抓机遇，吹响了开启绿色发展新征程的冲锋号角。通过厘清建设内容、厘清建设任务、厘清建设路径，努力推动襄阳高质量发展，加快建设汉江流域中心城市。

关键词： 绿色增长极　高质量发展　襄阳

湖北省第十一次党代会明确提出，支持襄阳加快建设成为长江经济带重要绿色增长极。中共襄阳市委十三届五次全会通过了《关于深入学习贯彻落实党的十九大精神打造长江经济带重要绿色增长极的决定》，以此引领襄阳高质量发展。如何把握长江经济带重要绿色增长极的核心要义、加快建设步伐，需要全市上下积极探索、付诸实践。

一　准确把握内涵，厘清建设内容

增长极理论对于增长极的判定，主要看三个基本支撑点：一是一定规模

* 李地宝，襄阳市发展改革研究中心主任，研究方向为区域经济、产业经济。

的城市；二是必须存在推动性的主导工业部门和不断扩大的工业综合体；三是具有扩散和回流效应。

按照增长极理论，长江经济带重要绿色增长极，从表象上看，可简单理解为长江经济带+重要+绿色+增长极。“长江经济带”，是区域范围，要求襄阳跳出省域，在更大范围、更高平台上创造新业绩、做出新贡献；“重要”，是发展定位，要求襄阳成为区域发展中不可或缺的生力军、主力军、王牌军；“绿色”，是指导思想，要求襄阳成为转变发展方式、推动绿色发展的排头兵、引领者、示范者；“增长极”，是落脚点，要求襄阳成为区域经济发展的发动机、火车头、催化剂。概括地讲，把襄阳建设成为长江经济带重要绿色增长极，就是要以绿色发展理念为指引，把襄阳建设成为推动长江经济带加快发展的骨干力量和强劲动力。

从本质上看，根本在发展，即充分体现“更有质量、更有效率、更加公平、更可持续”的发展；要义在以绿色发展为主线，“推动经济发展质量变革、效率变革、动力变革”，增强综合实力和核心竞争力。具体来说，应着重抓好三方面建设：一是扩大城市规模、提升城市能级、带动绿色发展；二是夯实工业基础、壮大主导产业、支撑绿色发展；三是打造比较竞争优势、增强要素集聚与辐射带动能力、引领绿色发展。

二　正确分析形势，厘清建设任务

襄阳建设长江经济带重要绿色增长极，有基础，有条件，有担当，有底气，但与湖北省委省政府的要求和全市人民的期盼相比，问题也不少，挑战也不小，形势逼人，任务艰巨。

（一）城市建设日益拓展，能级提升还需发力

1.“两中心”定位高远，但尚待卧薪尝胆

湖北省委省政府要求襄阳不仅要建设成为名副其实的省域副中心城市，而且要成为汉江流域中心城市，担当汉江流域发展战略引擎。按照省委省政

府要求，襄阳市以“四个襄阳”发展战略规划为牵引，群策群力，借智借力，高位推进，主要经济指标在全省占比和经济、产业、科技等首位度在汉江流域大幅提升，旧城更新和新城建设加快推进，城市基础设施不断升级。但在省域副中心城市建设上，经济规模距离占全省1/6的要求还差5.7个百分点；在科教中心建设上还缺乏综合性大学支撑；反映经济开放度的进出口总额占GDP的比重仅4.4%，不到全省一半；全国文明城市尚在创建，社会发展和人民生活水平走在中部同类城市前列还有差距；空气污染成为襄阳建设湖北生态安全屏障的最大短板。从首位度评价来看，襄阳建设汉江流域中心城市有良好的基础和势头，但尚无绝对的综合实力，成为汉江流域增长极和带动极尚需砥砺奋进。

2.“一心四城”格局初显，但尚待加快丰满

“十二五”以来，襄阳以“两个中心·四个襄阳”建设为主线，旧城更新与新城建设“双带动”，城市加速蝶变，中心城区“一心四城”空间形态加速形成，50多公里内环线全线贯通，外环线快速构建，由“江岸时代”迈入“环线时代”；“两改两迁”、“九水润城”、绿道建设等持续推进，海绵城市、地下管廊等试验性建设步伐加快，城市建设由平面扩张向内涵提升逐步转变。但中心城区“东进、西控、南优、北拓”战略贯彻不坚决，东津新区作为“省级战略、市级实施”的全省第一个得到省政府批准的城市新区进展缓慢，没有起到示范引领作用，距离“具有国际化水准、现代城市功能、承担现代化区域中心城市辐射带动作用的新中心”的目标相去甚远；“城市绿心”鱼梁洲建设迟缓，多年毫无进展；樊西开发突破控制边界，导致基础设施跟不上，严重影响生产经营；余家湖片区是城区雾霾不可忽视的因素。

3.“双200”规模确定，但尚待有效融合

《都市襄阳发展战略规划》和“十三五”规划明确提出襄阳中心城区到2020年建成区和常住人口分别达到200平方公里和200万人。随着城市新区、产业园区建设和“零门槛”户籍政策等的实施，建成区面积和常住人口大幅增加，分别达到190多平方公里和170多万人。但人与城、产与城融

合度不够高。就人与城而言，城市面积扩张快于人口扩张，且势头尚未有效扭转。由于全市常住人口少于户籍人口的态势没有逆转，虽然中心城区流入人口总数呈逐年增加的态势，但落户的人口数总体呈逐年递减态势。据初步统计，近几年每年1.1万名左右在襄高校毕业生，初期留襄就业创业的仅50%左右；在外就学当年毕业的3万多名襄阳籍毕业生，初期回襄就业创业的不到1/5，高层次、高技能人才净流出的格局没有逆转。就产与城而言，两者契合度也不高，城区上下班极度拥堵的状况，除了车辆增加、管理不精、生活习惯之外，产、城分离也是一个重要因素。

4. 区域联动发展架构已绘，但尚待强力推进

对内，明确了“一体两翼三支撑”的空间布局，推动了襄宜南一体化和河谷组群联动发展，宜城、老河口成为全国新型城镇化试点，枣阳市挺进全国县域经济百强，南漳成为全国农村集体产权制度改革试点。但襄宜南一体化实质性进展不大，成果有限；河谷组群竞争大于合作，协调性不够。对外，基于汉江生态经济带协同发展的对话协作渠道、平台逐步建立，会展、论坛、赛事、联盟等交流活动风生水起，但常态化、规则化的稳定性合作机制有待建立，整体联动发展、错位发展的态势和氛围有待强化。

（二）工业脊梁日益坚挺，产业升级还需发力

1. 集而不群

全市规模以上工业总产值突破5000亿元，一个龙头六大支柱7个主导产业有汽车、农产品加工、装备制造3个千亿级产业，医药化工、电子信息、新能源新材料、新能源汽车较快发展。但产业群居效应发挥不够，企业间联合研发、共同开发市场与维护市场等共赢协作、协同创新有待加强，全套系统和服务供应的企业较为缺乏，像谷城57家铸造企业建立协会共创“谷城铸造”品牌的集群化发展的行业较少，各自为政、无序竞争、画地为牢的生产经营行为导致恶性循环，影响全市主导产业快速做大做强。

2. 全而不大

得益于“三线”企业落户及其“猛虎下山”，尤其是“现代化的觉

醒”，襄阳市建立了门类较为齐全的工业企业，形成了较为完备的产业基础，为培育形成现代产业体系创造了产业生态。现有39个大类行业，规模以上工业企业1877家。但在全国、行业有影响力的龙头企业太少。全国500强较少，过百亿元企业仅5家，没有过500亿元的龙头企业，仅有的48件全国驰名商标知名度也都不太高。“中国织造名城”没有一家知名服装品牌。白酒企业几乎一个县（市、区）一家，但即便是号称“中国第一高度”的石花酒业，在规模效益上也难以与“白云边”比肩，更遑论与“枝江”“稻花香”相比。

3. 串而不链

襄阳市在航空整机、航空装备制造、机载设备、特种飞行器研发、内饰制造、核心部件维修、飞行培训等产业环节上，已经聚集了一定的研发团队、产业工人、核心技术、生产设备、配套企业，形成了门类较为丰富的航空产业基础，但由于引导整合不够，没有形成完整的航空产业链条，规模效应没有得到应有发挥。引以为傲的三国文化、汉水文化等遗迹遗存星罗棋布、故事传说耳熟能详，但由于缺乏整体开发建设，产业链接不够，资源优势没有转化为产业优势，文化旅游业始终在低阶位徘徊，没有突飞猛进式的发展。

4. 聚而不类

各级开发区、产业园区作为承接产业发展的主要载体和平台，加速了产业集聚，促进了各地经济发展。但由于客观上襄阳市经济仍处于夯实基础、做大总量的发展阶段，还需要以招商引资、“种企业”为主导的外嵌式植入型增长来加快发展，加之主观上功能分区科学规划与坚持不够，产业发展同质化未能得到根本性改善，“一县一品”推进缓慢，特色园区“特色”未有效彰显，既制约产业结构加快调整升级，又影响经济发展的质量和效益的快速提升。

（三）比较优势日益形成，带动能力还需发力

经过多年努力特别是“十二五”以来的建设，襄阳市在资源蓄积、产

业基础、交通枢纽、经济区位、社会治理等方面取得了长足发展，步入产业层级、经济量级、城市能级、民生质级同步跃升的新阶段，在全国有位次、在全省有地位、在汉江流域有影响，在多个领域拥有了话语权，厚积了创新发展、协调发展、绿色发展、开放发展、共享发展一体推进的新优势，逐步形成了区域生态环境联保、政策争取联动、对外开放联合、改善民生联手的协同发展格局，为加快实现“建成支点，走在前列”目标发挥了中流砥柱作用。迎接新时代，站在新起点，开启新征程，加快建设长江经济带重要绿色增长极，襄阳市在增强比较优势、发挥辐射带动作用上仍面临不少困扰加快发展的困难和问题。

一是要素集聚短板明显。人口集聚不够。仅从普通高校在校生来看，2018 年，襄阳 5.9 万人，仅占芜湖的 1/3 强，比南阳少 3.16 万人。常住人口比南阳少 434.46 万人，传导到社会消费品零售总额比南阳少 341.3 亿元。技术支撑不够。国家级高新技术企业比芜湖少 186 家，仅比宜昌多 16 家；省级及以上企业技术中心比芜湖少 92 个，比宜昌少 15 个；院士工作站比芜湖少 1/3；省级以上创新型（试点）企业，襄阳不到芜湖的一半；全市专利申请量比芜湖少 26319 件，比宜昌少 2645 件，发明专利授权量比芜湖少 20784 件，比宜昌少 1294 件。现代金融发展不够。早在 2011 年 8 月，芜湖就成立了国内第 18 家金融租赁公司——皖江金融租赁有限公司，也是我国首家在地级市设立的金融租赁公司。2018 年末金融机构本外币存、贷款余额之比，芜湖为 330.19 亿元，襄阳为 1290.7 亿元，意味着襄阳比芜湖多向外“输血”近 1000 亿元。

二是辐射带动能力较弱。从产业带动看，除了汽车及零部件之外，其他产业对域外影响非常有限。从服务供给看，交通运输、医疗卫生、教育科技等方面的功能较弱，难以发挥中心城市的辐射作用。因综合交通建设滞后，特别是汉江有“水”无“运”，襄阳物流成本比武汉以及东部地区约高 25%，自身发展受限，服务周边也是纸上谈兵。医疗卫生高等教育起步较晚，人才培养、三级医院数量等尚不及十堰。综合性大学缺失，在高层次人才培养、直接服务地方等方面远逊于芜湖，也不及宜昌、荆州。

三　明确重点工作，厘清建设路径

（一）深入推进绿色发展，挺直工业脊梁

产业是经济发展的基础，是提升城市综合实力的关键，更是绿色发展的载体。要坚持“产业第一、工业优先”战略不动摇，坚持以绿色化、智能化、服务化、高端化为引领，主动适应经济发展新常态，抢抓新一轮科技革命和产业变革的重大机遇，深入推进湖北省高质量发展十大产业建设，深度发掘数字经济的无限可能性，推行减量化增长，加快建设万亿工业强市，夯实长江经济带重要绿色增长极的产业支撑。

1. 强化清洁生产，推进襄阳制造绿色化

绿色化是产业转型的主线。坚持节约优先的方针，构建绿色发展的产业结构。一是推进绿色化生产。推广生产过程全程减量化。在重点区域、重点行业、重点环节推行清洁生产。以市场化为导向，以产业链条为主线，加强有毒有害原料使用、废弃物排放、达标排放等监管制度建设，鼓励和引导应用清洁生产技术和工艺，促进从产品设计、生产开发到产品包装、产品分销的生产全过程绿色化，从源头上解决污染排放问题。二是推进绿色化改造。严格限制高污染、高耗水、高耗能产业发展，推动产业集群绿色升级，实现资源的循环利用和梯级利用。三是推进绿色化发展。加快发展航空航天、轨道交通、新能源新材料、数字经济、再生资源利用等新兴产业，大力促进低成本要素投入、高生态环境代价的粗放式生产方式向创新发展和绿色发展双驱动的集约生产方式转变。把园区循环化改造作为资源循环利用、企业绿色发展的工作重点，推动产业结构、基础设施、生产工艺、管理机制等建设，大力促进“资源—产品—再生资源”循环发展，形成一批循环经济改造示范园区、生态工业园区和生态企业。

2. 强化创新驱动，推进襄阳制造智能化

智能化是产业转型的核心。针对襄阳市制造业门类较为齐全、总量规模

较大、发展水平较高的实际，适应个性化、多批次、小批量社会需求新趋势，深入推进新一代信息技术与制造业深度融合，加快传统产业改造升级和新兴产业培育壮大。一是加快“襄阳云谷”建设，强化转换基础。智能制造的核心是生产制造的模式变革，无论是无人车间还是智能工厂，关键在于以数字化为基础的大数据平台运用。依托“襄阳云谷”建设，引导平台与企业发挥两个积极性，一方面积极推动驻谷平台企业加快产品与服务创新，为其他企业提供智能化建设与改造整体方案；另一方面积极鼓励企业进行云计算改造和使用公共云服务平台，加快装备智能化更新，建设一批智能工厂、数字化车间和柔性制造单元。二是加快创新平台建设，强化产业集聚。依托科研院所研发平台，建设共性技术中心，不断完善产学研研发体系。支持骨干企业建设国家级、省级企业技术中心和工程技术中心，提高技术研发能力。鼓励和引导企业尤其是在襄军工企业技术中心、工程中心、实验室对外开放，提供社会化服务。鼓励和引导企业加大科研投入，集聚优势资源开展重点攻关，在关键核心技术上取得突破，抢占产业技术制高点，打造一批创新型、同频共振的企业集群。三是加快推进企业生产方式的智能化改造，强化生产组织。充分利用产业转型升级资金、技改项目资金，突出重点，发挥“四两拨千斤”的作用，鼓励和引导企业积极适应数字化的生产和小众化的市场变化，用网络化的生产方式、思维方式来重新组织生产，稳定核心市场，开拓长尾市场，增强市场竞争力。

3. 强化体系构建，推进襄阳制造服务化

服务化是产业升级的趋势。“制造 + 服务”是“加快发展先进制造业，推动互联网、大数据、人工智能和实体经济深度融合”的具体体现。一是加强引导，支持企业加强创新力度，加快由单纯提供工业制品向提供系统解决方案转变。积极推广万州电气“互联网 + 节能”，从单纯提供设备到同时提供系统设备、整体解决方案和服务的创新做法，加快硬件、软件、平台的系统整合，探索基于服务的盈利模式和运营方式，重塑基于服务的战略和功能，增强向价值链上下游拓展的能力，实现传统的设备制造商转型成为全套系统和服务供应商。二是加强整合，支持建立产业联盟，推动制造业与服务业加快融合。支持行业龙头骨干企业，通过并购、战略联盟等方式整合利用外部关联资源，通过对生产组织形式、运营管理方式和商业发展模式的优化升级与协同创新，弥补自身在跨行业经营中战略资产的不足，重塑工业生产流程，加快培育软硬件同步升级、制造与服务深度融合的2.5产业，实现企业服务层次和服务能力的快速提升，延展和提升制造业价值链。三是加强服务，支持工业“云平台”建设，营造良好发展生态。进一步推进行政审批制度改革，健全完善行政审批“权力清单”、产业结构调整“负面清单”和企业“收费清单”制度，建立与新时代经济发展相适应的制度体系。积极推进开发区二次创业，加快产业集聚与主导产业培育，建立产城融合的空间体系。大力推进特色产业园建设，加快提档升级，建立各具特色、优势明显的支撑体系。支持构建以物联网为发展方向的工业云平台，促进平台与政府、园区、企业相互之间的服务系统集成，打造新型的产业发展生态体系。

4. 强化链条再造，推进襄阳制造高端化

高端化是产业升级的方向。着重抓好传统产业改造升级和新兴产业培育壮大。一是厘清传统产业家底，明确产业升级突破方向。将占工业总产值70%左右的传统产业，分门别类进行梳理，按照国家产业目录和绿色发展原则，划分为支持类、鼓励类、限制类、淘汰类，将支持类和鼓励类作为重点，从项目、资金、人力、土地等方面予以扶持，鼓励和引导企业加大技术改造力度，加快改造升级步伐，提升产品品质，促进产业集群发展，打响“一业一品”，增强核心竞争力，形成新的增长点。二是厘清优势产业家底，明确主导产业培育方向。按照产业基础、产值、品牌、潜力、贡献度、目录类别等，对全市产业进行排序，将高成长性、高带动性、高贡献度的产业明确为优势产业，作为主导产业进行重点培育，调整充实支柱产业，形成更具竞争力的产业发展格局。三是厘清带动性企业家底，明确产业链条拓展方向。带动性企业是产业链条的核心和原动力。深入开展百强企业、高成长性企业、转型升级典型企业等评选活动，加强成果运用，支持和引导当选企业补齐短板，向高端化发展，向深度广度延伸，积极打造引领产业升级、行业发展的企业航母。

（二）深刻把握城市发展规律，建设美丽襄阳

工业化催生城镇化，城镇化加速工业化。城因人而起、因产而兴、因“市”而大、因文而强、因绿而美，人口集聚、产城融合是城市兴盛的源泉和标志。要坚持生产、生活、生态有机协调，彰显山水之灵气，汇聚发展之人气，激发创新之劲气，强盛开放之景气，加快建设布局合理、功能完善、承载有力、资源富集、产城融合的美丽襄阳，增强长江经济带重要绿色增长极的平台功能。

1. 坚定不移推进东津新区建设

一是毫不动摇实施城市“东进”战略。东津新区是城市东进的主战场，承担疏解襄城、樊城老城区基本功能，优化城市格局，提升宜居品质的重任，可有效缓解老城区人满为患、交通拥堵、服务受限、环境恶化等压力。东津新区是省级战略、市级实施的首战场，承担创新城市发展、联动区域发展、辐射带动新中心的重任，可为全省在旧城更新与新区建设有机衔接、提升城市能级与打造区域中心互促共进等方面探索经验、提供示范。必须紧紧盯住建设“具有国际化水准、现代城市功能、承担现代化区域中心城市辐射带动作用的新中心”这个目标不放松，坚持战略思维、创新思维、统筹思维，以功能建设为基本、产城融合为主线、高铁站及配套设施为突破口，大员上阵、上下联动、左右互动，推动“两改两迁”项目落地，加快功能性项目建设，引导人口与产业集聚，强力推进东津新区建设提速、提效。二是加快推进东津国家产城融合示范区建设。东津新区是新型工业化与新型城镇化有机融合的首批国家产城融合示范区。必须紧紧盯住“创新城市地下综合管廊建设运营模式，完善行政管理体制、产业扶持机制和要素支撑体系”等探索示范任务，坚持走以产兴城、以城带产、产城融合、城乡一体的发展道路，加快基础设施建设，加大招商引资力度，加强体制机制创新，早出成果、早见成效、早成示范。

2. 坚定不移推进空间优化

按照“东进、西控、南优、北拓、中更（旧城更新）”的规划思路，优

化城市空间布局，激活和丰富城市肌理，促进生产要素集聚。一是加快构建“一心四城”五大组团发展格局。按照多规合一要求，加快城市规划修编，科学界定城市发展边界，合理确定五大组团发展时序，加强土地资源节约集约利用，提高利用效率。按照一体化发展要求，科学布局城市功能项目，统筹推进五大组团基础设施建设，增强城市组团的发展协调性、系统性、整体性，克服和避免“大城市病”，提高城市品位。二是科学推进城市功能分区。按照一个组团“一主多辅”的发展原则，坚持“人随线走、功能打包”的规划方向，强化功能分区对现代经济空间的组织与引导作用，调整完成五大组团功能分区，形成功能互补、设施互联、产业互换、生态互动的可持续发展格局。三是强力推进“一体两翼三支撑”建设。坚持城区经济与县域经济双轮驱动不动摇，全力推进县域经济发展。支持枣阳巩固提升全国百强地位，支持河谷组群加快联动发展，有效推进襄宜南一体化发展，形成一体带动、两翼齐飞、竞相发展的空间格局。

3. 坚定不移推进基础设施提档升级

一是进一步增强城市通达性。加强对外通道建设。加快提升以机场、站场、港口为龙头的区域交通枢纽功能，重点建设以高铁和高速公路为主的对外交通网，进一步提升机场服务能力，加快建设通用机场和汉江航运中心，提高区域交通发展水平。加强城市交通建设。加快城市路网建设，重点推进城市轴线和循环系统建设，抢抓棚户区、城中村改造等契机，打通断头路，新建新通道，提升主干道等级；坚持公交优先原则，大力发展公共交通，重点规划建设包括轨道交通和 BRT 在内的快速公共交通体系，完善微循环，改善公共交通换乘条件。二是进一步涵养“城市良心”。城市地下阴渠是城市良心。要按照绿色发展理念，加快海绵城市建设，推进城市修补与生态修复，统筹发挥自然生态功能和人工干预功能，有效控制雨水径流，实现自然积存、自然渗透、自然净化的城市发展方式，增强城市防涝能力，促进人与自然和谐相处。加快城市地下管廊建设，统筹地上地下，提高城市给排水、电力、电信等市政工程的科学性，净化城市空间，美化城市形象。三是进一步提高城市舒适性。将生态理念贯穿于小游园、广场、停车场、过街通道、

高架路桥等建设之中，消除绿化美化盲区盲点，形成人在林中、车在林中的建设风貌。加快拆围透绿、拆迁还绿，增加城市绿地。有序推进老旧小区生态化、便利化改造。严格把控新建小区容积率、绿化率。加强城市山体、水体的保护与建设，严格管控过度使用，严格防控各类污染。

4. 坚定不移推进管理创新

一是加强人文关怀。要充分尊重、借鉴襄阳在漫长的历史中形成的务实、包容、开放、进取的优秀文化传统，将本地文化与时尚元素结合起来，凝练城市精神，突出城市特色，形成城市风格，彰显城市魅力。深入推进全国文明城市创建，将文明创建与增强居民归属感结合起来，加快推进外来人口市民化，建设均衡的公共服务体系。加强志愿服务体系建设，将人民城市人民建、人民管真正落到实处。二是加强精细化管理。深入推进城市管理制度改革，精确化管理主体、精细化管理内容，简化管理部门的办事程序。大力推进城市管理信息化建设，实现对城市各领域的精确化管理及资源的节约集约化利用。加快探索实施“朝九晚五”的错峰作息制度，平抑出行高峰，消减交通拥堵和空气污染。探索完善城市道路交通、门店经营、广告标牌等管理办法，强化护栏设置、通行标示标识、车辆停放、广告标牌摆设、出店经营等规范化管理，建立健全体系化、人性化的制度管控与人文约束相结合的管理体系。

（三）深化资源配置，扩大比较优势

区域经济增长极的形成，关键看比较竞争优势。城市的比较竞争优势主要体现在要素集聚与空间辐射程度上。生产专业化程度高，对人力、资金、技术、信息等要素吸纳集聚多，对产品与服务供给多，这样的城市就是具有比较竞争优势的城市，就可成为区域经济增长的发动机。襄阳要从长江经济带涵盖的众多同类城市中脱颖而出，成为绿色增长的重要引擎，就必须在深化、优化资源配置上出新招、创新举、蹚新路。

1. 加快推进人口集聚

人是生产力三要素中首要的、起决定性作用的要素，伴随人流而来的物

质流、资金流、信息流等各种资源，将极大推动城市繁荣。没有城市人口量的积累，就没有城市发展质的飞跃。要根本扭转全市人口净流出的局面，除深入实施隆中人才计划、加大高层次人才引进之外，应着重抓好两方面工作。一是加大毕业生留襄来襄就业创业力度。针对当代大学生独生子女多、手机不离手、思想活、眼光高等实际，应把普通高校和高职高专毕业生作为重点，调整完善差异化、接地气、暖人心的扶持政策，吸引本地高校毕业生尽可能留下来，力争外地高校毕业生更多地流进来。同时，充分利用大数据、云平台等现代手段，整合主管部门、企业、社区、社会组织等力量，建立健全体系化的跟踪服务机制，强化全程服务，为毕业生创造想留想来、能留能来、留得住来不走的良好环境。二是加大流动人口吸纳力度。加快发展第二、第三产业，完善公共服务体系，提升公共服务水平，吸引流出人口“回流”。加强与贫困地区、自然保护区、国家重大项目移民区等地区合作，通过接受转迁居民、劳务合作、职业培训等方式，引导外来人口落户和务工经商。

2. 切实增强公共服务供给

一是加强教育建设。重点抓好学前教育和高等教育发展。切实推进学前教育普及化发展，重点抓好公立学前教育机构提档升级和私立学前教育机构规范管理，切实保证包括流动人口在内的适龄儿童公平受教育的权利。切实推进高等教育特色化发展，重点抓好综合性大学创建和应用型人才培养，扩大办学规模，提高办学质量，不断提高本地高校当年招录学生数占本地当年高考人数的比例。二是加强医疗卫生建设。推进医疗综合体建设，提高三甲医院综合竞争力，扩大覆盖面，延伸服务触角。加强特色专科（医院）建设，打造特色品牌，扩大吸引力，增强影响力。三是加强文化建设。加快图书馆、博物馆、科技馆、群艺馆、展览馆和青少年活动中心等提档升级，推进市民中心、奥体运动中心等建设，打造与“一极两中心”相匹配的文化基础设施，增强举办全国性、区域性大型活动的服务能力。深入推进文化体制改革，壮大文化襄军；依托襄阳古城和三国文化、汉水文化，加强与江苏、安徽、四川等地城市的交流合作，在长江经济带中打响襄阳文化品牌。

四是加强健康建设。重点抓好政府购买服务、社会化养老和医养结合，大力培育多元化健康养老服务业态，加强老年大学建设，规划建设健康养老服务主题示范园。

3. 拓展金融服务渠道

一是加强政府金融服务。加强规划引导，推进金融街、金融路等集聚区建设，加快构建区域性金融服务中心，打造特色鲜明、辐射联动的金融产业带。加强企业上市辅导、发债引导，扩大直接融资规模。加强金融人才的培育和引进，加快服务方式从一般服务向需求服务转变。加强与金融机构的战略合作，共同搭建债券融资、金融租赁、并购重组、企业上市等各领域金融业务服务平台，推进企业发展、产业发展与资本市场有效对接。二是加强金融机构建设。加强产业基金建设，充分发挥产业基金对社会资本的撬动作用。加快融资平台市场化改革，积极探索“基金 + 产业园”融资模式。加强农商行服务体系建设，不断壮大服务实力。加强沟通协调，力争组建汉江银行等区域性金融机构。加强风险防范，确保小额贷款公司合规经营、健康发展。三是大力引进优质金融服务企业。科学推进 PPP 项目建设，引导企业提升现代企业制度建设水平，着力引进公募基金、私募基金、股权投资公司、资产管理公司等各类金融服务企业，特别是外地优质总部型金融企业，全方位提升金融服务水平。

4. 夯实协同发展机制

切实履行省域副中心城市引领发展的职责，建立完善与汉江流域中心城市和长江经济带重要绿色增长极相匹配的合作交流机制。一是加强统一组织领导。整合战略办、经济协作办、汉江流域合作办、自贸办等力量，组建区域合作领导机构，负责规划编制、年度计划制定、对上对外联系、组织实施等工作，统筹协调区域合作交流事项；负责定期组织“今日隆中对”论坛，一次一主题，凝聚共识，共商区域合作发展大计。二是发挥社会各界作用。加强指导。发挥人大、政协以及宣传组织、文化旅游、新闻媒介等机构横向联系的作用，定期举办交流活动，并纳入全市年度对外合作交流计划，务求实效。加强引导。发挥高等院校、中介组织、行业协会、骨干企业等方面联系八方的作用，以政府购买服务或备案管理的方式，通过举办学术会、展览会、采购会、年会等形式，加强对外交流合作，最终形成党委政府主导、各级机构主办、社会各界协作的规范化、常态化协同发展机制。三是用好“自贸片区”金字招牌。通过举办“自贸论坛”“自贸恳谈会”“自贸联谊会”等活动，加大宣传推介、招商引资力度，把襄阳自贸片区打造成为联通世界、服务周边的优质平台和便捷通道。

B.11

关于荆州加快经济发展新旧动能转换的路径思考

周中林*

摘　要： 新旧动能转换是当前中国经济结构调整的主旋律，是推进供给侧结构性改革的重要内容之一。李克强总理多次强调新动能是实体经济发展升级的强大动力，推动经济结构转型升级必须加快新旧动能转换。党的十九大指出我国“正处在转变发展方式、优化经济结构、转换增长动力的攻关期”。优化调整经济结构，关键是要推动新旧动能转换。荆州市是全省新旧动能转换的核心区域之一，加快新旧动能转换是荆州迈入新时代、开启新征程、实现大复兴的关键。

关键词： 荆州　新旧动能转换　路径

一　荆州市加快新旧动能转换取得的成绩

党的十九大以来，荆州市推动新旧动能转换已取得阶段性成果。主要表现为：传统产业转型升级步伐加快、新兴产业不断发展壮大、产业结构不断优化。

* 周中林，长江大学管理学院教授，研究方向为国际经济、产业经济。

（一）传统产业转型升级步伐加快

近年来，荆州市结合实际，以纺织服装、轻工建材、食品加工、装备制造、医药化工、电子制造六大主导产业为载体，围绕供给侧结构性改革的发展主线，贯彻落实省政府“万企万亿”技改工程部署，实施“千企千亿”技改工程。以技术改造、进步和创新为突破口，分解年度技术改造投资指导性推进目标，加快传统产业转型升级。在转向高值化、品牌化、服务化、平台化以及绿色化发展等方面取得了长足的进展。以2018年为例，全市工业技改投资96.39亿元，增长30.5%，增幅在全省排第5位。全市有254家规模工业企业实施技改项目279项。化工、汽车零部件和家电等传统产业技改投资增幅较大，全年分别完成技改投资22.4亿元、19.17亿元和7.27亿元，增长96%、50.8%和149%。在纺织行业，公安县金安纺织5万锭高档针织纱智能制造生产线建设项目完成投资1.4亿元，项目已顺利投产。石首市德永胜纺织22万锭精梳高端智能化纺织技术改造项目完成投资3.3亿元，项目已建成投产。葛洲坝松滋水泥、丽源、金利丰纺织和金安纺织通过技术改造，企业效益明显提升，全年实现利润分别增长131.9%、30.6%、208.6%和28.3%。在企业集群发展方面，形成了11个省级重点成长型产业集群。在产业园区优化提升方面，推进“一城三区、一区多园”建设，并依托各类园区，加强创新创业能力建设。

（二）新兴产业不断发展壮大

荆州通过选商招大引强，优选与本地产业相配套、科技含量高的企业，将焦点对准电子信息产业。自2012年伟特电子落户荆州开始，长江液晶、华讯方舟、同洲电子等一批电子信息企业携带新产品、新技术而来，电子信息产业实现从小到大，从弱到强，孕育出集存储、传输、智能终端和软件开发于一体的全产业链条。截至2018年，荆州电子信息产业完成总产值144.13亿元，同比增长415.5%，产品涉及消费类电子、电子原材料及元器件、军工电子设备、电子信息机电、软件及信息服务等七大门类200多个品种。2018 年，荆州市共有高新技术产业在统企业 285 家（含产品备案），占规模以上工业企业的比重为 24.6%；高新技术企业增加值 56.57 亿元，同比增长 118.6%；高新技术投资增长 25.2%。以电子信息产业为代表的战略性新兴产业，成为荆州调结构、转方式的重要支撑力量。

（三）产业结构不断优化

以 2018 年为例，荆州市高新技术企业 202 家，比上年增加 40 家，完成高新技术产业总产值 907.6 亿元，占规上工业总产值的 40.9%，比上年提高 9.2 个百分点，完成高新技术产业增加值 225.0 亿元，同比增长 11.22%，高于规上工业增加值增速 4.5 个百分点，高新技术产业增加值占 GDP 的比重为 10.81%，同比提高 0.87 个百分点。2018 年全市战略性新兴产业规模以上企业产值达 324.84 亿元，占规模以上工业产值的比重由 2015 年的 5.12% 提高到 2018 年的 16.07%。2018 年全市战略性新兴企业 149 家，新增 90 家，全市规模以上战略性新兴产业总产值同比增长 66.72%。

二　荆州推进新旧动能转换面临的主要挑战与机遇

从当前荆州经济发展现状及所处的经济发展环境看，进入“十四五”时期，荆州推进新旧动能转换既面临挑战也将迎来前所未有的重大机遇。

（一）面临的主要挑战

1. 开展新旧动能转换的意识不强、动力不足和能力不够

企业家的视野和思维决定了企业的战略远见。在荆州市，不少企业家观念落后、思维僵化的情况仍然存在，在企业发展上，对旧动能的依赖在不同程度上还很大，对行业发展趋势把握不够、看得不远，对新动能了解不多、研发不力、运用的能力不足。政府层面，在推进新旧动能转换方面不作为、不担当、慢作为、乱作为、形式主义等现象时有发生。

2. 实现新旧动能转换的环境不优

企业税费负担较重和企业交易成本较高抑制了企业新旧动能转换；实体投资回报率显著下滑、虚拟经济投资回报率节节升高导致实体经济实现新旧动能转换缺乏充足的金融支持；中美贸易摩擦阻碍了荆州市外向型企业正常出口，影响了新旧动能转换，如金安纺织受中美贸易摩擦影响，出口订单急剧下滑，销量仅为正常的50% ~60%，库存增加，又如四机赛瓦因美国进口关税上调，导致进口成本增加20%，加之订单减少，预计2019年对美出口下降50%。出口下降，成本上升，利润大幅下滑，导致企业开展新旧动能转换的研发投入不足。

3. 实现新旧动能转换的基础薄弱

一是经济发展不平衡不充分问题突出。集中表现为经济总量不大，与“一主两副”差距日益扩大，产业结构欠优，呈“一重、二慢、三轻”态势，大多产业处于产业链前端和价值链中低端，同质化现象比较严重，技术密集型和生产服务型比重较低，具有较强国内外竞争力的企业偏少，数控化和智能化技术运用程度不高。以电子信息产业为例，现有产业以电子信息设备制造为主，软件业、信息服务业占比较低。二是荆州龙头领军企业少，专业化、差异化程度不高，对产业发展的示范带动作用非常有限，产业链较短，不完整，缺乏上、中、下游相关产业、产品、人力资源、技术资源和市场资源等的合作。以医药化工产业为例，各医药化工企业集聚度不高，彼此分散、独立发展，产品间配套和企业间合作较少，产品关联度低，导致企业经营成本高，市场竞争力不强，影响企业研发投入。三是企业开展新旧动能转换需要的共性技术供给不足。企业技术中心、企业研究院、工程技术研究中心等是促进企业新旧动能转换的重要载体。共性技术供给不足对传统产业实现新旧动能转换的羁绊日渐凸显。此外，大多数企业自主创新能力不强，核心技术对外依存度较高，具有较强国内外竞争力的企业偏少。

4. 实现新旧动能转换所需要的高素质人才不足

根据对荆州实地调研的结果得知，数控机床企业面临高端人才匮乏的窘

境，特别是企业急需的高端工程和生产管理人员及技术工人供应严重不足。荆州虽然是高教大市，但由于属于三、四线城市，传统产业中大多数企业对高素质人才的吸引力较弱。

（二）面临的主要机遇

1. 中央把脉定调与省委省政府的周密部署给荆州新旧动能转换指明了方向

随着长江经济带、中部崛起、长江中游城市群、洞庭湖生态经济区等国家战略规划加速落地，省委省政府“一芯两带三区”布局推动省内区域产业布局加速重组，荆州作为“长江绿色经济和创新驱动发展带”和“江汉平原振兴发展示范区”的重要战略支点，将迎来前所未有的新旧动能转换的重大机遇。

2. 荆州推进新旧动能转换已取得明显成就

一城三区、一区多园建设深入推进，园区平台综合承载能力大幅提升。吉利控股新能源汽车、军民融合电子信息产业园等代表新动能的一批重大项目相继签约落户。

三　荆州推进经济发展新旧动能转换的指导思想、基本原则

（一）指导思想

以习近平新时代中国特色社会主义思想为指导，全面贯彻落实党的十九大和习近平总书记视察湖北时的重要讲话精神，坚持新发展理念，以供给侧结构性改革为主线，以新技术、新产业、新业态、新模式为核心，按照高质量发展的要求，推动全市经济发展质量变革、效率变革、动力变革，为荆州市加快振兴崛起、决胜全面小康、建设全省区域性增长极注入新动力，走在全省高质量发展的前列。

（二）基本原则

1. 市场原则

党的十九大强调“使市场在资源配置中起决定性作用”，这个论述是我们党对政府和市场关系认识的新突破。市场经济本质上就是市场决定资源配置的经济，加快新旧动能转换必须着力解决政府干预过多和监管不到位的问题，从广度和深度上推进市场化改革，大幅度减少政府对资源的直接配置，让企业有更多活力和更大空间去发展经济。

2. 创新驱动发展原则

高技术不能是独立发展的产业，而要与传统产业全面结合，要建立以企业为主体、以市场为导向、产学研结合的创新体系，让企业成为创新主体。

3. 协同开放原则

加快新旧动能转换必须坚持对外开放的原则，对外开放可以弥补区域经济发展资源的短缺，实现区域间信息交流，实现区域间贸易的互利，可以通过引入外部竞争增强区域经济发展活力，扩大区域有竞争力产业的市场份额。

4. 精准施策原则

在培育新动能的过程中要因地施策、因业施策、因企施策，对不同地区、不同行业乃至不同企业分别制定动能转换方案，最大限度释放新动能。

四　荆州加快经济发展新旧动能转换的路径

强化产业融合发展、深化创新驱动、强化政府各部门统筹协调、创新政府服务经济职能是荆州加快新旧动能转换的主要路径。

（一）强化产业融合发展，加快构建新旧动能转换的现代产业支撑体系

以产业链相加、价值链相乘、供应链相通“三链重构”为指引，全力

提升产业体系的集约化、高端化水平。

1. 淘汰化解落后过剩产能

加大产业结构调整力度，实施“腾笼换鸟”策略，化解一批产能过剩企业，严格控制过剩行业新增产能，推动小水泥、小化工等落后产能关停退出。加强巡查工作，防止已经化解的过剩产能“死灰复燃”。通过兼并重组、改造转型、破产清算等处置方式，加大处置“僵尸企业”力度，实行清单管理，明确腾退时间表、路线图，促进行业整合和转型升级。

2. 做优存量，升级旧动能

以技改为核心，以产业融合发展为方向，使纺织服装、轻工建材、食品加工、装备制造、医药化工、电子制造等工业六大主导产业的旧动能源源不断转换成新动能。对接全省“万企万亿”技改工程，积极争取技改资金支持，大力开展质量提升行动，支持优势传统产业更新工艺技术，采取国内外先进标准，提升设计、制造、工艺、管理水平。推进园区和企业循环化改造、低碳化和集约化生产，提高企业资源利用率和综合效益。对园区外化工及造纸行业企业开展专项集中整治，加快化工企业搬迁入园和绿色改造，实施清洁生产。

在食品加工产业，加快机械化、自动化、智能化和信息化的食品制造装备应用，在粮油加工装备上重点研发和推广大米、面粉及专用粉加工装备，米面油节粮节油节能核心装备，主食制品节粮节能智能化成套装备，粮食加工副产物综合利用所需环境友好清洁的加工生产设备，油脂高效冷冻真空脱臭技术及装备；在水产加工装备上重点研发和推广适用于淡水鱼类的初级加工技术装备、精加工和综合利用技术装备；在畜禽加工装备上重点研发和推广综合加工及传统食品工业化专用成套装备；在白酒、果蔬汁饮料上重点研发和推广智能化工业生产工艺技术及其加工装备；在包装装备上重点推广高速无菌灌装设备、高速吹瓶设备等装备。

在装备制造产业，以石油石化装备、汽车零部件、工程机械、水工装备等具有相对优势的领域主导，在设计、分拣、焊接、装配、涂装等环节实施智能化改造；在装备制造业实施燃煤锅炉改造、余热余压利用、电机变频调速等节能项目，推广轻量化、低功耗、易回收等技术工艺；完善废旧工业品回收体系，推进汽车零部件、工程机械、矿山机械等再制造与规模化、产业化发展。鼓励企业使用循环经济技术、工艺和模式，开展“三废”循环利用，实现企业生产过程清洁化、废物循环资源化、能源利用高效化。引导园区内上下游企业间副产物交换利用、能源梯级利用、土地集约利用和水的循环利用。

在医药化工产业，推动医药化工产业绿色改造升级。做好磷矿伴生资源综合利用，限制新建黄磷、草甘膦，高毒高残留以及对环境影响大的农药原药，淘汰落后工艺及不符合准入条件的黄磷生产装置，规范生产和精细操作，减少污染物生成，提高资源综合利用水平。磷肥行业要打造精细磷化工、湿法磷酸精制及深加工等新的产业链条；加强低品位磷矿的利用。

在纺织服装产业，实施“三品”战略。充分挖掘消费热点和需求盲点，扩大中高端纺织服装产品供给。加强电子技术、信息技术与纺织技术结合，发展智能纺织服装产品。以拓展应用新领域为重点，加快开发推广医疗、环保、应急防护等产业用纺织品。加强标准国际合作，积极参与和主导国际标准制修订，推动纺织优势产业技术标准成为国际标准，推动纺织标准国际互认。大力推进品牌建设，利用新媒体等有效传播渠道，加强品牌宣传。

在轻工建材产业，以造纸、橡胶塑料、森工家具、白色家电、建材为主导，支持造纸、塑料制品、家用电器、森工家具等规模效益显著行业企业的战略合作与兼并重组，大力推动产品质量好、市场竞争力强、具有自主品牌的骨干企业发展壮大。充分发挥其在产品开发、技术示范和销售网络中的辐射带动作用；加快制造与服务的协同发展，推动商业模式创新和业态创新，推进创意设计与轻工建材制造业融合发展，增强工业设计能力，全面推广以智能、绿色、协同为特征的工业设计技术，提升工业设计行业的创新能力和服务水平；加强对轻工建材业特色区域和产业集群规划编制、产业升级、节能减排等工作的指导和支持，鼓励龙头企业加强技术开发和技术改造等，延伸产业链，全面带动和促进中小企业健康发展，培育一批具有特色和竞争力的轻工建材现代产业集群；在家用电器、造纸、森工家具、塑料制品等行业完善一批技术创新、研发设计、知识产权保护和运用、产学研合作、检测认证、信息检索与咨询以及质量品牌等产业基础服务平台，提高服务质量和效率，降低服务成本；加大造纸、水泥、日用玻璃等行业节能降耗、减排治污改造力度，利用新技术、新工艺、新材料、新设备推动企业节能减排。构建贯通绿色建筑和绿色建材的全产业链，搭建产业融合协同创新平台，组织绿色轻工建材新产品、新设计的首批次应用试点示范；推广适用于建材窑炉烟气脱硫脱硝除尘综合治理，开展清洁生产技术改造。鼓励合理利用劣质原料和工业固废，推进生产环节固废“近零排放”。以工业园区、工业集聚区等为重点，通过上下游产业优化整合，实现土地集约利用、废物交换利用、能量梯级利用、废水循环利用和污染物集中处理，构筑链接循环的轻工建材产业体系。加强废旧金属、废塑料、废纸、废弃电子电器产品、废旧合成材料等回收利用和高耗水企业的废水深度处理回用，发展资源循环利用产业。

3. 扩大增量，培育新动能

扩大增量就是确定重点推进的新动能优势项目。新动能优势项目是属于新技术、新产业范畴，荆州市委、市政府要以新动能优势项目为抓手，以装备制造业为重点，建造一批智慧型制造业集群，推动制造业向智慧化、纵深化发展，加快荆州经济发展新旧动能转换。

以生物医药龙头企业为抓手，在大健康产业培育荆州经济发展的新动能。突出生物医药产业在重点支柱产业发展中的核心地位，支持现有生物医药企业与国内外知名企业强强联手、合作重组。以荆州开发区能特、监利一半天、沙市区东信药业、公安县新生源等原料药、中成药、医药中间体生产以及开发生物衍生、药物研究和制造为重点支撑，支持药用器材、药品包装等企业做精、做强，开拓养生保健、医疗康复、健康养生相关领域，支持能特公司与上市公司金发科技联合打造以生物科技和医药健康为主导产业的现代化高科技产业园区，推动荆州市生物医药产业新旧动能转换。

以飞机零部件生产、航空航天新材料供应企业为抓手，在航天航空产业培育荆州经济发展的新动能。利用荆州市新建民用机场以及增设通用航空项目契机，着力支持荆州区江汉众力、公安县锐动机械等飞机零部件生产制造企业，以及荆州开发区菲利华等航空航天新材料供应商技术改造转型升级，招商引进上下游关联产业制造业，尽快形成一定产业规模。

以凯乐、五方光电等龙头企业为抓手，在光电子信息产业培育荆州经济发展的新动能。支持荆州开发区凯乐、五方光电、弘晟光电、华讯方舟、太和气体，监利县富世华控股光学玻璃、中磁尚善电子元器件和磁创电子等通信和电子信息领域材料应用企业发展壮大。加大支持荆州高新区赛迪集成电路中试线项目建设力度，做优做强光电子信息产业，争创工信部创新中心。

以“荆州造”汽车零部件龙头企业为抓手，在新能源汽车领域培育荆州经济发展的新动能。“荆州造”汽车零部件产业产品涉及转向（翻转）系列、电机系列、空调系列等七大种类，不仅为国内整车生产企业配套，还出口到美、欧、拉美、东亚等国家和地区。产品质量、技术力量，在全国乃至全球同类行业中具有显著竞争优势。围绕汽车零部件全产业链发展，加快新能源汽车制造项目建设（主要是荆州开发区恒隆电动汽车项目、荆州高新区格罗夫氢能汽车项目），发挥荆州市汽车零部件商会、企业联合会等企业资源优势，招引产业链关联企业，形成全产业链集群式发展。

以纪南文旅区文化旅游项目建设为抓手，突破性发展文化旅游产业，在文化旅游产业打造荆州经济发展新动能。打好“生态牌”“红色牌”“文化牌”，深度挖掘荆州多彩文化、绿水青山的经济效益，以保护为前提，按照“国际眼光、世界标准、楚文化特色、高起点定位”的要求、“以文化为魂、以生态为体、以市场为先、以产业为要”的发展思路和“一年全面启动、三年干出形象、五年基本建成”的工作目标，对标雄安新区，加快推进纪南文旅区建设，稳步推进荆州古城5A景区和县域4A景区创建，加快完善高等级旅游公路网络，推动全市景点串珠成链，打造世界知名的三国文化旅游目的地和全国文物保护利用综合示范区。

以推进江汉平原振兴发展示范区建设为抓手，打造荆州农业发展的新动能。一是大力推进市场农业建设。培育和引进市场主体，深化农村金融改革创新，围绕资源转化、食品加工、培育全产业链来抓招商，引进一批国内外行业龙头、上市公司和中国驰名商标企业。二是大力推进规模农业建设。深化农村土地制度改革，鼓励承包农户依法采取转包、出租、互换、转让和入股等方式流转承包地。在有条件的地方根据农民意愿统一连片整理耕地，扩大耕地面积，推行集中连片种植。推动农户之间、农户与农民合作社和龙头企业之间的联合与合作，通过发展土地股份合作社、开展土地托管等多种方式，提高规模化经营水平，防范经营风险。三是大力推进科技农业建设。强化荆州高新区的产业支撑能力和科技创新能力，把荆州高新区打造成为江汉平原现代农业科技创新中心，成为荆州现代农业发展的“示范田”，加强农技研究试验示范推广，打通农业科技服务“最后一公里”。四是大力推进生态农业建设。推进绿色种植、健康养殖。深入推进农业品牌建设。以优质安全为导向，扶持地方名特优农产品发展，加强“三品一标”农产品标准化基地建设，促进优质农产品产业化。以做大做强“荆楚味道”公共品牌为核心，以福娃、洪湖浪、白云边、小胡鸭、吉象、福江等国家级品牌为重点，抓好品牌整合扩张，鼓励企业积极争创中国驰名商标、中国名牌、省级名牌，坚持办好洪湖清水螃蟹节、公安葡萄节、荆州年货会、松滋年猪节、新米节、美食节等节会。加强农产品质量安全监管。建立农业投入品市场准入制，强化农业投入品监管，从源头上把好投入品的使用关。把荆州的农产品打造成享誉全国的放心产品、安全产品。强化农业面源污染治理，实施“一控两减三基本”行动，重点推进化肥农药减量化、秸秆禁烧与综合利用、畜禽粪污资源化利用和病死畜禽无害化处理工作。加快农村能源发展，推进“猪—沼—稻”“猪—沼—菜”“猪—沼—果”等畜禽粪污综合利用试点有序展开。

4. 培育新业态、新模式

聚焦数字经济，推广移动互联网、云计算、大数据、物联网、人工智能等创新应用，推进“互联网 +”，促进一二三产业融合发展。加快发展“互联网 + 现代农业”，大力发展农村电商、农户微店，培育定制农业、创意农业、观光农业等新业态，发展民宿度假、养生养老、农耕体验等“美丽经济”。加快发展“互联网 + 制造业”，开展智能工厂/数字化车间试点，培育一批集信息化、数字化、智能化、自动化于一体的智能制造示范企业，加快发展“互联网+现代服务业”，培育电子商务、现代物流、大健康、旅游、文化创意等产业基于互联网的新业态。

（二）深化创新驱动，牢牢抓住新工业革命的机遇，全力打造新旧动能转换的原动力系统

以科技创新为动力，深化科技体制改革，促进荆州产业实现跨越式发展。

1. 强化企业创新主体地位

以市场为导向，加快建立以企业为主体、产学研深度融合的技术创新体系。实施中小企业质量提升工程，培育一批质量竞争力较强的专、精、特、尖型中小型企业，着力打造省级“隐形冠军”。支持骨干龙头企业打造“航母型”企业，实行招商引资、招才引智“双招双引”，大力引进有技术、有市场、有规模的企业和项目。深入开展校企合作，鼓励企业聘用科技副总、创新团队，培育一批科技成果转化能力强的创新型领军企业。支持骨干龙头企业强强联合，建立产业技术创新战略联盟和产业共性技术研发基地。

2. 加强创新平台建设

充分发挥荆州高校资源优势，鼓励企业与高校、科研院所共建产业技术研究院、产业技术创新联盟、重点实验室、工程技术研究中心、校企共建研发中心、技术创新中心、企业技术中心等各类技术创新平台。鼓励行业领军企业、投资机构、产业园区、高校院所建设各具特色的孵化器、加速器，完善“种子—苗圃—孵化器—加速器—产业园”的梯级孵化体系，重点支持荆州智谷创业园、长江大学大学生创业孵化基地等孵化基地建设，大力引进专业孵化器公司托管运营，提升各类孵化平台的机构管理能力和创业服务水平。

3. 促进科技成果转移转化

建立健全技术创新市场导向机制，形成以企业技术创新需求为导向，以市场化交易平台为载体，以专业化服务机制为支撑的科技成果转移转化新格局。建立专业化的综合服务平台，进一步促进科技成果转移转化。实施技术转让和成果转化的优惠政策，激励企业引进成果、高校（院所）转让成果，

建立促进技术市场活跃交易的政策激励机制。

4. 优化创新创业生态环境

全面落实国家、省、市支持鼓励人才引进和创新创业的优惠政策。着力推进创业孵化示范基地、实习实训示范基地、省级双创战略团队和省级“双创”平台建设。发展专业化众创空间，促进众创空间服务实体经济转型升级。

（三）强化政府各部门统筹协调，全力打造新旧动能转换的政策支撑系统

1. 实施人才强市战略，建立以优势产业发展为导向的高技能人才引进通道，为新旧动能转换提供人才支撑

深入开展“大学生实训就业选荆州、人才资智回归助荆州、大学生扎根乡村建荆州”人才引进工作。深入推进校地合作，吸引高校、科研院所来荆州市设立研究院，推进工程技术研发中心、产业技术联盟等企业创新平台建设。实施高端人才引领工程，吸引高层次人才到荆州创新创业。根据企业集群和产业链发展需要，支持通过资金投入、股权激励等多种方式参与国家实验室、综合性实验室、创新中心等建设，资助创新团队科技研发，对产业发展急需的高层次人才（团队），直接采用“一人一策”“一企一策”的方式给予扶持，形成一批“假期专家”“季节性专家”团队，做到对人才和创新团队的高效利用，不求所有、但求所用。优化人才发展环境，完善人才激励机制，改革高技能人才引进机制，配套工作及生活保障措施，确保人才引得进、留得住、用得好，真正把各方面人才聚集到推动荆州高质量发展上来。加强技术人才培养，鼓励企业开展学徒制培训，引导产业工人争当工匠人才；联合高校院所、职业院校，组建一支长效的导师队伍，培养造就一批国际性高水平创新团队。

2. 加大金融机构金融支持力度，积极拓宽企业直接融资渠道，为新旧动能转换提供强大的金融支撑

加大金融机构间接融资对实体经济服务力度。通过评价激励、政银企对

接等形式和途径，引导更多的金融活水流向新旧动能转换的优势项目。创新民营和小微企业金融服务机制，制定“普惠型小微企业贷款增速不低于各项贷款增速”的目标。突出帮扶正在开展新旧动能转换的凯乐等重点大型企业在转型发展、爬坡过坎中出现的流动性不足等问题，积极组织银企对接，解决资金困难。帮助企业积极拓宽直接融资渠道。加强多层次资本市场建设，实施上市公司倍增计划，推动企业上市（挂牌）融资，实现企业上市新突破。重点培育和鼓励优势企业到境内外资本市场上市融资；积极推动和支持成长型、科技型、创新型的中小企业到“新三板”挂牌融资；引导本土优质企业在湖北四板进行股权直接融资、股权质押融资。做大做强长证产业基金、招商慧康基金、荆楚基金、荆州县域经济发展基金等股权投资基金。拓宽民间投资的渠道，提高民间新动能投资的积极性，加快全市融资担保体系建设，支持增加担保资本金，实现市和各县（市、区）政府都至少控股1家担保公司。

3. 积极争取国家部委、省、市级资金支持，优化财政资金分配机制，为新旧动能转换提供财政支撑

在财政资金的筹集上，积极争取包括财政部、工信部推动中小企业创新创业升级的特色载体项目资金，省高投引导基金等，在支持产业发展、科技创新上，更多地探索实行减税降费、贷款贴息等普惠性的扶持方式；在财政资金的使用上，坚持新旧动能转换导向，调整支出结构、盘活存量资金，统筹支持新旧动能转换的薄弱环节、关键领域和重大项目。充分发挥财政政策正向激励作用，把财政资金分配与新旧动能转换成效挂钩、与高新技术企业税收挂钩、与重点园区“亩均税收”贡献挂钩、与“飞地”项目税收利益分享挂钩、与资金项目绩效挂钩，运用财政分配的效益杠杆，引导各地加快新旧动能转换。

4. 限制落后旧动能项目用地，盘活存量土地，为新旧动能转换项目用地供给提供土地支撑

对高投入、高消耗、高污染等落后产能项目的划拨用地，加快依法转让或政府收回。积极落实“增存挂钩”机制，大力开展批而未供和闲置土地

处置。对闲置土地，鼓励通过依法转让、合作开发等方式盘活利用。各类用地指标优先支持和服务新旧动能转换项目建设，对列入《湖北省新旧动能转换重大项目储备库和建设库》做到应保尽保。

（四）创新政府服务经济职能，为新旧动能转换打造优质服务系统

在社会主义市场经济条件下，提升政府管理服务水平，充分发挥政府服务经济的职能，建立良好的营商环境，是加快推进经济实现新旧动能转换的重要途径。

1. 制定荆州市新旧动能转换实施方案

市委、市政府要立足荆州实际，创新性提出新旧动能转换的推进方案，确定新动能产业发展的突破口，把新动能优势项目作为未来几年荆州经济发展的引擎，把各种资源尽量向新动能优势项目汇集，让新动能优势项目尽快扎根落地。

2. 深化“放管服”改革

深入推进“互联网＋政务服务”，以推进“一网覆盖、一站式服务、一次办好”改革为重点，开展行政职权和服务事项标准化建设，编制“一次办好”事项清单。加快推进市县电子政务外网接通工作，市、县两级全面应用省行政职权和服务事项管理系统、三大基础支撑平台，部署乡（镇）、村两级应用省政务服务“一张网”工作，实现企业群众办事“只进一扇门，一次就办好”。持续深化简政放权，精简行政审批事项，持续开展“减证便民”行动，编制市县证照清单通用目录。深入推进“证照分离”改革，最大限度提高办事效率。健全社会信用监管体系，深化综合行政执法体制改革。深入推进审批服务便民化，推动线上线下政务服务创新融合。推进行业协会商会与行政机关脱钩。规范行政审批和中介服务，继续精简中介服务事项，整治“红顶中介”乱象，加快推广应用中介服务管理平台。完善权责清单制度，深化权责清单标准化规范化建设，发挥权责清单制度效用。

3. 建立科技共享机制

建立数据资源开放共享制度。积极推动全市重点实验室、工程技术研究

中心、企业技术中心等创新平台，面向企业特别是中小企业有效开放，构建开放共享互动的创新网络。积极融入湖北省仪器共享协作网建设，扩大入网仪器设备数量，鼓励民营企业和民办科研机构自购仪器加入协作网。建成全市统一的政务信息资源目录体系和政务信息资源共享平台。以长江大学为依托，以江汉四机为主体，打造石油科技城。

4. 构建开放型经济体制机制

荆州是长江经济带区域中心城市，需练就江海气魄，树立开放的格局观，找准荆州在长江经济带发展战略中的位置，主动融入“一芯两带三区”布局，着眼湖北、全国乃至全球的大局，结合本地的发展实际，探索荆州发展的内在逻辑，明确荆州不可替代的优势，通过内练基本功、外谋合作共赢，谋划新旧动能转换的思路。搭建中外合作双向交流平台，支持荆州市装备制造、纺织、农业等“走出去”。充分发挥长江黄金水道贯穿荆州全境的区位优势，加快与长江经济带上下游地区的交流联动，大力发展口岸经济，延伸口岸功能。加快推进荆州综合保税区申报建设。引导企业参与海关各项税费支付改革、通关作业改革，推动国际贸易“单一窗口”建设，压缩通关时间。大力开展利用外资精准招商，重点鼓励外资投向现代服务业、新能源、新技术、高端制造、现代农业等领域。充分利用中国进口博览会平台，鼓励企业进口先进技术、设备、关键零部件和企业所需的原材料，促进企业发展新旧动能转换。

B.12
荆门融入“一芯两带三区”布局现状与实施路径

湖北省社科专家市县行调研组*

摘 要： 2019年，湖北省全面实施“一芯两带三区”区域和产业发展布局。荆门市从通用航空产业、循环经济、现代农业、特色小镇等方面积极融入，取得初步成效。为在全省全国发展大局中有更大作为，应进一步努力，同时还需要湖北省委、省政府加强领导和省直各部门大力支持。

关键词： “一芯两带三区” 通用航空产业 荆门

2019年5月，湖北省委宣传部、省发改委、省社科联决定联合主办“2019年社科专家市县行”。根据安排，成立了17个调研组分赴各市州。根据省委宣传部、省发改委、省社科联对每个调研组明确的不同重点，荆门调研组主要从通用航空产业、循环经济、现代农业、特色小镇等方面研究融入“一芯两带三区”布局现状及其实施路径。

一 荆门融入“一芯两带三区”布局基础扎实

2019年1月14日，湖北省委副书记、省长王晓东在参加省十三届人大

---

* 执笔：秦尊文，湖北省人民政府咨询委员，湖北省“一带一路”研究院院长，湖北省社会科学院研究员，研究方向为区域经济、城市经济；李柏武，荆门市社会科学界联合会主席、研究员；赵霞，湖北省社会科学院长江流域经济研究所副研究员。

二次会议荆门代表团审议时提出，要深入学习贯彻习近平新时代中国特色社会主义思想，落实省委工作安排，抢抓战略机遇，奋力在“一芯驱动、两带支撑、三区协同”区域和产业发展布局中找准定位、当好示范、争做标兵。通过深入调研，我们认为荆门融入“一芯两带三区”布局条件良好、基础扎实。

（一）在融入“一芯驱动”上有亮点

在全省，“一芯驱动”就是以芯片产业为代表的高新技术产业带动经济发展。落实到荆门，就是以通用航空产业为引领。

1. 通航新城建设初具雏形

近年来，荆门将通航新城作为通用航空产业综合示范区的载体加快建设。800 米老跑道改造已经完成，1800 米新跑道建设也已竣工，在全国通用机场中唯一拥有水陆 3 条跑道。累计投入近 30 亿元，重点建设爱飞客镇及航空产业园。漳河环库公路、爱飞客通航企业总部等项目正在加紧建设。

2. 通航研发制造形势喜人

中国特种飞行器研究所是国内唯一特种飞行器研究所和湖北唯一航空工业主机所，其设计研制的“鲲龙”AG600 已于 2018 年 10 月在漳河机场水上成功首飞，习近平总书记发来贺电。引进的晨龙天使双发公务机 2019 年 6 月 29 日实现首飞，并已获得 59 架订单，合同金额 6 亿元；优伟斯 Freedom（自由）S100 飞机已在漳河机场开展试验试飞；还有一批高精尖项目正在洽谈引进中，如活塞航空发动机、卓尔通航全产业链、海鹰系列无人机等。

3. 通航运营服务势头良好

在通航运营与维护业务方面，建成航油储运中心、三级二类飞行服务站，开通了“荆门—武汉”省内第一条短途运输航线。荆门爱飞客俱乐部已拥有 12 架机队规模，空中游览、29 座观光系留气球等航空旅游项目投入运营；荆门通航公司稳步开展飞播造林、森林巡护、农林喷洒等作业，年完成作业 70 万亩，实现年营业收入 1700 万元。飞行家公司已购置 P750、

R66、C42 等飞机 8 架，正在开展特技飞行表演、跳伞体验及培训，年实现营业收入达 2000 万元。

4. 航空文化教育蓬勃兴起

成功举办三届爱飞客飞行大会、一届全国跳伞锦标赛和全国跳伞冠军赛等系列航空活动赛事，飞行体验中心、国际跳伞基地、极客公园等航空体验场地开放运营。与国内主要通用航空产业平台合作举办两届通用航空创新创业论坛暨项目路演；与中国民航科普基金会合作，成功举办两届全国青少年航空夏令营活动；与中国航空学会合作，争取人才、科技等优势资源支持，对接引进一批通航产业项目落地。通航培训服务水平不断提高，荆门通用航空学院开设了飞行器制造工程、航空电子电气技术、航空材料精密成型技术等六大专业，连续三年招生，共招收学生 400 余人。

（二）在融入“两带支撑”上有作为

“两带”是指长江绿色经济和创新驱动发展带、汉江制造业高质量发展带。汉江在荆门从钟祥市丰乐镇三合村入境，至沙洋县李市镇蔡家湾出境，全长 154 公里，流域面积约 9500 平方公里，占荆门市土地面积的 76.6%。荆门按照国务院《汉江生态经济带发展规划》要求，积极建设美丽、畅通、创新、幸福、开放、活力汉江；按照省委“两带支撑”的要求，努力在汉江制造业高质量发展带中积极作为。

1. “美丽汉江”建设有新举措

开展“三磷”问题专项整治行动，14 座磷石膏渣库 88 个问题全部整改到位，磷化工企业 115 个环境问题逐一进行整改。2018 年正式出台《荆门市汉江流域水污染防治规划》，部级、省级交办的 10 个饮用水水源地环境问题均已整改并销号。其中最难的竹皮河治理进展快于预期。发源于荆山的竹皮河，绵延 70 余公里穿荆门城区后汇入汉江，是汉江的一条重要支流。竹皮河一度成为荆门市城区的总“下水道”，曾经清澈见底的城中河变成“黑水沟”。该市采取 PPP 模式，由葛洲坝集团负责筹集 90% 的资金并运营至2046年，运营期满后无偿移交给市政府，其间由市政府每年根据考核结果支付相应的管理服务费用。目前，经过污水处理厂处理后的生活污水变得清澈明亮，曾经的“龙须沟”变成了景观长廊。

2.“畅通汉江”建设有新面貌

荆门依托汉江航道、江汉运河和荆门组合港（沙洋、钟祥石牌核心港区），提出建设汉江航运中心。成立了荆门市汉江航运建设指挥部，分管副市长任指挥长。目前，正在加快骨干航道网建设，实施碾盘山至兴隆段110公里三级航道整治，完善千吨级骨干航道网，积极配合省交通厅推进江汉航线2000吨级航道改造。同时，加快建设一批集装箱、造船、石化专用码头和综合码头，配套现代化高效装卸设备以及导航与通信设施，形成深浅配套、功能齐全的专业化、大型化、高效化的港口泊位。沙洋县政府与卓尔集团旗下的中国基建港口控股有限公司成功牵手，双方采取合资方式共建汉江沙洋港，已成为汉江流域最大港口。荆门国际内陆港荆门新港（石牌港、沙洋港）相继建成并开港营运，探索开通了汉江首条集装箱定班航线——荆门新港至武汉阳逻港；还积极推进汉江荆门港与宁波港及沿海港口合作，长期被认为深处内陆的荆门，借助“畅通汉江”通江达海，向世人展现出新面貌。

3.“创新汉江”建设有新成效

已获批湖北省唯一的国家通用航空产业综合示范区，新能源汽车动力电池产业实力在全国名列前茅；已经形成了荆门高新区·掇刀区化工循环产业集群、荆门高新区·掇刀区再生资源利用与环保产业集群、东宝区电子信息产业集群、东宝区绿色建材和装配式建筑产业集群、钟祥市磷化工循环产业集群、钟祥市农产品加工产业集群、京山市智能制造产业集群、沙洋县新材料产业集群等8个省级重点成长型产业集群。2018年，荆门市实现第二产业增加值943.89亿元，城镇化率59.21%，均在湖北汉江经济带居第二位，仅次于襄阳，新型工业化和新型城镇化走在汉江生态经济带前列（见表1）。

表1　2018年汉江生态经济带各市GDP和城镇化指标

城市	地区生产总值（亿元）	人均GDP（元）	第一产业增加值（亿元）	第二产业增加值（亿元）	第三产业增加值（亿元）	常住人口（万人）	城镇常住人口（万人）	城镇化率（%）
荆门	1847.89	63797	226.2	943.89	677.8	289.65	171.50	59.21
十堰	1747.82	51316	158.3	843.5	746.1	340.6	190.43	55.91
襄阳	4309.79	76024	414.8	2218.2	1676.8	566.9	344.68	60.8
孝感	1912.9	38880	287.13	925.58	700.19	492.0	283.24	57.57
随州	1011.19	45617	144.13	488.74	378.32	221.67	115.54	52.12
仙桃	800.13	51855	86.92	413.25	299.96	154.3	42.04	58.7
潜江	755.78	78238	75.29	398.09	282.4	96.6	55.45	57.4
天门	591.15	46419	80.44	302.85	207.86	127.35	69.02	54.2
神农架	28.59	37275	2.18	11.18	15.23	7.67	3.74	48.8

4. “幸福汉江”建设有新收获

2018年，荆门市完成固定资产投资（不含农户）1996.16亿元，增速为11.5%，增速仅次于仙桃和十堰，列第三位，表明荆门具有较强的发展后劲。强劲的投资为经济可持续发展、民生可持续改善提供了有力支撑。城镇居民人均可支配收入33779元，农村居民人均可支配收入18776元，均居汉江生态经济带第1位，并且农村居民与城镇居民的收入差别较小（见表2）。

表2　2018年汉江生态经济带各市投资、消费、进出口和收入指标

城市	固定资产投资（不含农户）（亿元）	社会消费品零售总额（亿元）	全社会进出口总额（亿元）	城镇居民人均可支配收入（元）	农村居民人均可支配收入（元）
荆门	1996.16	772.51	139.65	33779	18776
十堰	1723.98	915.02	45.9	30771	10295
襄阳	4097.98	1658.96	192.71	33947	17305
孝感	2273.77	1085.47	93.17	32685	15988
黄冈	2411.10	1205.05	61.32	28978	13238
咸宁	1865.47	556.18	36.72	30337	15116
仙桃	633.07	373.15	69.30	31672	18177
潜江	600.50	260.11	46.3	31574	17797
天门	427.92	359.55	8.9	28825	16598
神农架	44.64	18.44	218.4	28176	10091

5. “开放汉江”建设有新进展

近年来，荆门外贸保持了健康稳定增长，进出口已形成了以农产品、新能源新材料、装备制造、化工医药为主的产品体系，一批高新装备制造企业成为出口主力军。2018 年，全市全社会进出口总额 139.65 亿元，居汉江生态经济带第 3 位。为进一步发展外向型经济，荆门市大力开展开放平台建设。2017 年 12 月 26 日，国家海关总署、财政部、税务总局、外汇局联合下发《关于准予设立荆门保税物流中心（B 型）的通知》，正式批复同意设立荆门保税物流中心（B 型），批准建设面积 0.241 平方公里。经过一年多全面建设，2019 年 3 月 26 日，荆门保税物流中心（B 型）通过由武汉海关、财政部驻湖北专员办、国家税务总局湖北省税务局、国家外汇管理局湖北省分局等部门组成的联合验收组验收。目前，荆门保税物流中心（B 型）经营企业江汉枢纽（荆门）保税物流有限公司正积极与市财政局、市商务局，以及武汉海关、荆州海关、荆门海关等相关部门密切联系，做好封关运营前期各项准备工作，将于近期正式封关运营。

6. “活力汉江”建设有新亮点

通过全面深化改革，推动体制机制创新，不断激发荆门发展活力，努力在“活力汉江”建设中勇立潮头。在湖北省首届改革奖的 10 个“项目奖”中，沙洋县农村按户连片耕种改革名列第一；在 10 个“单位奖”中，京山市全面深化改革领导小组名列第一；在 10 个“个人奖”中，钟祥市彭墩村党总支书记张德华名列第六；在全省各市州中，荆门入选最多，成为全省改革明星、“活力汉江”明珠。

（三）在融入“三区协同”上有担当

“三区”是指鄂西绿色发展示范区、江汉平原振兴发展示范区、鄂东转型发展示范区。省委对江汉平原振兴发展示范区的要求是：坚持以“农”为基，主要是大力实施乡村振兴战略，服务国家粮食安全战略，以特色农业为主攻方向，打造湖北特色产业增长极。荆门市委、市政府提出争当江汉平原振兴发展示范区的排头兵，体现出强烈的责任担当。

1. 三条乡村振兴示范带建设扎实推进

一是荆钟乡村振兴示范带，由市委主要领导亲自抓。目前，彭墩核心区建设已取得明显成效。彭墩村在湖北省率先成立土地存贷合作社，规范土地流转。同时着力培育“四大产业”，形成农民从事种植业、养殖业、旅游服务业和村内务工的就业格局。在上级党委、政府的支持下，提出了“彭墩1+9”的发展战略，即以彭墩村为中心，辐射钟祥市石牌镇皮集、横店、胡冲、郑坪、胡刘以及东宝区牌楼镇江湾、杨冲、泗水桥、荆东9村，打造成现代新型农业示范区。经过几年建设，“彭墩”发生了翻天覆地的变化：规模从一个村发展到了现在的10个村，土地面积从10.5平方公里扩展到了98.6平方公里，人口从1159人上升为10200人；2018年，彭墩村人平纯收入35000元，80%的家庭有小轿车，100%的农民住上了别墅、用上了城市自来水。二是荆京乡村振兴示范带，由市政府主要领导亲自抓。目前，桥米原产地产业区、食用菌产业区、精品园艺产业区、立体种养产业区等四大高效生态农业示范区建设初具规模。三是荆沙乡村振兴示范带，由市人大领导亲自抓，双低油菜保护区、粮食生产核心区、稻渔共生示范区、健康水产养殖区、循环高效农业区等五大农业示范板块建设顺利推进，其中油菜花节2019年成功冠省名。

2. 六条“工农复合循环产业链”已经成型

荆门是全国循环经济示范市，通过循环经济将工业与农业、城市与农村的有机地联系起来，已经形成了六条“工农复合循环产业链”。一是农作物秸秆—家居产业链。荆门的农作物秸秆综合利用已形成大的产业，在全省全国拥有较高的美誉度。东宝区在森工科技产业园被住建部批准为绿色建筑建材产业园，产业由单一板材，向以秸秆板材为主的绿色建材转变。如凯利板业有限公司生产秸秆人造板材——禾香板，与凯利比邻而居的亚丹生态家居有限公司，订购凯利板材做家具。二是稻谷深加工—副产物利用产业链。发展稻米精深加工，对碎米、糙米、米糠、稻壳等进行加工和资源化利用，提高副产品的利用价值。三是油脂加工—副产物利用产业链。加大饼粕、油脚等副产品综合开发力度，利用油脚和皂脚等提取甘油、甾醇等深加工产品，对油脂循环利用，生产生物柴油。四是木材及“三剩物”（指采伐剩余物、造材剩余物、加工剩余物）加工利用产业链。五是畜禽加工—副产物利用产业链。重点开发猪肉深加工产品，积极发展低温肉制品、生物发酵肉制品、干燥肉制品和传统风味的中式肉制品。对屠宰废弃物和下脚料、鸡蛋壳等进行资源化利用，生产生物医药产品和保健产品。六是水产加工—副产物利用产业链。深化水产加工，如糟鱼加工、小杂鱼加工、小龙虾壳加工，开发多种水产品，提升水产品附加值。

二　以通用航空产业发展为抓手落实“一芯驱动”

在湖北省委、省政府“一芯两带三区”布局中，荆门通用航空产业是“一芯驱动”的重要内容之一。在“十三五”后期及“十四五”时期，荆门应坚持以通用航空产业发展为抓手，狠抓“一芯驱动”在荆门落地。

（一）扬通用航空装备研发制造之长

荆门是中国通用飞机的“摇篮”，研发的中国大飞机“三剑客”之一的AG600代表着中国最高水平。荆门应充分发挥这一战略性新兴产业在全国独一无二的先发优势，全力打造国家通用航空产业基地。

一是主攻通用航空整机。立足中航特飞所专业优势和资源，重点发展重载浮空器、轻型固定翼飞机和水上飞机，同时引进国内外龙头企业发展无人机和直升机。

二是发展轻型固定翼飞机。借助中航通飞资源，以中国特种飞行器研究设计所为技术支持，加强与国内外企业合作，大力引进整机制造合作项目，在训练机、超轻型运动飞机等方面实现突破。

三是大力发展水上飞机。依托中航特飞所突破现有技术瓶颈，积极寻求与Colyaer、雷克公司等国际企业之间的合作，打造国际领先的水上飞机制造基地。

四是着力开发通用航空零部件。重点发展方向包括机头、机翼、机身覆盖件、结构件等关键部件及系统集成。积极招引国内重点企业如中电科航空电子落户，同时与国外知名企业合作，提升荆门市在航电系统领域的生产能力，与整机生产企业形成配套。

五是配套发展机场设备制造。大力发展特种车辆、飞机泊位引导系统、航空货物处理系统等机场服务设备，道面摩擦系数测试设备、道路除冰/雪设备、机坪地井等飞行区服务设备，飞机流量管理系统、空管运行综合信息管理系统、低空飞行服务站、低空监视与管理服务系统等空管设备，以及目视助航灯具等应急救援设备。

（二）补通用航空运营和服务之短

要发挥优势，通过飞机“飞”起来，带动制造“强”起来，产业“火”起来。

一是提高通用航空运营水平。要加密荆门至武汉航班，增开至北京、上海、广州等热门航线。可在荆门市商务接待中推广现有通航专线，重要客商可用通航飞机接送，弥补未通高铁的短板。公务出行可试行乘坐通航飞机，纳入财政报销范畴。加快市内通航站场建设，连点成线。未来宜借鉴山西通航产业发展经验，实现省内联网，一盘棋、一体化推进通航运营。

二是培育通航飞机服务品牌。加快漳河机场、飞行服务站、固定运营基地（FBO）、维护维修检修基地（MRO）、航油航材供应基地等基础设施建设，构建华中地区通航服务保障体系，大力发展通用飞机维修检修、维护保养、航材保障、空管导航等新兴通航运营业务；引进专业公司建设华中地区飞机展示销售中心，开展飞机销售、飞机租赁、飞机托管、通航保险、通航会展等业务，打造华中地区通用航空运营与服务综合性基地。

三是培养通航人才、发展航空文化。发挥荆门通用航空学院作用，培训培养通航管理、飞行、乘务、机务和航空摄影、航空救生等通航产业的专业人才。依托高校特别是应用型大学、职业院校，定向定点培养通航技术人才，学生入校即开始企业实训，实训成绩计算学分。学生毕业之时即可进厂上岗。同时，大力发展航空文化创意产业。重点打造以航空科技为依托、航空文化为主线、航空体验为支撑的航空欢乐谷、航空博物馆、航空科技馆、地球探索中心和水上乐园。加快推进飞行体验中心项目和群艺文化创意产业园。定期举办爱飞客飞行大会和国际特技飞行、室内外跳伞比赛。积极构建“通航+”平台，将通航服务产业与文化、体育、旅游、农业等产业深度融合，发展通航特色产品与特色服务，引领通航服务产业化发展新路径新领域新市场。

三　以循环经济发展为抓手落实“两带支撑”

2016年，国家发改委、财政部、住建部批准荆门市创建国家循环经济示范城市。荆门要抢抓机遇、用好机遇，全面推行“源头减量、过程控制、末端再生”的循环型生产方式，加强工业废弃物综合利用，推动“三废”资源化综合利用，打造各具特色的循环经济产业链，形成“纵向延伸、横向耦合、系统复合、设施共享”的生产体系。

（一）大力开发“城市矿产”

国家《汉江生态经济带发展规划》要求发挥荆门、谷城、潜江、商洛等国家级循环经济试点示范作用，大力开发“城市矿产”，发展再制造产业和“静脉产业”。荆门格林美资源循环产业园已被国家确认为国家循环经济教育示范基地、国家“城市矿产”示范基地。要以格林美为龙头，打造汉江生态经济带乃至全国的“城市矿产”开发标杆。

荆门格林美拥有全国行业内唯一的国家级电子废弃物循环利用工程技术研究中心，也是全省在武汉以外的第一家国家级工程技术研究中心。应以格林美为主体，依托现有废旧电池和废旧钴镍资源原料优势，重点发展钴镍锰电池材料前驱体、钴镍铝电池原料前驱体等原料；在保持现有电子废弃物处理能力基础上，积极发展以手机、电饭煲、电磁炉、微波炉、豆浆机等小家电“拆解—分类—湿法冶金—工业原料”“一条龙”产业链。

（二）积极打造循环产业链

一是建材工业循环产业链。以工业固体废渣、建筑废物回收利用为核心，以建材产品加工为纽带，形成工业固体废渣（粉煤灰）、建筑废物、生活污泥与垃圾—水泥、新型建材等循环产业链。推广利用粉煤灰生产建筑墙体材料，在电力、建材、轻工等行业间形成产业链条。如荆门电厂通过企业内部废弃资源再利用，使粉煤灰、磷化企业产生的磷石膏、脱硫石膏等工业固体废弃物综合利用率达到73%，工业用水重复利用率达到85%以上，工业余热年发电7.6亿千瓦时。

二是石油化工循环产业链。以废旧化工产品回收利用为核心，以石油炼制中间产品为纽带，形成石油炼制—油品、工业原料—化工工业产品—废旧化工产品回收利用—化工工业产品的循环产业链。重点发展炼油及副产品深加工产业链、甲醇深加工产业链。

三是磷化工循环产业链。提高中低品位磷矿的利用率，开展中低品位磷矿开发利用攻关，采用低品位磷矿石生产石膏晶须等产品。着力扩大选矿规模，建设绿色矿山。构建磷化废物资源化利用产业链，开展磷石膏及矿渣的利用，重点作为资源生产水泥等建材产品，构建磷石膏—水泥和硫酸、磷石膏—新型建材产业链。进一步开发研究磷石膏及精选后矿渣的高值化利用技术与工艺，提高废弃物、副产物利用价值。利用磷化产业副产盐酸，生产氯化铝系列产品，构建副产盐酸—氯化铝系列产品产业链。

四是机电行业循环产业链。重点以废钢材、废有色金属回收利用为核心，充分利用废旧机电产品及边角料，以机电制造产品生产为纽带，形成机电制造生产加工—机电制造产品—废钢材、废有色金属回收利用—制造产品的循环产业链。

五是汽车拆解循环产业链。推进报废汽车的资源化利用，支持格林美报废汽车拆解生产线建设，对报废汽车主要零部件精细化无损拆解处理及再制造。推进废旧轮胎再生循环利用项目。

六是废旧塑料循环产业链。开展废旧塑料的资源化利用，推进荆塑科技利用废旧塑料生产再生管材、博韬合纤利用废旧塑料生产涤纶纤维、瑞铂科技利用废旧塑料生产聚酯纤维、福登地毯利用废旧塑料抽丝纺纱等项目建设。

（三）建设全国装配式建筑示范城市

荆门与上海、南京、长沙等城市一同入选全国首批装配式建筑示范城市，全国共30个，荆门是全省唯一入选城市。目前，荆门已与住建部科技与产业化发展中心签订了战略合作协议，组织编制了荆门市装配式建筑发展规划，出台了《荆门市推进建筑产业现代化发展的实施意见》，规划建设了绿色建筑建材产业园。荆门绿色建筑建材产业园建设，应建立以设计研发为龙头，以钢结构、PC构件、木结构、被动式建筑等绿色建筑部件生产为骨架，上下游关联产业聚集的绿色建筑全产业链；在中心城区和汉江城镇组团全面推行装配式建筑，使装配式建筑占新建建筑面积的比例尽快达到35%以上，成为全省最大的装配式建筑聚集区；依托杭萧钢构、龙淼科技、中建科技等企业，进一步壮大装配式建筑业，使全市装配式建筑占新建建筑面积的比例尽快达到20%以上。支持东宝绿色家居园、沙洋新型建材产业园、石牌绿色建材园积极参与荆门打造全国绿色建筑和装配式建筑产业化基地，努力使荆门建成全国一流的装配式建筑产业集群和装配式建筑聚集区，实现大规模、高品质的产城融合。

四　以乡村振兴发展为抓手落实“三区协同”

荆门地处江汉平原北部，农业农村工作基础较好，先后跻身国家农业科技园区、全省首个整市推进的国家现代农业示范区。在全省“三区协同”的大格局中，荆门市要抢抓国家实施“乡村振兴战略”的机遇，在江汉平原振兴发展示范区勇挑重担，持续打造“中国农谷”品牌，发挥特色小镇带动作用，拓展“三乡工程”路径，增创新优势，争当排头兵。

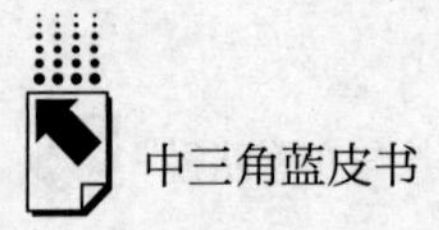

（一）深入实施“中国农谷”战略

荆门全域实施“中国农谷”战略。以屈家岭和彭墩为“双核”，努力建设农耕文化展示区、农业生态旅游区、农产品加工集聚区、华中地区现代种业中心、国家区域性农业科技创新中心、南方农业机械装备研发推广中心，把中国农谷建成产业之谷、绿色之谷、创新之谷和富民之谷。

“中国农谷”还是应以“农”为本，要着力打造种植业“四区”。一是粮食生产功能区：在北部山区和汉江冲积平原地区建立200万亩标准化水稻生产示范区，在347国道以北地区建立150万亩小麦标准化生产示范区。二是双低油菜保护区：在347国道以南区域，建设100万亩双低油菜标准化生产示范基地。三是蔬菜优势生产区：重点建设城郊设施蔬菜基地和汉江百里蔬菜产业带，打造近郊设施蔬菜基地、中远郊名优蔬菜基地、外销加工蔬菜基地、水生蔬菜基地、食用菌基地及西甜瓜基地等一批标准化示范基地。四是水果优势生产区：主要建设汉江流域早熟砂梨板块、漳河库区温州蜜柑板块、果冻橙板块、屈家岭管理区和彭墩核心区黄桃猕猴桃板块。

（二）积极开展特色小镇创建

一是积极创建休闲养生型小镇。充分发挥爱飞客航空小镇、京山网球小镇两个全国首批运动休闲特色小镇的示范作用，带动全市特色小镇建设和发展。重点建设彭墩长寿小镇、京山花鸟小镇、太子山森林小镇、沙洋纪山水云山楚医药养生小镇。

二是着力建设现代农业型小镇。以孙桥对节白蜡小镇、沙洋油菜花海小镇、大柴湖花卉小镇、十里铺花卉苗木小镇为引领，打造一批依托农业资源发展的特色小镇，发挥农业的生态、文化、旅游等多种功能，为区域生态环境提供改善的空间，为群众拓宽致富的途径。

三是聚集发展加工制造型特色小镇。重点培育京山智造小镇，深度对接“中国制造2025”，加快智能数码印刷、康复机器人、多旋翼无人机等项目建设，积极申报国家智能制造示范区；加快建设东宝绿色家居小镇，打造以绿色建材产业、装配式建筑产业、个性定制家居产业为主导，以物流配送为辅助，相关配套完善的绿色家居产业生态体系。

四是大力发展文化创意型特色小镇。以石牌豆腐古镇、屈家岭陶文化小镇、岳飞城特色小镇、屈家岭绿色微循环生态建筑小镇建设为突破口，深度挖掘各地文化特色，打造一批有浓郁特色、鲜明风格的文化创意小镇。

（三）大力推进“三乡工程”建设

一是创新政策集成和改革举措。整合农业、财政、建设、土地、环保等部门的力量，集成农业农村的资金和政策，形成服务合力。制定出台鼓励“三乡工程”的优惠政策措施，为实施“三乡工程”提供有力保障。全面完成“三权分置”改革，形成清晰规范的产权制度，为实施“三乡工程”提供稳定预期。借鉴上海等地经验，搭建镇一级土地流转交易平台和成立土地股份合作社经验，盘活闲置土地和房屋等资源，增加农村居民的财产性收入。

二是搭建资源下乡承接平台。通过政策引导、市场运作，鼓励能人、企业家、知识分子、城镇居民等群体下乡租房创业，实现农村资源与城市消费、农民增收与市民体验对接，积极促进“农业＋”转型提升，推动体验农业、采摘农业、休闲农业、旅游农业、养生农业、教育农业、农村电商等农村新产业新业态蓬勃发展。

三是培育壮大市场主体。实施新型农业经营主体培育提升工程，支持现有经营主体提档升级。以都市农业圈建设为突破口，加大现代农业招商引资力度，引进一批全国知名的文创、旅游、康养和农业产业化龙头企业落户，发展一二三产业融合的新产业、新业态。

五　支持荆门在“一芯两带三区”中有更大作为

对比其他市州，发展不平衡不充分是荆门面临的最大问题，后发赶超的任务非常艰巨。要在全省“一芯两带三区”布局中有更大作为，需要全市人民做出更大的努力；同时，需要省委、省政府加强领导和省直各部门大力支持力度。

（一）支持荆门创建国家级综合交通枢纽

荆门最大的短板是快速交通。过去曾经是继武汉、襄阳之后省内第三大铁路枢纽，现在沦落为“全省唯一不通高铁地级市”。但是事物都是一分为二的，在一定条件下坏事可以变成好事，荆门也因此获得“后发优势”。新上的沿江高铁、呼南（呼和浩特—南宁）高铁经过荆门，时速达到350公里，其便捷性将把先通动车的不少城市一下子甩到身后。

铁路客运高速化、货运重载化，是先行国家的经验。荆门“十四五”不仅高铁迎来了新机遇，重载铁路也站在了起飞的风口上。目前，国家有关部门已经启动沿江重载铁路预可研。这条沿江重载铁路从重庆经荆门过武汉至上海，全长2082公里。一旦建成，将与全长1837公里的浩吉铁路（原称“蒙华铁路”）在荆门形成十字交汇。届时，荆门将不只是恢复湖北第三铁路枢纽的问题，而将成为全国第一个长距离重载铁路枢纽和全国重载铁路中心；沿江高铁与呼南高铁也在此交会，全国首个“双十字架”将花落荆门。加上全国水陆两栖飞机的“摇篮”、全国最大的通用机场、全国首个通用航空综合体示范区在荆门漳河，汉江最大的港口也在荆门市境，一个崭新的“国家级交通枢纽”将呼之欲出。

建议省政府支持荆门“跳起来摘桃子”。襄阳和宜昌因为谋划得早、建设得实，现已被明确为“国家级综合交通枢纽”，而武汉则由“国家级综合交通枢纽”晋升为“国际性综合交通枢纽”。荆门工业一直是继武汉、襄阳、宜昌之后“第四极”，如果长期交通条件得不到改善，必定阻碍工业的发展。支持荆门建设重载铁路中心，也是湖北一件大事，在一定程度上可以与鄂州机场相提并论，必须给予高度重视。

（二）支持荆门建成国家通用航空产业基地

目前全省通用航空产业发展布局散，没有形成“拳头”。除传统通航产业基地荆门外，近几年襄阳、宜昌、荆州、孝感、鄂州、黄石、黄冈等市纷纷提出发展通用航空产业并都有实际行动，出现一哄而上的局面，存在省内关起门来同质化竞争的现象。如荆门办有荆门通用航空学院，宜昌正联合海航集团创建三峡航空学院。武汉市各区更是争先恐后，汉南区、蔡甸区、东西湖区、黄陂区、东湖开发区等都在大力发展通用航空产业（不算新洲区的航天产业）。由于省域各地各自为政，通用航空制造没有形成拳头，通用航空服务没有形成网络。这与广东集中精力打造珠海通用航空基地、河北石家庄聚焦发展通用飞机制造形成了鲜明对照。

建议省政府对全省通用航空产业进行统筹协调，重点支持荆门打造国家通用航空产业基地。比如荆门与武汉两地各自举办的飞行大会，可以联办或轮流举办，赛会应各有侧重、各具特色，避免哄抢市场和资源带来的“内耗”；将荆楚理工学院通用航空学院单列出来，整合全省通用航空教育教学资源，加强与中国特种飞行器研究所的合作，在荆门漳河新区建设独立本科院校——湖北通用航空学院。

建议省政府出面，积极对接协调中国航空工业集团进一步支持中国特种飞行器研究所建设，加快重载飞艇、AG50超轻型运动类飞机、领飞910地效飞行器等浮空器和特种飞行器产业化。争取中航集团将更多通用飞机整机型号和零部件产品研发制造及产业化项目布点荆门。积极协调民航局，争取认可和授权，在荆门建设国家通用航空适航审定实验室。在荆门创建省级通用航空产业创新中心的基础上，支持其创建国家级通用航空产业创新中心。

（三）支持荆门打造全国新能源汽车产业基地

新能源汽车，是如今汽车市场的“风口”。现在各大汽车厂商纷纷进入新能源汽车领域。如神龙公司将缩减目前的产品线并做精做细，在后续的新产品和已有产品中，大规模跟进纯电动汽车和插电式混合动力车型，后续将投放的换代车型或全新车型也将根据中国市场的需求做出积极调整。

荆门积极抢抓机遇，通过引进长丰猎豹公司建立了新能源汽车产业园，进行新能源汽车整车生产。但荆门发展新能源汽车产业的最大优势可能并不在新能源汽车整车生产，而在于动力电池。荆门金泉新材料不仅是全省最大的动力电池生产企业，也是华中地区最大的动力电池生产企业，已经初步构建起动力电池的全生命周期产业链。2018 年，金泉新材料生产锂电池 5000MWh，同比增长 133.7%；格林美生产三元电池前驱材料 6.5 万吨，产值 99.6 亿元，同比增长 48.9%。

与国内的先进省份相比，湖北在锂电子生产领域的研发实力较弱。即使是居全省首位的骆驼集团，也仅拥有专利数 17 件，而全国龙头比亚迪专利数达 3718 件。湖北应抓住新能源汽车的“风口”，加强新能源汽车电池的研发。深圳市为了支持比亚迪等企业的动力电池产业，规定深圳产的新能源车一律采用深圳产的动力电池。湖北也应考虑出台类似扶持政策，支持荆门动力电池产业集群发展。

（四）支持荆门建设国家级现代农业示范基地

2015 年，荆门“中国农谷”写进了国务院批准的《长江中游城市群发展规划》。2017 年、2018 年，发源于荆门的“按户连片耕种”模式被连续两年写入中共中央一号文件，荆门已经在全国有较高的地位。要擦亮“中国农谷”金字招牌，深入推进一二三产业融合，扎实实施乡村振兴战略，努力将荆门建成全国现代农业示范基地。

一是从平台搭建上突破。即搭建荆门政府产业政策、金融政策平台，整合技术、科研、质检、标准、评奖、展览、品种独家申报保护平台，对接溯源信息服务平台、外部金融资本、渠道资源、电商销售服务平台等，构建荆门智慧农业体系。譬如寿光市围绕“高品质、特色设施蔬菜”战略目标，搭建“科技、标准、监管、人才、销售、基金”六平台，构建了寿光蔬菜智慧农业体系。

二是从开放资源上突破。对乡村的宅基地、集体建设用地、森林湖泊、田园山水等重要资源，要充分加以利用。对本地特色品种、习俗文化等独特资源更需要重视和抢占。广西横县茉莉花后来居上，使横县成为中国第一大茉莉花都；而同样是田永太培育的五常大米优质品种“稻花香二号”，在五常之外的地方种植大失风味。这些例证都说明，农业的战略之根往往在不可替代的产地和文化之中。

三是从产业融合上突破。一二三产业融合是指全产业链或者产业链上多点增值，对种养、加工、销售服务和第三产业开展观光、休闲、养老、采摘、亲子、文旅等活动，延伸产业价值。把产加销融为一体，提高流通效率，实现产品增值，从整体上提高荆门农业经济效益。

四是从顶层设计上突破。“中国农谷”农产品区域品牌建设涉及荆门区域经济全局性、战略前瞻、具有公用属性的工作，涉及战略定位与路径规划、资源融合和平台搭建，以及品牌创建、经营主体组建、资源对接、营销落地等工作，这些需要高屋建瓴的规划及通盘调研、思考与决策。这是单个企业和农户无论如何也不能胜任和完成的。目前，荆门农产品区域公用品牌——“荆品名门”创建已取得了初步的成果，政府要进一步加大力度扶持和培育龙头联合体企业，通过创建联合体企业品牌，推广产品，拓展市场，实现一二三产业融合，将产地价值、产业价值变成品牌价值、市场价值，实现产业兴旺和乡村振兴，推动区域经济可持续发展。

B.13

湖南省区域经济协调发展研究

徐 涛*

摘 要： 实施区域协调发展战略是新时期国家重大战略之一。当前湖南省区域经济发展的不平衡不充分问题还比较突出，主要表现在要素分配对欠发达地区不利，欠发达地区产业发展不足。要将区域经济协调发展和经济可持续发展联系起来，重视解决结构问题。支持欠发达地区产业发展，增加就业机会，提升收入水平，使区域经济发展为湖南省经济的可持续发展发挥更重要作用。

关键词： 湖南 经济结构 区域协调

一 现状分析

（一）各市州经济发展均保持了增长态势

在经济总量方面，2013～2018年，全省GDP年均增长8.3%。14个市州中，张家界、邵阳、益阳、永州、长沙、湘潭、常德7市超过了全省水平，西部地区的张家界市、邵阳市、永州市增速较高（见图1）。

在固定资产投资方面，2013～2018年，全省平均增速为13.8%，各市州水平比较接近，衡阳、湘潭、常德、郴州等8市超过平均水平。但绝对额

* 徐涛，湖南省人民政府发展研究中心调研员，研究方向为区域经济。

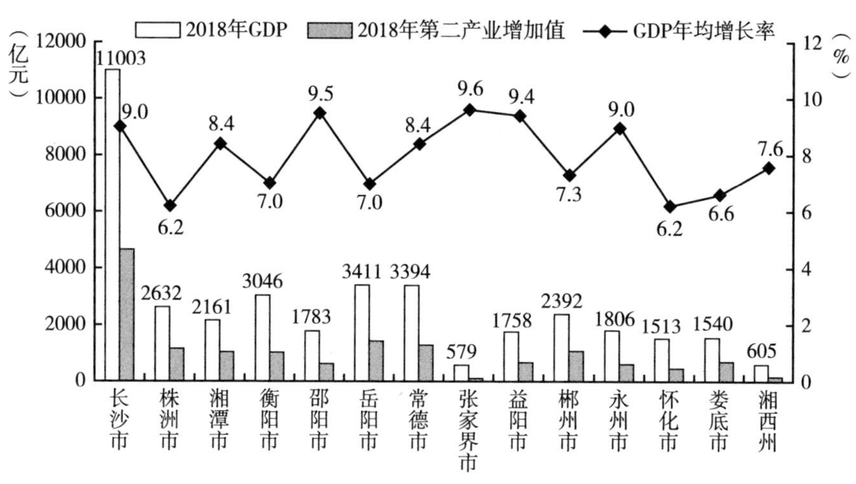

图1　2018年各市州GDP和第二产业增加值及2013~2018年GDP年均增长率

差距比较大，最高的长沙市2018年固定资产投资额为8438亿元，最低的张家界市仅为387亿元（见图2）。

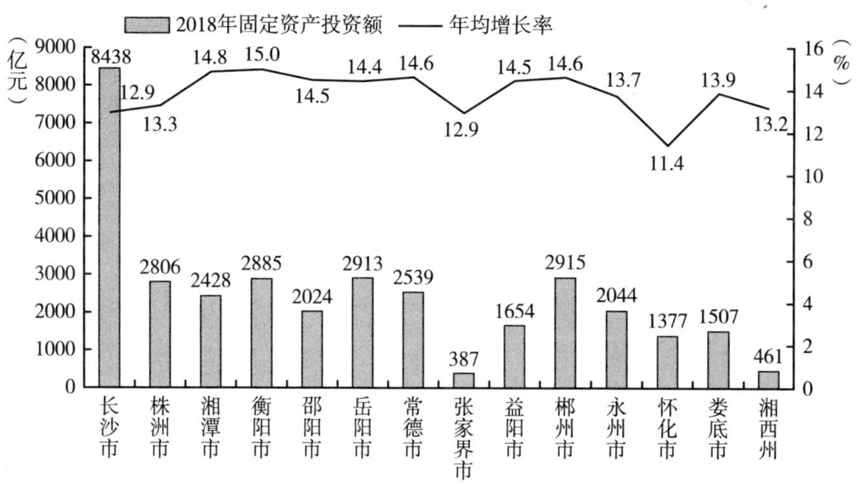

图2　2018年各市州固定资产投资额和2013~2018年年均增长率

在社会消费品零售总额方面，2013~2018年，全省平均增速为11.6%，邵阳、永州、张家界、衡阳、益阳、怀化等6市超过平均水平。绝对量上，

2018 年，长沙市社会消费品零售总额达 4765 亿元，株洲、衡阳、岳阳、常德、郴州 5 市超过千亿元（见图 3）。

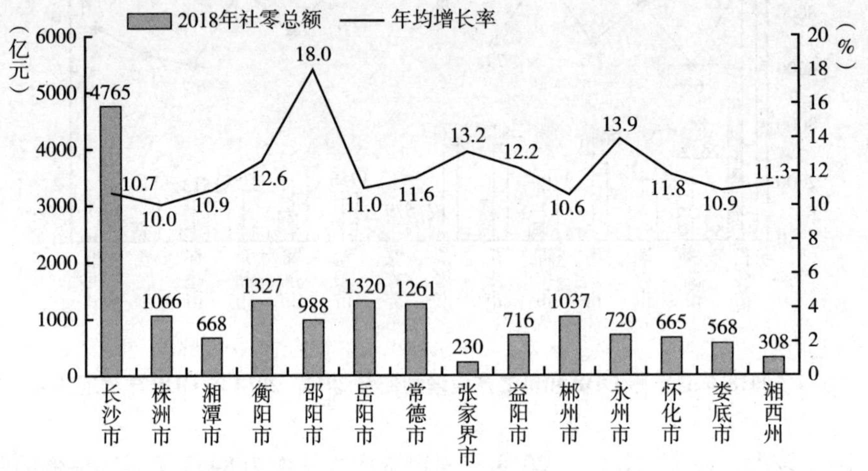

图 3　2018 年各市州社会消费品零售总额和 2013～2018 年年均增长率

在财政方面，2013～2017 年，全省地方财政收入平均增速为 7.9%。2017 年，受“三去一降一补”影响，除长沙逆势增加 56 亿元外，各市州地方财政收入较 2016 年普遍下降，衡阳、郴州两市有较大的降幅，均下降了 40 多亿元。

在金融方面，2013～2018 年，全省贷款增速为 15.3%，存款增速为 12.8%。湘西、岳阳、永州、张家界、常德、邵阳、衡阳、株洲等 8 市贷款增速高于全省水平，张家界、岳阳、永州、常德、邵阳、益阳、娄底、湘西、长沙等 9 市州存款增速高于全省水平。

（二）长沙首位度持续提升，GDP 的全省占比保持稳定

长沙在湖南省区域发展中处于一骑绝尘的位置，首位度（与省内 GDP 排名第二的岳阳市比较）水平不断提升。另外，5 年来，长沙市 GDP 占全省的比例略有提升，基本保持在 29% 的水平。省内常德、湘潭、邵阳、益

阳、永州 GDP 增长比较稳定，GDP 居于第三位的常德与岳阳的差距由 2013 年的 170 亿元缩小到 2018 年的 16 亿元（见图 4）。

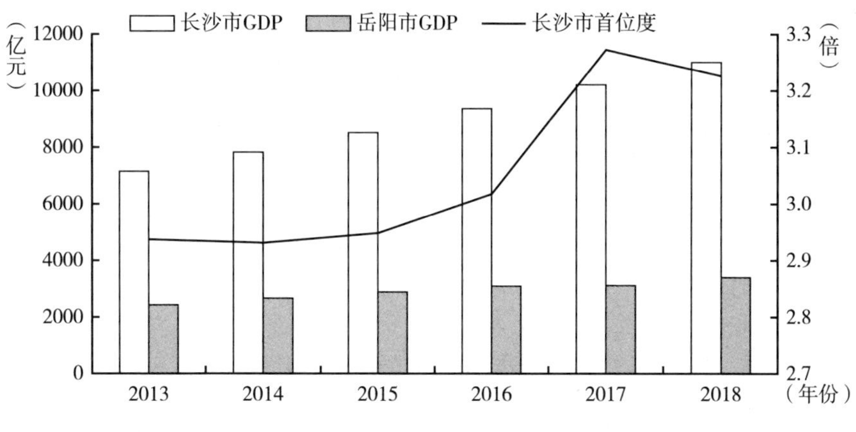

图 4　长沙市首位度变化情况

（三）资金持续流入省内发展洼地

从省外境内资金（内联引资）实际到位情况和实际利用外商直接投资情况来看，2013～2017 年，内联资金对长沙以外的市州更为青睐，资金持续流入这些投资洼地。在内联引资总量上，长沙、郴州、岳阳较多；增速上，全省为 15.3%，常德、湘潭、邵阳、娄底、株洲、怀化等地水平较高，湘西、张家界水平较低。在外资利用总量上，长沙、郴州较多；增速上，常德、娄底、邵阳、张家界等地增长较快。在固定资产投资增长方面，2013～2018 年长沙以外的其他市州合计年均增长 14.1%，高于长沙的 12.9%，衡阳、湘潭、郴州、常德都保持了较高的增长水平。在财政支持方面，绝大多数市州的财政支出收入比（转移支付支持力度）都有增加（见图5 和图6）。

（四）经济结构向优化演进

在市场主体方面，民营经济占主导地位。2019 年，全省各类市场主体 410 万户，其中，长沙市达到 100 万户，个体工商户和私营企业占全部的

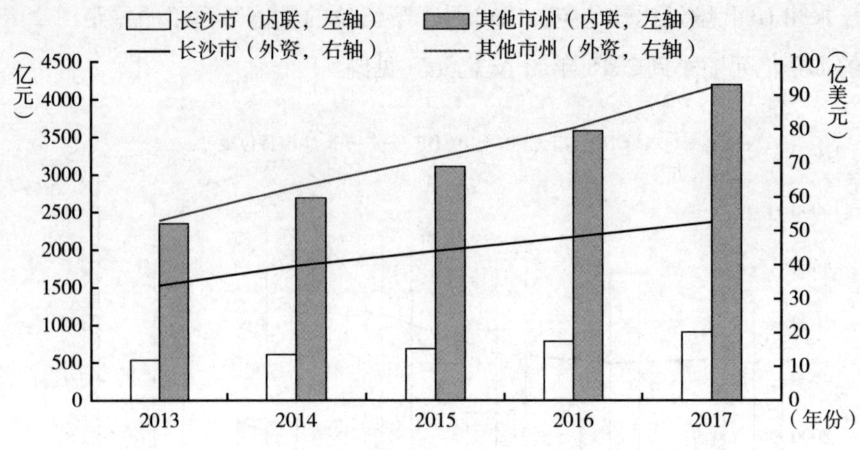

图5　内联引资和实际利用外资分布

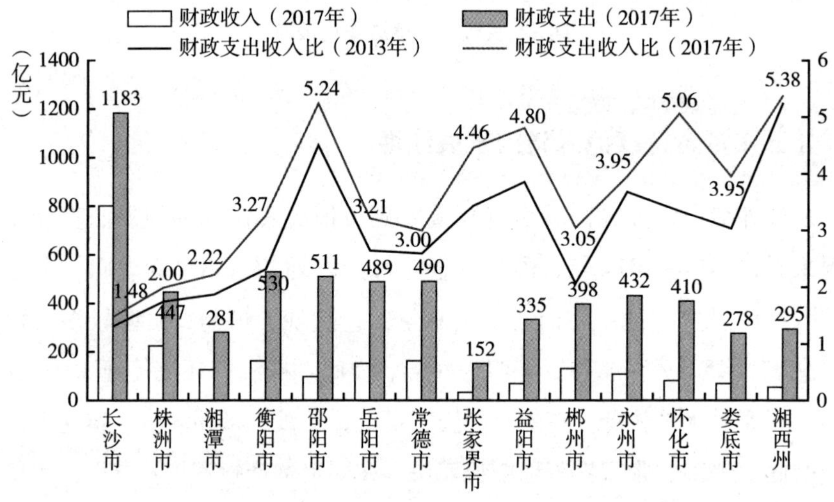

图6　2013～2017年各市州财政收支情况

90.64%。在全省工业规模企业中，所有市州民营企业数均超过90%，一半超过95%；近五年民营经济固定资产累计投资中，有9市比重超过65%。在产业结构方面，第三产业普遍成为第一大产业，高新技术产业增加值占GDP的比重普遍提升，长沙、湘潭、株洲、郴州超过了25%，多的提升了14个百分点，永州、怀化、张家界、益阳、邵阳、湘西等市州的高新技术产业有较快的增长，永州年均增长了72%。省级园区主营业务收入年均增长16.3%，张家界、永州、常德、娄底、湘西增速较快，年均增速超过了28%。在发展质量方面，近年来，随着“三去一降一补”工作的推进，落后产能加速退出，“三高两低”产业加速出局，各市州的经济增长质量得以提升。

（五）基础设施条件不断完善

交通方面，全省通车里程跻身全国前5位，实现了100%县（市、区）通二级及以上公路，100%的乡镇和具备条件的建制村通沥青（水泥）路。内河水运通航里程位居全国第三。省内高铁覆盖率已达到70%以上。通信方面，全面建成“光网城市”，城乡基本实现4G网络全覆盖，基本实现了村村通宽带、通光缆，缩小了城乡数字鸿沟。电力方面，湖南省成为中东部地区售电增长最快的省份，未来三年电网投资可达1000亿元以上，全省供电能力可翻一番。

（六）发展软环境普遍改善

全省各市州贯彻落实习近平新时代中国特色社会主义思想，贯彻落实创新、协调、绿色、开放、共享发展理念。以供给侧结构性改革为契机，推进“三去一降一补”工作，加大环境整治力度，推进产业结构转型升级，促进当地经济高质量发展。着力打造一流营商引商环境，推进“放管服”和商事制度改革，加快“互联网+政务服务”深度融合，努力实现企业和群众办事“最多跑一次”。落实各项减税降费措施，进一步减轻企业发展负担。营造法治化制度环境，构建亲清新型政商关系。

二 问题分析

（一）发展的剪刀差持续扩大

湖南省发展梯度差距表现为“一点（长株潭）一圈（洞庭湖）一线（京广线）一边（西边）”的特点。长沙市一枝独秀、长株潭地区发展条件较好。虽然从长沙市和其他市州二分法来看，资金持续流入省内发展洼地，但单独比较来看，长沙和其他市州在GDP、社会消费品零售总额、固定资产投资、城镇居民人均可支配收入、农村居民人均可支配收入、人均消费额、财政收支、银行贷款余额等发展水平和要素投入的差距上，剪刀差持续扩大（见图7、图8和图9）。比如贷款余额，历年来，长沙市一直比其他市州的总和还要多，占全部的50%以上。

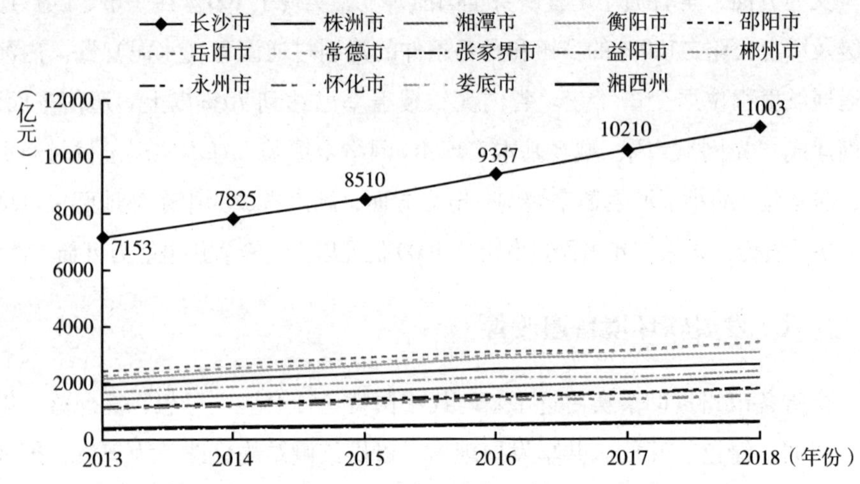

图7　2013～2018年长沙市与其他市州GDP总量剪刀差状况

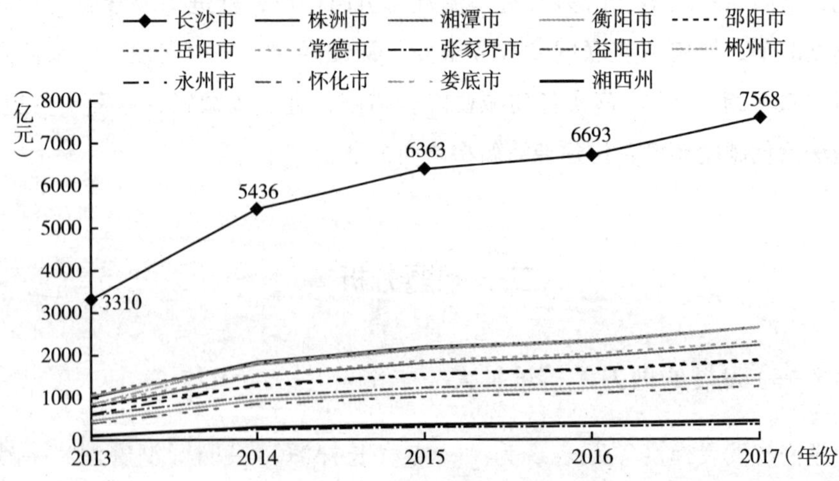

图8　2013～2017年长沙市与其他市州民营经济固定资产投资剪刀差状况

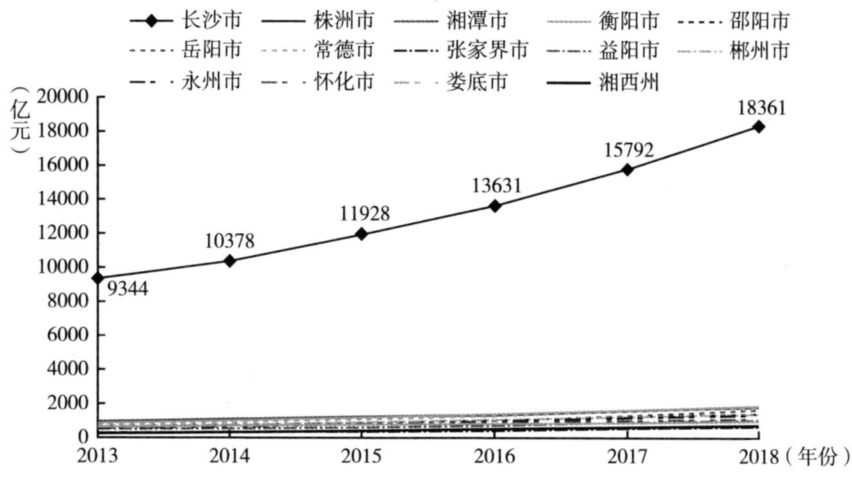

图9　2013～2018年长沙市和其他市州银行贷款余额剪刀差状况

区域发展失衡一方面导致发达地区强者恒强，产业和人口持续流入，导致当地土地资源紧张，高房价、高地价，严重挤压了消费空间，生活成本高，压力大，生育意愿降低。另一方面，也侵蚀了欠发达地区的发展基础，阻碍了当地就业机会、财政和收入水平的提升。

（二）其他市州要素资源流出问题仍然严重

一是资金要素的流出。从存款贷款比来看，全省水平为1.4，有11个市州超过全省水平，表明大多数市州本地资金利用水平较低。2018年，长沙市贷款增量占全省的52%；存款增量占全省的比重急升至66%，其他市州显著下滑（见图10）。二是人才的流出。按近年湖南省人口年自然增长率6.5‰的水平估算，有10个市州常住人口增长水平低于人口自然增长率，全省14个市州中，只有长沙的常住人口有比较明显的增加，衡阳几乎无增长，部分市州人口流出情况较为严重。另外，比人口流出更严重的问题是人才的流出，特别是企业和农村地区，人才来不了，来了留不住（见图11）。

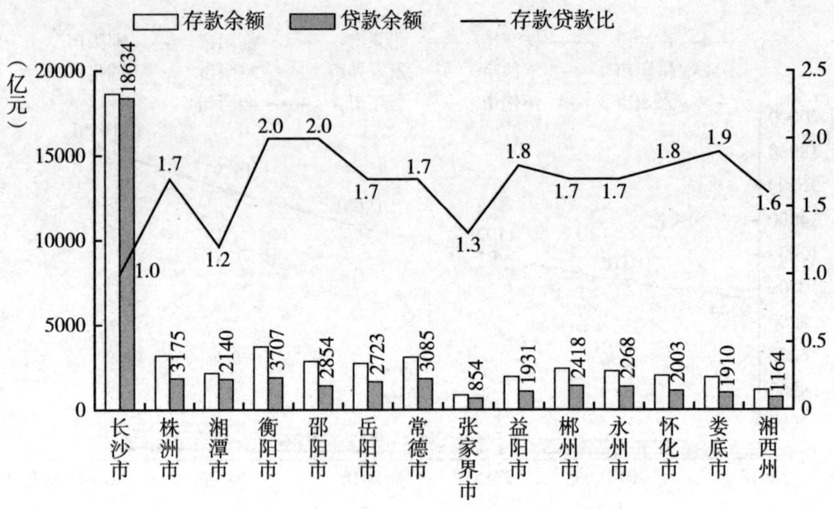

图 10　2018 年各市州存贷款余额及存款贷款比

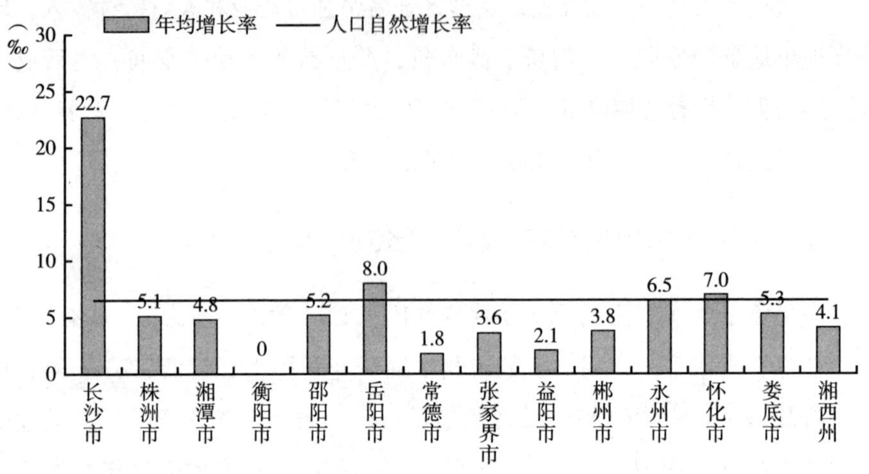

图 11　2013～2018 年各市州常住人口年均增长率

（三）产业发展不足，体量不大

对于一个地区，光看产业结构不足以判断其产业发展水平，产业体量才是判断其发展的重要标准。湖南省大多数市州产业发展不足，体量偏小，有而不强，有而不大。比如张家界、湘西州旅游产业较为发达，但旅游产业体量不大，人均值依然较低。邵阳市仅有一个邵东（人均 GDP 4.73 万元）也远远不够（见图 12）。

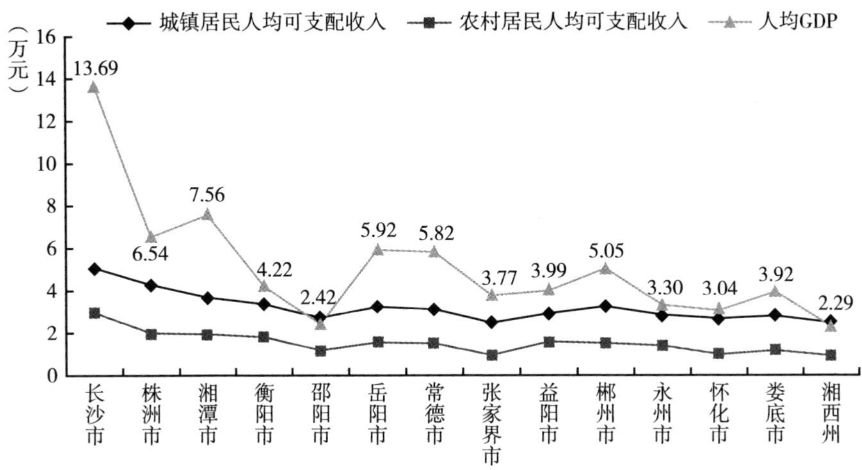

图 12　2018 年各市州人均 GDP 和居民收入状况

（四）区域产业发展政策有待完善

公共服务均等化政策对于促进落后地区基础设施和社会事业发展发挥了重要作用，但没有阻止这些地区人口和资金的外流，甚至提供了便利，产业发展乏力。当前，民生支出占一般公共预算支出比重达到 70% ~80%，但对欠发达地区产业有力度、稳定性的支持政策几乎没有，普惠性或竞争性产业支持政策实质上还是有利于发达地区。单纯的公共服务均等化政策，不能完全促进区域协调发展。

（五）经济面临紧缩的压力比较大

2013 ~2018 年，湖南省 GDP 年均名义增速 8.3%，实际增速 8.35%，名义增速落后于实际增速 0.05 个百分点，表明湖南省增速虽然还保持在中高速上，但经济基本上已失去扩张势头，抗紧缩、抗下行已成为必须面对的问题。同时，外部环境的不可预测性也在增加。当前，欠发达地区传统动能大幅削减，发展新动能仍然不足，实体经济比较困难，风险隐患化解任务比较重。

三　政策建议

（一）将促进区域经济协调发展与保持宏观经济的可持续发展联系起来思考

当前，我国经济的下行压力加大，经济下行是现有经济格局下经济渐失动能的一种反映，这种失效的经济格局反映在区域发展上，就是区域发展的不平衡和不充分状况不仅没有缓解还有进一步加深的可能。当前，在以逆周期的手段对抗经济下行压力的同时，应该对现有经济格局的局限性进行反思，从结构层面反思经济渐失动能的原因，通过一系列调整经济结构的手段来促进宏观经济的可持续发展。在区域发展方面，要制止区域发展不平衡不充分状况进一步加剧，为消费驱动提供空间，促进欠发达地区产业发展，增加就业机会，普遍地提升大众的收入水平。

（二）推动长株潭城市群加快融合发展

长株潭城市群发展条件好，发展有空间，要将长株潭城市群发展作为湖南省平衡区域发展的重要抓手，通过在项目、资金、土地等方面的支持，将长株潭城市群打造成为更大规模的产业中心、人口吸纳中心、消费中心。长沙市是湖南省经济社会发展的先进代表，长沙市要利用有利的人才资源优势、经验优势、队伍优势和产业优势走内涵式的发展道路，长沙的发展要惠及株洲、湘潭。株洲、湘潭产业发展有优势，要通过产业发展加大对人口的吸纳能力，成为全省新的人口吸纳中心。进一步加强长株潭交通基础设施建设，发挥高铁、轻轨、地铁、城市公交的综合优势，提高长株潭城市群中产业、人口聚集区等重要节点通勤的便捷性，提高同城化水平，促进匀质化发展。不断提升科学技术在经济发展中的作用，努力提升生产效率，存优汰劣，扩大高新技术产业的发展规模，形成科技优势产业集群和产业园区，努力培育出大型科技产业巨人，提升长株潭城市群在全省、中部地区以至全国的影响力。

（三）推动其他区域发挥自身优势加快发展

推动环洞庭湖地区利用洞庭湖通江达海的优势积极融入长江经济带发展，加强和长三角城市群的联系，提升外向型经济、水运经济发展水平。推动湘南地区利用地理优势加快融入粤港澳大湾区建设。积极承接产业转移，做好当地资源性产业的转型升级工作，做好文旅产业发展文章，打造好粤港澳后花园。推动西部地区利用好政策优势加快发展。要利用国家扶贫、促进西部地区发展、促进老少边穷地区发展等政策全面提高当地基础设施建设水平，利用企业税收优惠政策加大招商引资力度。利用旅游资源优势和声誉，积极发展全域旅游，加强信息资源共享，扩大旅游产业的整体规模，惠及更多的当地群众。

（四）着力发展实体经济

一是要积极招商引资。将抓产业项目作为解决县域经济、民营经济、开放型经济等短板问题的不二法门。积极招商引资，将本籍外出客商和能人作为倚重的力量，鼓励返乡创业。压实招商引资责任，兑现承诺，整治招商引资违约失信行为，提高招商引资项目的履约水平。二是加大财政对产业发展的支持力度。发挥财政资金“四两拨千斤”的作用，统筹各部门在促进产业发展方面的项目资金，形成合力。建议设立专门的产业发展扶持基金。突出对欠发达地区的支持。三是改善金融服务。提高对实体经济、特色经济、民营经济、中小微企业、个体商户的金融支持水平，打通金融服务的微循环，解决好融资难、融资贵问题，推进金融服务实体经济取得新成效。四是持续推进新旧动能转换。实施创新引领开放崛起战略，发展大数据、物联网、人工智能、智能制造等新业态、新动能。推进供给侧结构性改革，推进

“三去一降一补”工作，推动高质量发展。正确看待供给侧结构性改革对传统落后产业的冲击和对当地经济的影响，加快推进传统产业先进化进程。五是提升全社会发展实体经济的本领。要改变经济发展的“铁公基、房地产”的路径依赖，克服“离开房地产，什么都不会”的本领恐慌，学习促进实体经济发展的本领，学习推动创新发展的本领。

（五）营造良好的营商环境

营造法治化制度化的营商环境，政府、各类市场主体、劳动者都遵纪守法，依法依规办事。政府要依法保护各类市场主体，坚决维护普通劳动者权益。时刻保持反腐工作的高压态势，构建亲清新型政商关系。继续深化“放管服”改革，精简行政审批事项，加快“互联网+政务服务”深度融合。开展“一企一策”帮扶活动，提供精准服务，坚决禁止对市场主体乱检查、乱收费、乱要求等行为。深入推进重点领域、关键环节改革，优化资源配置，增强微观主体活力。

（六）不断提升和改善区域发展条件

一是继续推进基本服务均等化。加大基础设施领域补短板力度，完善教育、职业培训、医疗卫生、文化、社会服务、体育等领域公共服务基础设施。二是统筹城乡发展。着力推进乡村振兴战略，促进县域内产城融合发展和城乡一体化，将县域经济作为区域经济协调发展的基础支撑。

B.14

湖南文化旅游产业高质量发展研究*

湖南省文化和旅游厅、湖南省社会科学院联合课题组**

摘　要： 本报告对湖南省产业布局结构现状做了整体性深度分析，从供给侧结构性改革、脱贫攻坚的迫切需要，文化旅游产业的主地位优势，政策支持足等坚实基础，推进优质产品供给、升级高端化消费等方面论证推动湖南省文化旅游产业高质量发展的必然性，总结提炼了文化旅游产业布局结构有待优化等五个方面的问题，提出加快规划“大项目”、聚焦“大融合”、开发“大产品”、优化“大服务”、实施“大保障”，推动湖南省文化旅旅产业高质量发展、“诗与远方”深度融合等建议。

关键词： 湖南　文化旅游产业　高质量发展

习近平总书记多次强调，要激发全民族文化创新创造活力，建设社会主义文化强国，在对推动中部地区崛起再上新台阶做出的重大部署中，要求贯

---

* 本报告为湖南省文化和旅游厅改革发展重大项目“湖南文化产业与旅游产业高质量发展研究”；省社科基金重点课题“嵌入虚拟产业集群的供应链金融模式创新研究”（18ZDB019）；省社科院重点课题“高质量发展阶段湖南文化创意产业集群发展研究”（18WCB01）；省科技厅“创新型省份建设”专项决策咨询重点项目“科技创新支撑引领湘西地区后发赶超的对策研究”（2019ZL2016）的研究成果。

** 执笔人：邓子纲、耿宇、欧旭理、谢振华、高立龙、曲婷、罗方禄、彭培根。课题负责人邓子纲为文化和旅游部专家库专家，湖南省社会科学院研究员、湖南省“121”创新工程人才；其他执笔人为中南大学、湖南省社科院、湖南省社科联的专家学者。

彻新发展理念，发展战略性新兴产业，推动高质量发展。大力发展文化旅游（简称“文旅”）产业是贯彻落实文化强国战略、中部崛起战略的生长点。湖南省要坚决贯彻中央决策部署，努力推动文化旅游产业高质量发展。

一　湖南省文化旅游产业在区域发展中的战略定位

习近平总书记在党的十九大报告中指出：“文化自信是一个国家、一个民族发展中更基本、更深沉、更持久的力量。”他多次强调，要激发全民族文化创新创造活力，建设社会主义文化强国。湖南第十一次党代会指出今后五年，是湖南全面建成小康社会进而开启实现基本现代化新征程的关键时期，是推进供给侧结构性改革、推动发展动能转换、实现转型升级的关键时期，是重塑经济空间、厚植发展优势、奋力走在中部崛起前列的关键时期。因此“要坚持创新引领，提高经济发展质量效益。坚持开放崛起，建设内陆开放新高地。打造文化创意基地，推动文化创新繁荣”。湖南省要贯彻落实中央关于培植文化旅游产业成为国民经济支柱产业和新的经济增长点的发展战略，就必须加大对本省文化旅游产业的扶持力度，这不仅是贯彻落实党的十九大重要精神、转变经济发展方式的必然选择，而且对于增强湖南省综合实力和竞争力、应对经济下行压力、实现中部崛起和全省脱贫以及开发和保护文化旅游资源都具有重要意义。

（一）全球化合作不断加深，文化软实力要求必须大力提升文化产业与旅游产业的品质

随着经济全球化的深入，各国之间的交流合作日趋频繁，当前文化产业与旅游产业已经成为中国软实力话语权的一个重要指标；文化产业与旅游产业是我国下一步示范型服务业的高端产业。随着“和平”与“发展”成为时代主流，文化软实力成为一个新的“无硝烟战场”，如果在这个“战场”拿不下“制高点”，那么中国模式就不可能被全世界认可，中国就难以成为一个真正有影响力的强国，因此必须大力提升文化软实力。进入

21世纪，文化软实力建设的重要性日益凸显，提升我国的文化软实力显得日益迫切。大力发展文旅产业，是提升我国文化软实力的必然之举。文化与旅游产业管理机制的改革，为文旅产业发展开启了新纪元，旅游与文化从来就是相生相伴、相互交融。这种融合发展不是简单叠加，而是有机融合，不是简单的空间堆砌，而是复合的化学反应。统筹文化事业、文化产业发展和旅游资源开发，提高国家软实力和中华文化影响力，推动文化事业、文化产业和旅游业融合发展。对于湖南省来说，更应该顺应国际形势的变化与中央的要求，提升文化软实力，着力提升文化产业与旅游产业的品质。打造优质旅游品牌，形成产业聚集效应，推动湖南省经济和综合实力的不断提高。

（二）发展文化旅游产业是应对经济下行压力加大的有力举措

中国正在经历全新的经济发展阶段，提出到2020年单位GDP碳排放比2005年减少40%～45%的发展目标，以及产业结构调整、劳动力人口红利逐渐消失以及技术等条件的限制，使中国的经济增长正在逐渐放缓，经济发展压力不断增大。而文化旅游产业是湖南经济新的增长点、环境友好型产业、扶贫重要产业、服务业潜力所在，2015～2018年，湖南省文化和创意产业增加值从1707.18亿元增长到2260亿元，占GDP的比重达到6.2%；文化旅游消费对湖南经济社会发展的贡献度越来越大，湖南文化旅游的影响力越来越大。湖南省文化和旅游厅官网显示：旅游业方面，2018年全省共接待国内外游客75300.53万人次，同比增长12.50%；实现旅游总收入8355.73亿元，同比增长16.49%，其中，国内旅游收入增长16.51%，入境旅游收入增长17.37%；全省旅游产业增加值2230.75亿元，同比增长9.55%，占GDP的比重达6.12%，占第三产业增加值的比重达11.81%。可以看到，发展文化旅游业是湖南保持经济继续增长的有效措施。未来，湖南旅游业应进一步厘清工作思路和措施，坚持问题导向，向先进省份学习经验，突出发展红色、绿色、古色旅游，在提升全域旅游发展质量上下功夫。

（三）发展文化旅游产业是实现中部崛起、全面建设小康社会的有效途径

在2019年5月21日召开的推动中部地区崛起工作座谈会上，习近平总书记对促进中部地区高质量发展、推动中部地区崛起再上新台阶做出重大部署、提出明确要求。习总书记要求在供给侧结构性改革上下更大的功夫，积极主动融入国家战略，推动高质量发展，不断增强中部地区综合实力和竞争力。“中部崛起，湖南先行”。湖南承东启西、连南接北，交通网络发达、生产要素密集、人力资源丰富、产业门类齐全等优势将得到进一步发挥，在中国新经济发展和新一轮全方位开发开放中将迎来重大的发展机遇。截至2018年底，虽然湖南省贫困发生率降至1.49%，但仍有20个贫困县没有摘帽，83万贫困人口没有脱贫。要合理利用文化产业和旅游产业发展契机，通过发展乡村旅游和文化产品加工业等产业带动贫困户脱贫，实现2020年全面建成小康社会的目标。

（四）发展文化旅游产业是保护和传承文化、旅游资源的重要保障

保护和传承文化旅游资源，是发展文化旅游产业的重要前提。2018年，湖南省文物安全形势总体平稳，非物质文化遗产保护传承能力不断提升。2019年还将开展全省文化旅游资源大普查，探索将湘西土家族苗族国家级文化生态保护区和3个省级保护区与全域旅游发展相结合，打造文化旅游精品项目，着力保护湖南文化旅游资源。借助当前发展文化旅游产业的契机，湖南将着力构建现代文旅资源保护利用体系，提高文化遗产资源保护传承水平，促进旅游发展与文化保护相结合，将旅游需求有机融入文物、古籍、非遗保护利用设施的功能设计之中，借助文旅建设资金和文旅产业收入，增加文旅资源保护的资金投入。

二　当前湖南文化旅游产业发展的坚实基础

目前，湖南文化旅游产业规模不断扩大，文旅产业集聚的进程不断加

快，与此同时，各地的大型文旅项目纷纷落地动工。伴随着文旅管理体制改革的持续深入和相关服务机制的不断健全，湖南省文化旅游产业步入发展的新阶段指日可待。

（一）文化产业、旅游产业规模不断壮大

2015 年以来，特别是湖南省实施创新引领、开放崛起战略以来，通过围绕开通的国际航线举办“锦绣潇湘”品牌营销系列活动，湖南省入境旅游从 2015 年以前连续三年负增长转变为呈现持续强劲增长的良好发展态势。调研中发现，湖南省接待入境游客从 2015 年的 226. 5 万人次增长到 2017 年的 322. 68 万人，三年增长 42. 46%，平均增速为 19. 36%。2018 年湖南省接待国内外旅游者 7. 53 亿人次，同比增长 12. 5%；实现旅游总收入 8355. 73 亿元，同比增长 16. 49%。2019 年 1 ~8 月，全省接待国内外游客 5. 3 亿人次，同比增长 11. 22%；实现旅游总收入 5972. 81 亿元，同比增长 16. 69%；入境游客达 303. 51 万人次，同比增长 26. 8%。同时，2018 年全省实施在建重点旅游项目 387 个、总投资 6001. 15 亿元。红色旅游宣传推广有声有色，红色旅游成为新热点。2018 年，湖南第三产业无论是 GDP 占比还是增速都领跑第一、二产业，经济结构从以往的“二三一”转变为目前的“三二一”，实现了结构性转变。数据显示，第一产业增加值 3083. 59 亿元，增长 3. 5%；第二产业增加值 14453. 54 亿元，增长 7. 2%；第三产业增加值 18888. 65 亿元，增长 9. 2%。消费作为保持经济平稳健康发展的压舱石，对湖南经济增长的贡献不断增强。

（二）文旅产业集聚进程不断加快

目前湖南正在着力构建“一核两圈三板块”的文化旅游产业发展格局，推进长株潭、大湘西、大湘南、环洞庭湖等四大板块差异化、特色化发展。打造“一核”，是指打造长株潭文化产业核心区，以长沙市、株洲市、湘潭市三市为支撑，加快推进相关重大项目建设，将长株潭地区建设成为区域性文化创意中心、东亚文化之都和世界媒体艺术之都。构建“两圈”，即构建

以长沙市为中心，形成高铁1小时、高速公路2小时到达的岳阳市、益阳市、常德市、娄底市、衡阳市等地级市全域的产业协同经济圈，和以长沙为中心，形成高铁2小时、高速公路4小时到达的张家界市、湘西自治州、怀化市、邵阳市、永州市、郴州市等地级市全域的产业联动经济圈。“三板块”则是建设大湘西板块，使之成为全省文化旅游融合发展示范区；建设大湘南板块，使之成为全省文化制造出口加工集聚区；建设环洞庭湖板块，使之成为全省生态休闲文化产业发展试验区。湖南文旅产业集聚已经势不可挡，从之前的“长沙一枝独秀”发展至如今的“各地百花齐放”。

（三）大型文旅项目纷纷落地动工

据统计，“十三五”期间，湖南省重点规划建设151个文旅重大项目，拉动文化旅游综合投资将达1万亿元以上。2018年全省在建旅游项目392个，比上年减少46个，同比减少10.50%，总投资6311.77亿元，同比增长0.87%，其中，投资上百亿元项目11个，上五十亿元项目28个，投资上十亿元项目123个，重点跟踪推进的30个省级重点在建旅游项目总投资1492.5亿元。最近三年湖南文旅投资持续保持高速增长，每年完成的文旅投资都在1000亿元以上，文旅产业已成为湖南省投资的重点、消费的热点和开放的亮点。2019年上半年，全省在建文旅项目共有351个，总投资5790亿元，其中30个重点项目总投资1526.23亿元。张家界丝路荷花建设项目、大王山旅游度假区、马栏山视频文创产业园等重点项目进展顺利。2019年郴州市重点调度的10个重点文旅项目建设稳步实施，项目服务有序跟进。莽山五指峰项目二期规划和整体的提质改造工程都在紧锣密鼓地进行当中。调研中发现，湖南省已经引进了株洲方特主题公园、华侨城文旅综合项目等大型文化旅游项目，这些大型项目的辐射效应和带动效应都是极强的。“长株潭”地区作为湖南省文化旅游产业的核心增长极，重点发展文化创意产业。2018年以来，着力打造的“中国V谷”马栏山视频文创产业园筛选出“五个一百”重大产业项目，总投资达300亿元；大湘西地区依托民族民俗资源，突出非遗传承、工艺美术等特色文化品牌。还比如总投资

2.1 亿元的乔口渔都乐园渔文化园，总投资 14.5 亿元的长沙铜官窑国际文化旅游度假区，总投资 434.3 亿元的长沙天心文化产业园以及总投资 20 亿元的茶陵县中华茶祖文化产业园等，这些项目都在很大程度上促进了湖南省文化旅游产业的发展。

（四）文旅管理体制改革持续深入

文旅管理体制改革方面，全省坚持把文旅人才培养工程、文艺创作精品工程、现代公共文旅服务体系、文旅资源保护传承体系、现代文旅产业创新体系、现代文旅市场发展体系、现代文旅传播推广体系等两大工程五大体系，摆到湖南省实施创新引领、开放崛起的战略格局中去谋划，落到可量化、可督查、可考核的具体项目。坚持政府引导、企业主体、市场化运作的原则，大力实施大项目带动文旅融合发展，把全域旅游示范区建设成为文旅融合发展先导区。突出抓好“旅游厕所革命”、文化馆图书馆总分馆制和公共文化机构法人治理等重点工作的督促检查，切实抓好文旅产业统计、人才培训、安全生产等基础工作，确保高质量完成 2019 年各项目标任务，在创新引领、开放崛起战略中走在前列。通过着力加强文化旅游融合，突出为民惠民重点，以提升质量效益为目标，力争全省文化综合实力进位前移。

（五）相关服务机制不断健全

基础服务设施不断完善。目前湖南省已经形成了“五纵六横”的高速公路主骨架，高速公路通车里程居全国第五位。高铁通车里程居全国第一位。长沙黄花机场、张家界荷花机场新航站楼改扩建完成，南岳机场正式通航，国际直飞航线航班不断增加。基本形成了以洞庭湖为中心，长沙、岳阳为主枢纽的内河水运体系，同时湖南还在着力打造长沙“四小时航空经济圈”，力图进一步提升交通便捷程度。同时湖南大力推进“旅游厕所革命”，加快旅游停车场建设，支持建设了一批游客中心，形成了省、市、县、景区四级游客集散服务体系，实现了 4A 级及以上旅游景区高速公路指示牌全覆盖，全面设置了大湘西地区 3A 级及以上景区通景公路指引标志，加快旅游信息公共平台建设，11 个市、县先后纳入国家智慧旅游城市试点。在完善基础服务设施的同时，湖南省的旅游市场监管机制也在不断完善。通过集中开展“两打击一整治”专项行动，在湖南旅游监管平台上实施动态监管，规范旅游市场秩序。并出台《湖南省旅游突发公共事件应急预案》，组织开展全省旅游市场安全大检查和“安全生产月活动”。培养和践行旅游行业核心价值观，开展旅游行业质量提升和“文明与旅游同行”“做文明游客”等系列主题活动，文明旅游宣传引导工作走在全国前列。

三　湖南省文化旅游产业发展的多重环境分析

本课题组从湖南省文化旅游产业的多重环境入手进行了深入分析研究。研究发现，近年来湖南省政策环境、经济环境和社会环境不断优化，与发达省份的差距不断缩小，这为湖南省文化旅游产业的发展打下了坚实的基础。

（一）湖南省文化旅游产业发展的政策环境

一是政策扶持力度不断加大。根据中央的有关部署，湖南省先后出台数十项文化旅游相关政策文件，如编制《湖南省国家旅游精准扶贫创新区总体规划纲要》、《湖南省张吉怀精品旅游线路建设总体方案》和《环洞庭湖精品旅游线路总体方案》；印发《湖南省精品旅游线路重点县建设指南》；联合中国社会科学院共同发布国内首个全面介绍高端旅游装备发展状况的综合研究报告——《2018 中国旅游装备制造业发展报告》等。这些年来，湖南省委、省政府持续加大文化体制改革力度，在全国率先提出“文化创新体系”。深化国有文化资产管理体制改革，在全国率先成立省文资委。推动广电、出版新一轮改革，整合重组现有国有文化资源，推动企业更加聚焦主业。同时，先后出台的《湖南省旅游业“十三五”发展规划纲要》、《湖南省消费导向型旅游投资促进计划》、《关于支持湘潭（韶山）建设全国红色旅游融合发展示范区的若干意见》和《湖南省建设全域旅游基地三年行动计划（2018～2020 年）》（湘政办发〔2018〕42 号）等系列政策文件，以及省人大常委会审议通过的《湖南省实施〈旅游法〉办法》等法规，更是为全域旅游发展提供了制度供给。

二是配套优惠措施不断完善。为大力发展文化旅游产业，湖南省委、省政府明确提出要不断增加对文化旅游事业的投入，积极落实税收优惠政策。湖南省计划2019年开展“十大文旅地标”“十大文旅小镇”“十大文旅企业”评选，并出台配套政策进行重点扶持。同时，推动马栏山视频文创园、丝路荷花国际文化旅游城、湖南图书馆新馆等重点项目建设，办好湖南文化旅游产业博览会暨装备展、湖湘动漫月等活动；启动湖南省文化旅游资源大普查，开展省级全域旅游示范创建验收工作；实质性推动湘赣边红色旅游合作，举办2019年湖南红色文化旅游节；组织4A、5A级旅游景区景观质量指导、评估等工作；开展湖南精品旅游线路产品设计大赛，推广和建设最美湖南旅游体验产品线路。并以实施“锦绣潇湘”文化旅游品牌建设工程为抓手，积极配合省委省政府领导外事出访活动，在国际航线开通的主要客源地，组织开展“锦绣潇湘”走进“一带一路”文化旅游合作交流系列活动，进一步扩大文化旅游服务贸易，把文化旅游服务贸易培育成为全省开放的亮点。

（二）湖南省文化旅游产业发展的经济环境

一是消费需求不断增长。发达国家的发展经验揭示，人均GDP在1000美元以下时，居民消费以物质消费为主；而当人均GDP超过5000美元时，居民的消费结构就将转向以精神文化消费为主的阶段。2018年湖南省的人均GDP已突破8000美元大关，由此可见，湖南省文化旅游产业需求已较为旺盛，居民文化旅游消费需求增长将驶入不断提速的快车道。2017年全国居民恩格尔系数已经下降到29.3%，进入了联合国划分的20%～30%的富足区间，居民对发展型资料和享受型资料消费的需求正在不断增加。据国家统计局数据，2018年中国国内游客出游55.4亿人次，这一数据是2008年17.1亿人次的3倍还要多。

二是新鲜资本注入提升产业升级。在发展文旅产业时积极引进民间资金，吸纳新鲜资本。市场发育成熟的文旅产业发展模式吸附的相关产业有力拉动了产融生态圈的形成，对培育新的经济业态提供了源源不断的现实利好。2018 年 10 月，在郴州国际休闲旅游文化节招商推介会上，文化旅游、新型工业、现代服务业等领域共签约 12 个项目，计划总投资逾 100 亿元；环洞庭湖地区筑牢绿色生态优势，着力发展生态文化、旅游观光等产业形态。同年 8 月，在湖南益阳第二届洞庭湖生态文化旅游暨水上运动节上，签订合作协议 18 个，总投资额度达 50 亿元。在 2019 年上半年，湖南省与北京银行开展战略合作并发布了“文旅贷”金融服务方案，北京银行长沙分行提供意向性授信 300 亿元，扶持文化旅游新产品新业态发展。

三是科学技术注入提升产业活力。随着技术创新日新月异，科技需要更多的实现载体；而旅游业有极其丰富的应用场景、极强的跨界能力以及庞大的产业规模，不管什么样的新技术，都能在这找到足够的施展空间。鼓励发展智慧旅游、无人景区等高科技旅游附加产业。湖南省在这方面已经有了显著的成效，从早期的红网、华声、金鹰网等新媒体发展，湖南广电、中南出版与华为、腾讯、富士康等的战略合作，动漫领域国家级技术平台建设，到湖南日报报业集团的“无线湖南”移动互联网项目，湖南广电的“芒果TV”独播战略，大型实景演出《天门狐仙》的魔幻技术、湖南橘子洲烟花设计燃放数码技术的运用等，无不体现了湖南文化旅游产业与科技融合发展、互促共进的活力正在逐渐展现。随着 5G 时代的来临，大数据和新一代信息技术（AI、AR、VR 等）将深入影响经济社会生活的方方面面，文化和旅游产业也不例外。在文旅融合和新生代消费群体快速崛起的大趋势下，市场需求必然会发生很大变化，无论是旅游中的文化需求，还是文化中的旅游需求，都需要重新定义，在线旅游企业以及在线文化服务企业掌握的大数据资源将大有可为。

（三）湖南省文化旅游产业发展的社会环境

一是文化旅游资源极其丰厚。在资源禀赋上，湖南省拥有的国家级景区数量和浙江省并列全国第一，多达 22 处。同时，湖南省是全国非物质文化遗产资源大省，国家非遗、省级非遗项目居于全国前列，有 4 个项目被联合国教科文组织列入《人类非物质文化遗产代表作名录》。湖南衡阳市南岳区、湘潭市韶山市、张家界市武陵源区等三地入选文化和旅游部公示的首批国家全域旅游示范区名单。目前全省有旅游区 15 个，旅游景点 100 余处，省级以上重点保护文物 180 余处。全省共有国家级非物质文化遗产项目 118 个，国家级代表性传承人 121 人；省级非物质文化遗产项目 324 个，省级代表性传承人 304 人。“汨罗江畔端午习俗”“昆剧”“湖南皮影戏”“二十四节气（苗族赶秋、安仁赶分社）”4 个项目，被联合国教科文组织列入《人类非物质文化遗产代表作名录》。此外，湖南还拥有国家级文化生态保护（实验）区 1 个，国家级非遗生产性保护示范基地 4 个，国家首批传统工艺振兴计划名录项目 14 个。湘西的民族风情和旅游资源有巨大的开发潜力。

二是消费需求不断提升。伴随着经济和社会的快速发展与居民收入水平的不断提高，全省消费需求也开始从物质层面向更高的文化层面迈进，这对全省文化旅游产业的发展是一支特效的“强心针”。以 2018 年的数据为例，2018 年湖南居民人均可支配收入 25241 元，比上年增长 9.3%；全省居民人均消费支出 18808 元，同比增长 9.6%。食品烟酒等生存型支出增幅不大，而医疗保健、居住、交通通信等改善型支出提速明显。2017 年湖南省的恩格尔系数就已经下降为 29.2%，根据联合国粮农组织（FAO）的标准，恩格尔系数在 30% ~40% 为富裕，低于 30% 为最富裕，由此可见，湖南省城镇居民已逐步进入富裕阶段，并不断向更高层次的富裕水平迈进，居民的消费需求和消费水平正在不断提高。

三是区域特色品牌不断叫响。旅游业是湖南的支柱产业之一，将文化和旅游结合起来，不仅能够有效促进潇湘文化的传播和发扬，而且能为湖南带来更大的经济效益。因此，湖南省政府务必加速推动把资源优势转化为产业优势，把产业优势转化为发展优势，加快湖南文化旅游产业崛起，使其成为湖南经济发展的新引擎。在调研中发现，旅游景点的特色和知名度是吸引游客最重要的因素，有 51.92% 的被调查者认为旅游景点有特色是最吸引自己的地方，因此湖南省坚持以旅游产业的供给侧结构性改革为入手点，大力推进旅游资源整合，倾力打造以“锦绣潇湘”为总品牌的区域品牌、市州品牌、产品品牌和服务品牌系列品牌，形成“锦绣潇湘”核心品牌整体形象优势。各级党委和政府高度重视，坚持文旅品牌自信，加强组织领导和保障到位，初步形成各部门支持、社会参与、上下联动，合力打造“锦绣潇湘”品牌的局面。眼下“锦绣潇湘”品牌建设已经初具成效，湖南文旅产业的高质量发展已经具备了十分坚实的基础。湖南省的“锦绣潇湘”品牌已经具有了相当的知名度，2018 年“锦绣潇湘”走进“一带一路”文化旅游合作交流系列活动荣获中国最具影响力营销推广品牌活动第二名。湖南省是全国入选世界知名旅游指南出版机构孤独星球发布的 2018 年世界十大最物超所值的旅行目的地的唯一省份。

四是基础设施不断完善。“湖南公共文旅云”通过整合全省文旅资源，构建覆盖全省、互联互通、便捷高效的立体式公共文旅服务网络平台，解决了公共文旅服务知晓率低、参与率低、设施利用率低等问题，努力打通了公共文旅服务“最后一公里”，真正做到对接基层、对接百姓，让百姓“足不出户，一机在手”就能享受到政府提供的文旅服务。“湖南公共文旅云”版权归政府部门所有，更加注重平台意识形态管理、长效运营、大数据分析、服务效能监测和群众评价反馈，创新了政府监管、社会力量运营的新模式，为实现文化和旅游融合发展、事业与产业协调推进提供可借鉴的新路径，在增强公共文旅服务可及性的同时，使公共文旅服务成为培育和促进文化消费、促进精准扶贫的重要推手。

四　湖南省文化旅游产业发展中存在的制约因素

尽管湖南文化旅游产业发展成效显著，但与全国先进地区相比仍有一定差距，产业政策与国家相对照也存在一些不足，主要体现在以下几个方面。

（一）文化旅游产业定位不清晰

当前，湖南省普遍存在对发展文化旅游产业的认识不足、定位不清、政策不明，主要表现在以下两个方面。

一是将文化旅游产业等同于旅游业。在国家重点鼓励发展的工艺品等文化旅游产业产品中，湖南省烟花、陶瓷、湘绣等特色工艺品是对外重要的文化出口产品，在国际市场上也拥有不小份额，但是这些产品的文化附加值未得到充分展现，没有“活”起来。眼下部分地区文化和旅游还是“两张皮”，旅游房地产的大行其道，旅游商品和旅游体验大同小异，游客缺乏新鲜感，导致产业发展后续乏力。有的地区在商业区修建文化和旅游相关设施，便以文旅融合项目自诩。许多地区，其实是打着“发展文化旅游业”的旗号发展“传统旅游业”。

二是对文化产业与旅游产业的融合程度认识不深。文化产业与旅游产业有各自不同的运行逻辑，不是简单地投入资金就可以融合的，而是要多从文化内容和精神情感上深度挖掘，讲好故事、谋好项目、做好产品。要以旅游产业为文化产业输血，以文化产业升华旅游产业。但是目前，部分地区盲随大流进行旅游小镇、文旅小镇建设或是主题公园建设，不考虑自身实际和资源特色。许多的主题公园、特色小镇陷入了“建设易、盈利难”的困境。

（二）文化旅游资源优势未能转化为产业优势

湖南坐拥全国首屈一指的文化旅游资源，却并未将其转化为明显的产业优势。湖南的文化旅游业整体发展水平与发达省份比仍旧存在差距，不仅与广东、浙江、山东、江苏等传统文化旅游大省存在较大差距，而且与地理位置上不如湖南的西南省份四川（旅游总收入突破了万亿元）也存在差距。2018 年湖南省共接待国内外旅游者 7.53 亿人次，比上年增长 12.5%，其中接待入境旅游者 365.08 万人次；实现旅游总收入 8355.73 亿元，同比增长 16.49%，其中旅游创汇 15.2 亿美元。但同期，贵州旅游业持续“井喷”，全省旅游总人数达 9.69 亿人次，比上年增长 30.2%；实现旅游总收入 9471.03 亿元，增长 33.1%。云南省共接待海内外游客 6.88 亿人次，实现旅游总收入 8991 亿元；并且旅游投诉量在 12301 系统中排名全国第 21 位，较 2017 年下降 15 位。云南旅游市场秩序整治的压倒性态势已经形成，旅游市场正持续向好。河南省更是以8120亿元的旅游收入对湖南“虎视眈眈”。

2018年，湖南省累计接待入境游客365万余人次；而同期的陕西省累计接待入境游客437万余人次；江苏省也超过400万人次。湖南省文化旅游产业的国际化程度有待提高。以中国国旅湖南公司为例，在刚成立时入境游占比为47%左右，而经过了近两年出境游和国内游的连番挤压，当前公司的入境游业务仅有20%左右，而在湖南中铁国旅等其他旅行社，这种入境业务发生缩减的情况同样在上演。湖南成为文化旅游产业强省，仍有很长的路要走。

（三）文化旅游资源缺乏有效整合

湖南文化旅游资源非常丰富，但总体来看还处于民间的自发集聚状态和产业培育阶段。不少县（市、区）在发展文化旅游产业过程中缺乏对区域文化旅游资源的整合，文化产品的开发有待加强，缺乏核心龙头企业，无法形成合力、凸显优势，无法形成文化旅游产业集群或产业带。眼下的文化旅游业仍以个人和家庭服务业为主。绝对数量大，但是整体质量不高。很多是中小型企业或家庭式产业。2018年，湖南省文化市场经营机构1.23万个，从业人员7.16万人，平均每个机构从业人员不足6人；营业总收入178.07亿元，比上年增长26.75%，但是营业利润28.73亿元，比上年减少3.59%。

（四）缺乏专业旅游人才和高端创意人才

目前旅游从业人员队伍中的“两低一高”（低学历、低职称、高流动性）人员较多，大量的不专业或者缺乏资质的导游随便上岗，极大地降低游客的旅游体验。目前，省内只有湖南师范大学、湘潭大学、吉首大学、湖南商学院等几所高校开设文化产业管理相关专业，每年培养的毕业生人数远远满足不了产业发展的现实需求，高端复合型人才更是凤毛麟角，极其稀缺。小语种导游缺少的问题同样被反复提出。湖南的国际旅游一直难以打开局面，缺乏相应的服务人员是重要原因之一。湖南旅游市场面临缺乏高质量英语导游和小语种导游的窘境。湖南省各大院校可以加大与旅游企业的合作，专门培养一批小语种专业导游，为湖南旅游市场注入新的活力。高端创意人才方面，一方面是指文化旅游资源的传承人培养梯队不完善。文旅产品开发仍处于粗放阶段，后续产业链不够完善。另一方面，是在文旅项目开发建设中，缺乏足够的专家人才提供支持。

（五）文旅产业区域发展不平衡

调研中发现，湖南省文化产业、旅游产业区域发展不均衡主要体现在两大方面：一是客源客流分布不平衡；二是产业的地域发展不均衡。湖南旅游已经形成庞大的市场，但客源客流分布不平衡。在湖南省接待的国内游客中，外省游客占比较低，绝大部分是“蜻蜓点水”式旅游。同时区域不平衡现象依旧存在，目前全省各市州旅游发展水平基本与各地高等级景区数量呈现正相关关系，长沙、郴州、衡阳、湘潭等市居前，邵阳、娄底、益阳靠后，接待人次、旅游收入两项指标，第一名与最后一名分别相差 4. 27 倍和 6. 23 倍。从景区接待游客人数看，长沙保持领先地位，景区全年接待游客 5225. 22 万人次；湘潭、衡阳紧随其后，接待游客 3102. 98 万人；株洲居第三位，接待游客 2304. 94 万人。长沙、张家界等地的发展，要明显好于其他地级城市。两地分别是湖南省会和世界级景区，其文化产业链发展相对较为完善，湖南省的其他地方却有待提高。从具有风向标意义的“全省文化市场经营机构”这一指标来看，2018 年全省机构数共计 12257 个，分布于各地市州，仅长沙突破 2000 个大关，常德、岳阳、怀化突破 1000 个大关，占比分别为 18. 14%、11. 95%、9. 75%、8. 24%。而分列后三位的益阳、张家界、郴州占比仅为 2. 12%、2. 47%、3. 79%，不仅与前四位差距很大，且未达到全省同类指标的平均水平。

（六）缺乏对文旅新兴业态的重视与培育

目前湖南省文旅产业的发展，仍然处于较为基础的传统旅游业和文化产业开发阶段。对于文旅新兴产业的重视不够，产业培育投入不足。所谓文旅新兴产业是指“夜游经济”、VR 旅游、“互联网 + 旅游”“深度游”等。它们是随着网络社会发展、社会节奏变革和消费主力群体改变而产生的一系列新兴产业。上述产业的共同特点：科技含量高、存在一定消费门槛以及转化率较高。比如针对夜游经济有研究表明，游客消费的 60% 发生在 18 时以后，过夜消费是一日游的 4 倍以上。因此，四川发展了“月光经济”，海南也在积极打造“夜三亚”品牌，成都的各大博物馆自 2017 年开始都延时开放至傍晚。但是，湖南省出于安全、管理等方面的考虑对于该产业的扶持相对较少。坐落在贵州双龙航空港经济区的东方科幻谷，代表了文化旅游新兴产业的发展方向。湖南省目前并未建成类似的主打 VR 旅游的大型景区。“互联网 + 旅游”则是将移动互联网与旅游产业结合。再比如云南开发的“游云南”App，就打出了“一部手机游云南”的口号。河南省也开发出了类似的“游河南”App，开启了旅游的“新自助时代”。湖南省仍未开发类似功能的程序。因此，下一阶段，为了推动湖南省文旅产业的进一步发展，必须大力扶持培育文旅新兴业态。

五　推动湖南文化旅游产业高质量发展的理念、战略与原则

2019 年 5 月，习近平总书记在主持召开推动中部地区崛起工作座谈会时指出，中部地区崛起势头正劲，中部地区发展大有可为。要紧扣高质量发展要求，乘势而上，扎实工作，推动中部地区崛起再上新台阶。因此，制定完善的推动湖南文化旅游产业高质量发展的理念、战略与原则是十分必要的。

（一）确立基本发展理念，积极推动“三化”

2019 年是湖南省文化和旅游系统加快推动文旅融合发展的开局之年，在这一良好外部环境下，应积极推动“三化”，即文化旅游化、旅游文化化、文化旅游一体化，以文促旅、以旅彰文。推动文旅产业大发展，要树立

“抓文旅就是抓经济”的理念，以文旅产业作为湖南省经济发展的助推器，不断促进湖南经济在新时代的发展。以“三化”为抓手，努力推动文化强省建设，争取全省文化综合实力进位前移。

（二）实施两个重要战略，实现“联动先亮”

文化旅游产业在整个第三产业中都是优势产业和重点产业，要积极落实文化旅游产业先导战略，优先发展文旅产业。充分发挥其先天优势和辐射带动作用，这是加快文化旅游产业发展的正确的战略选择。建议湖南省参照浙江、山东等省份的做法，把文化旅游产业放到更加突出的位置，具体实施“板块联动、（产业）集群先行”“示范先导、精品先亮”方略。

一是“板块联动”，即长株潭旅游板块、环洞庭湖旅游板块、大湘西旅游板块、雪峰山旅游板块、大湘南旅游板块等五大板块联动发展。五大旅游板块加强内联外合，域内组建旅游共同体，域外构建区域旅游合作联盟，促进全省文旅产业共建共享、共同发展，实现资源互补、市场互动、做大做强，提高湖南旅游产业在全国的竞争力。（产业）集群先行，则是根据各地特色打造自身的文旅特色产业。着力推进发展以现代城市旅游为核心的长株潭旅游区，打造以洞庭湖自然风光和岳阳楼人文特色为亮点的环洞庭湖旅游区，开发以独特湘西苗家文化为区域品牌的大湘西旅游区，建设以雪峰山为区域核心的雪峰山旅游板块，以休闲旅游为核心的大湘南旅游板块，完善南岳衡山旅游协作区等旅游合作机制。

二是“示范先导”。加快创建30个全域旅游示范区、建设30个省级重点旅游项目。制定以县域为基础的全域旅游示范区创建指标体系，引导各地加快创建国家级、省级全域旅游示范县市区，加快培育一批旅游总收入过百亿元的旅游强县、旅游总收入过十亿元的旅游小镇、旅游总收入过亿元的旅游名村，形成多点支撑、协调发展的全域旅游发展新格局。精品先亮，即以打造五大文旅基地行业为重点，精心打造一批原创性的拳头产品，并有效进行市场动作。努力打造文旅融合发展示范基地、旅游新业态培育基地、湘湾（粤港澳大湾区）文旅产业交流合作基地、数字文化创新基地以及工艺美术创意基地和文化装备制造特色基地等五大文旅产业基地，促进整体产业规模提升。

（三）抓好三个发展原则，开创崭新局面

进一步围绕打造文旅产业新名片、推动湖南整体产业结构升级以及联动文旅产业发展创新思维三大工作要点，开创新局面，进入文旅产业发展新阶段。

1. 将湖南文旅产业打造成湖南省新“名片”

2018 年 3 月 22 日，国务院办公厅印发《关于促进全域旅游发展的指导意见》，这标志着全域旅游成为国家战略。随着湖南“锦绣潇湘”品牌的进一步建设，湖南文旅产业的品牌知名度将会不断提高。湖南省已经先后推出了“创新湖南”“开放湖南”“绿色湖南”“文化湖南”等特色名片。而眼下，抓紧打造“文旅湖南”作为湖南新名片，不仅仅对于提升湖南知名度和省际竞争力有重要意义，更是实现“绿色发展”“低碳发展”“可持续发展”的重要举措。

2. 借助文旅产业整体优化湖南省产业结构

目前，湖南已基本呈现工业化中期阶段的“二、三、一”产业结构格局，但总体上仍处于“一产不强、二产不平衡、三产不优”阶段。文化产业是增强湖南综合实力的一张王牌。但仍存在原创文化产品比重较低、知名品牌欠缺、文化旅游产品的开发有待加强、文旅产业内部结构不理想等问题。在传统制造业发展陷入瓶颈期和经济发展方式转型的大背景下，努力发展文旅产业是湖南实现产业结构优化升级的必然之举。

3. 联动文旅产业发展创新思维

第一，应以目前文化旅游商品开发销售中出现的问题为导向精准施策，打出政策规划组合拳，统领全局。第二，从市场的需求端着手，结合全省各地民族民间文化元素，抓好设计创新平台，推出一批具有湖南特色的文化创意产品和旅游纪念品。第三，夯实省内销售网点平台，各地应统一对专销店布置、挂牌，合理配置专销店商品，建立统一物流配送体系，同时应建立表

彰激励机制，对获得表彰的网点给予重点倾斜支持。第四，搭建省外销售平台，通过电商平台、义乌国际小商品城、各类展会等平台实现旅游产品全国化销售。第五，营造诚信购物环境，施行“先行赔付”制度，开展沿线专项整治，增强游客购买信心。完善文旅产业发展的整体宏观产业链条，发展文化旅游业，不能仅仅将目光聚焦于“文旅产业”，要明确发展的根本目的是促进经济增长。

六　推动湖南文化旅游产业高质量发展的政策建议

因此，本课题组针对湖南省的产业和地域特点，提出打造“锦绣潇湘”旅游品牌、坚持“项目带动”、完善交通和5G网络建设、提升服务质量、加大宣传推广力度以及推进机制创新等六条建议。

（一）以努力打造“锦绣潇湘”旅游品牌作为核心竞争力

树立抓品牌就是抓经济的理念，用全新的理念指导和推动“锦绣潇湘”品牌建设，努力让“锦绣潇湘”品牌成为湖南最具识别度的标识、核心竞争力的集中体现。坚持以旅游供给侧结构性改革为抓手，大力推进旅游资源整合，倾力打造以“锦绣潇湘”为总品牌的区域品牌、市州品牌、产品品牌和服务品牌系列品牌，形成“锦绣潇湘”核心品牌整体形象优势。各级党委和政府高度重视，坚持文旅品牌自信，加强组织领导和保障到位，初步形成各部门支持、社会参与、上下联动，合力打造“锦绣潇湘”品牌的局面。要把“锦绣潇湘”品牌融入文化和旅游产业发展、产品开发、企业管理中，形成以“锦绣潇湘”品牌为引领的文化旅游品牌经济。

（二）以点带面，坚持商业合作项目带动产业发展

在调研中发现，有43.59%的被调查者主张政府扩大招商引资规模，虽然湖南省已经引进了株洲方特主题公园、华侨城文旅综合项目等大型文

化旅游项目。但是，总体上而言核心大型文旅项目的数量仍然不足。相比之下，四川 2016 年仅签约 7 个大型旅游项目就获得累计投资 2518 亿元。近年来，浙江省旅游仅在建旅游项目总投资就超过 1 万亿元，单体投资超 50 亿元的旅游项目 53 个，超过 100 亿元的 14 个，总投资超过 200 亿元的“巨无霸”项目长兴龙之梦等也在加速推进。而湖南 2018 年全省在建文旅项目 387 个，总投资却仅为 6000 亿元。湖南亟须引进大型文化旅游项目形成核心竞争力，如应该争取万达的文化旅游项目、长隆新天地以及迪士尼的主题公园等大型文旅项目落地湖南，提升湖南文旅项目整体竞争力。引进大型项目可以从以下四方面入手。一是为大型项目建设提供土地优惠。政府一方面要提供完善的征地服务，降低企业的后顾之忧；另一方面要打击不合理的土地竞价行为。二是要主动出击，积极主动联系大型项目落地。三是可以提供财税减免。在招商引资时，可以明确在项目建设期和初期运营期，对大型项目的相关税收进行减免或免征，或者提供低息建设贷款，以吸引大型项目落地。四是优化营商环境，完善基础设施建设。在严格论证的基础上，简化大型项目不必要的审批流程，降低项目落地难度。

（三）两翼齐飞，完善各地交通和5G网络建设

交通运输是经济和社会发展的先行官，更是保证文旅产业发展的重要前提和基础，进一步提高交通供给质量和效率，才能保证湖南文旅产业在各省份的竞争中拔得“头筹”。要坚持四大建设——综合交通建设、智慧交通建设、绿色交通建设以及平安交通建设；提升交通行业现代治理能力，促进交通服务品质提升。严格按照省人民政府办公厅《关于印发〈湖南省城市双修三年行动计划（2018～2020）〉和〈湖南省农村双改三年行动计划（2018～2020 年）〉的通知》（湘政办发〔2017〕74 号）制定的“道路畅通工程”标准，合理布局和优化城市路网结构，提高路网通达水平。随着 5G 时代的到来，湖南省要加快 5G 基站的建设步伐，省政府要支持地方政府及相关部门加快统筹编制 5G 基站建设规划，加快建设 5G 网络，并促进 5G 网络与文化旅游产业的融合发展，进一步提升产业融合发展的信息化水平。随着 5G

时代的到来，VR旅游等已经被越来越多的景区关注。重庆的长江索道景区已经进行“5G技术长江索道VR超感官体验”，吸引了许多游客。抓住5G机遇和自媒体爆发的时代特点，有助于推动文化旅游业在新的时代走上新的台阶。

（四）着力提高旅游服务品质，以构建“星级旅游服务”作为新名片

当前，旅游市场中存在的虚假宣传、强迫消费、安全卫生等问题在有些地区依然较为突出。课题组调查显示，人们认为政府眼下大力推进湖南省旅游产业发展的最主要障碍是政府旅游业相关部门缺乏相关人才和旅游产业的规划不够合理。旅游行业人才主要分为两类：旅游服务人才和旅游规划人才。在《湖南省建设全域旅游基地三年行动计划（2018～2020年）》中明确提及要坚持旅游人才优先发展。将旅游业“引智入湘、送智下乡”计划纳入省科技特派员、“三区”科技人才计划，选派旅游科技副县长（科技扶贫专家服务团团长）或旅游科技特派员赴有关县市区指导全域旅游示范创建工作。加强旅游智库建设，提升全省旅游科研和智力服务水平，争取国家在湖南省设立以生态旅游和文化旅游为重点研究方向的旅游研发中心或院士工作站。优化高等院校、职业学校的旅游学科和专业设置，大力发展旅游职业教育，加快培养适应全域旅游发展要求的技术技能人才。鼓励在全省职业院校技能竞赛中开设旅游类项目，办好全省导游讲解大赛、全省旅游饭店服务技能大赛等活动，培养旅游行业“湖湘工匠”。在调研中发现，73.72%的被调查者担忧开发文旅产业会导致当地物价上涨；58.33%的被调查者担心旅游业发展会导致当地治安环境复杂。为了消除消费者的担忧，必须坚持全面提升旅游服务品质。

（五）加大旅游宣传推广力度，用好各类新型推广手段

虽然“好酒不怕巷子深”，但在当下各个省份都“苦酿”好酒的前提下，谁的“好酒”先被游客闻到，谁就占领了先机。在实地调研中发现：有19.23%的被调查者认为景点的知名度是十分重要的。因此湖南文旅产业

要加快发展，就必须树立危机意识，深度参与管理体制和运营机制的改革创新，从湖南省整体产业布局的战略高度出发，不仅要积极开展文化项目的对外合作交流，促成“湖湘文化”走出湖南，推动湖湘文化走向世界。而且要积极吸收借鉴发达国家的文化产业管理经验，学习借鉴有利于湖南文化旅游产业发展的有益经验教训和经营管理理念，努力构建有利于湖南文化产业对外发展的体制机制。一是要形成独具特色的文化影响力。社会主流思想要引领向上向善，符合社会主义核心价值观，文旅品牌要立足湖南，辐射全国，面向世界。二是要形成特色鲜明的旅游吸引力。塑造一批国际范、中国味、湖南韵的文化旅游精品景点和景区，使湖南成为世界知名的旅游目的地。三是创新文旅业态和商业模式，形成国际国内领先水平的文化产业。四是要大力借助如微信、微博、QQ、快手、抖音等新媒体技术，加大旅游资源项目的宣传力度。

（六）推进相关体制机制改革创新，建设三大长效机制

改革创新是发展湖南省文化旅游产业的必经之路。文旅产业一旦裹足不前、死守旧规就会丧失生命力，结合湖南省实际，可以考虑创新建设三个重要机制。

一是建设文旅产业管理协调机制。当前文化管理体制和旅游管理体制，仍一定程度上存在各自为政、权责不清的现象。省文化和旅游厅刚成立，相当一部分的管理工作仍处于探索阶段，政府可以着手尝试构建文化旅游管理协调机制，坚持以文化引领旅游发展、以旅游促进文化进步，以解决机关部门的工作协作与沟通问题，提高办事效率和服务水平。

二是建设市场主体培育机制。培育市场主体是文旅产业发展的重要内容，而湖南省民营文化旅游产业结构不合理，地域分布不均衡，政府有责任进一步加大引导和扶持力度，完善扶持措施，比如提供低息贷款和建设产业文化园区等。

三是建设政府引导优化机制。文化旅游产业是新兴产业，又是一个需要扶持的产业。对于湖南的文化旅游产业而言，成熟的市场化的资源配置机制

正在建设中，骨干企业的数量还相对偏少，企业的规模和竞争力还有待提高。因此，应借助政府力量引导与吸引更多的社会资本进入文化旅游产业。

七 强化保障措施，确保发展实效

为了确保湖南省文旅产业的高质量发展，省市各级政府，应该从资金保障力度、文旅政策制定、文旅人才引入以及应急机制管理等方面着手，加大保障力度，保证产业发展。

（一）加大资金保障力度

各级政府要加强资金保障力度，加大对文旅企业的扶持。虽然湖南省已经通过多渠道筹集资金，加大对公共文化服务的投入力度。2018 年，全省文化事业费 31.32 亿元，比上年增加 12.66%，全年文化文物事业费占财政总支出的 0.42%，较上年提高 0.02 个百分点。2018 年，共争取到中央和省级文化文物专项资金 10.63 亿元，全省人均文化事业费 45.4 元，较上年增加 4.88 元，增长 12.04%。湖南省下一阶段，要坚持承上启下：上向国家继续争取相关发展资金，下要严格督察资金应用情况，保证文旅产业的发展资金真正发挥作用。

（二）完善相关政策支持

建议由文化和旅游厅牵头加快组织推出“湖南加快文化产业和旅游产业高质量发展的意见”“湖南关于进一步激发文化和旅游消费潜力的意见”等政策文件。其中“湖南加快文化产业和旅游产业高质量发展的意见”重点探讨文旅产业优化布局、培育发展重点领域、健全现代文化产业体系和市场体系、完善相关政策、强化保障措施等五个方面。“湖南关于进一步激发文化和旅游消费潜力的意见”重点研究重点任务与政策保障两个方面。其中重点任务应包括消费惠民、消费便民、丰富产品供给、推动景区提质扩容、完善服务配套等内容。“湖南推动文化产业和旅游产业对接‘一带一路'发展的意见"重点包括选准重点方向、提升产品内涵品质、积极申报项目、建设专门项目库、培养引进国际化人才、提高国际化规范法律意识等内容。

为推动文旅产业发展，建议从以下优化政策支持发力。一是为文旅产业建设提供土地优惠。政府一方面要提供完善的征地服务，减少企业的后顾之忧；另一方面要打击不合理的土地竞价行为。二是要主动出击，积极主动联系文旅产业项目项目落地。三是可以提供财税减免。在招商引资时，可以明确在项目建设期和初期运营期，对大型项目的相关税收进行减免或免征，或者提供低息建设贷款，以吸引大型项目落地。四是优化营商环境，完善基础设施建设。在严格论证的基础上，简化大型项目的不必要审批流程，降低项目落地难度。

（三）引进培育文旅产业人才

2019 年 9 月 7 日，第四届中国旅游人才峰会在四川乐山召开。会议提出，目前我国的文旅人才面临总量少、素质低、分布不均衡以及高端人才稀缺四大困境。湖南省也面临类似问题。湖南省应该坚持"引进 + 培养"的双类型人才优惠政策。一方面，设置优秀文旅人才引进政策，比如人才补贴、购房优惠或者户籍解决等措施以引进文旅人才。同时，要与湖南省内的相关高校、科研院所合作，积极培育本地的优秀文旅人才。双管齐下，解决文旅产业人才缺乏的困境，促进湖南省文旅产业进一步发展。

（四）强化应急管理机制

近年来旅游安全事故频发。2019 年 3 月 22 日，湖南境内旅游大巴起火；2018 年 8 月 15 日，张家界一家五口自驾游坠下悬崖，都给我们敲响了警钟。湖南多山、多水，夏季易遭遇洪涝灾害，很容易发生旅游安全事件。尤其是在各类"黄金周""小长假"期间，各旅游景点以及高速公路的人流量都会暴涨，这对各地的景点和旅游部门都提出了更高的要求。因此，要强化应急管理，建立文化旅游产业发展应急管理机制，针对产业突发事件提出实时的应急管理对策。因此要借助打造“智慧旅游”平台的契机，建设“信息服务平台”、“一键报警平台”以及“一键求助平台”，提高应急事件的处理能力。并且要积极联动交通、医疗、公安、气象以及宣传等政府部门建立资源信息共享发布平台，通过微信、短信等方式及时发布各类安全信息，保障游客安全，避免旅游安全事件发生。

参考文献

康岩：《新文创，敲开文旅融合大门》，《人民日报》2019 年 8 月 6 日。

罗芬：《改革开放 40 年湖南旅游发展的历程与路径选择》，《湖南社会科学》2018 年第 6 期。

贺小荣、胡强盛：《湖南省旅游产业集群与区域经济的互动机制》，《经济地理》2018 年第 7 期。

周巍、戴鹏飞、黄鑫：《基于生态经济学视角的湖南乡村旅游规划研究》，《农业经济》2016 年第 3 期。

桂拉旦、唐唯：《文旅融合型乡村旅游精准扶贫模式研究——以广东林寨古村落为例》，《西北人口》2016 年第 2 期。

何一民：《推进长江沿江城市文旅融合与旅游业转型升级的思考》，《中华文化论坛》2016 年第 4 期。

苏凯、胡卫伟：《文旅融合视阈下的文化传媒与旅游产业协同发展关系研究》，《农村经济与科技》2018 年第 23 期。

许汇文、黄汉权：《新时期中国战略腹地中等城市产业发展困境、机遇与对策》，《宏观经济研究》2019 年第 1 期。

林戴忠：《精准谋划主导产业推进经济高质量发展的思考——以温州为例》，《统计科学与实践》2019 年第 3 期。

陈国生、张亨溢、周巍、陈政、刘伟辉：《湖南省文化产业发展水平区域差异分析》，《经济地理》2017 年第 4 期。

陈金丹、黄晓：《我国文化产业发展的空间关联网络结构研究》，《经济问题探索》2017 年第 1 期。

杨睿、苏玉珠：《“互联网 +”视角下我国文化产业发展路径探究》，《改革与战略》2017 年第 3 期。

黄炜、孟霏、肖淑靓：《精准扶贫视域下乡村旅游产业发展动力因素实证研究——以武陵山片区为例》，《中央民族大学学报》（哲学社会科学版）2017 年第 5 期。

李少华：《新技术与互联网创新推动新时代旅游产业发展》，《旅游学刊》2018 年第 2 期。

王子超、王子岚、贾勤：《“边界”效应下的乡村旅游产业发展模式研究——以贵州岜沙苗寨为例》，《中南财经政法大学学报》2017 年第 2 期。

孙贝贝：《旅游产业发展与底层流动机会——以湖南湘西凤凰县为例》，《青年研究》2018 年第 4 期。

陆军、聂伟：《中部崛起战略促进了中部经济增长吗?》，《江西社会科学》2018 年第 9 期。

马立平、邹士年：《中部崛起事关全局举足轻重》，《宏观经济管理》2017 年第 6 期。

刘克立、孙彤、曾星：《戮力同心推动怀化旅游“中部崛起”——构建雪峰山生态文化旅游区研究》，《湖南行政学院学报》2018 年第 4 期。

吴屹：《文旅融合背景下旅游产业低碳化发展的几点思考》，《赤峰学院学报》（自然版）2012 年第8 期。

王赛兰：《智慧旅游背景下文化旅游资源的传播困境》，《旅游学刊》2019 年第 8 期。

B.15

长沙市汽车产业链发展战略研究*

湖南省社会科学院课题组**

摘　要： 汽车产业是长沙建设现代化经济体系、实现经济高质量发展的重要抓手。汽车产业已成为长沙市第七个千亿级产业，带动了电子信息、高端装备制造、新材料、新能源、智能制造等相关产业的发展，成为经济新常态下引领长沙经济高质量发展的“新增长极”。

关键词： 长沙　汽车产业链　现代化经济体系

一　长沙汽车产业链建设成效显著

近年来，在长沙市委、市政府的高度重视、精心部署和大力支持下，长沙汽车产业的规模持续壮大，市场竞争力、区域影响力不断增强，产品种类逐渐丰富，基本形成了以整车生产为主导、汽车零部件为支撑，门类齐全的汽车产业发展格局。汽车产业已成为长沙市第七个千亿级产业，带动了电子信息、高端装备制造、新材料、新能源、智能制造等相关产业的发展，成为经济新常态下引领长沙经济高质量发展的“新增长极”。

---

* 本研究为湖南省社科基金重大课题“高质量发展阶段湖南新能源汽车产业的全产业链发展研究”（18ZWA04）、省科技厅软科学重大课题“高质量发展阶段湖南新能源汽车产业的全产业链发展研究”（2019JJ40165）、省社科基金重点课题“嵌入虚拟产业集群的供应链金融模式创新研究”（18ZDB019）、省科技厅“创新型省份建设”专项决策咨询重点项目“科技创新支撑引领湘西地区后发赶超的对策研究”（2019ZL2016）的研究成果。

** 执笔人：邓子纲、陈文锋、许安明。课题负责人邓子纲为湖南省社会科学院研究员，湖南省“121”创新工程人才；其他执笔人为湖南省社科院的专家学者。

（一）发展速度快：汽车产业规模、产销量等逆势上扬

近年来，长沙着力推动汽车产业链的“延链、强链、补链”建设，产业规模不断提高，在经济中所占比重不断提升，对工业经济的增长贡献率显著提高，一批领军企业持续涌现。截至2018年，长沙汽车产业链上规模以上企业达到148家，较2015年增加42家，年均增速达11.8%。2018年整车产量达38.51万辆，居全国第14位。工业产值达1366.75亿元，成为长沙市第五大工业支柱产业。其中，新能源汽车产销量分别完成5.3万辆和5.12万辆，同比增长27.1%和199.1%。传统燃油汽车中上汽大众朗逸、

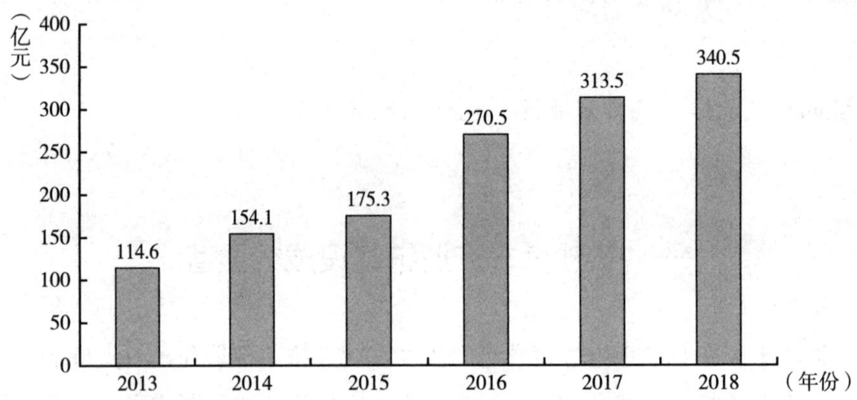

图1　2013～2018年长沙汽车制造业增加值

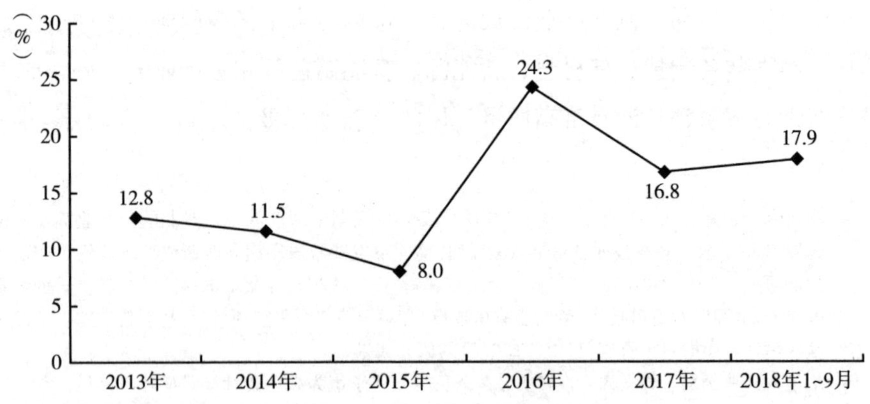

图2　近年来长沙汽车产业对工业经济的增长贡献率

斯柯达柯迪亚克、广汽三菱欧蓝德等逆市畅销。随着产业规模的迅速壮大，长沙汽车产业逐渐在全国汽车产业版图中占据了一席之地，获得了投资者的重视和青睐。

表1　2013年、2018年城市汽车生产量排名

单位：万辆

地区	2018年汽车产量		2013年汽车产量	
	数量	排名	数量	排名
上海	297.75	1	226.89	1
广州	296.26	2	180.53	6
长春	286.85	3	224.7	2
柳州	248.61	4	186.3	5
武汉	181.24	5	95.35	7
重庆	172.64	6	215.06	3
北京	165.26	7	203.8	4
成都	130	8	78.9	10
保定	100.8	9	80.18	9
沈阳	99.6	10	82.50	8
长沙	38.51	14	25.84	19

（二）产业门类齐：整车、汽车零部件等发展协同并进

长沙将汽车产业链列为全市22条工业新兴及优势产业链之一，由市委副书记作为“链长”牵头推进。2018年长沙已拥有以广汽菲克、上汽大众、长沙比亚迪、广汽三菱、长沙众泰、北汽福田、长丰集团、博世汽车、住友橡胶、同心实业、晓光汽车模具等为代表的规模以上整车及零部件企业146家，产业门类涵盖了轿车、轻中重载货汽车、越野车、客车、专用车、新能源车等领域，基本形成了以轿车、越野车、新能源汽车等6大类整车为核心的汽车产业集群。其中，产值过10亿元的企业达17家，整车制造企业11家，长沙汽车产业链主要企业及产品如表2所示。

表2　长沙汽车产业链主要企业及产品

产业链		主要企业	主要产品
上游	钢铁、机械、电子、电池材料等	杉杉新能源、湖南中锂、华菱钢铁集团等	原材料相关产品
中游	整车	上汽大众、广汽菲克、长沙比亚迪、北汽福田、长沙梅花汽车、长沙众泰、长丰集团、广汽三菱等	乘用车、专用车、客车等
	汽车核心部件研发和制造企业	博世汽车、长沙汽电、长沙卡斯马、桑顿新能源、妙盛动力、湖南科霸、三讯新能源、金杯电工、住友橡胶、长沙比亚迪、晓光汽车模具等	油漆、轮胎、齿轮、汽车电子、电池等
下游	营销租赁、物流运输、驾培、维修与测试、充电服务、动力电池回收等	湖南永通、湘江新区智能汽车系统测试平台、长高集团、邦普循环等	售后服务平台等

特别是新能源汽车已初步形成了包括整车、电池材料、汽车零部件、服务体系在内的完整产业链。在整车制造、电机电控研发和电池材料等方面取得一定优势，拥有长沙众泰、长沙比亚迪、长丰集团等10余家新能源汽车生产企业，以及一批新能源汽车关键零部件企业；建设了全国规模较大、产品最齐全的电池材料产业集群，涌现了妙盛动力、桑顿新能源等一批具有自主知识产权的动力电池企业（见表3）。截至2018年底，长沙已有充电桩建设、运营企业20余家，并建成公共充电网点969座，公共充电桩（换电站）11220个，占全国的3.74%。目前，长沙车桩比约为6∶1，充电桩建设规模滞后于新能源汽车推广应用规模。

表3　2018年长沙汽车产业链主要企业发展情况

企业名称	发展现状	主要品牌(产品)
上汽大众汽车有限公司长沙分公司	①2018年实现总产量327218辆,年产值321.8亿元,增长11.65%; ②由上汽集团和大众汽车集团合资经营,拥有完整的冲压、焊接、涂装、总装四大整车制造车间,以及相关配套的办公楼、技术中心等设施,是目前国内自动化和节能环保程度最高的工厂之一	全新朗逸、全新途安L、新斯柯达越野车、柯迪亚克

续表

企业名称	发展现状	主要品牌(产品)
广汽三菱汽车有限公司	①2018 年总销量 144018 台,连续 16 个月销量破万,强势刷新自身销量纪录,同比增长 23%,实现主营业务收入 167.2 亿元; ②研究、开发、生产、销售汽车零部件	欧蓝德、劲炫、祺智 PHEV、新帕杰罗劲畅
广汽菲亚特克莱斯勒汽车有限公司	①2018 全年销量为 142650 辆,企业员工 6130 余人; ②长沙工厂融合了先进的规划布局、工艺装备和管理模式,拥有冲压、焊装、涂装和总装四大工艺车间,厂区东部还建有首期约 800 亩的零部件园,已有 9 家世界 500 强或行业领先零部件企业进驻,产能达 25 万辆	全新 jeep 自由光、菲亚特菲翔和致悦
北汽福田汽车股份有限公司长沙汽车厂	①工厂集研发、生产、销售、服务于一体,辖新安、榔梨两个厂区,已具备年产 10 万台商用车生产能力,建成了国内领先的轻、中、重商用车全系列发展的车身装焊、电泳、涂装、整车生产线及自动化检测线; ②制造和销售汽车(不含小轿车)、农用车	环卫车、卡车
长沙众泰汽车工业有限公司	①2018 年实现营业收入 16.6 亿元,企业员工 1600 余人,研发经费 3139 万元,研发人员 60 人,授权专利 13 项; ②长沙工厂产能 20 万辆,主要包括整车制造和车身制造	君马 S70、云 100PLUS
长丰集团	①2018 年实现营业收入 65 亿元,员工 8000 余人; ②猎豹汽车的第 4 家分公司,长沙公司项目总投资 51.3 亿元,一期总建筑面积 36 万平方米,形成年产 15 万辆整车生产能力,自主研发的 1.5TGDI 高性能发动机计划 2019 年上半年投产	猎豹 CS9EV(在纯电动 SUV 中居前三位)、CS9、CS10
长沙市比亚迪汽车有限公司	①2018 年实现营业收入 300 亿元,比亚迪长沙基地全年产销乘用车 13.58 万辆,同比增长 158%;产销电动大巴车 3809 辆,同比增长 48.51%; ②汽车零部件及配件制造(不含汽车发动机制造)、新能源汽车零配件制造、汽车批发、汽车零配件批发;新能源汽车零配件研发、新能源汽车充电桩运营及技术服务	宋 MAX、F0 微型轿车、元(SUV)、电动大巴
博世汽车部件(长沙)有限公司	①2018 年实现营业收入 61.3 亿元,企业员工 2120 余人; ②2017 年投入研发经费 1.6 亿元,专利申请量累计 26 项,专利授权 20 项; ③汽车部件、汽车电子设备系统、摩托车电机和电动自行车电机的生产、研发、应用、销售	蒸发风机和冷凝风机、雨刮电机、举窗电机、座椅调节系统、防抱死系统等
湖南晓光汽车模具有限公司	①2018 年公司总资产额达到 8.5 亿元,销售收入 5.4 亿余元,员工 880 余人 ②汽车模具、工程机械模具,汽车零部件、工程机械零部件	覆盖件的大中型模具、检具及冲压件焊装件

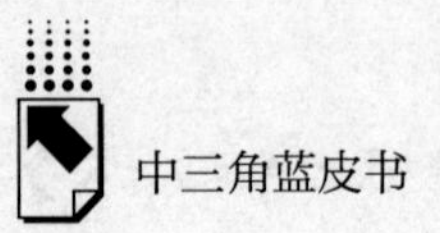

（三）企业热情高：链条关键企业、关键环节加速落地

针对汽车产业链的建设与发展，长沙市成立了汽车产业链推进办公室，在市委领导带领下，通过小分队招商、点对点招商、汽车产业链专题招商等形式，推动汽车企业总部、研发机构、汽车未来产业项目、国内外500强项目在长沙落地。各产业园区引导长沙比亚迪、广汽三菱、广汽菲克、长丰集团、博世汽车等一大批已入园骨干企业增资扩股、裂变发展。2017～2018年，汽车产业共引进大陆集团、中信戴卡、世冠汽车、博世汽车、桑顿新能源、华域视觉等汽车及零部件产业项目37个，总投资771亿元，投资进度位居全市22条产业链前列。关键企业、重点项目的纷纷落地，为长沙汽车产业链的发展奠定了坚实的基础。如大陆集团中央电子工厂项目就填补了长沙乃至湖南新能源汽车关键零部件的空白，广汽三菱发动机工厂的建成投产也填补了湖南汽车产业链的空白，长沙汽车产业链项目建设情况如表4所示。

表4　长沙汽车产业链项目建设情况

单位：亿元

状态	项目名称	投资	园区
在建	湖大三佳总部基地及汽车产业园项目	10.14	长沙高新区
	中信戴卡南方智能制造产业园	50	望城经开区
	广汽三菱研发中心项目	30	长沙经开区
	广汽三菱发动机及二期扩建项目	50	长沙经开区
	广汽三菱零部件产业园项目	4.35	长沙经开区
	杉杉年产10万吨级高能量密度锂离子电池正极材料基地项目	20	长沙高新区
	年产5.18亿安时车用动力电池产业化项目	15	长沙高新区
	比亚迪新能源汽车智能工厂改(扩)建项目	30	雨花经开区
	妙盛高功率型锂离子动力电池产业化项目	10	长沙高新区
	K8项目(插电混合式动力)	20	长沙经开区
	锂离子电池隔膜项目	50	长沙经开区
	湖南吉丰汽车零部件有限公司扩产项目	2.2	长沙经开区

续表

状态	项目名称	投资	园区
将建	世冠新能源汽车总部、研发及生产基地项目	150	宁乡经开区
	桑德集团新能源汽车产业园	105	长沙高新区
	华域视觉科技(上海)有限公司汽车智能车灯项目	10	浏阳高新区
	浏阳现代制造新能源汽车零部件制造标准厂房	10	浏阳市
	博世汽车新能源热管理系统、集成式制动系统电机、两轮电动车可拓展式齿轮电机项目	21	长沙经开区
	电咖汽车年产6万台新能源乘用车新基地项目	51	长沙高新区
	大陆集团中央电子工厂项目	20	长沙经开区
	广汽菲克研发中心项目	10	长沙经开区
	猎豹新能源电机电控开发生产项目	5.8	长沙经开区
	湖南新同州汽车零部件标准厂房项目	3	长沙经开区
	腾智机电汽车关键零部件项目	3	长沙经开区
	新能源汽车电缆及其他特种电缆建设项目	3.12	长沙经开区

（四）创新后劲足：高端创新平台、关键技术相继涌现

长沙在创新平台和创新成果方面取得长足的发展。截至2018年底，全市拥有2个国家级、6个省级、9个市级及以下的汽车产业链相关创新平台，并成立湖南省（长沙市）汽车及零部件产业技术创新战略联盟（见表5）。设立汽车产业科技重大专项或重点项目，近几年累计资助经费达4000万元。2018年1~7月，申请专利312件，其中发明专利55件，授权专利68件，拥有有效发明专利34件，其中发明专利10件。

表5　2018年长沙汽车产业创新平台统计

序号	技术平台名称	平台类型	批准单位/级别
1	长丰汽车博士后科研工作站	工作站	人社部,国家级
2	汽车车身先进设计制造国家重点实验室	实验室	教育部,国家级
3	湖南省汽车模具工程技术研究中心	技术中心	省科技厅,省级
4	湖南省汽车车身工程技术研究中心	技术中心	省科技厅,省级

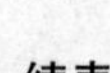
续表

序号	技术平台名称	平台类型	批准单位/级别
5	湖南省企业技术中心	技术中心	省经信委,省级
6	湖南省车辆精密冲压制造工程技术研究中心	技术中心	省科技厅,省级
7	湖南省车用电动空调工程技术研究中心	技术中心	省科技厅,省级
8	湖南省汽车电子驱动和起/发动机工程技术研究中心	技术中心	省科技厅,省级
9	长沙市汽车无级变速器工程技术研究中心	技术中心	市科技局,市级
10	长沙市汽车及关键零部件工程研究中心	技术中心	市科技局,市级
11	长沙市企业技术中心	技术中心	市发改委,市级
12	长沙市汽车摩擦材料工程技术研究中心	技术中心	市科技局,市级
13	长沙市商用车工程技术研究中心	技术中心	市科技局,市级
14	长沙市重卡及 SUV 车架工程技术研究中心	技术中心	市科技局,市级
15	长沙市汽车电器工程技术研究中心	技术中心	市科技局,市级
16	索恩格全球研发中心	研发中心	2018 年落户
17	湖南省(长沙市)汽车及零部件产业技术创新战略联盟	产业联盟	市科协,市级

（五）布局特色强：产业集群、组团发展格局基本形成

根据产业发展规划和不同区域的基础条件，长沙汽车产业链上企业主要集中在长沙经开区、浏阳高新区和制造产业基地、雨花经开区、望城经开区、长沙高新区和宁乡经开区。其中，长沙经开区已汇集上汽大众、广汽三菱、广汽菲克、长沙众泰、长丰集团、北汽福田六大整车厂和 44 家规上零部件配套厂，是全省唯一汽车产业过千亿的园区。浏阳高新区围绕汽车零部件产业建设，也已聚集了以博大机械、长沙波特尼、湖大艾盛等为代表的 60 余家汽车零部件及专用汽车整车生产企业。雨花经开区依托比亚迪、晓光模具等一批标志性汽车领军企业，正在打造新能源汽车及零部件聚集地。长沙高新区、望城经开区、宁乡经开区借助“储能材料之都”优势，着重发展新能源材料和汽车零部件产业（见图 3 和表 6）。

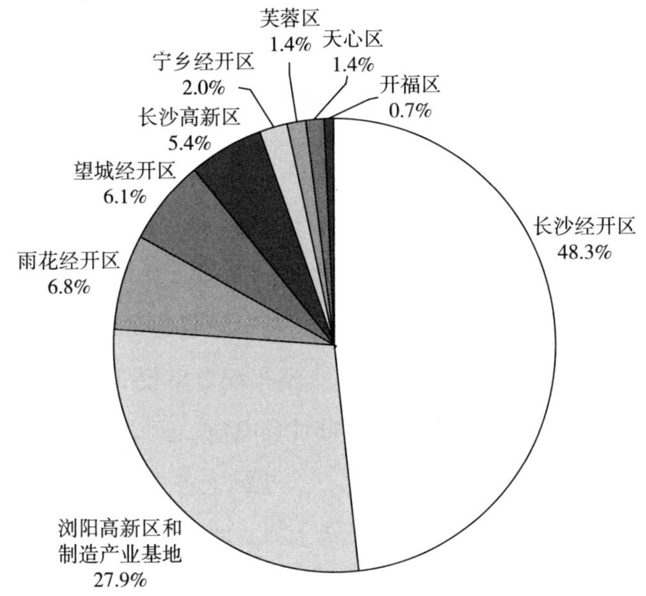

图 3　长沙汽车产业链规模以上企业分布

表 6　2017 年长沙各园区发展情况

名称	企业	特色	规上企业数(家)	产值(亿元)	同比增速(%)	产量(万辆)
长沙经开区	上汽大众、广汽菲克、广汽三菱、长丰集团、长沙众泰、北汽福田、博世汽车、住友橡胶、索恩格	集整车和零部件研发、制造、销售、服务于一体的汽车全产业链	50	920.6	5.8	59.37
雨花经开区	长沙比亚迪、湖南晓光模具、湖南海福来、耐为数控、三湘特种玻璃	新能源汽车和汽车零部件产业集聚地	6	302.4	48.5	13.87
浏阳高新区	华域视觉、德国波特尼、日本艾帕克、韩国保光、台湾金鸿顺、瑞士欧拓、江苏新泉等 150 余家专业汽车零部件生产企业	零部件初具规模,有湖大艾盛、湖南广佳、新泉汽车饰件等	38	67.9	9.7	0
望城经开区	长沙戴卡、赛特汽车、成进汽车、中联消防、长沙戴湘、建科电子	以专用车、零部件为主	3	11.1	282.8	0.03
长沙高新区	杉杉能源、桑德集团等两个 100 亿以上项目	新能源智能汽车	—	—	—	0
宁乡经开区	世冠汽车等	以汽车零部件为主	—	—	—	0

二　长沙市汽车产业链发展存在的主要问题及原因

（一）存在的主要问题

1. 主机与零部件企业间配套率还不高

当前，长沙市汽车产业链建设仍处于补链强链的发展阶段。汽车产业链上企业本地配套率多处于10%～30%，整车配套率仅25%左右。特别是发动机、变速器、车桥等燃油车关键零部件和电池、驱动电机、电控、三小电等新能源汽车关键零部件配套率偏低，产业链上各企业之间关系较为松散。长沙汽车产业本地配套率不高，远低于上海、北京、广州、重庆等城市水平（见表7和表8）。

表7　各城市汽车产业配套率比较

单位：%

城市	配套率	城市	配套率
长沙	25	上海	90
武汉	30	广州	70～80
重庆	80	郑州	30
北京	85	成都	45

表8　长沙汽车产业链主要企业本地配套率

单位：%

企业名称	自给率	企业名称	自给率
长沙众泰	40	上汽大众	50
北汽福田	9	广汽三菱	20
长丰集团	30	晓光模具	6.8
长沙比亚迪	45	博世汽车	0.25

2. 汽车产品的市场竞争力还不强

长沙生产的整车主要是中低档轿车、中小型载货汽车，市场占有率不高、品牌影响力不大，还没有出现消费者青睐的高端、主流产品或品牌。如小型汽车中除大众朗逸外，其他汽车产品或品牌的市场占有率都不高。在湖南省 2018 年推广的新能源汽车中，市场均被知豆、北汽新能源、帝豪、东风、丰田等外地品牌所占领。汽车零部件产品中除博世、中信戴卡、中联重科、湖南博云汽车制动材料、湖南正圆动力、湖南江麓荣大车辆传动等企业生产的极少数产品能在行业中占有一席之地外，发动机、机体组及曲柄连杆机构系统、进排气系统、燃油电喷、冷却系统、启动系统、车用变速器及组件、传动系统等汽车核心零部件领域均难以见到长沙企业的踪影。

表 9　2018 年 1 ~ 11 月长沙乘用车品牌销量全国排名

类型	品牌	排名
轿车	朗逸	1
	菲亚特菲翔	125
	致悦	138
	云 100	16(微型)
	比亚迪 F0 微型轿车	27(微型)
SUV	欧蓝德	48
	柯迪亚克	63
	劲炫	79
	比亚迪元	82
	CS9	95
	君马 S70	132
	jeep 自由光	100
	新帕杰罗	259
MPV	宋 MAX	2
	途安	13

表 10　2017 年湖南省新能源汽车推广应用数据

类型	数量	品牌
纯电动 AO 级及以下	14147	众泰、知豆、北汽新能源等
纯电动 A 级及以上	2454	东风、北汽新能源、帝豪等
插电式混合动力乘用车	1020	比亚迪、丰田、保时捷等

3. 世界知名的汽车企业集团还不多

长沙尽管已拥有以上汽大众、广汽菲克、广汽三菱、长沙比亚迪、长丰集团、长沙众泰、北汽福田、博世汽车、大陆集团、索恩格等为代表的整车及汽车零部件企业，但与长春、武汉、上海、北京、广州等地相比，无论是在企业规模上，还是在市场影响力上，长沙知名的汽车企业集团还是太少。如长沙汽车产业链上近400家企业中，世界500强企业、全国500强企业仅为总数的2%，而且基本上都是子公司。而武汉开发区汽车已拥有以东风本田、神龙、东风乘用车、东风雷诺、上汽通用武汉基地、东风云峰、吉利路特斯、佛吉亚、德尔福、哈金森、采埃孚等为代表的世界500强、全国500强企业55家。

表11　2018年世界500强汽车企业排名

分类	企业名称	排名
整车企业	丰田汽车	6
	大众公司	7
	戴姆勒	16
	通用	21
	福特	22
	本田	30
	上海汽车	36
	宝马	51
	日产	54
	东风汽车	65
	现代汽车	78
	标致	108
	北汽	124
	中国一汽	125
	雷诺	134
	广汽	202
	起亚	219
	印度塔塔汽车	237
	铃木汽车	348
	浙江吉利	267
	沃尔沃	286
零部件	博世集团	75
	大陆集团	206

表 12　2018 年全国 500 强汽车企业排名

分类	企业名称	排名
整车企业	上　汽	8
	东　风	15
	北　汽	31
	一　汽	32
	广　汽	45
	吉　利	62
	中　车	88
	华晨汽车	102
	比 亚 迪	155
	中国重汽	182
	江铃汽车	205
	奇　瑞	245
	陕西汽车	267
	江淮汽车	325
零部件	庞大汽贸	240
材　料	彬彬控股	371

4. 下一代汽车产业链的建设还不快

当前，汽车产业正处于重大变革的关键时期，轻量化、绿色化、智能化、网联化和共享化等成为下一代汽车的主要特征。长沙在智能网联汽车领域以湘江新区为基础打造了国家智能网联汽车（长沙）测试区，吸引了百度、腾讯、京东、大陆、博世、舍弗勒、碧桂园等企业，但当前还处于起步阶段，还未取得智能网联汽车集聚发展的实质性突破。在新能源汽车方面，虽然产能在不断扩张，产业链也在不断完善，但从 2018 年的数据来看，长沙新能源汽车的产量仅占全国的 4.17%，销量仅占全国的 4%，与武汉、成都、重庆、上海、广州等城市相比还有较大差距。特别是长沙在未来可能成为抢占新能源汽车发展制高点的氢能源汽车产业尚未谋篇布局，政策规划落后于国家及其他省份。

5. 支持汽车产业链发展的环境还不优

虽然长沙出台了一系列支持汽车产业发展的政策和措施，但基本上是局部性的或纲领性的，政策的前瞻性、系统性、可操作性还不强。武汉出台了《“车都”产业发展规划》、郑州发布了《汽车及零部件产业转型升级行动（2017～2020年）》，而长沙尚未出台专门的专项规划或细则。同时，从调研情况来看，人才、土地等生产要素的保障问题还比较突出。如长沙汽车企业普遍缺乏高层次技术人才和复合型高级管理人才，人才流失率较高。比亚迪二期专用车基地等项目受园区土地、环保等方面的制约，建设受阻。此外，长沙市桩车比近1∶5，远低于全国的1∶3.8，车桩严重不匹配。

表13　长沙各园区剩余用地数据

单位：亩

园区	剩余用地	剩余工业用地	剩余商住用地
长沙经开区	6200	2200	4000
金霞经开区	4163	3840	283
雨花经开区	5700	1500	4200
浏阳高新区	5000	2000	3000
望城经开区	4000	2000	2000
长沙高新区	7000	2500	4500
宁乡经开区	5000	1700	3300

（二）原因分析

1. 主机的合作企业固定且零部件产品层次较低

一方面像广汽菲克、广汽三菱、上汽大众等龙头企业带来了一批配套企业，建立了稳定且排他的配套关系，如卡斯马、马瑞利等均是随合资的整车企业配套引进的，配套对象单一，长沙本地的零部件企业很难进入其中拓展业务，无法有效培育本地汽车产业链上游与下游的联动发展。另一方面尽管长沙汽车零部件企业不少，但整体制造水平仍处于自动化阶段，离智能化、数字化、网络化阶段还有一段距离，产品的质量、标准等无法满足本地整车企业对汽车零部件产品的需求。长沙汽车产业链上企业间的合作网络关系尚未建立，造成部分企业配套的孤岛链而难以实现产业大融合，影响着长沙整个汽车产业链的发展。

2. 产品研发、设计两头在外且高层次人才缺乏

长沙汽车全产业链上的企业数量虽不少，但引进来的企业多是子公司、分公司、制造工厂等，难以产生知识溢出效应，难以提升长沙汽车产业的整体创新能力。特别是在整车企业中，只有长丰集团一家是本土企业，研发项目小，自主创新能力和品牌实力都不强。同时长沙市在支持汽车产业自主创新能力提升等方面的投入也不够。2015～2018 年，长沙市支持汽车产业重点技术研发经费仅 1000 余万元，2017～2019 年设立的汽车产业重大专项，支持金额也仅为 1500 万元。此外，相较于一线城市或沿海城市的区位优势、社会公共服务、薪资待遇等，长沙对人才的吸引力还不强，汽车产业链中高层次技术人员和管理人才比例偏低，尤其是新能源汽车的研发、设计人才较为缺乏。如长沙众泰研发人员 60 人，占总员工数的比重仅为 3.7%；长沙比亚迪研发人员 1820 人，占总员工数的比重仅为 10.7%；广汽三菱研发人员 209 人，占总员工数的 5%。

3. 产业链建设多头管理且园区同质化比较明显

当前，经信、发改、商务等都是汽车产业链的相关主管部门，这就容易造成管理重叠区和空白区，出现“九龙治水”和“踢皮球”现象。此外，由于管理人员有限，长沙市汽车产业链办公室联系的大多数是整车企业或者规模以上企业，对全产业链上的中小企业关注过少。同时，各产业园区在汽车产业链建设上同质化现象还比较严重，在“项目引进加分无上限”的考核规则下，GDP 创造多、贡献率大的汽车产业链项目，成为各园区争相抢夺的对象，抢来抢去，最终鸡飞蛋打，企业谁都不选的情况时有发生。

4. 专业招商团队缺乏且急功近利现象严重

当前，汽车产业链的招商团队基本从公务员系统临时抽调选拔，“行政化”色彩比较浓厚，既不专业也不“懂行”。招商过程中往往将“土地便宜点、税收少点”作为重要砝码，而没有关注投资者最关注的可持续发展、投资回报率等。同时一线招商人员急功近利现象比较严重，往往关注的是投

资者的产值、纳税额等指标，而忽视了有发展潜力的汽车高新技术企业带来的专利、科研经费、订单等，往往“等不起”好项目。

三 长沙汽车产业链发展面临的挑战与机遇

2018年以来，汽车行业微增长、零增长已成常态，我国汽车市场的发展已进入结构性调整阶段，中高端市场增速放缓，低端市场加速萎缩，合资品牌和自主品牌不断两极分化，竞争压力增大。在日益严峻的国内外形势下，除了吉利、上汽等少部分保持增长外，绝大部分自主品牌均出现严重下滑，陆续有车企停工停产，汽车市场一贯的“金九银十”行情难以再现。2018年9月和10月全国汽车产销量分别为2781万辆和2808万辆，同比下降4.2%和2.8%。未来几年汽车销量下滑趋势不变，市场竞争会越来越激烈。

（一）长沙企业产业链发展的挑战

1. 外部压力日益增大

我国在2018年取消了专用车、新能源汽车外资股比限制，2020年将取消商用车外资股比限制，2022年将取消乘用车外资股比限制。五年过渡期后，汽车行业将全部取消限制，越来越多的像特斯拉一样的外资企业将进驻中国，“特斯拉们”现已经冲击车价20万~30万元的核心市场，在不久的将来还会继续向低端消费市场进军，将在短期内给长沙的车企和品牌造成不可忽视的挑战和压力，最为主要的就是真实续航里程、快速充电和去补贴后的生存能力，无论是长沙大众、北汽福田等传统燃油汽车生产商，还是突围新能源的比亚迪、广汽三菱、长丰集团等传统造车企业，都将直接面临消费者的考验，特别是特斯拉在2020年量产后。但从长期来看，“特斯拉们”的到来将使国内市场产生“鲶鱼效应”，倒逼本土企业转型升级，提升国际竞争力。与此同时，中美贸易摩擦愈演愈烈，对我国零部件企业发展有一定影响。

2. 消费增速持续放缓

汽车属于高耐用消费品，是典型的顺周期消费品，消费使用周期一般几年，更换频率低。截至2019年5月，我国汽车保有量达2.5亿辆，存量高达3.4亿辆，其中以个人名义登记的小型和微型私家车保有量达1.98亿辆，而具有驾驶资格的有4.22亿人，其中汽车驾驶人不足3.8亿人。北京、成都、重庆、上海、苏州、深圳、郑州等11个城市汽车保有量超300万辆，长沙保有量也达200余万辆，继续保持高增长不太现实，销量平稳是大势所趋。而我国居民债务率居高不下，可支配收入增长乏力，汽车消费受到严重影响。从趋势来看，受税收、交通、环境和汽车限购及消费升级等因素影响，长沙等大中城市汽车保有量逐渐饱和，消费者购车量大幅下滑，市场空间减小，竞争压力加大。我国汽车消费市场的表现反映了这一趋势，从2001～2018年的汽车销售净增量看，2018年以前基本呈“两多夹两少或一少”的规律变化，周期性下滑。2018年，中国汽车市场销量比2017年减少80万辆（见图4）。

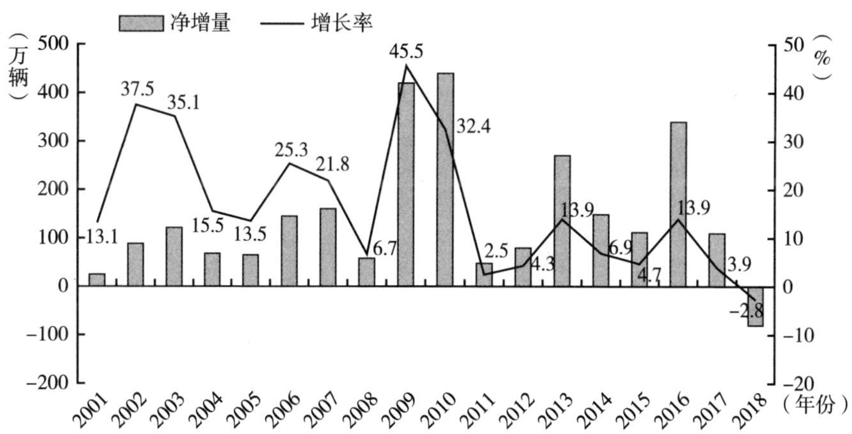

图4　2001年以来中国汽车销售净增量和增长率

3. 投资热情逐渐下降

新能源汽车产业作为我国战略性新兴产业，出现了两种新情况。一方

面是传统汽车企业向新能源汽车产业进军，然而又不想“左手革右手的命”，稳健但推进速度较慢。另一方面，以资质为目标的造车新势力、社会资本参与热情高，吸引了互联网、零部件企业等多方主体涌入。地方政府为吸引企业入驻，给予企业土地等资源支持，甚至建好现成的厂房，过度参与项目建设，而企业以最小的代价经营。从表面来看，新能源汽车产业链投资热情异常高涨，推动了一大批新能源汽车、动力电池企业项目建设，但是项目引入风险过大。在新能源客车、专用车领域已出现结构性产能过剩苗头。动力电池领域结构性矛盾突出，存在高端产能不足、低端过剩的风险，一大批锂电动力电池企业技术水平处于中低端水平。目前，政策调整，严禁政府新增负责、担保等，政府的扶持力度相应减弱。这些企业研发力量薄弱，产品验证周期短，安全性、生产制造水平和质量控制与市场需求还存在差距，市场竞争力不强，将面临整合与淘汰。再加上美方挑起贸易摩擦、汽车关税下调、人力成本增加等多重因素影响，再投资这类汽车企业风险增大，导致资本对造车新势力的投资信心指数下降，外资撤退成为长沙面临的挑战。

4. 区域竞争日趋激烈

汽车产业在许多城市经济中处于支柱地位，而在市场总量有限的情况下，区域竞争不可避免，主要是各城市在市场、招商引资、人才上的竞争。一方面，各城市鼓励和扶持本地企业争抢市场份额，提升品牌竞争力。同时，各地政府为了达到发展目标，不断努力优化营商环境，出台优惠和扶持政策引进汽车产业链项目，提升产业聚集度，补充和增强产业链，成为长沙汽车产业项目招商的强劲对手，国内汽车产业重点城市发展目标产量如表14 所示。另一方面集中在人才的争夺上，各地企业为了招募和稳定人才，出台人才政策，提高待遇，造成人才成本显著上涨，进而导致企业采取自动化、数字化、智能化装备取代部分人工，以提高生产效率、降低制造成本。汽车产业链区域竞争越来越激烈，使规模小、较分散的企业在市场环境中的劣势更加明显。

表 14　国内汽车产业重点城市发展目标产量

城市	目标产量
北京市	2019 年，北京汽车自主品牌计划实现综合销量 23.9 万辆，其中新能源车型 12.7 万辆
天津市	到 2020 年，汽车产销量达到 150 万辆，汽车工业总产值达到 3500 亿元
沈阳市	到 2023 年，沈阳汽车年产量要超过 150 万辆，汽车产业产值超过 5000 亿元，新能源车占比超过 20%
广州市	到 2025 年，广州市汽车总产能达 500 万辆，力争产销规模居中国汽车制造基地第一，力争实现汽车制造业年产值 1 万亿元
郑州市	到 2020 年，全市汽车及零部件产业实现销售收入 2500 亿元，工业增加值 750 亿元，整车企业产能达到 200 万辆，汽车产量超过 100 万辆，培育销售收入超 500 亿元企业 2 家
重庆市	到 2022 年，年产汽车约 320 万辆，占全国汽车年产量的 10%，实现产值约 6500 亿元
武汉市	到 2025 年，整车产能达到 350 万辆左右，实现年产销量 300 万辆，汽车产业及其相关行业营业总收入超过 1 万亿元

5. 战略布局有待调整

氢燃料电池汽车发展方向日趋明朗，极有可能成为我国新能源汽车发展的突破口。欧美及日本等传统汽车大国研发水平较高、技术突破较早，一直主导着燃料电池乘用车市场。全球氢燃料电池乘用车一半以上（53%）在美国加利福尼亚州登记，日本以 38% 排名第二，欧洲则为 9%。国内在燃料电池商用车方面，主要有上汽、福田、宇通、安凯、中通等企业，上汽集团已完成前后四代氢燃料电池轿车的开发。在当前这一国际国内环境下，武汉、上海等城市正加快向氢能全产业链稳步推进，提出建设氢能汽车战略，而长沙尚未开始布局氢燃料电池汽车，将会陷入非常被动的境地。

（二）长沙企业产业链发展的机遇

汽车产业在长沙市经济发展中的主导和支柱地位在较长时期内不会改变，推动汽车产业发展是经济社会实现跨越式发展的宏伟战略和工业发展面临的重大任务。消费升级、政策大力扶持、“一带一路”建设不断深入为长沙市的汽车产业链发展提供了历史上难得的机遇。

1. 消费升级激活市场潜力

随着我国经济和社会高速发展，人民群众的收入水平不断提高，可支配收入水平越来越高，对消费商品的要求也会越来越高，促使消费升级。2019年初，由国家发改委、工信部、财政部等十部门联合印发的《进一步优化供给推动消费平稳增长促进形成强大国内市场的实施方案（2019年）》提出，农村居民报废三轮汽车，购买符合条件的汽车，给予适当补贴，刺激农村消费升级。近年来，在消费结构不断转型升级进程中，长沙汽车消费市场脱颖而出，行业单位数、实现的限额以上商品零售额占比和对整个限额以上商品零售额增长贡献均稳居第一，已经发展成为整个消费品市场的龙头行业。未来长沙汽车消费市场的发展动力主要来自存量市场更替和新增消费两个部分。存量市场更替部分主要来自拥有的汽车使用年限超过使用寿命的群体，这部分人再次购车往往会选择单价更高、性能更高、车型更高的“三高产品”，释放的消费力是巨大的。新增消费部分主要来源于新增的驾驶员，2013～2017年长沙汽车驾驶员人数绝对增长量一直保持在每年20万以上的水平（见表15），如果考虑到长沙汽车消费市场辐射全省，增长量更大，这部分群体的消费潜力一旦得到释放，势必使长沙汽车消费市场迈上新台阶。

表15　近年来长沙民用汽车拥有量及汽车驾驶员人数

年份	2013	2014	2015	2016	2017
长沙民用汽车拥有量（辆）	1189387	1444002	1688299	1942362	2165079
长沙市汽车驾驶员增量（人）	210898	277459	285110	270560	237732
较上年增长绝对量	210898	277459	285110	270560	237732

2. 政策红利转化发展动力

从研发到销售再到售后服务，国家和地方政府均密集出台了一系列引导和刺激汽车产业链发展的政策，整合产业资源，引导企业发展，推动转型升级，特别是在新能源汽车和智能汽车产业培育上。长沙紧跟汽车产业发展方向和潮流，坚持“政府推动、市场运作、突出重点、引导消费、培育产业”的基本原则，部署汽车产业发展战略，大力出台对新能源汽车和智能汽车的补贴政策，抢占未来发展先机。长沙历来重视汽车产业链发展，在国家和省里已有的汽车产业扶持政策基础上，先后出台鼓励企业技术创新、加强知识产权保护、人才政策、财政补贴、招商引资、加强充电桩建设等相关政策措施，刺激发展政策在数量和力度上都比较大（见表16）。

表 16 促进汽车产业链发展的相关政策

级别	政策文件名称
国家级	《进一步优化供给推动消费平稳增长促进形成强大国内市场的实施方案(2019 年)》、《关于进一步完善新能源汽车推广应用财政补贴政策的通知》(财建〔2019〕138 号)、《新能源汽车生产企业及产品准入管理规定》、《新能源汽车产业发展规划》、《新能源汽车动力蓄电池回收利用管理暂行办法》、《关于调整完善新能源汽车推广应用财政补贴政策的通知》、《关于开展节能与新能源汽车示范推广工作试点工作的通知》、《国务院关于印发节能与新能源汽车产业发展规划(2012～2020 年)的通知》、《国务院办公厅关于加快新能源汽车推广应用的指导意见》、《新能源汽车废旧动力蓄电池综合利用行业规范条件》、《新能源汽车废旧动力蓄电池综合利用行业规范公告管理暂行办法》、《政府机关及公共机构购买新能源汽车实施方案》、《关于深化"互联网 + 先进制造业"发展工业互联网的指导意见》等
省级	《湖南工业新兴优势产业链行动计划》、《关于加快推进工业新兴优势产业链发展的意见》、《湖南省 2016～2020 年新能源汽车推广应用奖补政策》、《湖南省节能与新能源汽车等汽车制造产业发展五年行动计划(2016～2020 年)》、《湖南省党政机关及其他公共机构购买新能源汽车实施方案》、《湖南省"十三五"战略性新兴产业发展规划》、《湖南省汽车产业"十三五"发展规划》、《关于我省新能源汽车推广应用的实施意见》(湘政办发〔2014〕50 号)、《湖南省电动汽车充电基础设施建设与运营管理暂行办法》、《湖南省电动汽车充电设施运营企业备案管理暂行实施细则》、《湖南省电动汽车充电基础设施项目验收办法(试行)》、《关于支持长株潭城市群"两型"社会建设加速推进新型工业化进程的意见》、《湖南省新能源发展专项资金管理办法》等
市级	《长沙市新能源汽车推广应用补贴政策》《长沙市电动汽车充电基础设施专项规划(2017～2020 年)》《长沙产业链推进工作办公室工作机制实施方案》《关于加快推进长沙市工业新兴及优势产业链发展的意见》《关于强力推进招商引资工作的若干意见》等

由国家发改委颁布，2019 年 1 月 10 日实施的《汽车产业投资管理规定》（以下简称《规定》），对所在省份的产能利用率和现有新建项目、企业销售量和销售额均做出要求，将汽车投资项目全面改为备案制，并对新建的发动机、电池、车身总成、电池回收、零部件再造等项目进行规定，强化事中事后监管。《规定》要求上两个年度产能利用率高于全行业平均水平，将加速行业格局分化，对市场份额高、产能利用率高的行业龙头企业利好，使产能利用率下行的二、三线车企继续扩产的机会渺茫，遏制近来新能源车行业投资项目密集上马带来的盲目投资和产能过剩问题，促进各城市加大资金

投入和兼并重组力度，淘汰落后产能。《规定》的出台使一些企业投资项目迟迟不能投产，导致许多省份无法新建纯电动汽车投资项目，特别是像广东、重庆等新能源汽车发展较快的地区。相反，像湖南、贵州等此前新能源汽车投资项目较少的城市反而很少受到此类制约，可能促使企业转而将投资项目建设到“非热门”城市，为长沙发展新能源汽车产业带来机遇。

3. 关税下调带来发展活力

经国务院批准，汽车产业降税政策2018年7月1日已生效，各类汽车整车关税与汽车零部件关税的税率均大幅下调。关税下调之后，世界汽车及零部件企业在中国市场的竞争更为激烈，直接影响国内汽车企业的市场销量和价格。从长期看，倒逼包括长沙汽车产业在内的中国汽车产业转型升级，有利于降低汽车生产成本、行业技术升级和优化传统汽车板块格局，加快产品换代速度，有利于自主品牌走向国际大舞台、在全球配置汽车创新资源。另外，国家正在大力推进“一带一路”建设，从多个层面加强与沿线国家（地区）的互联互通，打造国际合作新平台，这也为长沙汽车产业“走出去”创造了千载难逢的好机遇。

4. 未来汽车成为增长主力

2018年，全国汽车销量2808.1万辆，其中乘用车销售2371万辆，同比下降4.1%，商用车销售437.1万辆，同比增长5.1%，增速回落8.9个百分点，相对而言，新能源汽车依然保持高速增长，增速达82%。从运行特点来看，中国品牌乘用车市场份额下降、汽车出口同比较快增长、重点企业经济效益增速低于同期、摩托车产销比上年明显下降。我国汽车总量虽多，但是人均保有量远低于美国、日本、韩国等发达国家，按照发展经验，我国汽车市场将进入相对动态平衡阶段。人口数量、汽车保有量、新增驾驶员数量、人均可支配收入等因素变化不大，2019年汽车销量将与前两年基本持平，为2800万辆左右。中汽协预测2019年为2810万辆，平衡了车辆进出口以后，全年市场需求为2820万辆，汽车零部件市场规模或达4.3万亿元（见图5）。总的来说，市场竞争日益激烈，传统燃油汽车仍占据绝大部分市场份额，但占比逐渐减少，新能源汽车成为主要增长点和发展方向，落后生产企业将逐渐被淘汰，促进企业创新，成为倒逼长沙汽车企业转型升级的机遇。从长沙的调研情况来看，广汽三菱、上海大众等企业产品销售逆势上涨，长丰集团、北汽福田等大部分企业受到的冲击比较大。

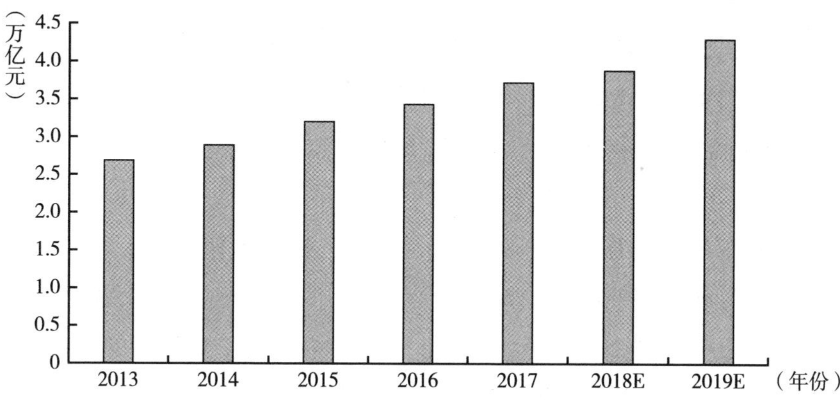

图5　中国汽车零部件市场规模预测

四　发展战略

（一）发展思路

积极抢抓国内外知名汽车集团扩大产能、加快开发新车型、大力发展新能源汽车，以及新一轮汽车产业革命加速演进的重大机遇，坚持引培结合，坚持整零并举，强化集群发展，以打造国家新能源汽车产业基地和智能网联汽车示范区为主线，以做大做强汽车产业为重点，优化汽车产业链、提升汽车价值链、构建汽车创新链。

1. 树立第一理念：持续招大引强

把招商引资作为推动长沙汽车产业链发展的第一要务，大力实施汽车产业“招商引资年”活动，围绕燃油汽车、新能源汽车、智能网联汽车以及汽车关键零部件等谋划、引进一批重大项目，将目光牢牢聚焦在国际、国内知名整车及零部件企业身上，实时跟踪接洽。

2. 突出第一动力：鼓励汽车消费

加快推动“汽车下乡”，对购买本市生产的整车产品的，在中央财政补贴标准基础上再适度提升补贴额度。持续加大公共交通领域新能源汽车的推广应用，加快推进主城区公交车、出租车、专用车电动化，支持新增、更新的公交车、出租车、专用车在同等条件下优先采购本地汽车产品。对购买本地生产、性能先进的新能源汽车给予一定的财政补贴。

3. 把握第一要点：加大财税支持

鼓励整车企业提升产能。对乘用车生产企业年度实际产量达 10 万辆，且达到国家发改委核准产能的 60% 及以上的给予奖励。鼓励市域内的整车企业采购本市零部件企业生产的产品。支持新能源汽车和智能网联汽车产业项目建设。对新能源汽车和智能网联汽车产业项目建设年度产生的银行贷款利息给予贴息补助。支持汽车企业加强新技术、新车型的研发。对经市科技重大创新专项立项的智能网联汽车关键共性技术研发项目给予资助。对新列入工信部《新能源汽车推广应用推荐车型目录》的单一新车型（含扩展车型）给予奖励。

4. 抢抓第一速度：加快项目建设

深入推动“汽车产业项目建设年”行动，将汽车整车、新能源汽车、智能网联汽车、核心零部件等产业项目纳入省、市重点工程，并开辟绿色通道。落实汽车产业项目“第一责任人”制度，对第一时间签约落户、第一时间开工建设、第一时间竣工投产的汽车产业项目给予重点表彰和重大奖励。对新能源汽车与智能网联汽车项目优先给予专项支持。

（二）基本原则

1. 引培结合，集聚发展

加强汽车产业项目的谋划和储备，积极推进重大产业项目建设。依托现有产业基础和优势，以项目建设优化汽车产业空间布局，构建从关键零部件到整车的完整产业体系。

2. 整零并举，协同发展

充分发挥整车企业的龙头带动作用，加强产业链间的产品、技术和配套协作，着力提高本地化配套能力，加大本地化产品的应用，提升汽车产业链整体发展水平。

3. 优化资源，创新发展

进一步优化创新资源要素配置，重点突破汽车产业关键核心技术，加快招引汽车专业人才，全面提高汽车产业研发平台的整体水平和技术创新能力。

（三）战略目标

到 2020 年，长沙市力争汽车产能稳步提升，结构不断优化，创新能力显著增强，形成集研发设计、智能制造、汽车后市场于一体的汽车全产业链生态体系，成为全国重要的汽车研发与制造创新基地和智能网联汽车试验区。到 2025 年，成为全国乃至全球重要的新能源和智能网联汽车产业基地和示范区。

到 2025 年，产业规模不断壮大，整车产能达到 250 万辆左右，实现年产销量 200 万辆左右，汽车产业及其相关行业营业总收入超过 3000 亿元。产品结构持续优化，智能网联汽车产业初具规模，智能网联汽车新车占比达到 30%。到 2025 年，智能网联汽车创新示范城市基本建成。

五　主要任务

（一）强力打造“中国车都”产业集群品牌

牢固树立品牌意识，以汽车产业集群品牌建设作为长沙汽车产业链吸引外部优质资源的“强磁场”，在产品品牌打造、企业品牌提升、基地品牌建设等方面持续发力，努力打造“中国车都”。

1. 全面推进汽车企业“第二总部”建设

抢抓国家放开汽车产业外商投资股比限制、重启新能源汽车资质审批及龙头车企抢占市场的重大机遇，主动对接恒大集团、特斯拉、蔚来汽车、威马汽车、小鹏汽车、广汽集团、北汽集团等新能源或智能网联汽车领军企业，努力推动新能源与智能网联汽车企业在长沙加速聚集。密切跟踪整车企业实时动向，力争招引一汽丰田、长安汽车、长安福特、长城汽车、东风悦达起亚以及奔驰、奥迪、宝马等在中部、华南地区无工厂的整车企业在长沙创建“第二总部”。

2. 深入推进“长沙制造”汽车品牌建设

一是推动汽车产品提质升级。鼓励上汽大众、广汽三菱、广汽菲克等企业充分发挥产品良好的市场效应，加快导入高端车型和生产线，实现中高档轿车、城市 SUV 和 MPV 汽车均衡发展。着力推动上汽大众、比亚迪、北汽、京东等企业在长沙扩大电动乘用车、电动客车、智能网联汽车、无人驾驶汽车、氢能源汽车的布局。支持广汽三菱与雷诺日产联盟在新能源汽车研发、新车型开发等方面深化合作。二是提升企业生产研发能力。积极引导整车及零部件企业进行技术升级、朝智能化方向深化，推动数字工厂、智能工厂、智慧工厂建设，打造“中国制造 2025”标杆企业。鼓励零部件企业提升自主研发、技术创新与海外市场拓展能力，实现系统开发、系统配套和模块化供货，在零部件企业中着力培育一批掌握行业关键核心技术的细分冠军、明星企业。

3. 高标准推进智能网联汽车基地建设

进一步深化与长沙智能驾驶研究院、百度、一汽、东风、桑德集团、启迪控股、三一、中车、国防科大、中国信通院等企业及高校的合作，加快构建集智能道路、V2X 通信系统、5G 网络覆盖、高精度地图与高精度定位的支撑体系。充分发挥国内封闭式测试区中场景复杂程度最高、测试服务最全的国家智能网联汽车（长沙）测试区良好的品牌效应，高标准规划建设“智能网联汽车产业小镇”。

（二）努力实现零部件与整车企业“同频共振”

补齐长沙汽车产业链关键环节上零部件企业缺位、错位的短板，不断增强零部件企业的创新能力，不断提升零部件产品的质量与水平，为零部件企业与整车企业同步建设、同步开发牵好线、搭好桥。

1. 着力抢占汽车产业价值链“高地”

长沙汽车产业链中，整车制造企业的人均产值普遍高于零部件等企业，是价值链上价值最高的部分。长沙汽车产业链上，汽车制造和销售是人员较多的部分，从业人员分别有59709人和19115人，汽车制造是汽车产业链中劳动力最密集的部分。从主营业务收入来看，汽车制造也是最多的，从而缴纳的增值税、个人所得税等税收相对较多，成为缴纳税收最多的部分。抓住整车制造企业这个“牛鼻子”，对增加税收和提升就业率具有不可小觑的作用。同时，围绕整车制造，加快零部件配套企业建设，加速形成汽车产业链生态系统。

表17　2018年长沙汽车产业链各企业的人均产值对比

单位：万元，人

名称	主营业务收入	人数	人均产值
长沙大众	3218688.70	33000	97.54
长沙比亚迪	3000000	17000	176.47
广汽三菱	1671641	4099	407.82
长沙众泰	166361.89	1200	138.63
广汽菲克	3123416	6130	509.53
长丰集团	650000	6968	93.28
索恩格	400000	2212	180.83
博世	613000	4200	145.95
湖南晓光汽车模具有限公司	54442	883	61.66

2. 着力提升汽车零部件本地配套能力

一是传统汽车领域。以广汽三菱零部件产业园项目、德国大陆集团中央电子项目建设为契机，加快发展玻璃升降器、后视镜、遮阳罩、面罩、前组合大灯、汽车音响、多媒体等车身部件，控制器、仪表、翘板开关、插接件、线束等核心电子电器部件，阀类、板簧、轮胎、空滤器、散热器、中冷器、传动轴、进排气管、储气筒等系统部件，补齐零部件配套短板（见表18）。

表18 传统汽车产业链对接引进零部件企业

序号	系统类别	企业名称	项目(产品)
1	车身附件	上海克康、佛吉亚、天纳克、埃贝赫、重庆海特、杰锋等	排气管
2	车身附件	索菲玛、马勒、曼胡默尔、广东恒勃、平原滤清等	进气系统
3	车身附件	法雷奥、上海马勒热系统有限公司、日本电装、重庆超力、贵航永红等	冷却模块
4	车身附件	本特勒、海斯坦普、上海汇众、福多纳、四川建安等	车架
5	行走系统	东熙汽车零部件公司	汽车底盘
6	车身附件	银讯阪和汽车部件(重庆)、上海斯诺浦杜诺瓦、祥鑫科技、海斯坦普、凌云工业、宁波屹丰、仪征常众等	钣金
7	车身附件	重庆红立至信汽车零部件制造有限公司	汽车座椅
8	车身附件	台州恒丰	注塑件
9	试验能力建设	上海博泰	车机互联实验室
10	试验能力建设	宁波拓普	汽车平顺实验室
11	综合配件	浙江兴宇	整车密封
12	车身附件	巴斯夫	油漆
13	车身附件	英拉法	天窗
14	车身附件	康斯博格	操作部件
15	车身附件	慕贝尔	紧固件
16	车身附件	佳通	轮胎
17	车身附件	麦格纳	后视镜
18	车身附件	成都航天模塑、上海和达、长春英利、广州中益	仪表板、副仪表、四门门板、仪表管梁
19	车身附件	江苏瑞延、重庆延锋、武汉燎原	保险杠、扰流板、裙板
20	车身附件	宁波拓普	顶棚、地毯、行李箱
21	传动系统	舍佛勒	离合器总泵
22	传动系统	博格华纳	传动部件
23	电器仪表	上海江森	蓄电池
24	电器仪表	联合电子	BCM(车身控制器)
25	电器仪表	法雷奥、贝洱、重庆三电、上海加冷松芝、重庆超力、海拉、小糸、彤明、瞭望等	组合开关、大灯、空调
26	电器仪表	博世苏州	电器
27	动力系统	成都恒丰	空滤
28	动力系统	福建协展、泸州发展、张家港东熙、成都陵川、北京和信等	燃油箱
29	制动系统	南方天合、芜湖伯特利、武汉元丰等	制动器
30	行走系统	张家港东熙	悬架
31	化工	上海福斯	齿轮油

二是新能源汽车领域。以比亚迪20万辆新能源汽车智能工厂改（扩）建项目、杉杉10万吨级高能量密度锂离子电池项目、博世新能源汽车热管理系统项目建设为契机，着力发展动力电池单体及电池系统，驱动电机及控制器，整车控制系统以及电制动、电转向、电空调、充电桩等新能源汽车“大小三电”，完善新能源汽车产业链（见表19）。

表19　新能源汽车产业链重点引进企业

序号	电池生产企业	电控生产企业
1	宁德时代新能源科技有限公司	上海电子驱动有限公司
2	合肥国轩高科动力能源有限公司	深圳市汇川技术股份有限公司
3	北京国能电池有限公司	浙江方正电机有限公司
4	深圳沃特玛电池有限公司	上海大郡动力有限公司
5	天津力神动力电池系统有限公司	南京越博动力系统有限公司
6	中航锂电有限公司	广东合普动力科技有限公司
7	浙江万向动力电池有限公司	武汉理工大学通宇新能源动力有限公司
8	中信国安动力电池有限公司	精进动力系统有限公司
9	中天储能科技有限公司	金泰德胜电机有限公司
10	深圳比克动力电池有限公司	常州易控汽车电子有限公司

3. 着力推动汽车零部件产品提质升级

深入实施汽车零部件企业品牌战略，引导零部件企业加大研发投入，集中资源优先发展汽车发动机、汽车电子、发动机电喷系统、涡轮增压器、动力电池、车用传感器、车载芯片、电控系统、轻量化材料等高附加值、知识密集型高端零部件。鼓励零部件企业完善质量管理体系，积极对标国内外先进标准，推动自愿性产品认证，提高产品一致性保障能力。支持重点零部件企业加速进入国内外整车企业全球采购体系。支持有条件的零部件企业争取中国质量奖、市长质量奖，培育一批零部件湖南名牌、长沙名品。以长沙经开区、雨花经开区、浏阳高新区为重点，全力打造汽车零部件产品质量提升国家示范区。

4. 着力开展整车和零部件企业“同步计划”

支持整车企业牵头组建长沙汽车产业战略联盟，与零部件企业在研发、采购等方面开展深度合作，逐步实现零部件和整车企业同步研发、同步生产、同步供货。鼓励整车企业搭建零部件配套试用平台，为零部件企业提供试错机会。每年定期组织召开“整车—零部件”产业对接会，提升产业链上下游融合发展水平。组织多形式整车和零部件发展共性问题研讨会，鼓励整车企业与零部件企业之间共同开发大数据应用系统，进行数据交换分享、互动开发。鼓励整车企业发起成立零部件供应商协会，就生产计划、方针政策、市场趋势、成本、质量、社会活动等方面展开交流。加大对整车企业原有配套供应商来长沙建厂的支持力度，对企业增加本地配套份额给予最大的税费优惠。

（三）大力推动汽车“四化”技术赶超发展

把握下一代汽车电动化、智能化、网联化、共享化的发展趋势，围绕汽车关键领域的核心技术加大研发力度，着力提升汽车企业的创新能力与水平。

1. 突破关键领域核心技术

一是在新能源汽车领域重点攻克驱动系统、控制系统、新一代电力电子功率器件、制动能量回收系统及储能电池回收等共性关键技术，推动电池、电机、电控等核心零部件以及整车集成技术联合攻关，掌握新能源汽车整车及关键零部件核心技术。二是在智能汽车领域以车载智能终端产业化为突破口，支持车辆智能计算平台体系架构、车载智能芯片、自动驾驶操作系统、车辆智能算法等领域的产品研发，带动激光雷达、高性能计算控制器、毫米波雷达、V2X（车对外界的信息交换）设备、高精度地图、人机交互、智能汽车系统、高性能智能悬架系统等核心技术发展。

2. 构建共建共享创新平台

鼓励龙头企业共同围绕汽车新能源、智能化、网联化、轻量化等组建“前瞻共性技术创新中心”，对战略性核心技术联合投资、开发，并共享技术成果。围绕智能网联汽车，支持本区域整车、零部件、电子通信、车联网等领域企业与国防科技大学、湖南大学、长沙理工大学等科研院校共建国家智能网联汽车产业创新中心。围绕新能源汽车，在动力电池与电池管理系统、电机驱动与电力电子总成、电动汽车智能化技术、燃料电池动力系统和电池回收等五个方面组建若干产业技术创新联盟，创建新能源汽车产业共性基础技术研究院。支持将广汽三菱研究院、猎豹汽车长沙工程研究院、长沙新能源与智能网联汽车创新中心、长沙智能驾驶研究院等创新平台打造为国家级研发平台。

3. 组建产业创新服务平台

推进技术标准、测试评价、国际合作等产业支撑平台建设，完善整车和零部件技术标准体系，形成支撑产业发展的系统化服务能力。支持整车企业联合第三方机构建设长沙汽车试验场和新能源汽车检车线，提升长沙整车及部件性能测试、纯电动汽车及部件安全检测能力。加快纯电动汽车标准研究平台，整车及关键零部件测试评价平台，基础数据库，整车及系统安全研究平台和智能管理及系统安全运行研究、检测评价和监测平台等共性平台建设。组建长沙汽车产业技术转化联盟和交易平台，面向国内外开展先进汽车技术成果展示、交易和应用服务等。组建长沙智能网联汽车标准联盟，积极与国家智能网联汽车标准联盟对接。

（四）着力构建“一廊一区一组团”产业发展格局

围绕建设全国乃至全球重要汽车生产制造基地的目标，着力构建以长浏汽车工业走廊、雨花经开区、长望宁组团为依托的“一廊一区一组团”产业发展格局，促进长沙汽车产业集群化发展。

1. 长浏汽车工业走廊

以长沙东部开放型经济走廊建设为契机，依托长沙经开区、浏阳高新区，沿长浏高速积极打造长浏汽车工业走廊。其中长沙经开区依托上汽大众、广汽三菱、长丰猎豹、北汽福田、三一、京东无人车、大陆中央电子等企业或项目建设，重点发展乘用车、专用车、商用车产业，积极发展物流车、新能源汽车等整车及配套产业，打造全国集乘用车、专用车、物流车与新能源汽车于一体的汽车生产基地，形成较为完备的汽车全产业链条。浏阳高新区充分发挥现有汽车零部件企业的产业基础优势，积极引进国内外知名的汽车零部件企业，以上海大众、广汽三菱、比亚迪等整车生产为发展建设主体，配合建设零部件配套设施，重点发展汽车结构件、内饰件、汽车用品及后市场产业，延伸汽车产业链条，打造中部地区重要的专业化汽车配套产业基地。

2. 雨花经开区

面向整车制造前 30 位、零部件全球细分行业前 10 位企业开展重点招商，持续完善产业链结构。依托比亚迪乘用车改（扩）建项目和卡车研究院项目建设和智能制造产业发展的优势，重点发展电动大巴、节能与新能源乘用车、电动卡车及专用车，着力构建新能源汽车产业链，建成我国具有重要影响力的新能源汽车产业基地。

3. 长沙高新区、望城经开区、宁乡经开区组团

充分发挥长沙高新区、望城经开区、宁乡经开区深厚的电子信息产业基础优势，推动汽车产业与电子信息产业深度融合。依托湖南湘江新区智能系统测试区、杉杉新能源、中信戴卡、晟通集团、世冠汽车等企业或项目建设，重点发展智能网联汽车、储能电池、汽车铝型材、汽车电子等，着力打造我国具有重要影响力的智能网联汽车基地。

（五）全力补齐汽车产业发展的基础设施短板

围绕企业和市场需求，全力推进充电桩、汽车专用码头、汽车大数据中心等基础设施建设，解决汽车产业发展的后顾之忧。

1. 全面推进充电网络体系建设

积极推进住宅小区按照桩随车走的原则建设自用充电设施。严格要求新建住宅配建停车位 100% 建设充电设施或预留建设安装条件。商业中心公建配套停车场，对外交通枢纽、轨道交通换乘停车场（P + R）等社会公共停车场充电设施或预留建设安装条件的车位比例不低于 20% 。支持具备条件的政府机关、学校、医院、文体场馆等公共机构及各企事业单位利用单位内部停车场资源，规划电动汽车专用泊位。鼓励在具备条件的加油加气站配建

公用充电设施。鼓励有条件的单位和个人充电基础设施向社会公众开放。

2. 建设霞凝港汽车运输专用码头

适应长沙汽车产业发展及长江经济带汽车产业链协同发展的需要，推动进港铁路专用线建设，在霞凝港增设汽车运输专用码头，实现铁路运输和水路运输的无缝衔接。加强与中远海运、中铁特货等企业在铁水联运枢纽场站建设、布局建设全球服务中心、发展近洋直达集装箱航线、推动江海直达航线、拓展汽车滚装运输等方面的合作，在以霞凝港为主的汽车港口推动滚装运输等先进的车辆运输方式应用，打造经济、便捷的商品汽车公水联运通道。

3. 建设汽车应用大数据中心

大力支持新能源汽车运营企业在长沙设立新能源汽车网约车及分时租赁等运营平台和数据中心，推动运营企业在长沙设立总部。建立集新能源汽车安全监测、充电设施监测和数据采集、分析研究、应用服务于一体的第三方监测管理平台，加强对长沙新能源车辆和充电基础设施的监管。推动新能源汽车生产、运营企业建立企业监控平台，统一接口和数据交换协议，及时对接长沙市、湖南省和国家新能源汽车监管平台。推动智能网联汽车大数据交互平台建设，重点建设测试、验证环境及相应的数据收集分析、管理监控等平台。

（六）实施氢燃料电池汽车产业链发展工程

一是加快布局氢燃料电池汽车产业。2019 年两会期间，氢燃料电池汽车成为热门话题，正处在政策、资本风口。工信部发言人也明确表示，将大力推进我国氢能及燃料电池汽车产业的创新发展。基于行业的政策推动与资本推动，万亿氢能产业的市场化临界点来临，长沙市在氢能产业方面具有丰富的水电、较完善的汽车产业链等优势。一方面加强组织协调，统筹规划，推出政策支持；另一方面引入研究院等高端智库研究创新城市新能源发展模式，从前端研发角度抢占先机，打造高端装备研发及制造基地。二是打造氢燃料电池汽车示范区。成立氢能与可再生能源国家重点实验室，在氢能关键技术、技术标准、检测体系等方面开展攻关，打造全国知名的氢能及可再生能源企业创业服务中心。

六　对策建议

（一）完善汽车产业链发展监测体系

完善汽车产业链统计指标体系，从产业链建设现状、产业链上下游联动和产业链企业聚集等三个维度科学制定汽车产业链发展的定量指标。健全汽车产业链发展的周报、月报、季报、年报制度，进一步加强汽车产业链的统计监测，实时反映长沙市汽车产业链发展现状。完善统计局、发改委、经信委、商务局、科技局、金融办、产业链办公室等相关部门之间的联系、联动机制，建立长沙市汽车产业链运行监测部门联席会议制度。

（二）设立汽车产业链发展专项基金

充分发挥财政资金引导作用，整合社会资本，设立汽车产业发展专项基金，支持汽车产业招商引资、重大项目及园区建设、传统技术改造、重大技术攻关、产业平台搭建、配套体系及企业品牌建设、新产品开发应用、汽车无人驾驶、汽车国际赛事基地建设等。积极争取国家技术进步和技术改造专项资金，每年筛选一批典型的汽车企业给予提质升级专项支持。拓展企业直接融资渠道，支持符合条件的汽车及零部件企业在境内外上市融资或发行专项企业债券及绿色债券。加大对汽车及零部件企业的信贷资金投入，鼓励金融机构开展产业链贷款，积极探索多元化的融资方式。鼓励金融机构与汽车生产企业合作组建汽车金融公司和融资租赁公司，为终端用户提供个性化融资服务，促进汽车消费。

（三）理顺汽车产业链招商引资机制

树立全市汽车产业“一盘棋”的发展思路，建立健全以“建链、延链、补链、强链”为导向的招商引资考核评价体系，建立健全园区之间、地区之间招商引资信息共享、项目合作机制，探索建立重大项目首报制度，避免园区之间、地区之间内耗。编制长沙市汽车产业链招商引资“产业空间布局导引手册”，突出以产业发展规划引领汽车产业链项目布局。搭建汽车产业链招商信息发布平台，梳理重点企业、重点产业项目引进优惠政策。

（四）加大采购本地汽车产品支持力度

鼓励市域内的汽车整车企业采购本市零部件企业生产的产品，对年采购额达到一定金额的，超出部分按照0.5%给予奖励；再次申报的，按采购金额较上一年增量部分的1%给予奖励。对购买本地生产的1.6升及以下排量乘用车实施车辆购置税减半征收或者免征的优惠政策。机关事业单位和团体组织在同等条件下优先使用本地产品。新增和更新的公交车、出租车、环卫车等原则上在同等条件下采购本地汽车产品。鼓励在长沙的物流企业、快递公司使用本地生产的新能源物流专用车，并在城区予以通行便利。

（五）强化汽车产业链发展的智力支持

支持国内外创新团队和顶尖人才来长沙开展新一代动力电池、燃料电池和汽车智能终端等重点领域的研发制造，在项目资金、住房、户籍、就医、子女教育等方面给予特殊待遇。实施新能源汽车产业创新发展青年科学家培养计划，完善产业技术人才培育机制，鼓励企业与同济大学、湖南大学、长沙理工大学、中南大学等院校合作共建培训基地，对企业主要技术人员进行在职联合培养。鼓励企业与职业院校、培训机构通过订单培养、现代学徒制等方式，联合开展职业教育和岗位技能培训，培养产业发展急需的专业技术人才和高技能人才。成立由汽车行业专家、高校及科研院所学者、企业家等人员组成的汽车产业发展专家咨询委员会（智库）。

（六）做好汽车产业链发展的要素保障

强化用地保障，做好产业规划与土地利用规划的衔接工作，将汽车产业园纳入新一轮土地规划和城镇建设用地范围；积极争取省政府给予长沙汽车产业重大建设项目用地指标政策倾斜，每年从市本级用地指标中安排一定的比例用于发展汽车重点整车及零部件项目、重点服务业项目、重点产业载体项目，确保优质项目用地需要。根据汽车产业园区发展需要，加强对电网、水网、输气管道、供热管道、道路交通的规划建设和升级改造，配套布局建设学校、医院、餐饮、娱乐等相关附属机构和服务设施，保障汽车企业拥有良好的生产经营环境和物流运输系统，降低企业成本，提升企业效率。

B.16

岳阳经济发展质量评价及对策*

李 琳 曹 瓅**

摘 要： 岳阳作为湖南的北大门、长江经济带重要的节点城市，推动经济高质量发展意义重大。从经济发展的有效性、稳定性、创新性、协调性、绿色性、分享性六个维度构建经济发展质量评价指标体系，运用投影寻踪模型对2001～2016年岳阳经济发展质量进行动态评估与多层次比较分析，揭示岳阳经济高质量发展面临四大主要“短板”，提出推进岳阳经济高质量发展的对策建议。

关键词： 经济发展质量 评价指标体系 投影寻踪模型 动态评估

党的十八大以来，习近平总书记多次就推动长江经济带发展提出重要论断、做出重大部署，明确要求坚持生态优先、绿色发展，反复强调“共抓大保护、不搞大开发”。2018年4月，习近平总书记在深入推动长江经济带发展座谈会和在岳阳考察途中的重要讲话，进一步深刻阐述了推动长江经济带发展的形势任务、方向路径和工作举措。这是包括岳阳在内的长江经济带城市在新形势下推动经济转型高质量发展的基本遵循、重大使命和责任担当。岳阳是湖南融入长江经济带的桥头堡和长江经济带的重要节点城市，以

---

* 本报告为湖南省智库专项重大委托项目（18ZWA20）的阶段性成果。

** 李琳，湖南大学经济与贸易学院教授、博士生导师，湖南大学区域经济研究中心主任，研究方向为区域创新与产业发展；曹瓅，湖南大学经济与贸易学院在读博士，研究方向为区域创新与转型发展。

及湖南长江和洞庭湖生态治理的“主战场”，省委省政府明确要求岳阳在“生态优先、绿色发展”中探索经济高质量发展与生态环境保护协同推进走在全省前列。本文通过构建区域经济高质量发展评价指标体系，运用投影寻踪模型对包括岳阳在内的13个地市（湘西州因数据缺失，没有纳入）2001～2016年的经济发展质量指数及其构成要素支撑结构进行动态评估与比较分析，揭示岳阳经济发展质量的动态演变特征、支撑结构特征，以及面临的主要问题与短板制约，进而提出具有可操作性、针对性的政策建议，为湖南省委省政府实施以长江经济带高质量发展推动湖南经济高质量发展战略提供有价值的决策参考。

一　区域经济高质量发展评价指标体系及评估方法

（一）评价指标体系构建

梳理国内外相关文献可知，相关研究主要集中于经济增长质量的内涵、经济增长质量的评价、中国经济增长质量问题及对策，而针对区域经济发展质量论题的研究较稀缺，仅有少数几篇关于区域经济发展质量的评价。

经济发展质量是一个综合的多维度的概念，本文重点参考何伟提出的高质量发展六大特性，同时践行习近平总书记生态文明思想，把绿色发展纳入湖南经济发展质量的总体布局，最终认为经济发展质量应包含有效性、稳定性、创新性、协调性、绿色性、共享性六个维度的内容。本文构建了由一级指标——区域经济发展质量综合指数，6个二级指标——经济发展的有效性、稳定性、创新性、协调性、绿色性、分享性和23个三级指标构成的区域经济发展质量评价指标体系（见表1）。

（二）投影寻踪综合评价模型

传统的数据分析方法对于高维非正态、非线性数据分析很难收到很好效果，投影寻踪方法就是在这种形势下应运而生的。投影寻踪法能克服传统多

表 1　区域经济发展质量评价指标体系

目标层	要素层	指标层	指标计算
区域经济发展质量综合指数	有效性	全要素生产率	以固定资产存量、就业人口为投入,GDP 为产出计算
		劳动产出率	GDP/就业人口数
		资本产出率	GDP/投资额
		资源利用率	GDP/主要资源消耗量
	稳定性	GDP 增长波动率	当年 GDP 增长率/上年 GDP 增长率 -1
		失业率	登记失业人口/总就业人口 ×100%
		总产出指数	以 1952 年总产出为基准,各年的总产出
	创新性	R&D 占 GDP 比重	R&D 经费/GDP
		人均科技投入	科技财政支出/人口数
		人均教育投入	教育财政支出/人口数
		每万劳动力中研发人员数	R&D 人员全时当量数/从业人员年平均人数
	协调性	非农产业增加值占 GDP 比重	非农产业增加值/GDP
		城镇化水平	城镇居民人口数/总人口数
		经济外向度	对外贸易总额/GDP
		单位 GDP 能耗	能源消费总量(吨标准煤)/GDP
	绿色性	人均工业烟粉尘排放量	工业烟粉尘排放量/人口数
		工业固体废物综合利用率	工业固体废物综合利用量/(工业固体废物产生量 + 综合利用往年贮存量) ×100%
		工业废水排放达标率	报告期内废水中各项污染物指标都达到国家或地方排放标准的外排工业废水量
		人均“三废”综合利用产品产值	“三废”综合利用产品产值/人口数
	分享性	人均 GDP	GDP/人口数
		人均社保和就业投入	社保和就业财政支出/人口数
		人均医疗卫生投入	医疗卫生财政支出/人口数
		城乡人均收入比	城镇人均可支配收入/农村人均纯收入

元统计处理高维数据时存在的计算量大和稳健性差的缺点，且投影寻踪聚类评价模型不仅能得出评价目标的总值，还能清晰反映各构成要素的值，便于更深入地对评价目标进行分析。

投影寻踪聚类模型的具体步骤如下：

步骤一：数据无量纲化。首先对各指标进行无量纲化处理。本文选用级差变换法来消除各指标值的量纲和统一各指标的变化范围：

当 x_{ij} 为正向指标时，$y_{ij} = \dfrac{x_{ij} - x_{\min}}{x_{\max} - x_{\min}}$

当 x_{ij} 为逆向指标时，$y_{ij} = \dfrac{x_{\max} - x_{ij}}{x_{\max} - x_{\min}}$

其中：$x_{\max}$ 和 $x_{\min}$ 分别为第 j 个指标的初始最大值和最小值。

步骤二：构造投影指标函数。投影实质上就是从不同的角度去观察数据，寻找能够最大限度地反映数据特征和最能充分挖掘数据信息的最佳观察角度即最优投影方向。设 a 为 m 维单位投影向量 $a = (a_1, a_2, \cdots, a_m)$，选用线性投影将高维数据投影到一维线性空间进行研究，则 x_{ij} 的一维投影特征值 z_i 可表示为：

$$z_i = \sum_{j=1}^{m} a_j x_{ij},\ i = 1, 2, \cdots, n$$

其中 $z_{ij} = a_j x_{ij}$ 是第 i 个样本中第 j 个指标的投影分量，$z = (z_1, z_2, \cdots, z_n)$ 为投影特征值向量。

步骤三：构造目标函数。为了在多维指标中找到数据的结构组合特征，在综合投影时要求投影值 z_i 尽可能多地提取 x_{ij} 的变异信息，即要求 z_i 在一维空间散布的类间距 S_z 尽可能大；投影值 z_i 的局部密度 D_z 尽可能最大。因此可构建投影目标函数为：

$$Q(a) = S_z D_z$$

其中，S_z 为投影值 z_i 的标准差，D_z 为投影值 z_i 的局部密度，即：

$$S_z = \sqrt{\frac{\sum_{i=1}^{n} (z_i - E_z)^2}{n - 1}}$$

$$D_z = \sum_{i=1}^{n} \sum_{j=1}^{n} (R - r_{ij}) u(R - r_{ij})$$

其中，E_z 为投影值 z_i 的均值；R 为密度窗宽，与数据特征有关，它的选

取既要使包含在窗口内的投影点的平均个数不太少，避免滑动平均偏差太大，又不能使它随着 n 的增大而增加太高，R 一般可取值为 αS_z ，其中 α 可以为0.1、0.01 或0.001 等，依据投影点 z_{ij} 在区域间的分布情况进行适当调整；r_{ij} 表示两两投影特征值间的距离，即 $r_{ij} = | z_i - z_j |$ ；u 为单位阶跃函数，当 $R - r_{ij} \geqslant 0$ 时，其值为1，当 $R - r_{ij} \leqslant 0$ 时，其值为0。

步骤四：优化投影方向。当评价指标的样本值给定时，投影指标函数 $Q(a)$ 只随投影方向 a 的变化而变化。不同的投影方向反映不同的数据结构特征，最佳投影方向是最大可能的暴露高维数据某类特征结构的投影方向，因此，可通过求解投影指标函数最大化来估计最佳投影方向，即：

$$MaxQ(a) = S_z D_z$$

$$\text{s.t.} \sum_{j}^{m} {a_j}^2 = 1$$

步骤五：分类（优劣排序）。根据最佳投影方向值 a_j 计算各指标的投影值 z_i ，投影值是各评价指标的最佳投影方向与标准值的加权；然后，根据投影值 z_i 的大小对样本进行分类或优劣评价。

（三）数据来源

本文以包括岳阳在内的14 个地市（州）为评估对象，由于湘西州的数据缺失较多，故对13 个地市2001 ~2016 年的经济发展质量进行评估。数据来源于2002 ~2017 年《中国统计年鉴》《中国城市统计年鉴》《湖南统计年鉴》，对于个别缺失的数据，均通过平均值法得到。

二　岳阳经济发展质量指数的动态演化特征

根据上文投影寻踪评价模型的步骤，利用DPS 数据处理系统，对2001 ~2016 年岳阳以及省内其他12 地市的经济发展质量指数进行评估，评估结果如表2。

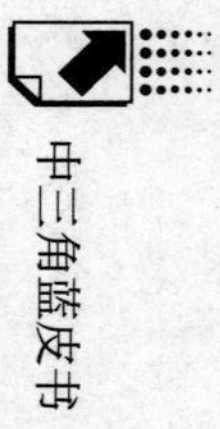

表2　2001~2016年岳阳与其他12地市经济发展质量指数评估结果

年份	长沙市	株洲市	湘潭市	衡阳市	邵阳市	岳阳市	常德市	张家界市	益阳市	郴州市	永州市	怀化市	娄底市	湖南省
2001	1. 7232	1. 3457	1. 4652	0. 8789	0. 5346	0. 8379	1. 0005	0. 8271	0. 7894	0. 9728	0. 786	0. 7442	0. 7409	0. 9451
2002	1. 7322	1. 361	1. 5286	0. 8813	0. 5406	0. 9787	0. 9304	0. 8733	0. 8099	0. 9724	0. 8156	0. 8131	0. 8061	0. 9744
2003	1. 8586	1. 432	1. 4202	0. 898	0. 6036	0. 9833	0. 9956	0. 8586	0. 8566	1. 0042	0. 8511	0. 8092	0. 7385	0. 9896
2004	1. 9689	1. 3434	1. 6346	0. 9935	0. 7145	1. 0258	0. 9938	0. 9672	0. 9089	1. 1015	0. 971	0. 8524	0. 8089	1. 0712
2005	1. 9179	1. 4254	1. 6711	1. 0625	0. 8489	1. 092	1. 0107	1. 001	0. 9715	1. 1485	0. 9475	0. 8718	0. 8704	1. 1077
2006	1. 9524	1. 7208	1. 799	1. 2327	0. 8649	1. 239	1. 1424	1. 0857	1. 0758	1. 2071	1. 0923	0. 9261	0. 9934	1. 1999
2007	2. 1169	1. 6942	1. 8103	1. 3082	0. 9105	1. 3226	1. 2094	1. 1015	1. 0355	1. 2775	1. 0512	0. 9796	1. 0464	1. 2429
2008	2. 219	1. 655	1. 8638	1. 283	0. 9538	1. 4014	1. 2954	1. 0951	1. 1332	1. 2366	1. 0615	0. 9938	1. 2076	1. 2871
2009	2. 7613	1. 7565	1. 9383	1. 3777	1. 0991	1. 4996	1. 4141	1. 2888	1. 2541	1. 3939	1. 2098	1. 0757	1. 4155	1. 4397
2010	2. 7591	1. 8572	1. 9693	1. 4975	1. 1526	1. 5882	1. 5765	1. 2607	1. 3926	1. 4593	1. 2247	1. 1804	1. 4437	1. 4996
2011	2. 8667	2. 0363	2. 1734	1. 6505	1. 2565	1. 7927	1. 6727	1. 3907	1. 5352	1. 5904	1. 4173	1. 2226	1. 4989	1. 6199
2012	3. 0266	2. 3321	2. 2498	1. 7094	1. 3457	1. 8577	1. 8049	1. 6199	1. 5494	1. 7273	1. 4852	1. 3505	1. 5964	1. 7165
2013	3. 0122	2. 3128	2. 1741	1. 7672	1. 3925	1. 9019	1. 8564	1. 5196	1. 6943	1. 829	1. 6048	1. 3739	1. 7266	1. 7575
2014	3. 1447	2. 4189	2. 2583	1. 8195	1. 4983	2. 0368	1. 8634	1. 6724	1. 762	1. 8813	1. 6935	1. 6337	1. 7619	1. 8478
2015	3. 3018	2. 3204	2. 1299	1. 9511	1. 6921	1. 9796	2. 0394	1. 7319	1. 849	1. 898	1. 8156	1. 6272	1. 7297	1. 9034
2016	3. 4433	2. 3885	2. 3888	2. 0994	1. 722	2. 1354	2. 1119	1. 7486	1. 9234	1. 9915	1. 9143	1. 6752	1. 9009	2. 0040
均值	2. 4878	1. 8375	1. 9047	1. 4007	1. 0706	1. 4795	1. 4323	1. 2526	1. 2838	1. 4182	1. 2463	1. 1331	1. 2679	1. 4129
平均增长率(%)	4. 88	4. 12	3. 48	6. 07	8. 26	6. 54	5. 23	5. 34	6. 20	4. 97	6. 28	5. 67	6. 68	5. 17

根据评估结果，纵向及横向比较分析岳阳经济发展质量的动态演化特征，以及其经济发展质量支撑结构的动态演化特征。

（一）2001～2016年岳阳经济发展质量的动态演化

从岳阳经济发展质量指数投影值及发展趋势来看。由表 2 和图 1 可知，岳阳 16 年间经济发展质量指数的投影值在区间（0，3）内，呈明显上升态势，从 2001 年的 0.8379 增长至 2016 年的 2.1354，提升了 154.85%，表明 2001～2016 年岳阳经济发展质量明显改善，年均提升速度为 6.54%，经济发展质量提升潜力较大。其中，2015 年投影值有轻微下降趋势，至 2016 年得以回升。

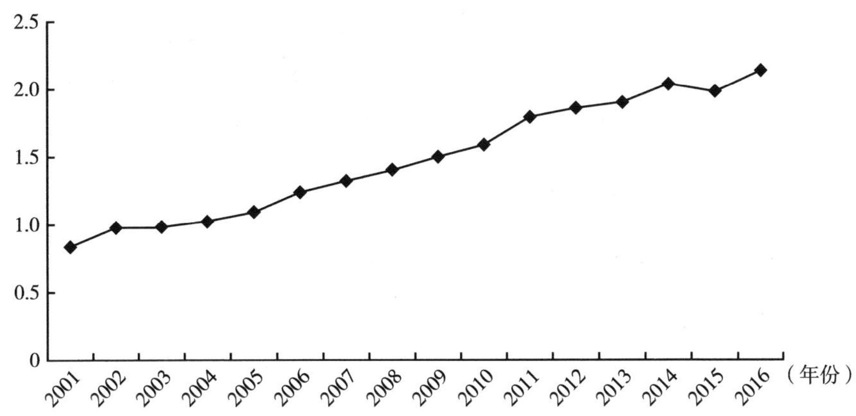

图 1　2001～2016 年岳阳经济发展质量指数变化趋势

从经济发展质量指数各构成要素投影值及变动趋势看。由图 2 可知，岳阳经济发展的有效性、协调性和分享性都呈上升趋势，尤其是有效性与分享性上升趋势明显，其中分享性以 2008 年为拐点，2008 年前呈缓慢上升趋势，2008 年后呈快速上升趋势；稳定性持续波动，其中 2004 年、2006 年和 2011 年为三个低点，在 2008 年经济发展的稳定性并未到达最低点，这说明岳阳受 2008 年金融危机的影响不大；经济发展的创新性在 16 年间呈现以 2012 年为拐点的两段式发展特点，2012 年以前为加速发展阶段，其中 2007

年上升趋势明显；2012 年创新性下降，而后继续呈上升趋势；经济发展的绿色性水平在 2006 年前较低，2006 后保持稳定水平，但近年来有下降趋势。可见，岳阳经济发展质量指数各构成要素的发展水平除稳定性和绿色性外均呈现较明显的上升趋势。

从岳阳经济发展质量指数各构成要素贡献度及变动趋势来看。由图 3 可知，2001 年，六大要素的贡献度分别为有效性 6%、稳定性 4%、创新性 11%、协调性 19%、绿色性 30%、分享性 30%，呈现由协调性、绿色性和分享性主导的“三轮驱动”结构特征，有效性、稳定性、创新性“三大短板”制约明显；至 2016 年，六大构成要素的贡献度分别为有效性 7%、稳

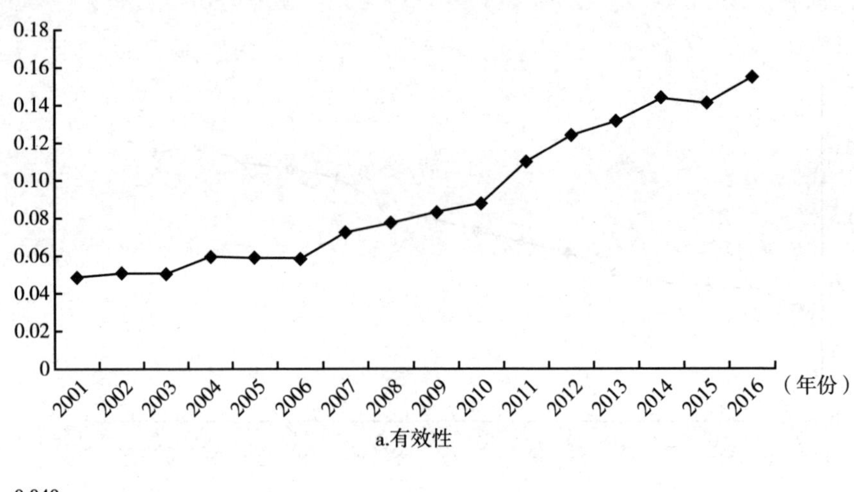

a.有效性

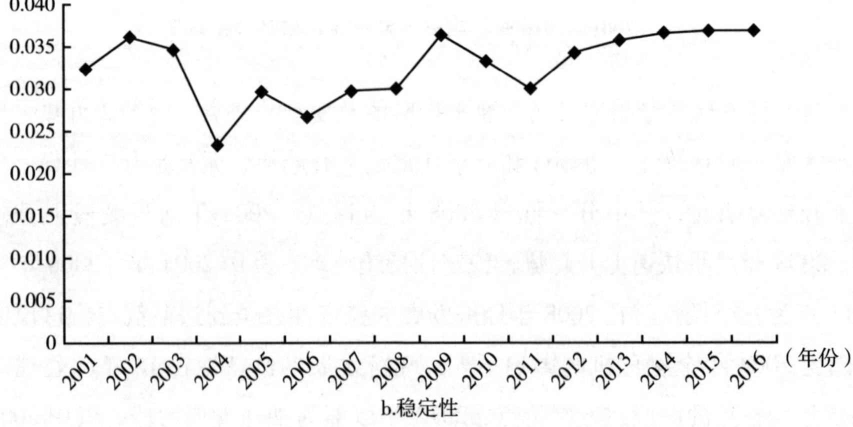

b.稳定性

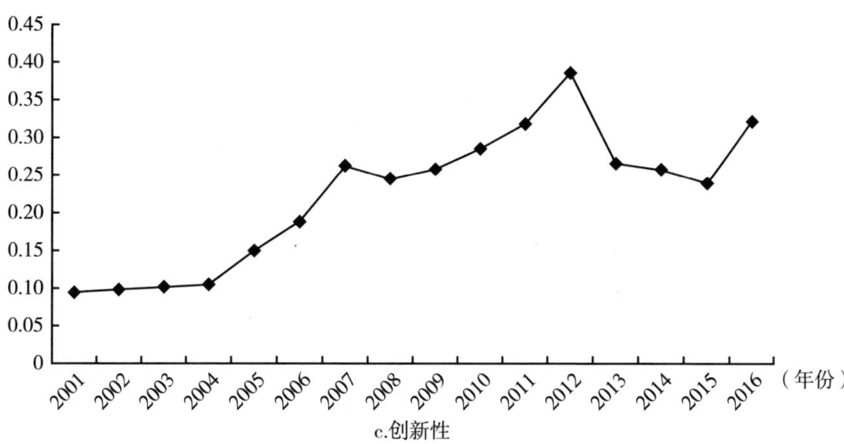

c.创新性

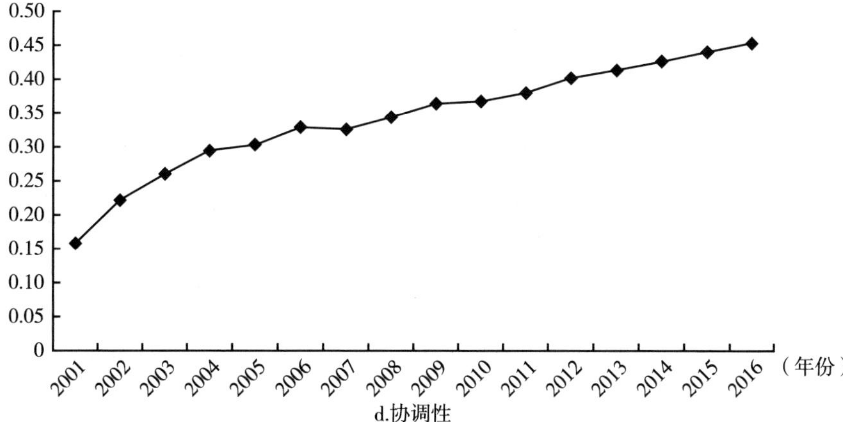

d.协调性

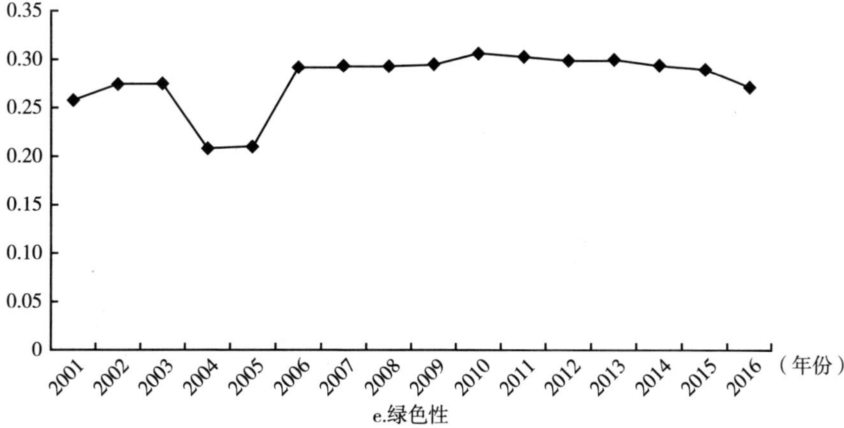

e.绿色性

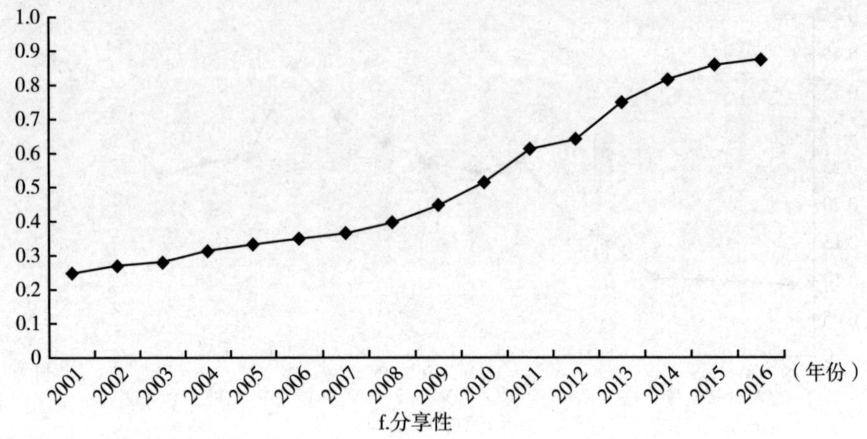

图 2　2001～2016 年岳阳经济发展质量指数六大构成要素投影值变化趋势

定性 2%、创新性 16%、协调性 21%、绿色性 13%、分享性 41%。其中，"三大短板"中的有效性和创新性对经济发展质量的贡献度在提升，而稳定性的贡献度却在减小，且绿色性的贡献度也在减小，2016 年整体上呈由创新性、协调性和分享性主导的"三轮驱动"结构。综上所述，16 年来经济发展的分享性对经济发展质量的贡献度始终最大且保持提升趋势，从 2001 年到 2016 年，岳阳经济发展质量的制约由有效性、稳定性、创新性"三大短板"逐渐转化为有效性、稳定性和绿色性"三大短板"。这说明 2001 年经济效率偏低，经济发展稳定性不够，创新驱动力不足的矛盾较凸显；至 2016 年，创新驱动力不足的短板得以改善，经济发展带来的环境问题却逐渐突出。16 年来六大构成要素呈现分享性"一枝独秀"与"三大短板"并存的非均衡支撑结构特征。

（二）岳阳与全省经济发展质量指数的比较

从岳阳与湖南省（13 地市）16 年间经济发展质量指数投影值及变化趋势看。由图 4 可知，岳阳与全省 16 年均值分别为 1.4795、1.4129，岳阳的经济发展质量指数水平要高于全省平均水平。除了 2001 年、2003～2005

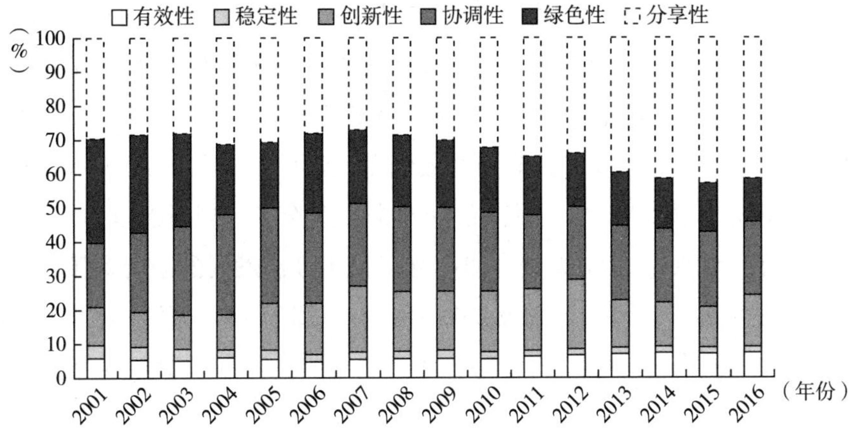

图3　2001～2016年岳阳经济发展质量指数六大构成要素贡献度

年，全省经济质量指数高于岳阳，其余年份均是岳阳高于全省，2006年后，岳阳的经济发展质量水平逐渐优于全省；从岳阳和全省经济发展质量指数的变化趋势看，两者趋势一致、差异较小。

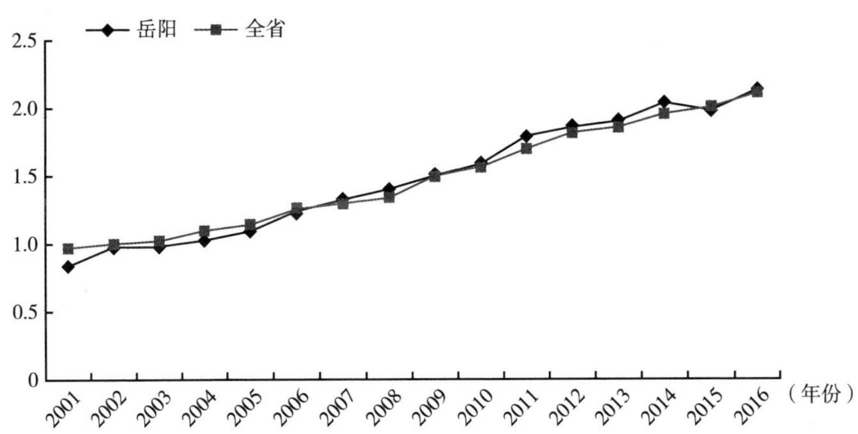

图4　2001～2016年岳阳与全省经济发展质量指数变化趋势比较

从岳阳与全省的经济发展质量指数六大构成要素投影值及变化趋势看。由图5可知，2001～2016年，其有效性、创新性、协调性和分享性的投影值呈较明显上升趋势，且两者之间差距不大。近年来，岳阳经济发展的协调性与分享性都要略高于全省平均水平，而有效性要略低于全省平均水平；稳定性以2007年为拐点，2007年前岳阳经济发展的稳定性要低于全省平均水平，而2007年后岳阳经济发展的稳定性逐渐超越全省平均水平，且全省在2004年、2008年和2011年达到三个最低点，而岳阳未在2008年达到最低点，这说明岳阳受2008年金融危机的冲击小于全省；创新性以2005年和2013年为两个拐点，其中2005~2013年，岳阳经济发展的创新性强于全省平均水平的创新性，2005年前及2013年后，岳阳创新性分指数要低于全省平均水平；绿色性以2003年和2006年为两个拐点，岳阳绿色性分指数在2003~2006年经历了一个“U”字形变化，其余年份岳阳均强于全省平均水平，至2016年，岳阳的绿色性略低于全省平均水平。

从岳阳经济发展质量各构成要素贡献度及变动趋势来看。由图6b可知，2001年，有效性6%，稳定性4%，创新性11%，协调性19%，绿色性30%，分享性30%；至2016年，有效性7%，稳定性2%，创新性15%，协调性22%，绿色性13%，分享性41%；岳阳的要素支撑结构由2001年的协调性、绿色性、分享性“三轮驱动”演变为2016年的协调性与分享性“两轮驱动”，且2016年分享性的贡献率（超过40%）“一枝独秀”与有效性、稳定性、创新性（绿色性）“短板”并存的非均衡支撑结构特征明显。

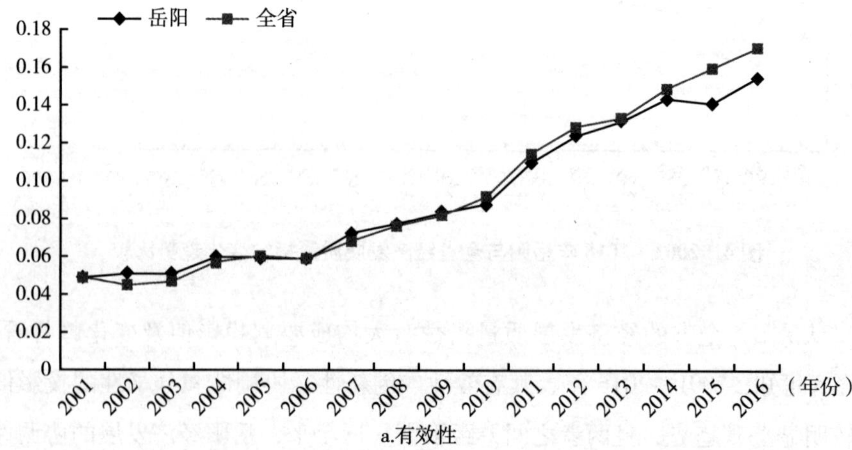

a.有效性

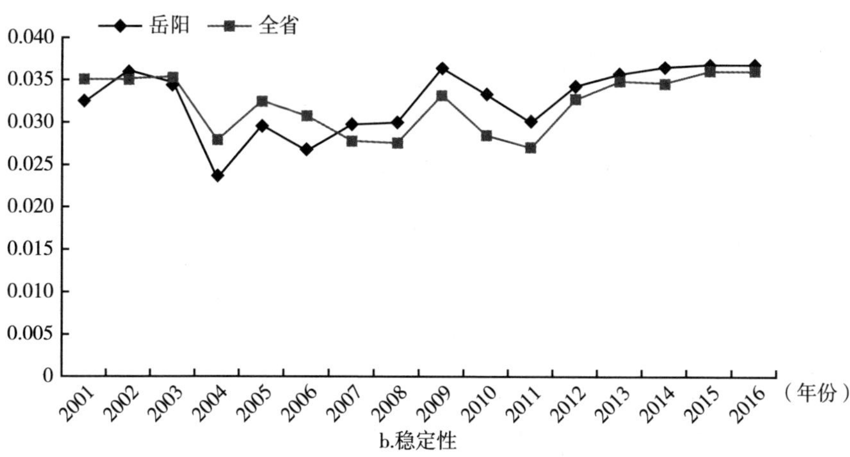

b.稳定性

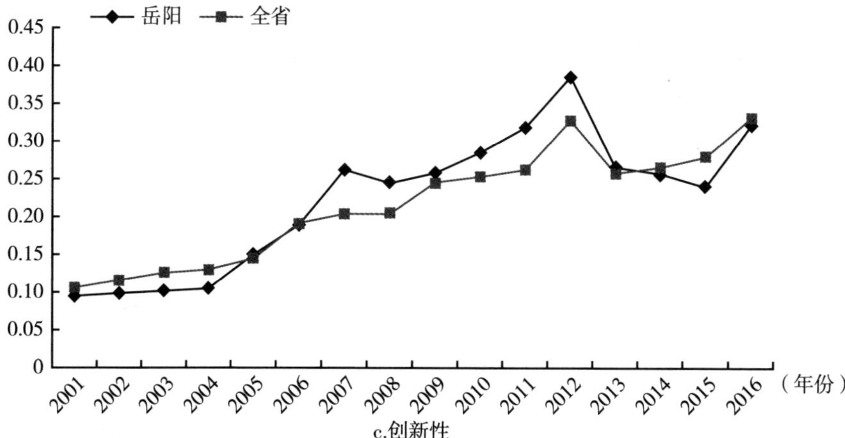

c.创新性

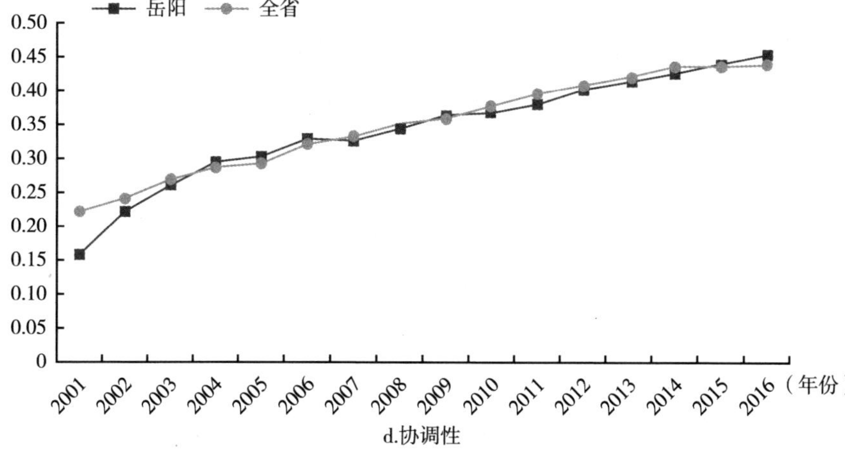

d.协调性

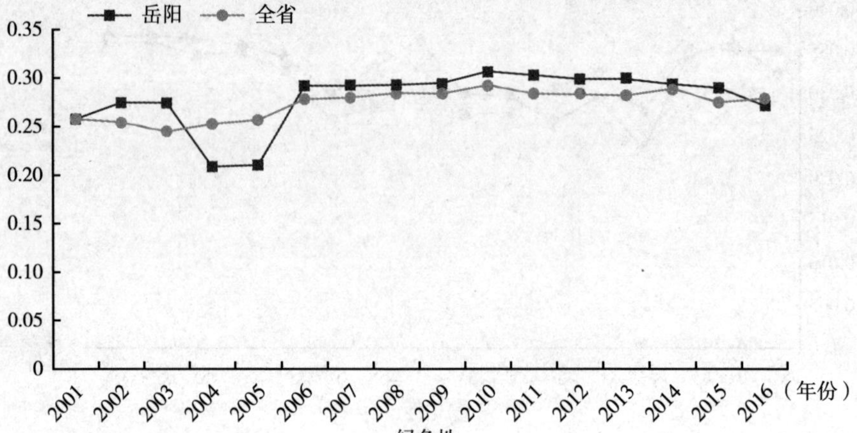

e.绿色性

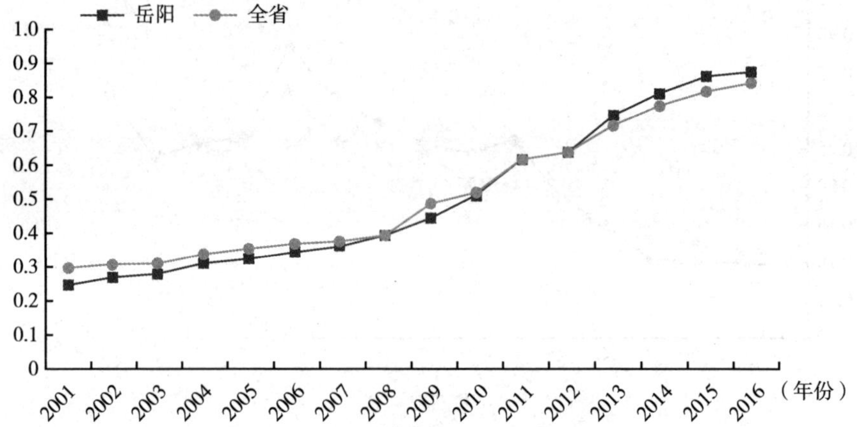

f.分享性

图5　2001～2016年岳阳及全省经济发展质量指数六大构成要素投影值变化趋势

从全省经济发展质量指数各构成要素贡献度及变动趋势来看。由图6a可知，2001年，全省六大要素的贡献度分别为有效性5%、稳定性4%、创新性11%、协调性23%、绿色性26%、分享性31%，呈现由协调性、绿色性和分享性主导的“三轮驱动”结构特征，有效性、稳定性、创新性“三大短板”制约明显；至2016年，六大构成要素的贡献度分别为有效性8%、稳定性2%、创新性16%、协调性21%、绿色性13%、分享性40%。其中，

“三大短板”中的有效性和创新性对经济发展质量的贡献度在提升，而稳定性的贡献度却在减小，且绿色性的贡献度也在减小，2016 年整体上呈由创新性、协调性和分享性主导的“三轮驱动”结构。综上所述，16 年来经济发展的分享性对经济发展质量的贡献度始终最大且保持提升趋势，从 2001 年到 2016 年，全省经济发展质量的制约由有效性、稳定性、创新性“三大短板”逐渐转化为有效性、稳定性和绿色性“三大短板”。这说明 2001 年经济效率偏低，经济发展稳定性不够，创新驱动力不足的矛盾较凸显；至 2016 年，创新驱动力不足的短板得以改善，经济发展带来的环境问题却逐渐突出。16 年来六大构成要素呈现分享性“一枝独秀”与“三大短板”并存的非均衡支撑结构特征。

对比岳阳和全省经济发展质量各构成要素贡献度及变动趋势，2001 ~ 2016 年，岳阳与全省经济发展质量各构成要素贡献度及变动趋势大体一致。具体来说，16 年间，两者经济发展质量的制约均由有效性、稳定性、创新性“三大短板”逐渐转化为有效性、稳定性和绿色性“三大短板”，16 年来六大构成要素呈现分享性“一枝独秀”与“三大短板”并存的非均衡支撑结构特征。2001 年两者经济效率偏低，经济发展稳定性不够，创新驱动力不足的矛盾较凸显；至 2016 年，两者创新驱动力不足的短板均得以改善，经济发展带来的环境问题却逐渐突出。

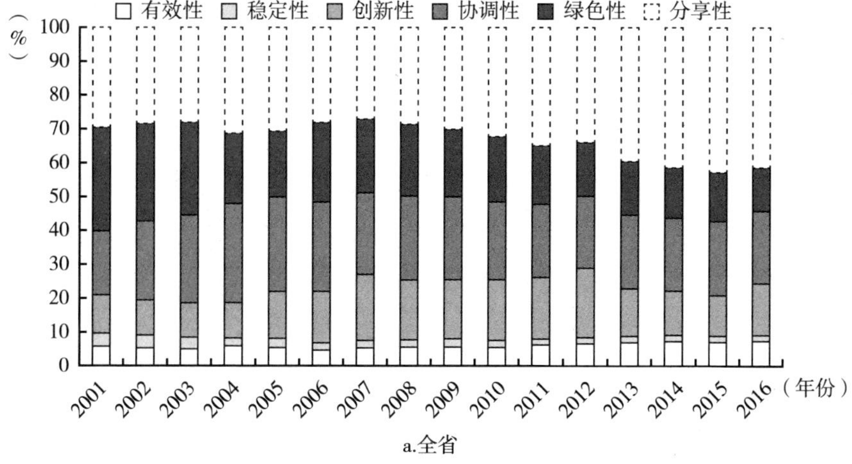

a.全省

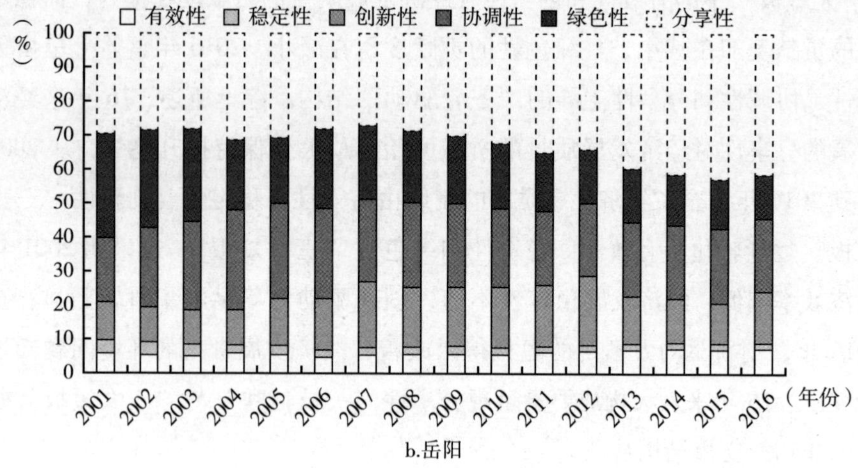

b.岳阳

图 6　2001～2016 年岳阳及全省经济发展质量指数六大构成要素贡献度及变动趋势

（三）岳阳与洞庭湖生态经济区经济发展质量指数比较

将岳阳与洞庭湖生态经济区板块的其他两地市进行比较。从三地市 16 年间经济发展质量指数及排名来看，由图 7 可知，2001～2016 年岳阳的经济发展质量指数总体领先，在洞庭湖生态经济区板块的引领作用非常明显；16 年间三地市经济发展质量平均指数排序均为岳阳 > 常德 > 益阳，且岳阳与常德差距较小，从 2006 年起，岳阳与常德仍保持较小差距，但其与益阳比较，优势越来越明显。

从洞庭湖生态经济区板块三地市的六大构成要素投影值及变化趋势看。由图 8 可知，岳阳经济发展质量的创新性、协调性较其他两个地市而言，优势显著，有效性和分享性则介于常德和益阳之间，稳定性波动较大，绿色性较为平缓；常德经济发展质量的有效性、绿色性和分享性较其他两个地市而言，更具优势，稳定性持续波动，但较其他两个地市波动较小，创新性和协调性则介于岳阳和益阳之间；益阳经济发展质量的有效性、创新性、协调性、绿色性和分享性较其他两个地市而言，均处于劣势地位，稳定波动相较

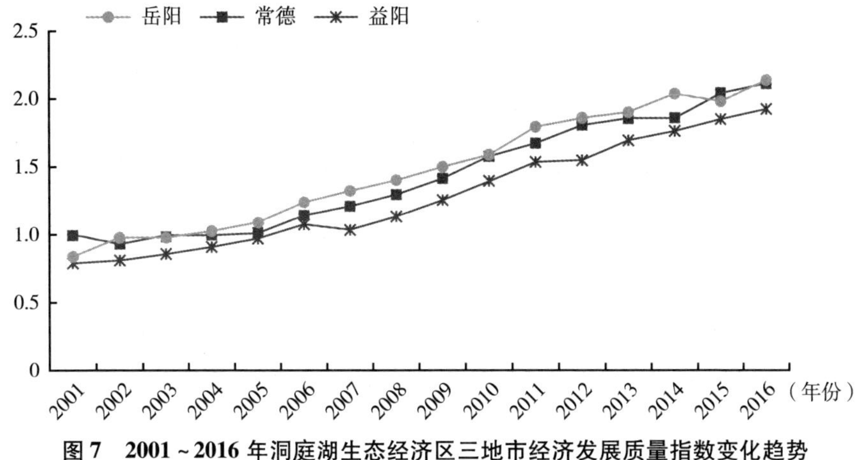

图7　2001～2016年洞庭湖生态经济区三地市经济发展质量指数变化趋势

于其他两个地市而言也最大。总之，在洞庭湖生态经济区板块，岳阳经济发展的创新性、协调性处于领先地位。

从洞庭湖生态经济区板块三地市的经济发展质量指数六大构成要素贡献度及变动趋势来看。由图9可知，洞庭湖生态经济区板块三地市的六大构成要素贡献度及变动趋势大致一致，三地市的要素支撑结构均由2001年的协调性、绿色性、分享性“三轮驱动”演变为2016年的协调性与分享性“两轮驱动”，且分享性的贡献率超过40%。总之，三地市均呈现分享性“一枝独秀”与有效性、稳定性、创新性“短板”并存的非均衡支撑结构特征。

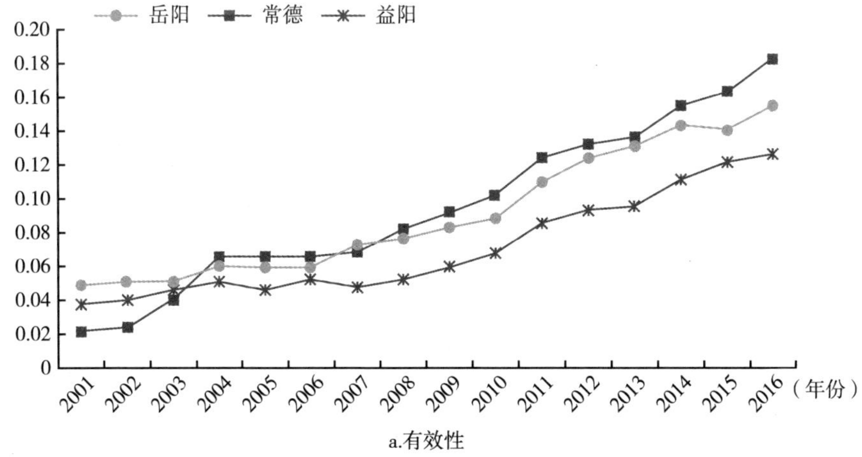

a.有效性

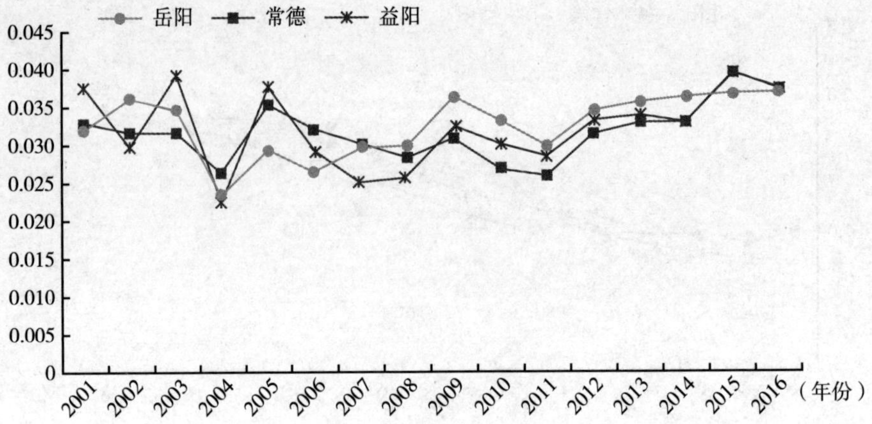

岳阳 常德 益阳

0.045
0.040
0.035
0.030
0.025
0.020
0.015
0.010
0.005
0

2001 2002 2003 2004 2005 2006 2007 2008 2009 2010 2011 2012 2013 2014 2015 2016（年份）

b.稳定性

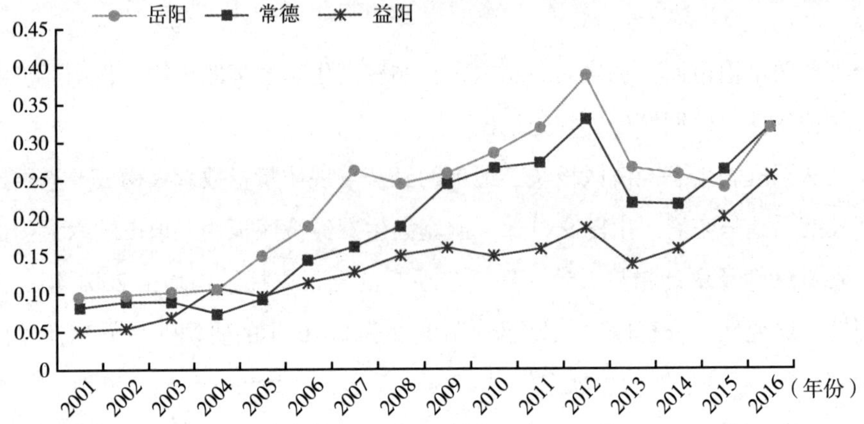

岳阳 常德 益阳

0.45
0.40
0.35
0.30
0.25
0.20
0.15
0.10
0.05
0

2001 2002 2003 2004 2005 2006 2007 2008 2009 2010 2011 2012 2013 2014 2015 2016（年份）

c.创新性

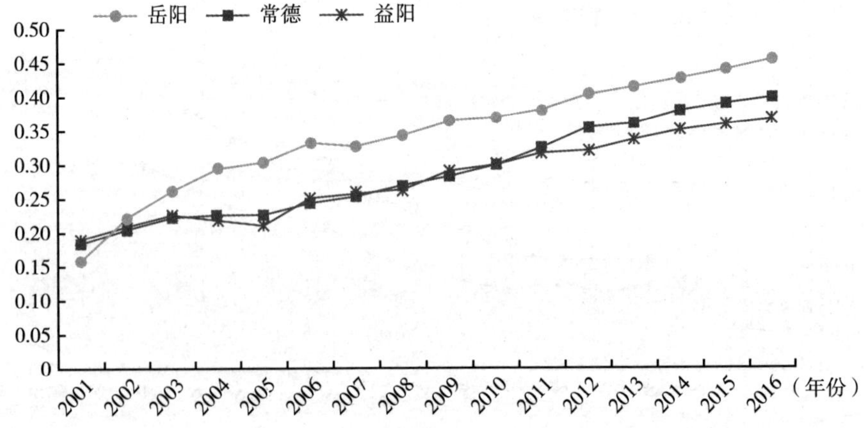

岳阳 常德 益阳

0.50
0.45
0.40
0.35
0.30
0.25
0.20
0.15
0.10
0.05
0

2001 2002 2003 2004 2005 2006 2007 2008 2009 2010 2011 2012 2013 2014 2015 2016（年份）

d.协调性

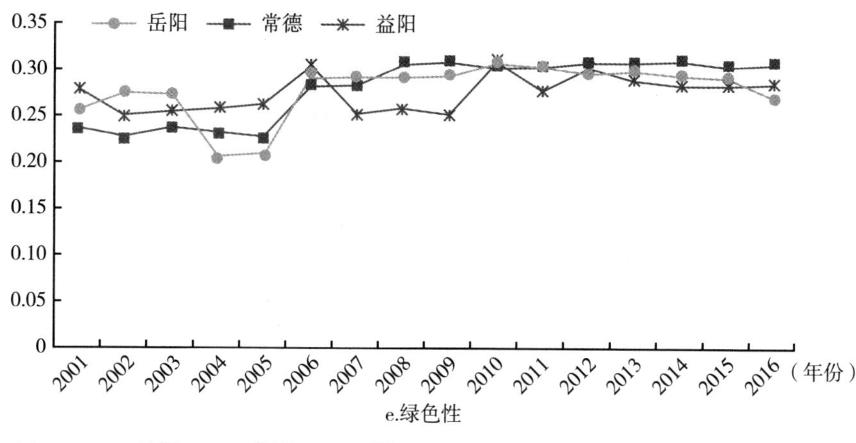

e.绿色性

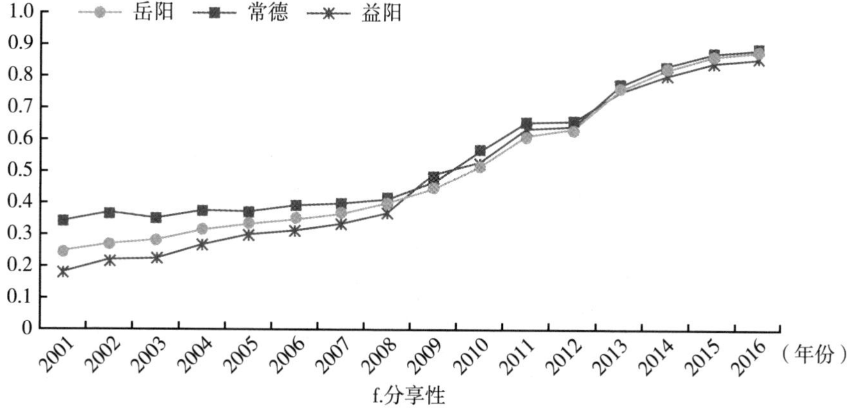

f.分享性

图 8　2001～2016 年洞庭湖生态经济区经济发展质量指数六大构成要素得分变化趋势

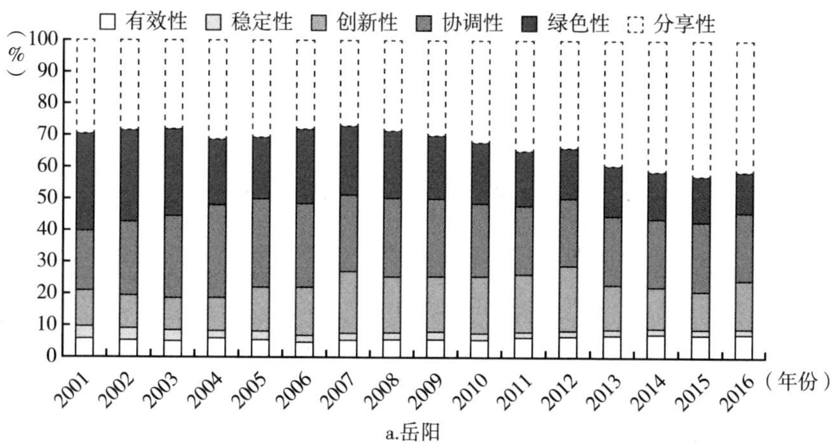

a.岳阳

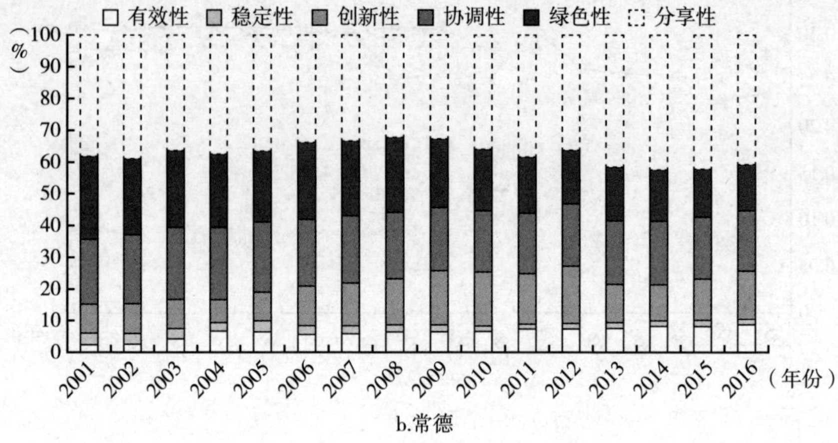

b.常德

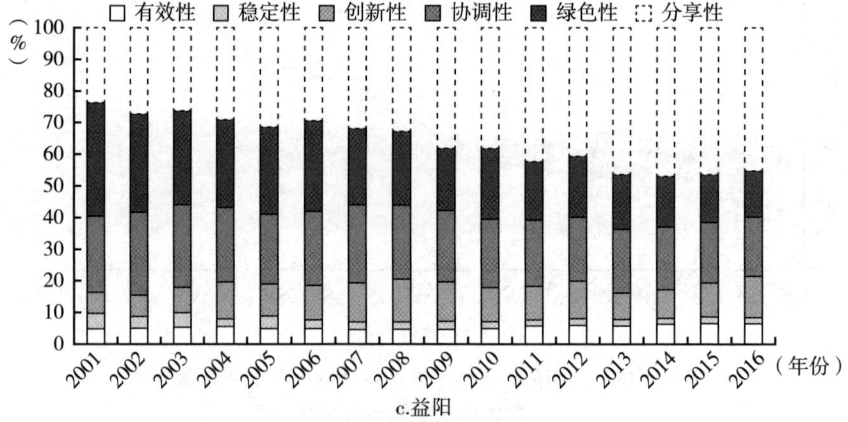

c.益阳

图9　2001～2016年洞庭湖生态经济区经济发展质量指数构成要素贡献度及变动趋势

（四）岳阳与全省典型地市经济发展质量指数比较

根据13地市2016年及16年间经济发展质量指数均值排名，并综合考虑16年间指数的年平均增长率，将13地市划分为三类，即“领先型”、“比较优势型”和“滞后型”。其中“领先型”包括长、株、潭三市，“比较优势型”包括岳阳、常德、衡阳和郴州，“滞后型”包括益阳、永州、娄底、张家界、邵阳和怀化六市（见表3），可见岳阳的经济发展质量指数在湖南省属于“比较优势型”。

表3　湖南13地市经济发展质量类型划分

领先型	比较优势型	滞后型
长沙(1,1)、湘潭(2,2)、株洲(3,3)	岳阳(4,4)、常德(5,5)、衡阳(6,7)、郴州(7,6)	益阳(8,8)、永州(9,11)、娄底(10,9)、张家界(11,10)、邵阳(12,13)、怀化(13,12)

注：括号中数值分别代表2016年经济发展质量全省排名以及16年间经济发展质量均值全省排名。

将岳阳与长沙、怀化三大不同类型代表地市进行比较分析，由图10可知，从三地市16年间经济发展质量指数及排名来看，2001～2016年，长沙的经济发展质量指数始终遥遥领先，在全省的引领作用非常明显；岳阳则属于“比较优势型”，16年间三市经济发展质量指数排序均为：长沙>岳阳>怀化，从2001年起，岳阳与怀化逐渐拉开差距，比较优势呈现。

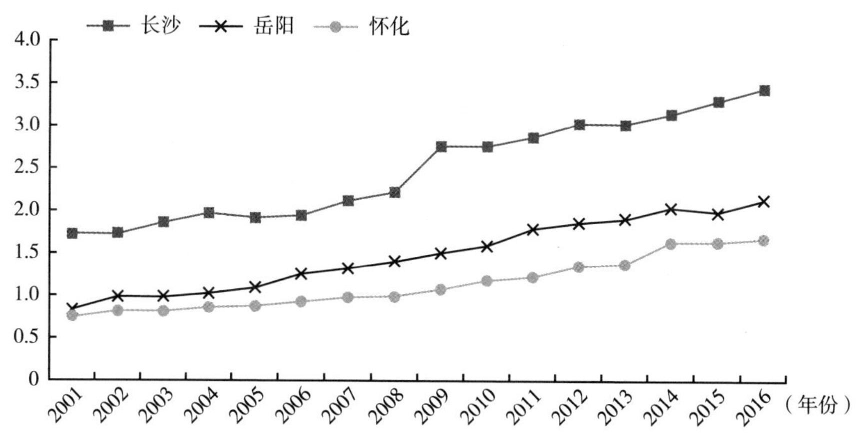

图10　2001～2016年三个典型地市经济发展质量指数变化趋势

从三个代表地市经济发展质量指数的六大构成要素投影值及变化趋势看。由图11可知，长沙经济发展质量的有效性、创新性、协调性和分享性较其他两个地市而言，优势显著，而近年来，稳定性和绿色性与岳阳差距不大，这说明长沙应加大绿色发展力度，提升经济发展的稳定性，才能更加稳固其经济发展质量在全省的领先地位；岳阳经济发展质量的稳定性、创新性、协调性和分享性均介于长沙与怀化之间，但其有效性与怀化相当，绿色性与长沙相当，这说明岳阳的经济效率较低，但绿色发展具有比较优势；怀化的六大构成要素与其他两地市相比，均处于劣势，且2001～2016年，怀化除了经济发展质量的分享性明显改善外，其他五大要素均无明显提升。

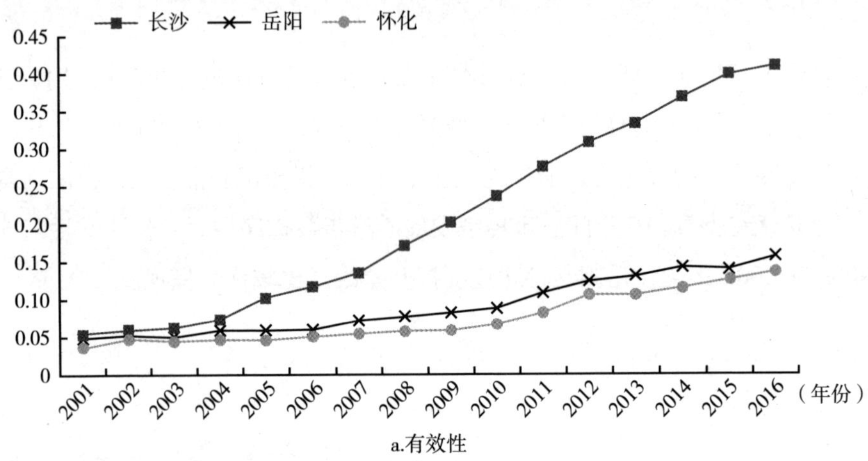

a.有效性

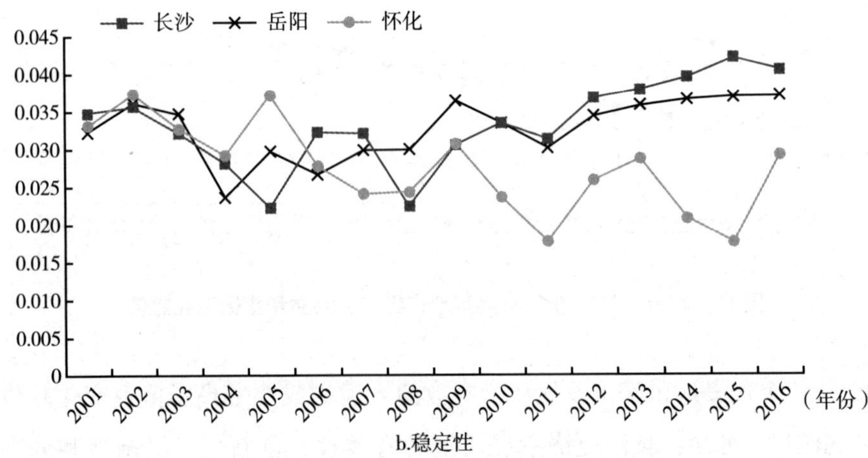

b.稳定性

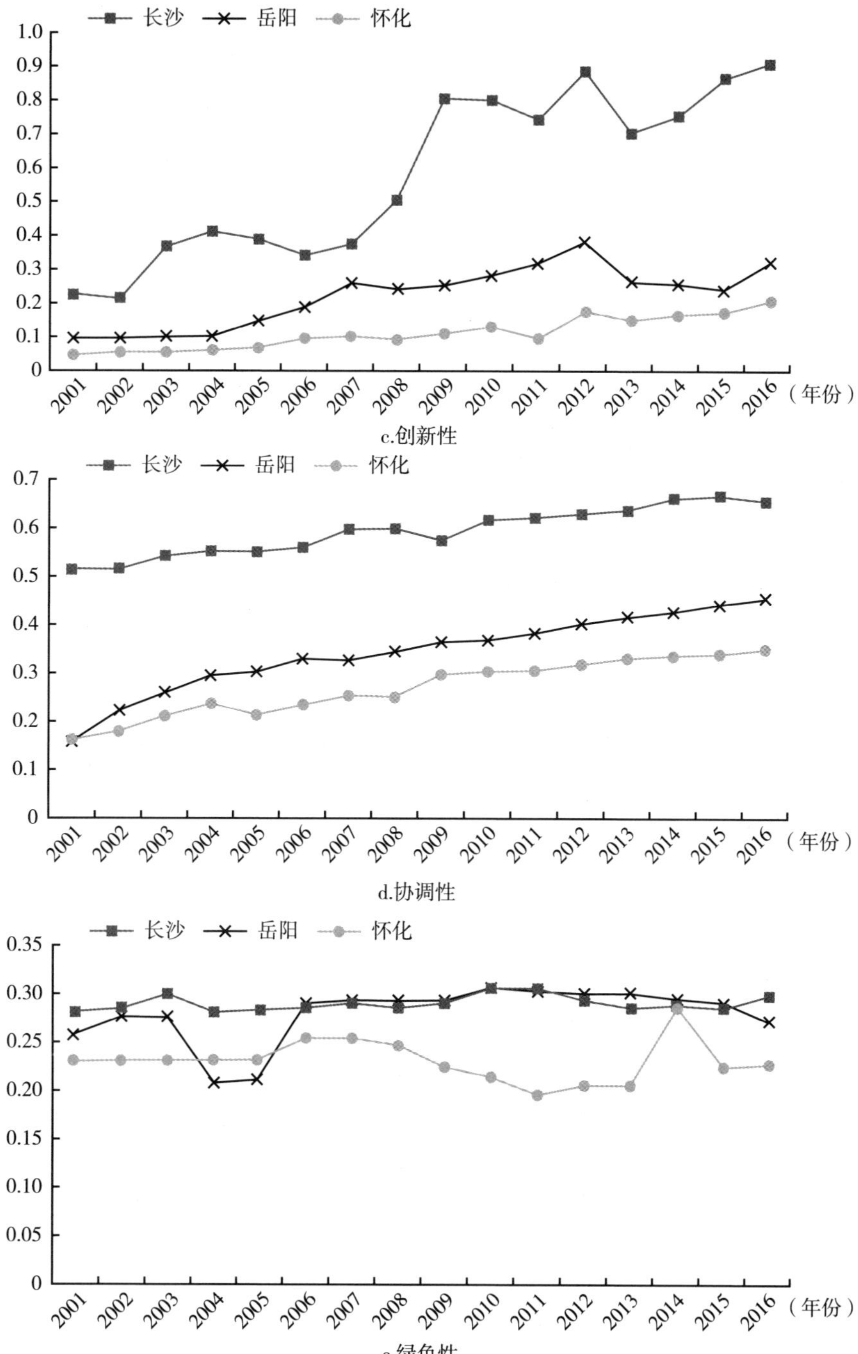

c.创新性

d.协调性

e.绿色性

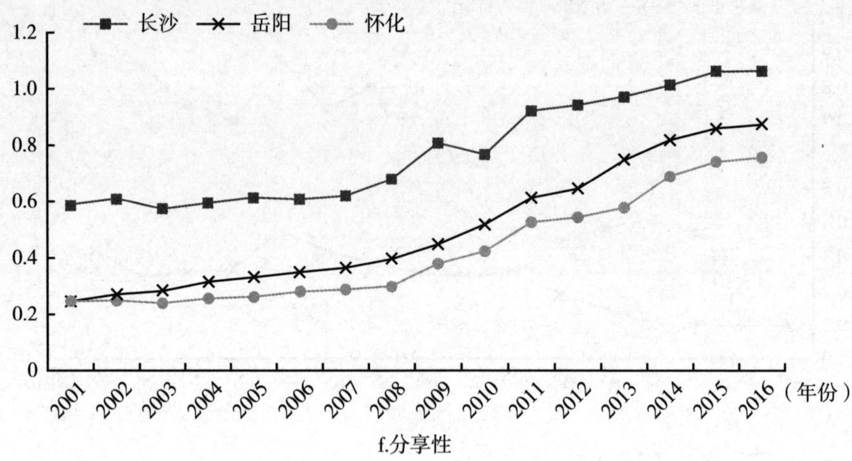

f.分享性

图 11　2001～2016 年三个典型地市经济发展质量指数六大构成要素得分变化趋势

从三个典型地市经济发展质量指数的六大构成要素贡献度及变动趋势来看。由图 12 可知，“领先型”（长沙）的要素支撑结构由 2001 年的协调性、绿色性、分享性“三轮驱动”演变为 2016 年的创新性、协调性、分享性“三轮驱动”，创新性的贡献度提升，而绿色性的贡献度降低；“比较优势型”（岳阳）和“滞后型”（怀化）的要素支撑结构由 2001 年的协调性、绿色性、分享性“三轮驱动”演变为 2016 年的协调性与分享性“两轮驱动”，且分享性的贡献度超过 40%，分享性“一枝独秀”与有效性、稳定

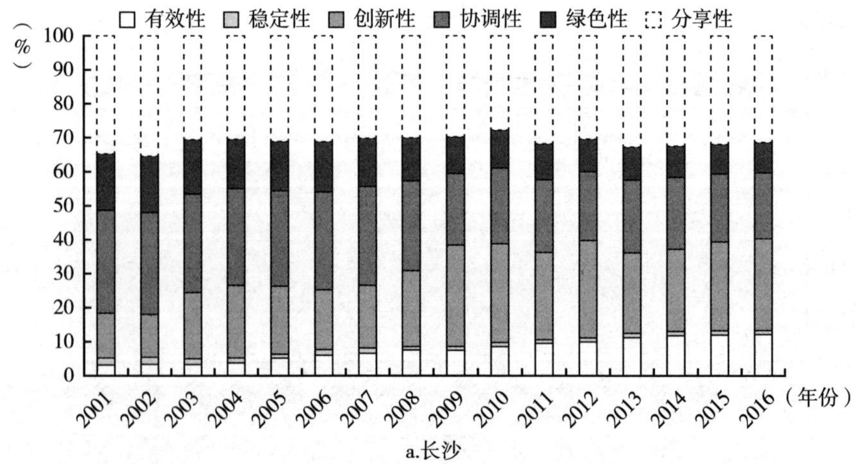

a.长沙

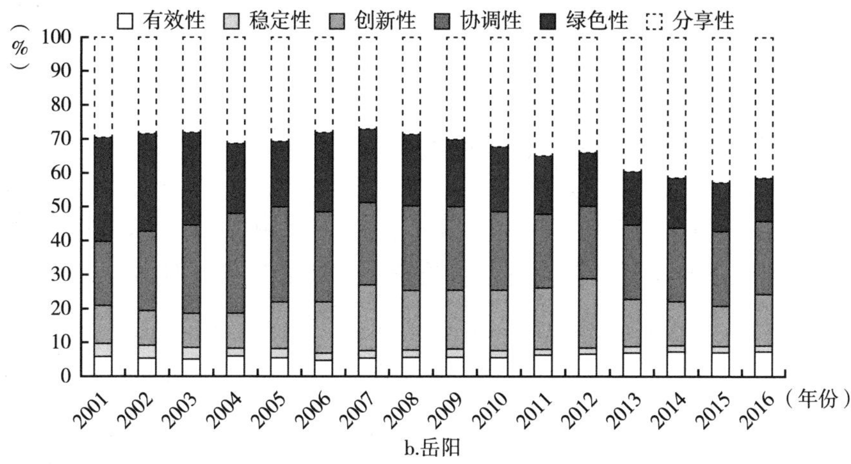

b.岳阳

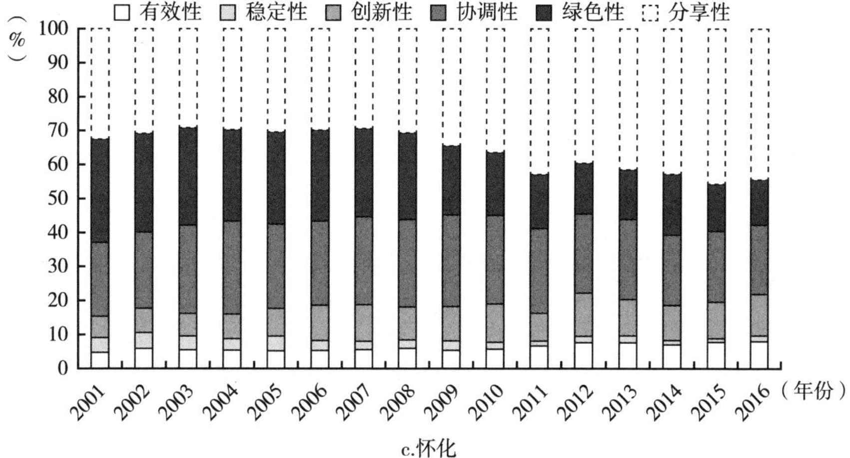

c.怀化

图 12　2001～2016 年三个典型地市经济发展质量指数六大构成要素贡献度及变动趋势

性、创新性（绿色性）“短板”并存的非均衡支撑结构特征明显，在“滞后型”（怀化）表现得尤为突出。

三　岳阳经济高质量发展面临的主要“短板”

岳阳经济发展质量虽呈现较强劲的提升势头，但仍存在经济要素的配置效率偏低、经济发展的稳定性不够、经济发展的创新支撑力不足的“短板”制约。

（一）经济要素的配置效率偏低

2001 年，岳阳经济有效性的贡献度为 6%，至 2016 年，其贡献度增长为 7%，增长不明显，可知，16 年间有效性“短板”制约明显，经济效率偏低矛盾凸显。从四个原始指标 16 年的变化趋势看，劳动产出率和资源利用率呈上升趋势，而资本产出率呈下降趋势，16 年来下降了 69 个百分点，全要素生产率波动性较大，且有轻微下降趋势；从岳阳三大产业的资本产出率来看，三大产业的资本产出率均呈下降趋势，其中第一产业 16 年来的平均增长率为 -18%，第二产业的平均增长率为 -13%，第三产业的平均增长率为 -13%，可知资本产出率低下制约了经济发展的有效性；实地调研表明，市内一些园区面临劳动力供给不足与劳动力配置效率不高、资金短缺与资金配置效率不高的双重矛盾，导致经济效率偏低的“短板”制约。

（二）经济发展的稳定性不够

经济发展的稳定性的贡献度 16 年间一直表现为又一短板，其贡献度从 2001 年的 4% 变化为 2016 年的 2%。从三个原始指标的变化趋势看，其中 GDP 增长波动率与总产出指数波动较大，失业率有下降趋势但仍波动性较强；2001 ~ 2011 年，岳阳经济发展稳定性波动较大，其中 2004 ~ 2011 年呈波动上升趋势，从 2011 年起，经济发展稳定性呈稳定上升趋势，上升趋势逐渐缓慢，至 2014 年进入新常态，岳阳面临发展不足与转方式调结构双重压力，旧动能减弱而新动能培育不足，新旧动能转换尚处于困难期，导致经济增长的下行压力较大，经济可持续稳定增长的潜能尚未充分挖掘；随着钢铁、建材、石化、陶瓷等传统产业“三去一降一补”的供给侧结构性改革的深化，职工下岗是必然现象，而新生产业因尚未形成规模优势和市场竞争优势，就业吸纳能力有限，导致就业压力较大，稳定性上升压力变大。

（三）经济发展的创新支撑力不足

经济发展的创新性在16年间呈现以2007年、2012年为拐点的三段式发展特点，2001～2007年和2007～2012年为两个不同水平的上升发展阶段，2012年创新性下降，而后从2015年起继续呈上升趋势；创新性的贡献度16年间从11%上升到15%，贡献度16年间均维持在较低水平；四个具体指标16年的变化特征为：R&D占GDP比重16年间波动较大，而人均科技投入、人均教育投入以及每万人劳动力研发人员数都呈明显上升趋势，但各项指标对岳阳经济质量发展的贡献度均不高，创新驱动力不足的矛盾较凸显。具体而言，其中R&D投入是明显短板，不及全国平均水平，科技成果的转化率低与高新技术企业数量少则是另外两大短板。这三大短板制约了岳阳经济发展质量的创新性分指数得分。

（四）结构性低端锁定问题较突出

一是产业链条短，层次低。从组织结构看，目前在岳阳的经济发展模式中，以大企业为核心、相关配套产业的小企业集聚其周围而形成的产业集群尚相对较少；从技术结构看，中低端技术居多，高端核心技术相对较少；从产品结构看，投资类产品比重高，消费类产品比重低，还有一些低水平重复建设产品，常年徘徊在加工、组装和制造环节，缺少高端产品。二是高加工度和高技术产业发展较缓慢，尚未形成多点支撑的产业体系。岳阳工业发展缺乏有力的多极支撑点，工业实现持续较快增长受限制。前几年，全市工业的快速增长主要得益于少数行业的拉动，但近两年在这些行业增速出现下滑后，岳阳工业增速也应声回落。三是产业布局不尽合理，难以形成集群效应。长岭炼化、巴陵石化等央企独大、石化产业一业独大的局面短时间内还无法改变，各县（市、区）工业发展“各自为政”，部分非关联产业交叉布局，基础设施和公共设施不能集中建设，造成产业难以形成集群、资源难以共享。如电磁机械产业平均分布于经开区、君山区和岳阳县，造纸、建材、食品、电子信息等产业分布于各县（市、区）。

四　推进岳阳经济高质量发展的对策建议

（一）以深化供给侧结构性改革为着力点，补齐“效率短板”

一是优化资源配置。以持续深化供给侧结构性改革为着力点，依靠市场化、法治化手段，提升各类市场组织管理水平，提高市场组织效率；大力整治“僵尸企业”，进一步化解岳阳石化、造纸、纺织、食品、建材等领域低端、过剩产能，释放资源要素，支持企业融合融入“一带一路”和长江经济带建设，在全球范围内优化配置资源。二是提高劳动生产效率。深入实施“互联网+”战略，促进互联网、大数据、人工智能与实体经济深度融合，推动生产组织方式网络化、智能化；同时，加强劳动者职业技能培训，落实“芙蓉人才”行动计划，实施巴陵人才工程，促进人口红利向人才红利转变。三是完善供给侧制度性供给。大力降低实体经济成本，继续推进“营改增”，清理政府非税收费，减轻新创企业税负，进一步降低企业用能、用人、物流、融资等成本；将出台的“非公十条”、“发展实体经济二十条”、“优化环境九条措施”和“最多跑一次改革”等政策措施落细落地，真正推动营商环境的进一步优化。

（二）以创建国家长江经济带绿色发展示范区为抓手，放大绿色发展新优势

一是强化落实“共抓大保护、不搞大开发”的总体要求。突出“一江碧水、生态新城”的发展定位，优化生产、生活和生态三大空间，着力构建和谐的江湖关系；在空间布局、生态修复、环境治理、产业转型和消费升级等方面加快改革探索，努力为长江经济带沿江城市绿色发展开辟路径、提供经验。二是着力打造长江经济带生态优先、绿色发展示范区。紧紧抓住长江经济带发展的重要战略机遇，持之以恒地把加强沿江化工企业整治、长江岸线码头整治整合、黑臭水体治理、沿江环湖生态修复、沿江环湖地区

“空心房”整治、重点领域整治、河长制落实“七大重点任务”往实里抓、往纵深推，以长江经济带发展引领带动岳阳高质量发展，打造长江经济带生态优先、绿色发展示范区。三是在建设绿色交通枢纽上精准发力。充分利用岳阳临江畔湖、通江达海、承东接西的物流枢纽交通优势，构建水、空“双港”驱动的主体交通网络，通过统筹交通基础设施布局，完善绿色交通实施体系，绿色江湖航运示范，建设内外联通、安全高效、节能环保的水陆空立体综合绿色交通枢纽城市。

（三）以创新型城市建设为契机，强化高质量发展的动力支撑

一是抢抓创新型城市建设先机。充分利用湖南省正举全省之力推动创新型省份建设之契机，放大岳阳作为湖南融入长江经济带创新驱动转型发展的重要战略“支点”的特殊地位，抢抓全省支持具备创新优势条件的城市申报建设国家创新型试点城市的千载难逢之机遇，以创新型城市建设为总揽，推动岳阳经济转型高质量发展；优化全市高新区（经开区）布局，发挥国家级经开区（岳阳经开区）、省级及以上高新区先发优势和创新引擎作用，实施经开区（高新区）转型升级、创新发展、争先进位行动计划，辐射带动所在区域实现创新驱动发展。二是推动产业迈向中高端。围绕岳阳市产业发展实际需求，实施前瞻性产业技术创新专项，重点在石化、纺织、电子信息、生物医药、现代农业等优势产业领域加强关键技术攻关，形成一批具有核心竞争力的基础专利和领先科技，推动优势产业迈向全球价值链中高端。三是实施高新技术企业和科技小巨人企业培育计划。积极融入全省实施的“百千万”创新型企业培育工程，以岳阳经开区、城陵矶新港新区以及省级开发区为重要载体，实施“高新技术企业培育计划”，着力培育一批高新技术企业和市级科技创新小巨人企业；支持园区企业积极承接国家、省、市科技创新项目和产业化项目，积极建设国家级、省级创新平台，建设省级以上科技企业孵化器，并推动龙头企业牵头组建省、市级产业技术创新战略联盟。

（四）以加快传统产业智能化改造和新兴产业发展为突破口，建构“稳中出新”的发展预期

在我国经济进入高质量发展新阶段背景下，岳阳需加快推进新旧动能转换以实现经济转型以升级、提质增效，通过“四新”促进“四化”的转换路径，建构“稳中出新”的发展预期，实现经济可持续发展。一是推进传统产业智能化改造，释放传统产业新活力。着力将“四新”嫁接运用到石化、食品、纺织、建材、物流等传统领域，促进传统优势产业高端化、智能化、柔性化改造；重点支持长岭炼化、巴陵石化等重点企业技改升级，着力延伸石化产业链，打造国家级石化产业基地；推动能源改革，建设多元发展的能源体系；实施造纸技改，构建清洁节约的现代造纸产业体系；依托洞庭湖区物产优势，提升粮油、饲料、水产、茶叶、休闲食品等加工业，建设现代食品加工基地，使“老树发新芽”，焕发新的生机活力。二是推进智慧产业化，挖掘新的经济增长动能。岳阳将积极对接“中国制造2025”和“互联网+”行动计划，加快推进信息化与工业化深度融合，培育壮大先进装备制造、新材料、生物医药、节能环保、北斗卫星应用等新兴产业；重点以国信军创（岳阳）六九零六科技有限公司、天元电子科技等重点企业为依托，拓展电子信息产业发展领域；重点支持湖南科伦制药、新华达制药等生物医药企业上新项目，健全生物医药产业链条；重点发展化工新材料、碳素新材料、新型建筑材料等产业，建设省级新材料示范基地；重点发展电磁产业、装备制造业、工程机械等产业，打造全省重要的先进装备制造业基地。三是推进跨界融合化，探索经济发展新模式。探索培育“移动互联+旅游”“移动互联+健康”“旅游+乡村振兴”“服务业+制造业”“产业+城市”等跨行业发展模式，充分放大生产要素的乘数效应。四是推进品牌高端化，形成区域发展新引擎。强化质量强市和商标品牌战略，加大质量体系和标准化建设力度，促进“岳阳产品”向“岳阳品牌”“湖南品牌”转变，提升高端品牌的数量和质量，打造岳阳经济高质量发展的强大引擎。

（五）以多措并举稳就业为发力点，提升民众高质量发展的获得感

一是构建就业风险防控体系。要突出做好就业形势分析研判。积极对接统计、工商、教育、公安、发改、税务等部门，主动衔接重点产业园区、重大工程项目，建立就业创业信息共享机制，形成统一高效的征信管理体系；采取“一个行业、一个群体、一套方案”的办法，制定完善规模性失业风险应对预案；密切关注中美贸易摩擦等经济、产业变化对就业影响，充分预估不稳定性、不确定性及矛盾叠加风险，研究制定应对举措，科学防范可能产生的影响。二是持续优化创新创业环境。创新创业是带动就业的“主引擎”，要广泛开展创业培训，拓宽定点机构范畴、建立灵活补贴机制、突出创业培训后续服务，培育劳动者创新创业意识，激发创业潜能，提升创业能力；要统筹建设一批多要素、高水平的创新创业载体，为创业者提供低成本、全要素创业服务。要进一步落实创业担保贷款政策，降低贷款门槛，提高贷款额度，延长贷款期限，为创业者提供资金支持。三是全面加强职业培训工作。要全面推行以“招工即招生，入企即入校，企校双师联合培养”为主要内容、以“企校双制、工学一体”为主要培养方式的企业新型学徒制工作和国家基本职业培训包制度，要加强与教育部门及有关技工学校、高职院校的协调，扩大培训范围，面向城乡全体劳动者提供普惠性、均等化技能培训；要积极落实湘政办发〔2018〕66 号文件精神，尽快出台岳阳市关于加强技能人才培养、建设技工大市的实施办法。四是突出保障重点群体就业。重点抓好离校未就业毕业生就业。要建立实名制登记台账，有针对性地开展职业指导、职业介绍、职业培训、就业见习等跟踪服务，想方设法帮助他们尽快实现就业；全面做好“311”就业服务。切实加大就业帮扶，合理确定就业困难人员范围，强化实名制动态管理和分类帮扶，规范公益性岗位开发管理，优先保障确实难以就业的困难人员，确保“零就业”家庭至少有一人稳定就业。

（六）以评价体系构建为引领，优化高质量发展的制度环境

一是建立高质量发展评价指标体系。在湖南省层面已经出台的经济高质

量发展评价指标体系的框架下，针对岳阳的市情和短板，研制一套既体现高质量发展的客观要求和目标引领，又与岳阳市情尤其是岳阳作为湖南融入长江经济带的桥头堡的特殊地位和应有担当相吻合，且易操作量化的评价指标体系，并开展定期监测。二是建立科学的政绩考核体系。以评价指标体系为基础，建立针对各市、区、县等各级党政部门推动高质量发展的政绩考核体系，科学设计相应的政绩考核流程及针对考核结果的约束—激励机制。三是狠抓《岳阳市中心城区工业企业转型升级高质量发展的实施意见》的落地，打造岳阳高质量发展的示范区。强化市中心城区工业企业转型升级工作领导小组的统筹协同作用，建立该意见落实的评估推进机制，以及企业分类实施落实的奖惩机制，推进以高质量发展为引领的各项工作的有序开展和落地落细。

参考文献

B·D·卡马耶夫：《经济增长的速度和质量》，陈华山等译，湖北人民出版社，1983。

郭克莎：《论经济增长的速度与质量》，《经济研究》1996 年第 1 期。

任保平：《经济增长质量：经济增长理论框架的扩展》，《经济学动态》2013 年第 11 期。

范金、姜卫民等：《全要素生产率、增加值率评价经济增长质量的效果比较》，《桂海论丛》2016 年第 6 期。

魏婕、任保平：《中国各地区经济增长指数的测度及其排序》，《经济学动态》2012 年第 4 期。

楚尔鸣、马永军：《区域经济增长质量的动态变化及收敛性检验——基于全要素生产率增长率的分析》，《湘潭大学学报》（哲学社会科学版）2014 年第 1 期。

马建新、申世军：《中国经济增长质量问题的初步研究》，《财经问题研究》2007 年第 3 期。

范金、袁小慧等：《提升中国地区经济增长质量的主要问题及其路径研究——以长三角地区为例》，《南京社会科学》2017 年第 10 期。

李海平：《基于 RAGA - PPC 对中国区域经济发展质量的综合评价》，第十六次全国统计科学讨论会文集，2011。

何伟：《中国区域经济发展质量综合评价》，《中南财经政法大学学报》2013 年第 4 期。

许永兵：《河北省经济发展质量评价——基于经济发展质量指标体系的分析》，《河北经贸大学学报》2013 年第 1 期。

宋耀辉：《陕西省经济发展质量评价》，《资源开发与市场》2017 年第 4 期。

宋明顺、张霞等：《经济发展质量评价体系研究及应用》，《经济学家》2015 年第 2 期。

李金昌、史龙梅、徐蔼婷：《高质量发展评价指标体系探讨》，《统计研究》2019 年第 1 期。

李琳、曹璨：《基于投影寻踪法的湖南区域经济发展质量评价》，《湖南大学学报》（社会科学版）2019 年第 3 期。

Barro R. J. , "Quantity and Quality of Economic Growth", *Working Papers Central Bank of Chile*. 2002, 5 (2): 17 – 36.

Song, M. S. , et al. , "A Study on the Evaluation System of the Quality of Economic Development and Its Applications", *Economist*, 2015.

B.17
加快构建江西现代化经济体系研究

江西省社会科学院课题组*

摘　要： 建设具有江西特色的现代化经济体系，对建设富裕美丽幸福现代化江西具有重大而现实的意义。本报告在阐述江西现代化经济体系内涵特征基础上，分析构建江西现代化经济体系的基础现状、困难与问题，提出江西构建现代化经济体系的重点是构建现代化产业体系，关键是强化创新引领，路径是绿色可持续发展。加快构建江西现代化经济体系，应紧扣改革攻坚重点，再造高质量发展新机制；全力打造开放高地，拓展高质量发展空间；加快完善数字基础设施，打造高质量发展新引擎；打造“四最”营商环境，培优培厚高质量发展土壤。

关键词： 首要战略　高质量发展　跨越式发展　现代化经济体系

党的十九大报告明确提出要建设现代化经济体系，深刻认识和把握“建设现代化经济体系”的内涵及实质，加快推进现代化经济体系建设，对

---

* 课题组组长：龚建文，江西省社会科学院副院长、研究员，研究方向为区域经济。副组长：麻智辉，江西省社会科学院经济所所长、研究员，研究方向为区域经济；李志萌，江西省社会科学院应用对策研究室主任、研究员，研究方向为生态经济。成员：张宜红，江西省社会科学院应用对策研究室副主任、副研究员，研究方向为农村经济；盛方富，江西省社会科学院助理研究员，研究方向为区域经济；薛飞，江西省社会科学院助理研究员，研究方向为区域经济。

于江西进一步释放市场活力，提升经济创新力和竞争力，建设富裕美丽幸福现代化江西具有重要意义。

一　江西现代化经济体系的内涵和特征

从国家层面看，现代化经济体系作为一个有机整体，由产业体系、市场体系、分配体系、城乡区域发展体系、绿色发展体系、全面开放体系等六个方面组成。然而，对江西而言，建设现代化经济体系主要有以下七个特征：一是在发展质量上，推动实现由高成本、低效益向低成本、高效益的方向转变；二是在发展速度上，要打破发展常规，发挥后发优势，实现跨越式发展；三是在科技创新上，突出创新第一动力作用，强化创新驱动发展；四是在产业结构上，推动形成实体经济、科技创新、现代金融、人力资源协同发展的现代化产业体系；五是在区域协调发展上，推动形成优势突出、融合互动、高质量发展新格局；六是在绿色发展上，走在全国前列，以更高标准打造美丽中国“江西样板”；七是在对外开放上，更好地融入全国乃至全球产业分工和市场体系，打造开放型经济升级版。

二　江西现代化经济体系现状及存在的问题

近年来，江西经济社会发展主要指标稳居全国“第一方阵”，这为全省现代化经济体系建设奠定坚实基础；同时，高质量跨越式发展中面临的瓶颈和弱项也较为突出。

（一）江西现代化经济体系现状

2018 年，全省实现地区生产总值为 21984.8 亿元，较 2017 年增长 8.7%；财政总收入达到 3795 亿元，较上年增长 10.1%；规模以上工业增加值较 2017 年增长 8.9%，实现利润 2157.8 亿元、较上年增长 16.5%；固定资产投资增长 11.1%；社会消费品零售总额 7566.44 亿元，增长 11%。

自2012年以来，江西历年GDP增速都在8.7%以上（见表1），明显高于全国平均水平，经济增速保持在全国“第一方阵”。

表1　2012～2018年江西地区生产总值及增速

单位：亿元，%

项目	2012年	2013年	2014年	2015年	2016年	2017年	2018年
GDP	12948.9	14497.0	15812.5	16834.8	18499.0	20818.5	21984.8
增速	11.0	10.1	9.7	9.1	9.0	8.9	8.7

资料来源：江西统计年鉴、江西省国民经济和社会发展统计公报。

1. 产业体系逐步完善

2018年，全省三次产业结构为8.6∶46.6∶44.8，产业结构较2012年更加优化（见表2）。2018年，江西工业产业的结构和层次进一步高级化，高新技术产业增加值占规模以上工业增加值比重达33.8%。千亿产业达10个，百亿企业达21家，江铜集团过2000亿元，江铃集团达千亿元。

表2　2012～2018年江西三次产业结构

单位：%

项目	2012年	2013年	2014年	2015年	2016年	2017年	2018年
第一产业比重	11.7	11.0	10.7	10.5	10.3	9.4	8.6
第二产业比重	53.8	53.5	52.5	50.6	47.7	47.9	46.6
第三产业比重	34.5	35.5	36.8	38.9	42.0	42.7	44.8

资料来源：江西统计年鉴、江西省国民经济和社会发展统计公报。

2. 市场体系日益健全

江西坚持以刀刃向内的自我革命激发市场的生机活力，截至2018年底，省本级行政权力事项精简率达到82.5%，203项高频服务事项可在“赣服通”线上办理。伴随全省改革的深化以及降成本、优环境政策的持续加码，江西市场主体活力日益显现，2018年，全省规模以上工业企业每百元主营业务收入中成本为86.61元，同比下降0.17元；主营业务收入利润率6.73%，较上年提高0.26个百分点，高出全国平均0.24个百分点。

3. 收入分配体系日趋公平

江西城镇居民与农村居民人均可支配收入从2012年的19860元、7828元，增长到2018年的33819元、14460元，收入比从2.54∶1下降到2.34∶1。全省贫困发生率由2012年的12.6%下降至2017年的1.38%，属于农村贫困发生率降至3%及以下的23个省份之一，在中部六省减贫发生率比较中位于前列，全省脱贫实效和质量进入历史最好时期。作为衡量居民生活水平的国际通用指标——恩格尔系数，2018年江西城市居民和农村居民分别为30%、31.3%，表明全省城乡居民生活水平迈入更高水平。

表3 2012~2018年江西城镇居民与农村居民人均可支配收入及增速

单位：元，%

项目	2012年	2013年	2014年	2015年	2016年	2017年	2018年
城镇居民人均可支配收入	19860	21873	24309	26500	28673	31198	33819
增速	13.5	10.1	9.9	9.0	8.2	8.8	8.4
农村居民人均可支配收入	7828	8781	10117	11139	12138	13242	14460
增速	13.6	12.2	11.3	10.1	9.0	9.1	9.2

资料来源：江西统计年鉴、江西省国民经济和社会发展统计公报。

4. 城乡区域协调发展

“一圈引领、两轴驱动、三区协同”① 的提出与实施，为新时代江西区域协调发展提供了新路径。近年来，昌九一体化发展纵深推进，对区域经济社会发展的辐射力和引领力显著增强；赣南等原中央苏区振兴发展、赣东北开放合作、赣西经济转型发展等全面推进，全省各地呈现百舸争流、竞相发展的良好局面。

5. 绿色发展体系稳步构建

绿色生态是江西最大的优势。2018年，全省国家考核断面水质优良率

① “一圈引领、两轴驱动、三区协同”，即以融合一体的大南昌都市圈为引领，以沪昆、京九高铁经济带为驱动轴，以赣南等原中央苏区振兴发展、赣东北开放合作、赣西转型升级为三大协同发展区。

92%，较2017年上升2.7个百分点，高于国家年度考核目标9.3个百分点；优良天数比例为88.3%，较2017年提高了5个百分点；森林覆盖率稳定在63.1%；万元GDP能耗较2017年下降4.8%，仅为0.431吨标准煤；万元规模以上工业增加值能耗较2017年下降4.8%，绿色产业体系逐步建立。

6. 双向开放体系逐步形成

2018年，实际利用外资125.72亿美元，增长9.66%；利用省外项目资金7346.36亿元，增长10.80%；实现外贸进出口482.4亿美元，增长8.8%，其中出口339.6亿美元，增长4.5%，进口142.8亿美元，增长20.5%（见表4）。昌北国际机场客货运增幅均为国内省会城市机场第1名。全年共开行赣欧班列202列，是2017年开行总量（26列）的7.7倍。

表4 2018年江西省商务经济运行情况综合统计

项目		全年累计	
		绝对数	同比增速(%)
国内贸易	社会消费品零售总额(亿元)	7566.44	11.00
对外贸易	进出口(亿美元)	482.4	8.8
	出口(亿美元)	339.6	4.5
	进口(亿美元)	142.8	20.5
利用外资	新批外商投资企业数(个)	594	20
	实际利用外资金额(亿美元)	125.72	9.66
引进省外资金	新引进项目数(个)	3341	16.45
	引进省外项目金额(亿元)	7346.36	10.80
对外投资合作	对外承包工程完成营业额(亿美元)	44.67	4.8
	对外直接投资额(亿美元)	8.35	17.4
口岸运行	进出口货重(万吨)	732.13	0.9
	南昌航空口岸出入境人员(万人次)	80.07	21.39

资料来源：江西省商务厅。

（二）存在的问题

当前，江西在现代化经济体系建设中存在如下问题与困难。

1. 经济总量不够大与发展质量不够高并存

一是从经济总量来看，2018 年，江西地区生产总值在中部六省中排倒数第 2 位，占全国的份额为 2.44%，占安徽、湖南、湖北、浙江的比重分别为 73.26%、60.35%、55.85%、39.12%，不到广东、江苏的 1/4。二是从发展质量看，全员劳动生产率①是衡量高质量发展的一个重要指标，2018 年，江西全员劳动生产率只有全国平均水平的 77.7%，江苏的 42.82%，浙江的 56.73%（见表 5）。

表 5　2018 年江西与全国及其他省份全员劳动生产率比较

单位：元/人

地区	全员劳动生产率
江苏	194759
浙江	147000
湖北	109500
江西	83399
全国	107327

资料来源：根据 2018 年全国及各省统计公报整理。

2. 产业结构整体不够优与产业发展层次不够高并存

一是产业结构不合理，第三产业占比较低。三次产业比重是衡量地区经济现代化水平的重要指标。2018 年，江西地区生产总值中服务业占比仅 44.8%，较全国平均水平低 7.4 个百分点，远低于沿海发达地区，甚至低于中、西部大多数省份。二是过千亿产业、过百亿企业数量少、实力弱。千亿产业、百亿企业数量是衡量区域产业整体实力的重要体现，2018 年江西过千亿产业的数量为 10 个，较湖北少了 4 个；主营业务收入过百亿元的企业数量为 21 家，较湖北省的 28 家少了 7 家。“2018 中国企业 500 强”榜单中，江苏、安徽、湖北分别有 52 家、12 家、10 家，江西仅 7 家，差距较为明显。

3. 创新能力不够强与创新成果转化不够畅并存

一是创新能力不够强劲。2018 年，江西全社会研发经费投入强度为

① 全员劳动生产率为地区生产总值与全部就业人员的比例。

1.4%，比全国平均水平（2.18%）低0.78个百分点；根据《2018年全国科技经费投入统计公报》，2018年江西科学研究与试验发展（R&D）经费投入不足湖北、河南、湖南和安徽的一半，占四省的比重分别为37.7%、46.2%、47.1%和47.8%。二是创新成果转化机制不畅。2017年，江西技术市场合同成交金额115.8亿元，占全国技术合同成交金额17697亿元的0.65%，较2017年下降了0.07%，显著低于江西研发经费支出、专利申请数、专利授权数占全国的比重。

4. 传统动能占比过大与新动能培育不足并存

一是传统产能占比依然较大。近年来，通过推动供给侧结构性改革，江西传统动能有所衰减，但经济"两个70%"的现象依然未得到根本改变，即传统产业占工业的比重约70%，传统产业链条中中低端的占比约70%。二是新经济新动能培育不足。2018年，江西高新技术产业增加值占规模以上工业企业增加值的比重仅为33.8%，新制造经济、新服务经济、绿色经济、智慧经济、分享经济等新经济领域发展的基础依然薄弱，尚未形成较为完备、竞争力强的新经济产业体系。

5. 区域发展不平衡与城乡发展不充分并存

一是行政区划格局与区域协调发展要求不相适应。江西11个设区市中，"巨无霸"与"小蜜蜂"现象突出，"小马拉大车"和"大马拉小车"并存，不利于优化资源配置、降低经济运行成本。二是城乡发展不充分，脱贫攻坚任务依然繁重。作为一个农业大省和欠发达省份，江西2018年城、乡居民人均可支配收入（33819元、14460元）均低于全国平均水平（36413元、14617元）；全省贫困人口有50.9万人，脱贫攻坚任务依然艰巨繁重。

三　加快构建江西现代化经济体系的重点

建设具有江西特色的现代化经济体系，重点是构建现代化产业体系，关键是强化创新引领，路径是推进绿色可持续发展。

（一）重点是构建现代化产业体系

以数字经济引领实体经济创新发展，用数字化、智能化技术改造提升传统产业，打造创新产业集群、加快发展新型服务业态、大力发展数字农业，促进江西产业链价值提升，建设现代化产业体系。

1. 推动工业高质量发展，培育一流企业

以产业集聚区和综合保税区为主平台，引入更多世界500强、央企和国内知名大企业入赣。实施龙头企业和领军企业引育工程，壮大一批龙头企业、“专精特新”企业和“独角兽”“瞪羚”企业等；打好“众创业、个转企、小升规、规转股、股上市、强龙头、育集群”组合拳，培育一批专业化小巨人企业、制造业单项冠军等。集聚一流产业。聚焦航空制造、电子信息、中医药、新能源、新材料等优势产业，全力打造全省具有爆发力的产业集群。将互联网、大数据、工业设计等数字化、智能化技术融入传统制造业，大力推进汽车及零部件、有色、石化、钢铁、建材、食品、纺织等传统产业迈向数字化、精细化、品质化，实现数字经济与传统制造产业融合。建设一流园区。树立“亩产论英雄”导向，对“低产田”和“高产田”进行差别化的政策支持或限制。加大产业链招商和引导力度，推动关联产业、配套企业和资源要素向园区集聚。以做优做精做特为方向，开展集群式项目满园扩园行动；以智慧型、绿色型、服务型为目标，对已有园区进行提标提档。

2. 推进服务业提质增效，推进“互联网+”服务业发展

加快建设“云上江西”和政务、工业等8朵主干云，以及若干特色子云和行业应用云，构建“1+8+N”云平台体系。促进云计算、大数据等新兴信息技术深度融入教育、文化、医疗、休闲、娱乐、养老、社区服务等领域。加快发展工业设计。依托重点行业、重点企业开展工业设计服务、发展工业设计专利，打造一批工业设计中心，依托产业集聚区和优势产业集群，建设一批工业设计产业示范基地。大力发展现代金融业。发展以绿色金融、科技金融、互联网金融等为重点的现代金融业，加快建设赣江新区绿色金融

改革创新试验区，建设区域性金融后台服务中心，开展大数据金融产品和服务创新。发展现代物流业。推进南昌、九江全国物流标准化试点建设，加快智慧物流建设。推动江西与长江三角洲地区依法开展物流企业资质互认和监管协同，加快区域物流一体化。推进全域旅游。加快推进江西18个国家级全域旅游示范区建设。着力实施“旅游+”融合工程，促进旅游与农工商、文化教育、体育、中医药、健康养老等领域互动融合发展，培育全域旅游新业态。发展公共服务业。鼓励外资与国内企事业单位合作兴办学校、医院等，大力发展市场中介组织，发展市场服务业。

3. 推进农业农村现代化，发展数字农业

大力实施“信息进村入户”工程，深入推进“123+N”智慧农业建设，加快推进互联网、物联网等现代信息技术在农业中推广使用，推动产地安全保障、农机作业智能化、农产品质量安全。推动农村一、二、三产业融合。扶持农业产业化龙头企业，唱响“生态鄱阳湖、绿色农产品”品牌影响力，打造全国知名的绿色有机农产品供应基地。创新农业经营方式。推进农产品电子商务发展工程，实施农民合作社、家庭农场和种养大户等新型经营主体质量提升工程；加快土地经营权有序规范流转，加快农村宅基地和农村集体建设用地确权颁证，加快农村产权交易市场建设。

（二）关键是强化创新引领

创新引领是江西发展的第一动力。新时代江西唯有实施科技强省战略，主动搏击、创新制胜，舍此别无他途。

1. 构建江西特色创新区域体系

深入推进江西鄱阳湖国家自主创新示范区建设，以赣江新区、南昌高新区为主体，沿赣江两岸，加快推进“五大科创城”① 建设。深化已有国家创新型试点城市建设并支持更多城市创建。

① “五大科创城”即南昌航空科创城建设、赣州稀金科创城建设、中国（南昌）中医药科创城建设、上饶大数据科创城建设、鹰潭智慧科创城建设。

2. 建立健全创新供给体系

聚焦航空、电子信息、中医药、新能源、新材料等重点产业，推进“五链融合”①。梯次培育“独角兽”企业、“瞪羚”企业、高新技术企业、科技型中小微企业等科技型企业。增强高等院校和科研机构创新能力。抓好创新平台建设，加快建成省级人才信息库、赣籍人才信息库和“江西人才云”，引进培养创新创业人才。

3. 完善创新成果转移转化体系

以省市共建的模式建设江西省常设技术交易市场，健全技术转移服务体系，优化科技创新公共服务体系，实施军民融合协同创新工程，推进军民科技协同创新，加快军民融合创新载体和军民融合创新平台建设。

（三）路径是绿色可持续发展

以国家生态文明试验区建设为契机，做好治山理水、显山露水的文章，构建绿色发展体系。

1. 做好山水林田湖草生命共同体“名片”

深入推进全流域综合治理改革试验，围绕解决鄱阳湖流域生态系统保护与治理中的重点难点问题，以生态系统治理体系和治理能力现代化为抓手，提高生态系统生态产品供给能力，不断满足人民日益增长的优美生态环境需要。

2. 建设百里长江“最美岸线”

全力打造百里长江“最美岸线”，高质量推进长江经济带绿色发展示范区建设，努力打造全国山水林田湖草系统保护与修复样板区、老工业基地转型升级试验区、绿色发展制度创新区、长江经济带内陆开放合作新高地，推动“外表美”与“内在美”相统一，实现“水美、岸美、产业美”的目标。

3. 促进绿色低碳循环发展

优化现代产业发展布局，健全绿色金融服务体系。支持江西省发行绿色

① “五链融合”即创新链、产业链、资金链、政策链、人才链融合。

债券，鼓励发展特色绿色险种，支持绿色发展基金参股PPP项目。增加可再生能源和清洁能源的使用量，降低碳排放总量等。

四　加快构建江西现代化经济体系的对策建议

针对江西现代化经济体系建设中存在的短板弱项，提出如下思考与建议。

（一）紧扣改革攻坚重点，再造高质量发展新机制

一是纵深推进“三去一降一补”。健全完善“去、降、补”的政策体系，做到扎实有效去产能、分类施策去库存、积极稳妥去杠杆、多措并举降成本、精准加力补短板，实现去得坚决、降得有效、补得精准，进而不断提高供给质量和效益。

二是深入推进“降成本、优环境”专项行动。对已出台的降成本、优环境政策措施，及时出台配套的实施细则和方案，并根据新情况、新问题、新要求推出更多务实管用的政策措施。广泛宣传江西省降成本、优环境政策以放大政策效应，并加强督查督办、追责问责，确保各项政策落实落细落地落到位。针对江西大中小型企业的差异化政策需求，进一步提高政策的针对性、时效性和可持续性，在企业融资、科技、人才、市场等方面实施精准帮扶。

三是倾力打造国资国企改革“江西样板”。积极稳妥推进混合所有制改革，建立健全现代企业制度。推动国有企业战略性、专业化重组，探索多种国有企业混合所有制改革方式，推进“瘦身健体”“处僵治困”。改革国有资本授权经营体制，做强做优国有资本投资运营平台，放大国有资本功能。全力推动高端化、自主化、服务化、多元化、国际化发展，不断增强国有企业的核心竞争力。

四是强力推动非公有制经济做大做强。全面落实鼓励和引导民间投资的政策措施，坚决维护市场秩序、规范涉企执法行为、保护民营企业家合法权益。引导提升民营企业经营管理水平，推动非公有制企业加快转型升级，加

快淘汰落后技术、设备、工艺和产能，改造提升传统优势产业。构建新型政商关系，提升服务企业水平。大力推进外企入赣、民企入赣、赣商回归，深化与共建“一带一路”国家合作，拓宽非公有制经济发展格局。

（二）全力打造开放高地，拓展高质量发展空间

一是坚持“向外拓、对内融”。深度参与长江经济带发展、长江中游城市群和粤港澳大湾区建设，深度融入“长珠闽”板块，积极参与“一带一路”建设，加速融入全国乃至全球产业分工和市场体系。以南昌综合枢纽、九江水港、赣州内陆港、上饶高铁枢纽为支点，建设具有承载大物流集散、大产业集聚、大商贸活动功能的高能级开放平台。加快中国（江西）自贸试验区、内陆双向开放示范区申报设立，加快建设赣江新区。制定“亩产论英雄”、推进集约化发展的相关政策，推进开发区从数量规模型向质量效益型转型。

二是强化“引进来、走出去”。创新招商、安商、扶商体制机制，探索设立省级招商引资引导基金，坚持引资引智引技并举，围绕世界500强和中国500强及有实力的央企民企、围绕产业链加大招商引资力度。支持湖南省优势企业联合产业链上下游企业组建对外投资联合体，支持企业开展境外并购和股权、创业投资，建立海外研发中心、制造基地和营销服务体系，让江西制造、江西服务、江西品牌走向世界。

三是突出“聚人流、畅物流”。加快建设国际性高标准的物流枢纽和货运集散中心，大力推进旅游强省建设。健全赣欧班列常态化运行机制，加快建设江海联运通道、海铁联运通道、陆路进出境通道、高铁通道、航空口岸通道，推动陆上、水上、天上、网上“四位一体”联通。大力开拓共建“一带一路”国家和地区等出口新兴市场，加大重点产品进口，培育外贸新业态新模式。

（三）加快完善数字基础设施，打造高质量发展新引擎

一是完善信息网络基础设施。扩容升级骨干网和城域网，优化互联网骨干网间的互联构架，加强全省通信管线、通信基站、机房等信息基础设施共

建共享。加快构建高效骨干光纤网络，提高全省高速宽带占比，推进城市千兆光纤到楼入户，加快建设高水平全光网省。促进光纤网络和新一代移动通信网络融合发展，开展 IPv6 网络建设，提升 IPv6 用户普及率和网络接入覆盖率。促进全省 4G 网络城乡深度覆盖。以南昌、鹰潭作为全国 5G 试点城市的契机，抢先布局 5G 网络发展，推动高可靠、低时延、广覆盖的 5G 网络共建共享。实施乡村信息基础设施振兴战略，提速光纤宽带，缩小珠三角与粤东西北间的数字鸿沟。

二是统筹大数据基础设施。统筹推进数据分块管理和集中管理，统筹省内云计算数据中心发展，探索跨区域共建共享机制和模式，重点建设一批公共服务、互联网应用服务、重点行业和大型企业云计算数据中心。建立健全与国家数据中心的互联机制，促进互联互通。

三是加快城市基础设施数字化升级。加快传感器技术、地理空间信息技术、卫星定位与导航技术、新一代信息网络技术在智慧城市建设中的应用。推进城市市政公用设施、环卫设施、地下管网、电网等基础设施改造与 5G 信息网络、传感技术融合建设，构建市政设施管理感知网络系统。统筹传感设备、无线通信设备等图像采集终端和感知终端在交通、给排水、能源、环保、防灾与安全生产等城镇公共基础设施的布局和应用，加快实现公共服务和管理基础设施数字化、网络化。加快建设广覆盖、大连接、低功耗窄带物联网（NB-IoT），推进面向 5G 技术的物联网与信息消费示范建设。

（四）打造“四最”营商环境①，培优培厚高质量发展土壤

一是纵深推进商事制度改革。主动对标国际和国内一流营商环境，以审批制度改革为突破口，重点围绕企业和群众最关注的工程建设项目审批、不动产登记、审批中介服务等堵点痛点难点领域，坚持不懈减少审批事项，推行“证照分离”改革试点，扎实推进“照后减证”，消减后置审批事项，建立健全“容缺受理、告知承诺”“一次性告知”“一次性办理”等服务机制。

① “四最”营商环境即政策最优、成本最低、服务最好、办事最快。

二是以“一次不跑”改革为牵引推进“互联网+政务服务”。建设政务服务移动平台，整合政务服务资源与数据，将数据信息共享到全省电子政务共享数据统一交换平台，实现对自然人、社会团体和企业的身份信息、纳税证明、不动产登记等数据的实时查询、即时核验，并推进便民服务事项在线可查、异地可办。推动政务服务网移动客户端建设，重点加快教育、医疗、户籍、食品安全等民生领域的应用开发，加快“赣服通”应用接入项目建设，实现更多便民服务“掌上办理”“指尖办理”。

三是全面提升行政效能。强化窗口授权，推进部门审批服务处室整建制进驻，实施窗口办事“一次办结”。深入优化窗口办事流程，逐步推出“一次办结”事项清单。进一步压缩公共服务项目审批时限。优化建设用地审批流程。可在省级以上开发区先行探索企业投资项目承诺制改革，实行无审批管理，推动更多项目事项管理由事前审批向事中事后监管服务转变。深入开展证明材料清理行动，建立健全业务会商对接机制，加强必要证明材料的互认共享，减少重复举证。

参考文献

龚建文：《努力走出一条高质量跨越式发展新路》，《江西日报》2019 年 1 月 14 日。

刘勇：《从更高层次贯彻落实习近平总书记重要要求　共绘新时代江西物华天宝人杰地灵新画卷》，《江西日报》2018 年 7 月 31 日。

刘奇：《江西省政府工作报告》，《江西日报》2018 年 2 月 9 日。

易炼红：《江西省政府工作报告》，《江西日报》2019 年 2 月 11 日。

《江西省推进创新型省份建设行动方案（2018～2020 年）》，《江西日报》2018 年 9 月 17 日。

梁勇、李志萌：《坚持新发展理念　推动江西高质量跨越式发展》，《当代江西》2019 年第 2 期。

吴俊：《关于建设现代化经济体系的研究》，《经济研究参考》2019 年第 12 期。

《江西工业，70 年十大巨变》，《江西日报》2019 年 7 月 26 日。

张小平、梁勇主编《江西经济社会发展报告（2019）》，社会科学文献出版社，2019。

B.18

中部崛起：南昌高质量发展的“谋”与“思”

钟业喜　马宏智*

摘　要：在区域协调发展、高质量发展战略背景下，南昌市如何发挥优势，提升在中部地区的核心竞争力，对于江西经济社会发展具有重要意义。南昌市目前存在四个方面的不足：在全国的战略地位不强、高铁时代的交通不占优势、经济发展基础偏弱、网络关注度不高等。提升南昌市竞争优势，需做大做强都市圈、推动高铁网络化、实施金融大创新、打造开放新高地、培育产业新优势、提升文化软实力，在中部崛起中百舸争流勇争先，做示范。

关键词：中部崛起　高质量发展　南昌

党的十八大以来，中国特色社会主义进入新时代，经济社会发展展现新特征，经济增速由高速转向中高速。十九大报告指出，要实施区域协调发展战略，强调区域经济高质量发展，充分发挥优势推动中部地区崛起。中部崛起战略于2006年提出，至今已有13个年头。以建立“三基地一枢纽”为主要抓手，中部地区经济社会发展取得了显著成就。自2008年中国中部地区经济增长速度超过东部地区，迄今一直保持着这个状态。特别是党的十八

* 钟业喜，江西师范大学地理与环境学院执行院长，教授、博士生导师，研究方向为区域经济；马宏智，江西师范大学地理与环境学院人文地理学硕士研究生。

大以来，中部地区的支撑作用愈发明显，在区域协调发展中的地位愈发重要，比重逐年上升。截至2018年，中部地区经济总量占全国的21.1%，已经成为促进区域协调发展和全国社会经济发展的重要支撑。武汉、郑州、长沙、合肥、南昌、太原作为中部六省的省会城市，成为各省竞相发展的核心增长极。江西省委省政府非常重视南昌核心增长极的打造，省委十四届六次全会提出江西区域发展的新目标，即“一圈引领、两轴驱动、三区协同”。以融合一体的大南昌都市圈为引领，以沪昆、京九高铁经济带为驱动轴，以赣南等原中央苏区振兴发展、赣东北开放合作、赣西转型升级为三大协同发展区，形成层次清晰、各显优势、融合互动、高质量发展新格局。“一圈引领”就是以南昌为核心，以赣江新区为引擎，以九江和抚州为支撑，以一小时交通时空距离为半径，联动丰城、樟树、高安、鄱阳、余干、万年等周边县市，打造融合一体发展的大南昌都市圈。面对中部六省的竞争态势和江西对南昌的发展诉求，南昌市实现进位赶超，显得重要而紧迫。

一 提升南昌市战略地位问题诊断

（一）南昌市在全国的定位弱化

在全国城镇体系空间开发格局中，武汉、郑州被确定为国家级中心城市，郑州、武汉、长沙、南昌、合肥均为“一带一路”重要节点城市。武汉为中部六省唯一的副省级市和特大城市，是中国中部地区的中心城市、长江经济带核心城市；郑州是中国中部地区重要的中心城市、国家重要的综合交通枢纽、中原经济区核心城市；合肥作为长三角城市群副中心，是长江经济带战略节点城市，2017年被列入综合性国家科学中心，成为具有国际影响力的创新之都、国家重要的科研教育基地和综合交通枢纽；长沙是全国“两型社会”综合配套改革试验区、长江中游城市群和长江经济带重要节点城市；南昌是长江经济带重要节点城市，是全国重要的综合交通枢纽；太原为中部地区重要中心城市。南昌的定位仅比太原有优势，在全国的战略地位弱化。

（二）南昌市的铁路布局不占优势

高铁所带来的时空压缩效应，让高端生产要素在中国空前高效率运转，高铁网络重构我国区位空间。截至2018年底，中国高铁营业里程达3万公里，稳居世界第一。根据新修订的国家《中长期铁路网规划》（2016～2030年），预计到2020年，全国高速铁路将覆盖80%以上的大城市，中国将真正进入高铁时代。中部地区合肥成为高铁时代最大赢家，高铁密度仅次于北京，位列全国第二。合肥、郑州、武汉、长沙均列入中国十大“米”字形高铁城市。高铁在总体提升南昌市对外交通便捷性的同时，也为其相对地位的下降提供了可能。南昌市只有沪昆、京九高铁的交会点，尽管尚有昌景黄和向莆，但其优势弱化，高铁可达性在中部省会中仅优于太原。

（三）南昌市经济基础相对较弱

从六省省会城市市辖区GDP总量来看，2012～2018年排名没有变化，南昌一直排名第五位，但南昌的增长率在六个城市中偏高，以10.45%的年增长率排第二位，说明南昌虽然底子薄，但发展势头良好。南昌市存在的另一问题是城区面积偏小、人口偏少，也在一定程度上制约了南昌市在中部省会城市中的竞争力。另外，南昌市首位度不高。2018年南昌市经济首位度24%、人口首位度12%，在中部六个省会城市中排倒数第三。南昌的GDP总量约等于武汉的1/3，不足长沙的1/2，比合肥少2500多亿元。

表1　中部六省省会城市人口与经济发展基础

城市	2018年GDP（亿元）	同比增长（%）	2012年GDP（亿元）	年均增长（%）	城区人口（万人）	城区面积（平方公里）
武汉	14847.3	8.0	8003.8	10.39	650	864
长沙	11003.4	8.5	6399.9	10.15	405	410
郑州	10143.3	8.1	5549.8	10.07	515	443
合肥	7822.9	8.5	4164.3	11.09	430	428
南昌	5274.7	8.9	3000.5	10.45	320	360
太原	3884.5	9.2	2311.4	8.13	367	340

（四）南昌市的网络关注度不高

百度搜索指数能够显示互联网用户对热点城市的关注程度及持续变化情况，能在一定程度上体现公众对城市的认知和喜好，体现该城市的影响力，通过百度指数平台统计中部六省 2012～2018 年各年度百度搜索指数日平均值绘制图 1。从多年平均值看，武汉搜索指数最高（11190），郑州第二（9511），合肥第三（7691）、长沙第四（6453）、南昌第五（5784）、太原最低（4347）。2012～2018 年，南昌与太原的指数平均增长率较低，城市影响力较弱，城市推广进度较为迟缓。

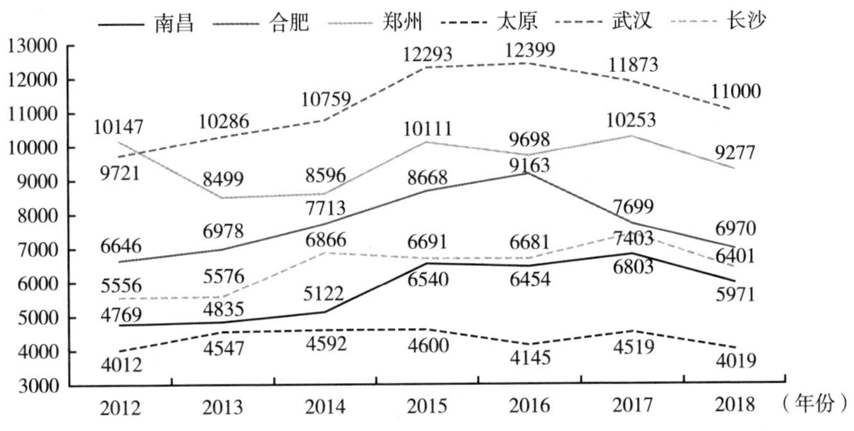

图 1　中部六省省会城市百度搜索指数年日平均对比

（五）南昌市产业整体水平不高、结构不优

主导产业不强。2018 年，南昌市四个战略性新兴支柱产业中，汽车和新能源汽车、绿色食品、电子信息产业主营业务收入分别突破 1300 亿元、1100 亿元和 1000 亿元，航空装备产业预计 2020 年产值达 500 亿元。无论是从千亿产业数量还是主导产业产值，都可以看出，传统产业仍占较大比重，优势产业还不能挑起经济发展的大梁，新产业、新业态、新模式没有形成有效支撑，产业结构调整和转型升级压力巨大。

产业同质化严重。大南昌都市圈“一核两极”中，昌九一体化、昌抚一体化已实施六年有余，赣江新区设立业已三年，但产业的合理化分工布局远未达到目标，融合水平低。比如，南昌、九江、抚州都提出要重点打造新能源、汽车、电子信息、生物医药等产业，“汽车产业布局不能遍地开花，应集聚集中到一个地方。江西作为落后省份，没有那么多资金资源支持到处生产汽车”。在三组团中，丰樟高、奉靖、鄱余万都定位为大南昌都市圈的“后花园”，大力发展特色小镇、康养基地、现代农业示范园等生态休闲旅游产业。“南昌市场就那么点大，都搞旅游有人来看吗?”产业政策不对接、布局雷同，必然带来重复发展、同质化竞争严重，相互间争市场、争资源、争项目、争投资、争指标等现象层出不穷，竞相压低地价、比拼财税优惠政策等招商引资手段轮番上演，难有产业上下游合作可言。

二　提升南昌市在中部地区战略地位的对策建议

（一）做大做强都市圈，中部崛起勇争先

依托高铁交汇、通江达海、路网密集的区位交通优势，以南昌为核心，以赣江新区为引擎，以九江、抚州为支撑，联动发展丰樟高、鄱余万等周边县市，强化要素资源聚合、产业集群发展、城市互动合作，形成高端产业集聚、城乡融合一体、创新创业活跃、生态宜居宜游的经济圈，引领全省科技创新和现代化经济体系建设，带动全省融入国家和地区战略，打造江西高质量发展引领区、长江经济带绿色发展示范区、全国内陆双向高水平开放试验区、国际先进制造业基地、国际生态文化旅游目的地，在中部崛起中百舸争先。

协调推进，制度先行。建立常态化、制度化的合作协商平台，完善高层决策、专项推进、工作落实三项合作机制，统筹大南昌都市圈建设的各项事务，形成合力，提高效率。充分放权赋能，鼓励先行先试。2019 年 8 月，党中央、国务院发布《关于支持深圳建设中国特色社会主义先行示范区的

意见》，提出在遵循宪法和法律、行政法规基本原则前提下，允许立足改革创新实践需要，根据授权对法律、行政法规、地方性法规做变通规定。在大南昌都市圈建设过程中应注重政策灵活性，在现有法律允许的范围内，创新执法，将地方实施方案制定的更加灵活、宽松，而不是收紧、加强。避免政策法规给企业增加“紧箍咒”，给区域发展带来负面效应。产业发展，项目示范。当前南昌已经初步形成了汽车和新能源汽车、电子信息、航空装备等战略性新兴支柱产业，但支撑产业的示范性、引领性项目较少，难以形成强大的集聚效应。因此，做大做强大南昌都市圈，关键要在重大产业项目示范落地上下功夫，集聚一批产业关联企业。

（二）加速高铁网络化，打造高铁经济带

打通江西至京津、珠三角、长三角、闽台、武汉城市圈等发达地区的快速交通廊道，推动江西省铁路网络系统升级和完善，将有效拓展南昌市腹地范围，促进南昌市成为引领全省发展的核心增长极。

以武九高铁、九江—安庆—合肥高铁建设打通沿江通道与进京通道。江西的高铁网络最突出的弊端在于进京通道不畅。未来江西省会南昌直达北京的高铁线路有三条：一是南昌经武汉入京港高铁通道进京；二是南昌经九江至铜陵，然后转至京福高铁进京；三是九江至合肥段建设高铁实现江西进京“截弯取直”。第一条路线已经在进行；第二条路线可推动九江至安庆时速250km/h铁路建设，将沿江高铁向西延伸至九江，同时修建武九高铁，打通沿江快速通道。同时，推动合肥至安庆修建时速250km/h城际铁路，这样可使南昌经九江、安庆、合肥直达北京；第三条路线则可利用好打造长江中游城市群的政策优势，积极推动九江至合肥修建高铁。加快建设昌吉赣，大力推动赣深铁路建设，尽快打通直达珠三角快速通道。推动阜阳—鹰潭—汕头快速铁路建设，开辟江西进京达海新通道。从江西自身发展效益看，景德镇—鹰潭—南城—瑞金—汕头快速铁路的修建，可使江西省出现第二条纵贯南北的发展轴线，并实现与九景衢、向莆、赣龙等时速200km/h的快速铁路的联网，弥补京九铁路辐射能力不强、带动能力有限的不利状况，对于优

化全省城市空间格局与生产力布局具有重要意义。

高铁时代，要突出南昌中心地位，需努力推动打造七大高铁经济带：南昌—鹰潭—上饶—金华—杭州—上海/宁波、南昌—吉安—赣州—深圳、南昌—抚州—福州、南昌—九江—武汉、南昌—新余—宜春—萍乡—长沙、南昌—景德镇—黄山—杭州、南昌—九江—皖江—南京。

大力推动昌福高铁建设，加速与福建对接融合。纵观江西，与沿海发达地区之间，仅有南昌—杭州一线没有较大的地形阻隔。珠三角有南岭山区，福建沿海有武夷山区。武汉、长沙与江西之间尚未形成显著的互补优势，而竞争与虹吸特征较为明显。南昌、九江与长三角北翼地区有安徽强大的“过滤效应”，与珠三角地区则有湖南的强劲竞争。与福建沿海的毗邻优势较为明显，且福建作为21世纪海上丝绸之路核心省份，具有较强的政策优势，对接福建有助于推动江西形成海陆统筹、东西互济的开放格局。但目前以南昌为核心的江西心脏地带与福建沿海的联络仅有向莆铁路，且未开通货运，交通瓶颈亟须破解。

（三）聚焦金融大创新，凝聚南昌发展的新推手

经济社会发展需要“虚”“实”结合。对于南昌来说，实体经济特别是制造业有着辉煌历史和基础积淀；但在虚拟经济服务方面，特别是互联网金融偏弱，这是机遇，同样是一个挑战。要提升南昌市在中部地区的竞争力，关键在于推进金融供给侧结构性改革，基本思路和框架是：一个宗旨、三层维度和四大举措。一个宗旨就是坚持金融服务实体经济的宗旨，全面提升实体经济的质量与水平，通过创新金融、开发金融、农村金融、绿色金融和开放金融等多种方式，为南昌市产业发展提供有力的金融服务支持，支撑“六区”战略定位。三层维度主要包括金融深度、金融广度和金融开放度。在金融深度方面，除进一步推进利率市场化（重点是降低准入门槛）和存款保险制度（重点是实行差别费率）外，关键是加快金融中心建设，推动南昌市建设绿色金融创新体系；金融广度主要是加大“三农”金融支持力度，推广针对小微企业、城镇低收入家庭的金融服务，推进多层次资本市场

建设，规范发展互联网金融和农村民间借贷市场；金融开放度包括对内开放和对外开放两个方向、两种渠道，对内要推进与长株潭城市群、武汉都市圈等中部地区的金融一体化，对外要积极引进国外高端金融机构，发展离岸金融市场等。四大举措：一是要加快编制《南昌市系统性金融投资发展规划》，以规划为引领；二是要重视金融人才，着力推进金融、投资人才的培养、引进和使用，聚天下英才而用之；三是要加强金融基础设施建设，特别是金融信息化大数据平台建设，以平台为支撑；四是要防范和控制区域系统性金融风险，维护区域金融市场稳定。

（四）打造开放新高地，培育产业新优势

着力联江通海，促进南昌全面开放。积极对接中欧国际铁路列车，筹划建立南昌始发的赣欧（亚）国际铁路货运通道，并利用向莆通道积极对接福建货运，逐步实现班列化运行；依托长江黄金水道，沪昆、京九、向莆等出海铁路，以及通达浙江、福建等地高速公路，不断加强与沿海港口的联系，强化多式联运，特别是铁海联运、陆海联运等作业项目，打通连接“海上丝绸之路”通道；大力提升南昌昌北国际机场枢纽地位，加密南昌至“一带一路”重要节点城市和区域性重要城市的干线航班，特别是乌鲁木齐、西安、厦门、昆明、南宁等地市；巩固赣台、赣港航线，拓展东南亚航线，积极争取开通洲际航线，打造南昌连接“一带一路”重点地区的空中走廊。

推进产业强市，增强城市核心竞争力。顺应全球产业变革和国内外产业分工变动趋势，大力推进产业结构战略性调整。以新型工业化为核心，重塑江西制造辉煌，以现代农业和现代服务业为支撑，协调推进，促进南昌产业结构调整，实现高质量可持续发展。着力打造“三谷”，一是南昌光谷，即以光电信息产业为代表的高新技术先进制造基地；二是南昌慧谷，以创新为源动力的现代服务业集群；三是南昌绿谷，以秀美乡村统筹发展，打造一批现代农业综合体。完善产业定位和区域合作模式，压缩产业集群建设战线，集中力量主攻优势产业，打造 1 ~ 2 个在国内有竞争力、在世界有影响力的

产业。深入对接国家制造强国战略，追踪国内外重点企业产业布局和投资动态，积极策划和争取一批重大项目在南昌布局。鼓励优势产业和龙头企业一体化延伸、多元化扩张，推进重大成果转化和产业化。在产业基础好的南昌周边县市设立产业合作示范园区，探索共建“飞地经济”合作新模式，促进生产要素合理流动和产业有序转移。

打造赣江新区，全面承接产业转移。参与省际分工协作，大力发展外向型产业集群，不断提升开放水平，打造省际区域合作先行示范区和开放高地。南昌需要充分利用毗邻长三角、珠三角和海西的区位优势，通过借助赣江新区所提供的高水平开放窗口，更快对接国际经贸合作标准。在此基础上，还要全方位打开“一带一路”与长江经济带建设的广域发展空间，通过探索创新国际合作机制以及尝试搭建立足长江中游的国际合作平台，加强与国内外著名企业的战略合作，重点承接先进制造业、战略性新兴产业和现代服务业，着力提升产业承接层次和水平。创新承接产业转移模式，鼓励东部地区政府、园区或战略投资机构采取直管、托管或一区多园等模式与赣江新区合作共建产业园区，支持发展“飞地经济”，推动产业链整体转移和组团式转移。推进南昌综合保税区建设。

（五）强化文化引领，提升南昌软实力

文化软实力是当今国家和地区竞争的重要组成部分，推进国家和地区文化建设，增强国家和地区实力。通过文化引领，加强区域合作，重点打好万寿宫、海昏侯、航空城、英雄城等文化名片。

万寿宫文化。作为海内外1300多座万寿宫的祖庭，南昌万寿宫地位尊崇，声名远播，南昌应充分打造万寿宫品牌，沿“21世纪海上丝绸之路”，加强同东盟、南亚、西亚、非洲四大经济板块，特别是东盟的经贸文化往来。

海昏侯文化。充分利用以紫金城为代表的海昏侯国都和以南昌西汉海昏侯墓为代表的墓葬区——这个中国目前发现的面积最大、保存最好、内涵最丰富的汉代侯国聚落遗址，着力打造南昌的历史文化品牌，使之成为与西安

兵马俑、长沙马王堆媲美的世界文化名片。同时立足陶瓷、茶叶、丝绸、夏布等古丝绸之路文化元素，岐黄国医等中医药文化，着力提升南昌文化竞争力。

航空城文化。1954 年，南昌制造并首飞了新中国成立以来的第一架飞机，奠定了南昌航空文化的根基，是我国飞机制造史上浓墨重笔的一幕。充分挖掘南昌航空的辉煌文化，积极利用 VR/AR 等现代技术，打造航空城文化名片，有利于增强南昌文化软实力。

英雄城文化。历史上江西物华天宝，人杰地灵，在中国文化传承上地位崇高；近代以来，军旗在这里升起，星星之火形成燎原之势，南昌为新中国的建立输送了大量英雄人物；如今，充分挖掘南昌红色文化、英雄事迹，讲好英雄故事，有利于会集英才，共铸辉煌，提升南昌文化软实力。

参考文献

钟业喜：《闽新轴带区域协调发展研究》，经济管理出版社，2018。

国家统计局：《2019 中国统计年鉴》，中国统计出版社，2019。

钟业喜、毛炜圣：《高铁时代江西经济新动能培育的“谋”与“思”》，《中国国情国力》2019 年第 3 期。

钟业喜、王晓静、傅钰：《“闽新轴带”沿线区域发展不平衡问题研究》，《经济地理》2018 年第 9 期。

钟业喜、王晓静：《建设“闽新轴带”促进双向开放的构想》，《中国国情国力》2018 年第 6 期。

冯兴华、钟业喜、李峥荣、傅钰：《长江经济带城市体系空间格局演变》，《长江流域资源与环境》2017 年第 11 期。

B.19

以建设长江经济带绿色发展示范区为引领推动九江市高质量发展

曾 明　王万山　雷桥亮　汤 明*

摘　要： 江西省九江市与上海崇明岛、湖北武汉为长江经济带绿色发展示范区首批创建城市。以此为引领，九江市打造长江“最美岸线”、推动产业园区转型升级、探索“生态＋”模式、建设万亿临港经济带、扩大对内对外开放，努力实现高质量发展。

关键词： 绿色发展　示范区　生态＋　高质量发展　九江

2018年5月，推动长江经济带发展领导小组明确九江市与武汉市、上海崇明岛为长江经济带绿色发展示范区首批创建城市。九江以打造长江“最美岸线”、产业园区转型升级试验区、山水林田湖草综合治理样板区、生态环境保护管理制度创新区、万亿临港经济带和内陆开放合作新高地作为发展定位，加快建设长江经济带绿色发展示范区，着力推进绿色高质量跨越式发展，努力走出经济指标与生态指标“双升”的新路子。

---

* 曾明，九江学院江西长江经济带研究院博士，研究方向为长江经济、区域经济；王万山，九江学院副校长、教授，研究方向为世界经济、长江经济；雷桥亮，江西省发改委设审处副处长，研究方向为长江经济；汤明，九江学院教授、九江学院江西长江经济带研究院秘书长，研究方向为长江经济。

一　打造长江“最美岸线”

九江市是江西省唯一的沿江城市，全省152公里长江岸线全部在其境内，拥有鄱阳湖2/3的水面和湖岸线，这是不可多得、不可替代的宝贵资源，承担着保障“一湖清水入江、一江清水东流”的重大使命。九江保护好生态环境，既是服务长江经济带“共抓大保护”大局使然，亦是自身高质量发展的需要。近年来，按照市委、市政府的统一部署，九江市按照“水美、岸美、产业美、环境美”的要求，坚持水岸联动、标本兼治，全面启动了打造长江“最美岸线”工作。

（一）保护一江清水，凸显水体美

通过“治污水、活死水、防洪水、优供水”，多种举措并举，持续打造长江“水美”。

一是治污水。大力开展入河口清理、非法采砂治理、船舶污染防治等专项整治，加快面源污染治理，在园区开展了纳管标准和排放标准“双提升”行动，从源头上加强污染管控。2018年以来，沿江县（市、区）新建污水处理厂9座，改造提升7座，铺设污水管网11万米。目前，中心城区、县城与中心镇均实现了污水管网覆盖。

二是活死水。全面启动城市内湖、农村河塘“水体置换、引水活化”和灌溉渠道疏浚工程，投入近30亿元开展城区水体治理。

三是防洪水。重点推进沿江险工险段、江湖圩堤、山塘水库的除险加固，排灌设施建设、中小河流治理，全面防范大江大湖洪水、城市内涝和山洪地质灾害。

四是优供水。全面改善和提升水环境质量，加强饮用水水源地保护。目前，长江九江段和鄱阳湖出口断面水质均达到Ⅲ类标准，九江市集中饮用水源水质达标率为100%。

（二）科学管控岸线，彰显岸线美

主要是抓好三件事。

一是集约利用岸线资源。截至2019年7月，沿江各县（市、区）已拆除码头74座、泊位87个，腾出岸线7529米。2019年重点加快36座“小散低”码头整治、提升，预计2019年底全面完成。采取“市场化手段、公司化模式、资本化运营”的办法，走“资源变资产、资产变资本、资本变股本、赔钱变赚钱”的路子，推动码头整合和岸线资源长效管理。

二是清理整顿化工企业。对现有化工企业进行梳理，分类处置，实施兼并重组、关停并转；制定化工企业清退清单，推进“三年出清计划”，累计关停取缔小化工企业166家。立足九江实际，出台九江环保准入“负面清单”，坚决不引小化工和煤化工企业，沿江1公里内决不新增化工企业、煤化工、印染、造纸项目等七类项目；沿鄱阳湖、修河、柘林湖流域禁止新建钢铁、造纸、医药原料药等14类项目；生态红线范围内禁止工业项目和矿产开发项目；禁止园区以外的工业项目（能源、矿产项目除外）；禁止使用《危险化学品目录》中的剧毒化学品作为主要原材料的项目。

三是建设滨江生态绿线。堤外重点抓滩涂绿化，打造生态绿化带。各地“两个绿带”建设均能按照高标准进行规划设计，据统计，已栽植各类乔、灌苗木共427.4万株。种植芦苇101万株，铺草皮33万平方米，撒草籽9775公斤，堤顶道路“白改黑”近60公里。实施沿江山体生态修复。共关停矿山340家，治理废弃矿山5700亩。相关县区聘请了专业团队，利用“植物混凝土”技术在沿江裸露坡面上栽植乔、灌、草、藤等各类苗木120万株。

（三）加快绿色发展，促进产业美

推进传统产业转型升级和战略性新兴产业的培育。力争通过3～5年努力，实现“百千万”目标，即打造10个以上过百亿的企业，打造5个以上特色千亿产业，打造万亿临港经济带。在第一产业上，以茶叶、油茶、水产为重点，大力推进“一县一园”建设，积极探索“农业特色小镇＋田园综合体”的新路子。2018 年新增茶叶种植面积 4 万亩、油茶 4.1 万亩，新增虾蟹养殖面积 9.7 万亩，新增“三品一标”农产品 97 种。在第二产业上，以石油化工、现代轻纺、电子电器、新材料、新能源为重点，打造“5＋1”千亿产业集群。在第三产业上，科学谋划服务业重点领域发展，狠抓产业培育、项目建设、政策落实。2018 年，全市完成工业税收 226.1 亿元，增长 18.6%，规模以上工业增加值增长 8.9%，规模以上工业主营业务收入增长 13%，工业固定投资增长 16.2%。全市第一产业增加值 68.51 亿元，增长 3.6%；第二产业增加值 659.28 亿元，增长 9.0%；第三产业增加值 572.49 亿元，增长 9.2%。“5＋1”千亿产业集群增加值增长 9.4%，高于规上工业增加值增速 0.5 个百分点。

九江市把 2019 年确定为“项目品质提升年”，突出“高质抓项目”，工业高质发展稳步推进，工业技改快速增长。一季度，工业固投同比增长 15.7%，其中技改投资占工业投资比重 20.1%，同比增长 60.8%；全市固投 200 万元以上工业企业技改项目 242 个，总投资 336 亿元，其中 1000 万元以上技改项目 172 个，总投资 332 亿元。产业升级稳步提升，积极推进全省传统产业优化升级综合试点工作，目前全市优选了第一批综合试点企业 39 家，主要从生产线自动化改造、车间数字化改造等方面进行优化升级。2019 年上半年全市实现 GDP 总量 1300.27 亿元，同比增长 8.9%，分别高于全国和全省平均水平 2.6 个和 0.3 个百分点。

（四）建设美好家园，实现环境美

重点围绕城市、农村、园区，扎实开展环境整治工作。一是全力打造宜居城市。2018 年，中心城区实施城建项目 184 个，完成投资 114 亿元。浔南城市森林公园、庾亮南路历史文化街区、截流河生态公园、抗洪广场改造等一批项目完工，CBD 生态公园、九江火车站广场改造、八赛湖控枢纽、环赛城湖路网等一批项目加快建设。“三城同创”扎实推进，城区主次干道、街道立面、绿化亮化明显改善，市容环境、交通秩序、市政设施等整治成效明显，城市管理水平、文明程度和市民文明素质进一步提高。二是全力打造美丽乡村。通过政府投资来撬动金融资本、社会资本，力争五年内全市每年投入100亿元以上，用于乡村环境整治和脱贫攻坚。大力推进农村垃圾、污水和违法违规建房整治。2018年，4487个新村点建设任务全面完成，在全省率先开展农村生活污水处理设施建设，建设污水深度处理示范性村庄343个。三是全力打造生态工业园区。出台了《关于创建生态工业园区的实施意见》《九江市生态工业园区创建考核奖励办法》等政策文件，按照“五化”的标准，对全市所有工业园区实行生态化改造。

二 加快产业园区转型升级

改革开放以来，九江市经济快速发展，是江西省的老工业基地，但也存在着产业结构不够合理、资源环境约束趋紧、节能减排形势严峻、安全生产压力增加等一系列问题。尤其作为主导产业的化工产业，更是首当其冲感受到“转型”的迫切性、“升级”的必然性。为破解粗放增长与环境容量控制、经济效益与生态效益的突出矛盾，九江市决定开展以“企业环保化、产业循环化、生产安全化、管理智能化、环境景观化”为核心的工业园区生态化建设。

（一）全面推进企业环保化

“企业环保化”——企业是主体，园区是源头。为加强源头管控，九江市着力从严格园区环境准入条件、加强园区环保设施建设、加强园区企业污染防治、加大园区环境执法力度四个方面，抓好企业升级、环保提标。九江市围绕企业环保化，共实施12个项目，总投资30722万元，计划2019年底前全部建成。

一是严格准入。强化工业园区建设规划环境影响评价工作，严格执行国家产业政策，严控园区污染物排放总量，坚决不降低环境准入门槛，对入园项目实行相关部门联审联批制。作为首批“五化园区”建设试点单位之一，彭泽县（沿江县市）坚持“三优四有一确保”（科技含量高、投资规模大和上市公司优先，落户项目务必做到技术先进、承担责任，确保环保达标）原则，健全落户企业联审联批、环保准入和“一票否决”制度，严禁能耗高、污染重、风险大的企业入园，按照“产品环保不达标淘汰产品，工艺不达标淘汰工艺，设备不达标淘汰设备，企业不达标淘汰企业，管理不达标则组建新的管理团队”的原则，为园区企业按照“一企一策”编制治污方案，对企业从工艺、设备、产品、敏感物料等方面进行全面深度、国标加民标的综合治理。2018 年彭泽县拒绝总投资 130 余亿元的化工项目落户，矶山园区 23 家企业累计投入资金近亿元，落实整改措施 559 项，全面改造提升了企业的工艺装备、污染治理设施、废水废气收集系统。

二是坚决清退。九江市政府在江西省率先出台了《九江市化工企业清理整顿退出工作方案》，明确了“三退出一升级”原则，即 1 公里范围内的现有小化工企业原则上全部关闭退出；其他区域内问题小化工企业，整改不达标的全部关闭退出；停产的规上化工企业分类施策，原则上全部关闭退出；留存化工企业实施安全、环保、工艺、技改升级。彭泽县全面梳理和评估落户企业的产业风险，制定了化工企业清理整顿退出工作方案，对主营业务收入不足 2000 万元人民币的、产品或生产工艺不符合国家现行产业政策的、停产超过一年的、有重大安全隐患的、无规范设计的等企业予以关停处置，并依据《红黄蓝绿分类管理办法》和《亩均综合评价》两项制度实行年度末位淘汰。据统计，矶山园区已淘汰了 4 条重污染工艺生产线和 11 个污染较大的产品，如三氯化铝、对氯苯酚等。同时计划投入 3000 万元，在已关停的九江之江化工有限公司（250 余亩）地块建设沿江绿地、休闲广场、公共配套设施，打造化工园区生态修复示范点。

三是改造升级。2017 年，江西理文化工有限公司开始实施“美丽工厂建设”方案，计划完成环境保护、清洁生产、安全生产、智能化建设、厂容厂貌、企业文化等六个方面的建设目标。其目的是通过环境保护、清洁生产和安全生产来发展绿色化工，通过程序化、自动化提升换挡来建设智能化工厂，通过厂容厂貌和企业文化来建设文明工厂，最终目标是创建绿色环

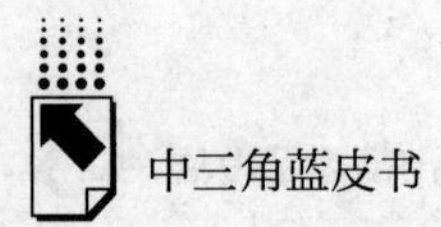

保、安全、高效、优质的化工生产基地，使理文化工逐步成为行业的典范。同时，高度重视产品研发，2015 年成立研发中心，2017 年成立企业院士工作站，专注于有机氟生产技术的创新以及含氟新材料的开发，已取得 2 项发明专利、19 项实用新型专利，还有多项发明专利正在申请中。

四是全面管控。为了提高园区环境质量监管能力，防范环境风险，2017 年 1 月，彭泽县委县政府投入 2000 余万元启动了省内首个智慧环保工程——矶山园区“6 +2”智慧环保大数据平台。该项目充分利用“互联网 +环保”的先进技术理念，通过构建园区异味自动监控系统、污水及雨水排放口监控系统和长江断面水质监测系统，实现对园区环境质量、污染源和环境风险等要素的全面感知和综合评估，并对数据进行一体化智慧应用，也为园区综合决策提供了科学的依据。为了进一步提高和完善“智慧环保大数据平台”应用功能，计划 2019 年启动企业污染治理设施工况在线监管，实时掌握企业污染治理设施运行状况。

（二）全面推动产业循环化

按照发展循环经济、打造生态产业链的要求，对上下游项目及关联项目进行科学规划，使资源得到优化配置和循环利用，打造现代化工产业循环体系和绿色生态产业链。

一是发展循环经济新模式。永修县作为国家第二批循环经济试点单位、国家火炬计划有机硅材料产业基地，自 2007 年开展循环经济示范试点工作以来，致力于“资源—产品—废弃物—再生资源”循环经济模式的探索和运用。如美国卡博特公司处理星火厂有机硅单体生产过程中伴生量最大的副产物一甲基三氯硅烷，卡博特公司生产过程中产生的氯化氢气体用来给星火厂的废盐酸提浓，再返给星火厂用于有机硅单体的生产。同时，卡博特公司的产品气相二氧化硅又是星火厂硅橡胶生产的原材料。园区内大部分企业都因为产品、副产物和废物的互相利用结成紧密共生关系，实现了企业小循环、园区大循环。当前，蓝星星火有机硅按计划建成后将成为全球最大的有机硅单体生产企业，并形成产品链条闭合完善的循环经济实体，同时启动有机硅检验检测平台建设项目，建成后将能满足有机硅上、下游产业链及终端应用各个环节的创新创业需求。

二是发展资源共享经济。彭泽县努力探索园区企业间的资源循环通道，探索实现产品、副产物和废物的互相利用，以及基础设施的共享，形成生态工业网络。如 2017 年建成兄弟医药公司热电联产项目，为矶山工业园区企业提供生产用蒸汽，园区内原有的分散式燃煤蒸汽锅炉全部停用。

三是发展“吃干榨尽”新模式。湖口县天赐高新材料有限公司在 2012 年成立“九江市锂电池材料工程技术研究中心”，2013 年成立江西省省级“九江天赐高新材料有限公司技术中心”，2014 年成立“九江天赐高新材料有限公司院士工作站”，2015 年顺利通过高新技术企业复审，被认定为“江西省节能减排科技创新示范企业”，2016 年通过国家工信部审核，被认定成为全国首批达成“锂离子电池行业规范条件”的企业之一，2017 年被认定为“江西省锂离子电池电解液工程技术研究中心”，顺利通过中国合格评定国家认可委员会（CNAS）认可复审，“高能量密度锂离子动力电池电解液”获江西省科技进步三等奖，同时 2018 年获得第九届“中国技术市场金桥奖”。目前，该公司规划在湖口构建新能源、新材料全产业链，打造天赐九江新能源材料循环产业基地，布局从锂辉石到碳酸锂、碳酸锂到正极材料及电解液的全部锂电新能源材料产业链，形成从源头到产品所有原材料、副产物“吃干榨尽”的生产模式。

（三）全面推进管理智能化

化工产业的转型升级，核心是提升智能化建设水平，关键是增强园区的管理智能化和推进企业智能化改造两个方面。围绕智能化建设，九江市总投资 48776 万元，计划 2019 年底前建成 7 个，2020 年底前建成 2 个，2021 年底前建成 1 个。

一是建设智能化园区。积极推进园区信息化平台建设，实现政务、服务的网络平台化，建立智慧园区信息管理系统，构建基于互联网的“一站式”园区管理服务模式。目前全市 12 个省级以上园区信息化平台基本建成，正朝着“智慧园区”目标迈进。同时，建立环保综合在线监管平台，对感知数据进行一体化智慧应用，实现对园区环境质量、污染源和环境风险等要素的全面感知和综合评估，为园区决策和服务提供科学参考，提升园区环境综合管理水平。彭泽县、湖口县在线监测平台基本建成。

二是建设智能工厂和智能车间。深入推进石化产业转型升级，努力对企业进行智能制造的技术改造，探索形成链条高端化、工艺绿色化、生产智能化的产业发展格局。九江石化智能工厂建设，在国内外既无标准版本可供参考，亦无成熟经验可资借鉴。九江石化坚持数字化、网络化、智能化方向，将先进的信息化技术与石化生产本质环节密切结合，在“计划调度、安全环保、装置操作、能源管理、IT 管控”五个业务域，开展具有“自动化、数字化、可视化、模型化、集成化”特征的智能化应用，对污染物的产生、处理、排放实现全过程监管，初步打造了一个集绿色、高效、安全和可持续发展于一体的石化智能工厂。通过智能化改造和建设，九江石化的经营效益从 2011 年在沿江 5 家炼油企业中“垫底”上升到了首位。2015 年 6 月，“九江石化智能工厂”入选国家工信部首批“智能制造试点示范”。2017 年 8 月，入选国家工信部“绿色工厂示范企业”。“绿色低碳”“智能工厂”成为九江石化的两大核心竞争优势。在智能制造试点示范企业推进上，九江石化被国家工信部评为智能工厂，星火有机硅被评为省级智能制造试点示范企业，禾益化工、理文化工、卡博特蓝星化工、星火有机硅被评为省级“两化”融合试点示范企业，齐鑫化工、富达实业、虹润化工等 10 余家企业被评为市级“两化”融合（智能制造）试点示范企业。

三　实施山水林田湖草综合治理

九江地处长江干线、京九干线交叉口，素有“七省通衢”之称，是一座拥有 2000 余年历史的山水文化名城。其生态资源得天独厚，山水田园、诗歌墨宝、文人骚客、客船游子浑然天成，可以说一部九江史、半部山水画、半部生态诗。近年来，九江市立足于深厚传统积淀，深入贯彻落实党中央、国务院关于开展山水林田湖草生态保护修复的部署要求，着力破解治山、理水、护田、育林“各自为战”的工作格局，以“山水林田湖草是一个生命共同体”的重要理念实施生态系统综合治理，创新绿色发展机制，推动生态优先理念“落地生根”，实践了“生态健养—生态资产—生态经济”的山水林田湖草综合治理路径，从以前的“环境＋”升级开启“生态＋”理念的综合治理新模式。

实践“生态＋”系统治理新模式，取得了明显成效。2018 年，九江森林覆盖率达到 56.4%，空气环境质量持续优化，水生态得到明显改善，绿色矿山建设稳步实施；林长制改革经验推向全国，河湖长制体系逐步完善，自然资源资产确权登记、离任审计、责任追究等制度不断健全；九江市获批国家黑臭水体治理示范城市，武宁县获批国家森林城市，庐山市获得“中国天然氧吧”称号。

（一）加强生态建养，筑牢“生态＋”基础

生态建设质量是山水林田湖草生命共同体的基本保障，实施生态建养，提升生态优势，筑牢绿色生态安全基石，是“生态＋”系统治理新模式的形成基础。

1. 建立健全“林长制”

构建县、乡、村三级林长组织体系，大力实施“护绿”“增绿”“用绿”三大工程，以最严格的要求保护森林资源，以最大的力度提升森林质量，以最活的举措放大森林效益，实现了“山更青、权更活、民更富”的发展目标。

2. 推进矿山生态修复

一是推进矿山复绿整改。九江市细化工作举措，对全部露天开采矿山实行“一矿一案”整改复绿，努力打造形成现代数字化矿山，开展矿山环境恢复治理。二是进一步规范矿业权设置及出让、矿业权登记监管、矿产资源储量动态监管、矿业权的批后监管等，严格准入条件、空间管控、总量调控，切实增强矿业权人履行法定义务的意识，对破坏环境、污染严重、不具

备安全生产条件、资源枯竭、产能过剩的矿山企业进行整顿关闭。

3. 开展水生态治理

为守护一江清水，九江市建立健全完善河湖长制，构建了四级网格和配套网格片区相结合的网格化监管体系，形成了“属地管理、分级负责、责任到人、横向到边、纵向到底、全面覆盖”的综合监管格局。同时，成立了市河湖管理保护综合执法协调办公室，由水利、环保、农业、林业、公安、交通、海事等部门联合参加执法，严厉打击非法侵占水域岸线、破坏湿地、擅自取水排污、倾倒废弃物、非法采砂、非法捕捞等违法犯罪行为，从源头上严控各类污染源。

在具体实施过程中，九江市明确水污染重点工作内容、时限和责任部门，按照“节水优先、空间均衡、系统治理、两手发力”的原则，强化水污染源头治理，拆除威胁城市饮用水安全的码头泊位，关闭搬迁数百畜禽养殖场，2017 年，全市共投入 1.97 亿元用于养殖污染治理整改工作，禁养区内关停了 443 户养殖场，规模养猪场配套建设废弃物处理利用设施比例达到 100%；依据污染类型，开展工矿企业及工业聚集区水污染专项整治、城镇生活污水专项治理、畜禽养殖污染专项整治等多方面专项整治行动；在流域水环境协同治理中，建立全市 31 个市级责任单位联席会议、联络员会议制度，以水陆统筹、河湖兼顾的方式实施分流域、分区域、分阶段的水污染防治策略。

2018 年，九江市在沿江省市中率先与三峡集团签署《共抓长江大保护战略合作框架协议》，这打响了三峡集团参与长江经济带“共抓大保护”的第一枪，首期合作九江市中心城区水环境系统综合治理一期项目的 6 个项目全部落地，总投资 77 亿元，第二期项目已经规划完毕。

（二）开展“生态 +”价值链转化

九江市积极推进生态资源转化为生态资产，以“绿水青山就是金山银山”为行动指引，努力实现生态资源的价值属性和交易属性，使其与其他社会经济主体一样能通过货币的形式体现出来，具有资产价值属性。

一是集体林权制度改革。明确界定生态资产的产权，包括所有权、使用权、转让权和管理权等，是使生态资产实现价值属性、市场属性的基础和前提。九江市全面深化集体林权制度改革，目前 9 个县（市、区）87 个乡（镇、场）420 个行政村均建立了县、乡、村三级林地流转服务机构，共办理 522 宗林地流转交易，流转 1.9 万亩林地。在深化集体林权制度改革中，有效提高了农户造林、育林、管林、护林的积极性。九江市 374 个林业专业合作社共吸引了农户 5 万余户参与，经营总面积达 129.8 万亩；成立林产工业、种苗、竹业、油茶、花卉、果业专业协会 157 个，发展林下经济 230 万亩，参与林下经济的农户达到 9 万户，全市初步形成林业规模化、集约化、产业化的良好经营格局。

二是实施生态产业化。武宁县全面推进生态农业建设，着力培植药材、花木、香榧、油茶等特色种植产业，探索出了一条“生态产业化、产业生态化”的发展之路，实现了农民脱贫致富与生态建设双赢；结合本地生态资源优势，按照“一城一湖”“一乡一景”布局，精心打造“山岳武宁、水上武宁、夜色武宁、乡村武宁、康养武宁、空中武宁”六条风景线，打造全域旅游生态经济发展路径，已成功创建庐山西海、西海湾和阳光照耀 29 度假区 3 个国家 4A 级景区以及 2 个 3A 级景区，入选首批“国家全域旅游示范区”创建县，荣获江西省全域旅游示范区等荣誉称号。

三是经营生态农业。彭泽县现代农业产业园以太泊湖流域为核心，以太泊湖农业开发区、黄花镇、黄岭乡等 13 个乡镇（场、区）为基础，连续引进了九江凯瑞、松源水产等 7 家省市农业龙头企业，集中打造 31.2 万亩现代农业产业基地，实现了农业园区化、园区景区化、农游一体化目标。2018 年，彭泽县现代农业产业园实现总产值 60.6 亿元；2019 年成功获批国家现代农业产业园。

四　创新生态环境保护管理制度

建立生态补偿与环境保护长效机制，逐步建立生态补偿标准体系，引导生态受益地区与保护地区之间开展生态补偿机制合作，激发生态环境保护内生积极性。

完善市场培育机制，鼓励各类市场主体进入绿色产业市场，推进政府和社会资本合作开展环境治理和生态保护项目。争取上级支持，探索设立鄱阳湖长江水基金，建设生态技术知识产权交易平台、氮磷指标及碳汇交易平台。

完善政绩考核机制，加大资源消耗、环境损害、生态效益等考核权重，形成速度、质量、效益相统一的绿色经济考评体系。健全责任追究机制，全面落实河长制、湖长制、林长制，开展领导干部自然资源资产和环境责任离任审计，对违背科学发展要求、造成资源环境生态严重破坏的，记录在案、严肃问责。

完善生态法治机制，重点围绕环境污染防治、生态修复与补偿、环境公益诉讼等，分层次有步骤制定和完善与之相配套的地方性法规规章，为融入长江经济带建设绿色发展示范区提供法治保障（据九江市《关于融入长江经济带建设绿色发展示范区的决定》）。2019 年 3 月 18 日，省内首家跨行政区域集中管辖环境资源案件的法庭——鄱阳湖环境资源法庭在九江市永修县成立，该法庭通过探索涉鄱阳湖跨行政区域集中管辖环境资源刑事、民事、行政“三审合一”的审判模式，以法治化的手段守护好绿水青山，着力打击破坏生态环境的违法犯罪行为。

五　建设万亿临港经济带

九江市以五大千亿产业集群打造为核心，推动制造业扩规、转型、提质，力争税收过亿元工业企业在 2019 年突破 15 家，2020 年突破 20 家；规上工业企业 2019 年突破 1800 家，2020 年突破 2000 家；3～5 年内形成五大千亿产业集群，打造万亿临港经济带。

一是努力应用新技术、新工艺，通过技改扩能、靠大联强、“机器换人”、“企业上云”等措施，培育一批“单项冠军”“隐形冠军”。

二是大力发展战略性新兴产业，培育一批瞪羚、独角兽企业，调优产业结构，提升产业层次。国家级园区力争每年要引进1～2个投资过50亿元的产业项目，省级园区力争每年要引进1～2个投资过20亿元的产业项目。

三是加快产业园区扩区调区，完善基础设施和服务配套；加快建设智慧园区，提升监管和服务水平；加快推进“腾笼换鸟”“二次开发”，强化“亩产论英雄”，提高园区承载力和竞争力，推动在全国全省排位前移。

四是以区域航运中心建设为重点，推动服务业强基、扬优、升级。实施航运物流业“强基工程”，大力推进航运服务中心建设，加快实施红光综合枢纽港、上港二期、铁路专用线、疏港公路等重点项目。九江综合保税区集保税区、出口加工区、保税港区、保税物流园区功能于一体，是江西省第一家适用简化程序验收的综合保税区，2018年9月4日经国务院批准设立，总规划面积1.81平方公里，毗邻国家一类开放口岸——九江港，目前综合保税区已顺利通过由南昌海关牵头组成的联合验收组验收。综合保税区建设对于提升港口对外服务质量，打造好对外开放平台及区域航运中心建设有重要的作用。

五是实施现代旅游业“扬优工程”。依托九江市文化旅游和生态优势，重点打造康养型、运动型、体验型、休闲型、研学型旅游新品牌，加快发展大健康产业和以芦山、庐山西海为主打品牌的文创产业，构建以庐山为龙头的全城旅游发展格局。

六是实施服务业“升级工程”。加快发展现代金融、电子商务、工业设计、总部楼宇、会展创意等新兴服务业。以新经济、新动能培育为目标，推动制造业与服务业融合、创新、赋能。强化要素赋能，利用资本、人才、科技、信息、数据等要素培育更多的新动能，加快推进中国电信中部云计算大数据中心、中邮呼叫中心、阿里巴巴战略合作、“03”专项等一批重大项目，力争在大数据、云计算、物联网、区块链、5G商用、人工智能等领域取得突破性进展。

六　打造内陆开发合作新高地

九江市不断深化城市合作，引导本市高校、科研机构、企业、产业联盟积极参与长江经济带跨区域交流合作活动，促进信息共享、联合创新、产业协作、标准对接。强化与长江沿线城市的紧密合作，积极参与沿江产业承接转移和分工协作，推进九江市承接产业转移示范区建设。

深度融入“一带一路”、长江经济带建设，主动对接南昌大都市圈、赣江新区建设，加强闽浙赣皖合作交流，探索区域间重大基础设施互联互通、要素资源互享互用、产业发展互引互补、体制机制共建共享。紧紧围绕“5+1”千亿产业集群，以“招大、引强、选优”为主旨，坚持引资、引才、引智、引技相结合，办好第二届长江经济带投资洽谈会、国际新材料产业发展大会和长江经济带生态绿色旅游联盟峰会，持续做好招商引资工作，确保2019年新开工10亿元以上产业项目50个，新兴产业项目占比高于50%。加快跨境电商产业园建设，确保综合保税区封关运行，加快推进国际贸易“单一窗口”标准版和口岸平台建设。贯彻军民融合发展战略，积极构建研发平台共享、紧缺人才共育、产业技术互融互通的军民深度融合发展格局。

Abstract

Promoting high-quality development is an inevitable requirement for maintaining the sustainable and healthy development of the economy, an inevitable requirement for adapting to the major contradictions in our society, comprehensively building a well-off society and a socialist modernized country, it is an inevitable requirement for development in accordance with economic laws. On April 26, 2018, General Secretary Xi Jinping hosted a forum on Deeply Promoting the Development of the Changjiang River Economic Belt and delivered an important speech in Wuhan. He explicitly proposed to promote high-quality economic development with the development of the Changjiang River Economic Belt. In the high-quality development of the Changjiang River Economic Belt, the Changjiang Middle Reaches Megalopolis has a heavy responsibility and should take an active role.

The book is composed of the General Report, the Special Reports and the Regional Reports, with a total of 19 research reports. The General Report systematically evaluated the high-quality development level of the Changjiang Middle Reaches Megalopolis by measuring the differences and structural characteristics of the provinces in the process of high-quality development. It will help us to grasp the implementation and development pattern of high-quality development in the Changjiang Middle Reaches Megalopolis. The Special Reports consists of five reports, which are mainly researched from the aspects of circular economy, green development, and shipping center in the middle reaches of the Changjiang River. The Regional Reports consists of 13 reports, which studied the specific methods and experience of promoting high-quality development in Hubei, Hunan and Jiangxi provinces. Hubei Province focused on the development of the Changjiang River Economic Belt, Hunan Province focused on regional coordinated development, and Jiangxi Province focused on the construction of a modern economic system, and conducted a comprehensive study. Three provincial capital cities have also carried out key research, Wuhan and Nanchang have comprehensively studied high-quality development, and Changsha has mainly studied high-quality development of the automotive industry. In addition, Xiangyang and Jiujiang research and promote high-quality development from the perspective of green development, Jingzhou research and promote high-quality development from the perspective of new-old kinetic energy conversion. Jingmen studied its own accelerated development and high-quality development from the perspective of the province's regional and industrial development layout. Although the perspectives chosen for each city's research are not the same, the common direction is that innovation drives industrial transformation and upgrading, and providing strong support for the high-quality development of the Changjiang Middle Reaches Megalopolis.

Keywords: The Changjiang Middle Reaches Megalopolis; High - quality Development; Green Development

Contents

Ⅰ General Report

Abstract: The Central Economic Work Conference at the end of 2018 focused on high-quality development. The conference bulletin clearly stated: "Promoting high-quality development is an inevitable requirement for maintaining the sustainable and healthy development of the economy, an inevitable requirement for adapting to the major contradictions in our society, comprehensively building a well-off society and a socialist modernized country, it is an inevitable requirement for development in accordance with economic laws". This report systematically evaluated the high-quality development level of the Changjiang Middle Reaches Megalopolis by measuring the differences and structure of high-quality development in the provinces, which will help We deeply grasped the implementation and development pattern of high-quality development of the Changjiang Middle Reaches Megalopolis.

Keywords: New Era; Changjiang Middle Reaches Megalopolis; High-quality Development

Ⅱ Special Reports

B. 2 Research on Evaluation and Influencing Factors of Circular Economy in the Changjiang Middle Reaches Megalopolis

Zhang Jing, *Luo Tiantian* / 028

Abstract: This paper analyzed the current status of circular economy development in the Changjiang Middle Reaches Megalopolis, constructed a comprehensive evaluation index system for the circular economy, and comprehensively measured and analyzed the level of circular economy development in the Changjiang Middle Reaches Megalopolis in 2010 –2016 by applying the AHP-entropy comprehensive evaluation model. The PCSE Regression Model is constructed to further analyzed the main factors affecting the development of circular economy in the Changjiang Middle Reaches Megalopolis. On the basis of this, evaluating the development level and influencing factors of circular economy in the Changjiang Middle Reaches Megalopolis, and the countermeasures and suggestions for the development of circular economy in the megalopolis are discussed.

Keywords: Changjiang Middle Reaches Megalopolis; Circular Economy; AHP-entropy Method; Influencing Factors; PCSE

B. 3 Research on the Development Situation, Status Quo and Path of Shipping Finance in the Middle Reaches of the Changjiang River

Liu Tao / 052

Abstract: Along with the overall recovery of the shipping industry market, at the same time, the strategy of the Changjiang River Economic Belt in China is being further advanced, and the Changjiang River shipping industry has ushered in a golden period of rapid development. At present, the development of shipping in the middle reaches of the Changjiang River is facing a critical period of modernization. Accelerating the development of high-end shipping services with shipping finance as its core is the focus of the development of the shipping industry in the middle reaches of the Changjiang River. Green development, cost reduction, and construction of a financial center relying on shipping centers are a new trend in the development of shipping finance in the middle reaches of the Changjiang River. Compared with the upper and lower reaches of the Changjiang River, shipping financial services in the middle reaches of the Changjiang River are slightly inadequate. Finance is highly integrated, while supporting relatively complete supporting systems such as policies and laws, and building a more developed shipping financial market, is the main focus of shipping financial development in the middle reaches of the Changjiang River.

Keywords: Middle Reaches of the Changjiang River; Shipping Finance; Platform Construction

Abstract: This article took cities along the middle reaches of the Changjiang River as research objects, explored the distinctive practices and beneficial experiences of cities in promoting green development, and summarized experiences for further promoting the green development of cities along the middle reaches of the Changjiang River. The article summarized the achievements of green development in cities along the middle reaches of the Changjiang River from five aspects: economic growth and economic development level, industrial transformation and upgrading, energy saving and emission reduction, ecological environment quality, and characteristics of ecological civilization construction.

Five cities were classified as four types: high-level government-driven, resource-based city transformation and development-oriented, pilot pilot-driven, and key area breakthrough-driven, and their respective unique practices and experiences are summarized by comparison. It also summarized the common experiences and characteristics of the green development of the five cities, and finally gives inspiration and suggestions for promoting green development of cities along the middle reaches of the Changjiang River.

Keywords: Middle Reaches of the Changjiang River; Green Development; Industrial Transformation and Upgrading

B. 5 Problems and Countermeasures in Green Development in the Middle Reaches of the Changjiang River

Li Chunxiang / 081

Abstract: Since 2018, provinces in the middle reaches of the Changjiang River have actively implemented the spirit of central deployment and the important speech of General Secretary Xi Jinping's Wuhan Forum, continued to strengthen environmental protection, put the restoration of the Changjiang River ecological environment in an overwhelming position, and issued a series of regulations, resolutions and implementation plans for promoting ecological construction and green development in the middle reaches of the Changjiang River, it has achieved a win-win situation for economic growth and green development. At the same time, there are some problems with green development in the middle reaches of the Changjiang River, and the pace of green development needs to be accelerated to help the green Changjiang River be completed as soon as possible.

Keywords: Middle reaches of the Changjiang River; Green Development; Environmental Protection

B. 6 Research on the Spatial-Temporal Distribution Characteristics and Influencing Factors of Industrial Green Efficiency in the Changjiang Middle Reaches Megalopolis

Peng Zhimin, Xiang Nian / 094

Abstract: This paper used a panel stochastic frontier model to measure the industrial green efficiency of 28 prefecture-level cities in the middle reaches of the Changjiang River from 2006 to 2016, and analyzed the spatial distribution characteristics and time series evolution characteristics of industrial green efficiency. The spatial green model was used to study the influencing factors of industrial green efficiency and spatial spillover effects. The conclusion as below: In terms of spatial differences, the level of industrial green efficiency was more consistent with the overall strength of the city, and its distribution had obvious regional characteristics. Second, from the perspective of time-series changes, the industrial green efficiency of the Changjiang Middle Reaches Megalopolis was generally improving, but there was much room for improvement in industrial green efficiency in most regions. Spatial econometric regression results showed that income level, industrial structure, endowment structure, government intervention, and FDI were the main influencing factors of industrial green efficiency. The industrial green efficiency of prefecture-level cities in the middle reaches of the Changjiang River was affected by the negative spillover effects of surrounding areas. Per capita GDP, Environmental regulations and FDI had a negative spillover effect on the industrial green efficiency in surrounding areas, which to a certain extent has solidified the current pattern of spatial differences in industrial green efficiency.

Keywords: Changjiang Middle Reaches Megalopolis; Industrial Green Efficiency; Spatial-temporal Distribution Characteristics; Stochastic Frontier Model; Spatial Econometric Model

Ⅲ Regional Reports

Abstract: Hubei is the only province in the Changjiang River that has a mileage of more than 1000 kilometers. In recent years, a lot of work has been done in improving the ecological environment, promoting transformation and development, and exploring institutional mechanisms to promote the implementation of the Changjiang River Economic Belt development strategy in Hubei. In response to the current problems in the development of the Changjiang River Economic Belt in Hubei, the report proposed that adhere to one command, keep two bottom lines, do three articles, adjust four structures, and correctly grasp the five major relationships, and make greater efforts to promote innovative development, green development, and openness development, coordinated development and shared development, and strive to be a high-quality development forces in the Changjiang River Economic Belt.

Keywords: Hubei; Changjiang River Economic Belt; High-quality Development; New Forces

Abstract: High-quality development is the fundamental basis for China to determine development ideas, formulate economic policies, and implement macro-control in the current and future periods. At present, Wuhan is in a critical period of high-quality development. This research report explored the construction of a high-quality development indicator system, and through in-depth evaluation and comparison of 15 major cities, analyzed the shortcomings and issues of Wuhan's promotion of high-quality development, hoping to provide a useful reference for future path selection and policy formulation.

Keywords: Wuhan; High-quality Development; Index System

Abstract: Based on a systematic review of Wuhan's traffic construction and development achievements in the past 10 years and an objective assessment of the current overall situation of urban transportation operation, the article deeply researched and clarified the internal mechanism that urban transportation relies on smooth and efficient operation during the period of rapid growth of vehicle ownership. Researched and judged the future trends and challenges of transportation development, and proposed the strategies and suggestions of recent transportation development.

Keywords: Transportation Strategy; High-quality Development; Wuhan

Abstract: The Eleventh Party Congress of Hubei Province clearly stated that it supports Xiangyang to accelerate the construction of the important green growth pole in the Changjiang River Economic Belt. Xiangyang seized the opportunities and sounded the assault horn that started a new journey of green development. By clarifying the construction content, clarifying the construction tasks, and clarifying the construction path, it will strive to promote the high-quality development of Xiangyang and accelerate the construction of the central city in the Hanjiang River Basin.

Keywords: Green Growth Pole; High-quality Development; Xiangyang

B. 11 Thoughts on the Path of Jingzhou's Accelerating Economic Development and New-old Kinetic Energy Conversion

Abstract: The conversion of new-old kinetic energy is the main theme of China's current economic structural adjustment, and it is one of the important contents to promote the supply-side structural reform. Premier Li Keqiang has repeatedly stressed that new kinetic energy is a powerful driving force for the development and upgrading of the substantial economy. To promote the transformation and upgrading of the economic structure, it is necessary to accelerate the conversion of new-old kinetic energy. The 19th National Congress of the Communist Party of China (CPC) pointed out that "China is in a period of tackling key problems such as changing the development mode, optimizing the economic structure, and transforming the growth momentum." The key to optimizing and adjusting the economic structure is to promote the conversion of new-old kinetic energy. Jingzhou is one of the core areas for the conversion of new-old kinetic energy in Hubei province. Accelerating the conversion of new-old kinetic energy is the key to Jingzhou's entering a new era, starting a new journey, and achieving a great revival.

Keywords: Jingzhou; New-old Kinetic Energy Conversion; Path

Abstract: In 2019, Hubei Province has fully implemented the strategy of "One Core, Two Belts and Three Zones" to promote regional and industrial development layout. Jingmen City has actively integrated into the strategy from aspects of general aviation industry, circular economy, modern agriculture, and characteristic towns, it has achieved initial results. In order to play a greater role in the overall development of the whole province, further efforts should be made. At the same time, the Hubei Provincial Party Committee and the Hubei Provincial Government need to strengthen their leadership and the support of various provincial departments.

Keywords: "One Core, Two Belts and Three Zones"; General Aviation Industry; Jingmen

Abstract: The implementation of the regional coordinated development strategy is one of the major national strategies in the new era. At present, the problem of imbalance and inadequacy of regional economic development in Hunan Province are still quite prominent, mainly reflected in the fact that the distribution of resources is not fair for the less developed regions and the industrial development in the less developed regions is insufficient. We must link coordinated regional economic development with sustainable economic development, and pay attention to solving structural problems. It will support industrial development in less-developed areas, increase employment opportunities, raise income levels, and make regional economic development play a more important role in the sustainable development of Hunan province's economy.

Keywords: Hunan; Economic Structure; Regional Coordination

Abstract: An overall and in-depth analysis of the current status of the industrial layout structure in Hunan Province is provided. From the urgent needs of supply-side structural reforms and poverty alleviation, the solid foundation of dominant position of the cultural and tourism industry, and policy support, promoting the supply of high-quality products and upgrading high-end products and so on, it demonstrated the inevitability of promoting the high-quality development of the cultural and tourism industry in our province, summarized and refined the five aspects of the cultural and tourism industry layout structure to be optimized, and proposed to accelerate the planning of "Big Projects", focus on "Big Integration", develop "Big Products", optimize "Big Services", implement "Big Guarantees", promote high-quality development of the cultural tourism industry in Hunan province, and make a deep integration of "Poetry and Distance" and so on.

Keywords: Hunan; Cultural Tourism Industry; High-quality Development

Abstract: The automobile industry is an important starting point for

Changsha to build a modern economic system and achieve high-quality economic development. The automobile industry has become the seventh 100 billion-level industry in Changsha, which has driven the development of related industries such as electronic information, high-end equipment manufacturing, new materials, new energy, and intelligent manufacturing and so on, and it has become the "New Growth Pole" of Changsha's high-quality economic development under the new normal of the economy.

Keywords: Changsha; Automotive Industry Chain; Modern Economic System

Abstract: As the northern gate of Hunan Province and an important node city in the Changjiang River Economic Belt, promoting high-quality economic development is of great significance for Yueyang. Constructing an economic development quality evaluation index system from the six dimensions of economic development effectiveness, stability, innovation, coordination, greenness and sharing, and using the projection pursuit model to evaluate Yueyang's quality of economic development dynamically and make comparative analysis with multiple levels from 2001 to 2016. It revealed four major "shortcomings" that Yueyang's high-quality economic development faces, and proposed countermeasures and suggestions for promoting the high-quality economic development of Yueyang.

Keywords: Quality of Economic Development; Evaluation Index System; Projection Pursuit Model; Dynamic Evaluation

B. 17 Research on Accelerating the Construction of Jiangxi Modern Economic System

Research Group of Jiangxi Provincial Academy of Social Sciences / 326

Abstract: The construction of a modern economic system with Jiangxi characteristics is of great and practical significance to the construction of a wealthy, beautiful, and happy modern Jiangxi. Based on the connotation characteristics of Jiangxi's modern economic system, this article analyzed the current status, difficulties, and problems of building a modern economic system in Jiangxi. It put forward that the focus of Jiangxi's modern economic system is to build a modern industrial system, and the key is to strengthen innovation and lead the path of sustainable development. Accelerating the construction of Jiangxi's modern economic system should closely follow the key points of reform and create a new mechanism for high-quality development; make every effort to build an open highland and expand the space for high-quality development; accelerate the improvement of digital infrastructure, create a new engine for high-quality development; build the "Four Most" in business environment, and fertilize the soil of high-quality development.

Keywords: Primary Strategy; High-quality Development; Leap-forward Development; Modern Economic System

B. 18 The Rise of Central China: The "Plan" and "Thinking" of Nanchang's High-quality Development

Zhong Yexi, Ma Hongzhi / 340

Abstract: In the context of regional coordinated development and high-quality development strategy, how to make use of Nan Chang's advantages and enhance its core competitiveness in the central region is of great significance to the economic and social development for Jiangxi. There are currently four shortcomings in Nanchang: its strategic position in the country is not strong, transportation is not dominant in the era of high-speed rail, the foundation of economic development is weak, and Internet attention is not significant and so on. To enhance the competitive advantage of Nanchang, it is necessary to make the metropolitan area bigger and stronger, promote high-speed rail networked, implement financial innovation, create new highlands for opening, cultivate new advantages of the industries, and enhance the soft power of culture. Leading the way and making a great demonstration in the rise of Central China.

Keywords: The Rise of Central China; High-quality Development; Nanchang

Abstract: Jiujiang City, Jiangxi Province, Chongming Island, Shanghai and Wuhan, Hubei have been the first batch of cities to establish green development demonstration zones in the Changjiang River Economic Belt. Taking this as a guide, Jiujiang have built the "most beautiful coastline" of the Changjiang River, promoted the transformation and upgrading of industrial parks, explored the "ecological +" model, built a trillion port economic belt, expanded internal and external opening, and strove to achieve high-quality development.

Keywords: Green Development; Demonstrative Region; Ecological +; High-quality Development; Jiujiang

皮书

智库报告的主要形式
同一主题智库报告的聚合

❖ 皮书定义 ❖

皮书是对中国与世界发展状况和热点问题进行年度监测，以专业的角度、专家的视野和实证研究方法，针对某一领域或区域现状与发展态势展开分析和预测，具备前沿性、原创性、实证性、连续性、时效性等特点的公开出版物，由一系列权威研究报告组成。

❖ 皮书作者 ❖

皮书系列报告作者以国内外一流研究机构、知名高校等重点智库的研究人员为主，多为相关领域一流专家学者，他们的观点代表了当下学界对中国与世界的现实和未来最高水平的解读与分析。截至 2020 年，皮书研创机构有近千家，报告作者累计超过 7 万人。

❖ 皮书荣誉 ❖

皮书系列已成为社会科学文献出版社的著名图书品牌和中国社会科学院的知名学术品牌。2016 年皮书系列正式列入“十三五”国家重点出版规划项目；2013~2020 年，重点皮书列入中国社会科学院承担的国家哲学社会科学创新工程项目。

中国皮书网

（网址：www.pishu.cn）

发布皮书研创资讯，传播皮书精彩内容
引领皮书出版潮流，打造皮书服务平台

栏目设置

◆ **关于皮书**

何谓皮书、皮书分类、皮书大事记、
皮书荣誉、皮书出版第一人、皮书编辑部

◆ **最新资讯**

通知公告、新闻动态、媒体聚焦、
网站专题、视频直播、下载专区

◆ **皮书研创**

皮书规范、皮书选题、皮书出版、
皮书研究、研创团队

◆ **皮书评奖评价**

指标体系、皮书评价、皮书评奖

◆ **互动专区**

皮书说、社科数托邦、皮书微博、留言板

所获荣誉

◆ 2008 年、2011 年、2014 年，中国皮书网均在全国新闻出版业网站荣誉评选中获得“最具商业价值网站”称号；

◆ 2012 年，获得“出版业网站百强”称号。

网库合一

2014年，中国皮书网与皮书数据库端口合一，实现资源共享。

权威报告·一手数据·特色资源

皮书数据库

ANNUAL REPORT(YEARBOOK) DATABASE

分析解读当下中国发展变迁的高端智库平台

所获荣誉

- 2019年，入围国家新闻出版署数字出版精品遴选推荐计划项目
- 2016年，入选“‘十三五’国家重点电子出版物出版规划骨干工程”
- 2015年，荣获“搜索中国正能量 点赞2015”“创新中国科技创新奖”
- 2013年，荣获“中国出版政府奖·网络出版物奖”提名奖
- 连续多年荣获中国数字出版博览会“数字出版·优秀品牌”奖

WWW.PISHU.COM.CN

成为会员

通过网址www.pishu.com.cn访问皮书数据库网站或下载皮书数据库APP，进行手机号码验证或邮箱验证即可成为皮书数据库会员。

会员福利

- 已注册用户购书后可免费获赠100元皮书数据库充值卡。刮开充值卡涂层获取充值密码，登录并进入“会员中心”—“在线充值”—“充值卡充值”，充值成功即可购买和查看数据库内容。
- 会员福利最终解释权归社会科学文献出版社所有。

社会科学文献出版社 皮书系列
SOCIAL SCIENCES ACADEMIC PRESS (CHINA)
卡号：163596247865
密码：

数据库服务热线：400-008-6695
数据库服务QQ：2475522410
数据库服务邮箱：database@ssap.cn
图书销售热线：010-59367070/7028
图书服务QQ：1265056568
图书服务邮箱：duzhe@ssap.cn

基本子库 SUB DATABASE

中国社会发展数据库（下设12个子库）

整合国内外中国社会发展研究成果，汇聚独家统计数据、深度分析报告，涉及社会、人口、政治、教育、法律等12个领域，为了解中国社会发展动态、跟踪社会核心热点、分析社会发展趋势提供一站式资源搜索和数据服务。

中国经济发展数据库（下设12个子库）

围绕国内外中国经济发展主题研究报告、学术资讯、基础数据等资料构建，内容涵盖宏观经济、农业经济、工业经济、产业经济等12个重点经济领域，为实时掌控经济运行态势、把握经济发展规律、洞察经济形势、进行经济决策提供参考和依据。

中国行业发展数据库（下设17个子库）

以中国国民经济行业分类为依据，覆盖金融业、旅游、医疗卫生、交通运输、能源矿产等100多个行业，跟踪分析国民经济相关行业市场运行状况和政策导向，汇集行业发展前沿资讯，为投资、从业及各种经济决策提供理论基础和实践指导。

中国区域发展数据库（下设6个子库）

对中国特定区域内的经济、社会、文化等领域现状与发展情况进行深度分析和预测，研究层级至县及县以下行政区，涉及地区、区域经济体、城市、农村等不同维度，为地方经济社会宏观态势研究、发展经验研究、案例分析提供数据服务。

中国文化传媒数据库（下设18个子库）

汇聚文化传媒领域专家观点、热点资讯，梳理国内外中国文化发展相关学术研究成果、一手统计数据，涵盖文化产业、新闻传播、电影娱乐、文学艺术、群众文化等18个重点研究领域。为文化传媒研究提供相关数据、研究报告和综合分析服务。

世界经济与国际关系数据库（下设6个子库）

立足“皮书系列”世界经济、国际关系相关学术资源，整合世界经济、国际政治、世界文化与科技、全球性问题、国际组织与国际法、区域研究6大领域研究成果，为世界经济与国际关系研究提供全方位数据分析，为决策和形势研判提供参考。

法律声明